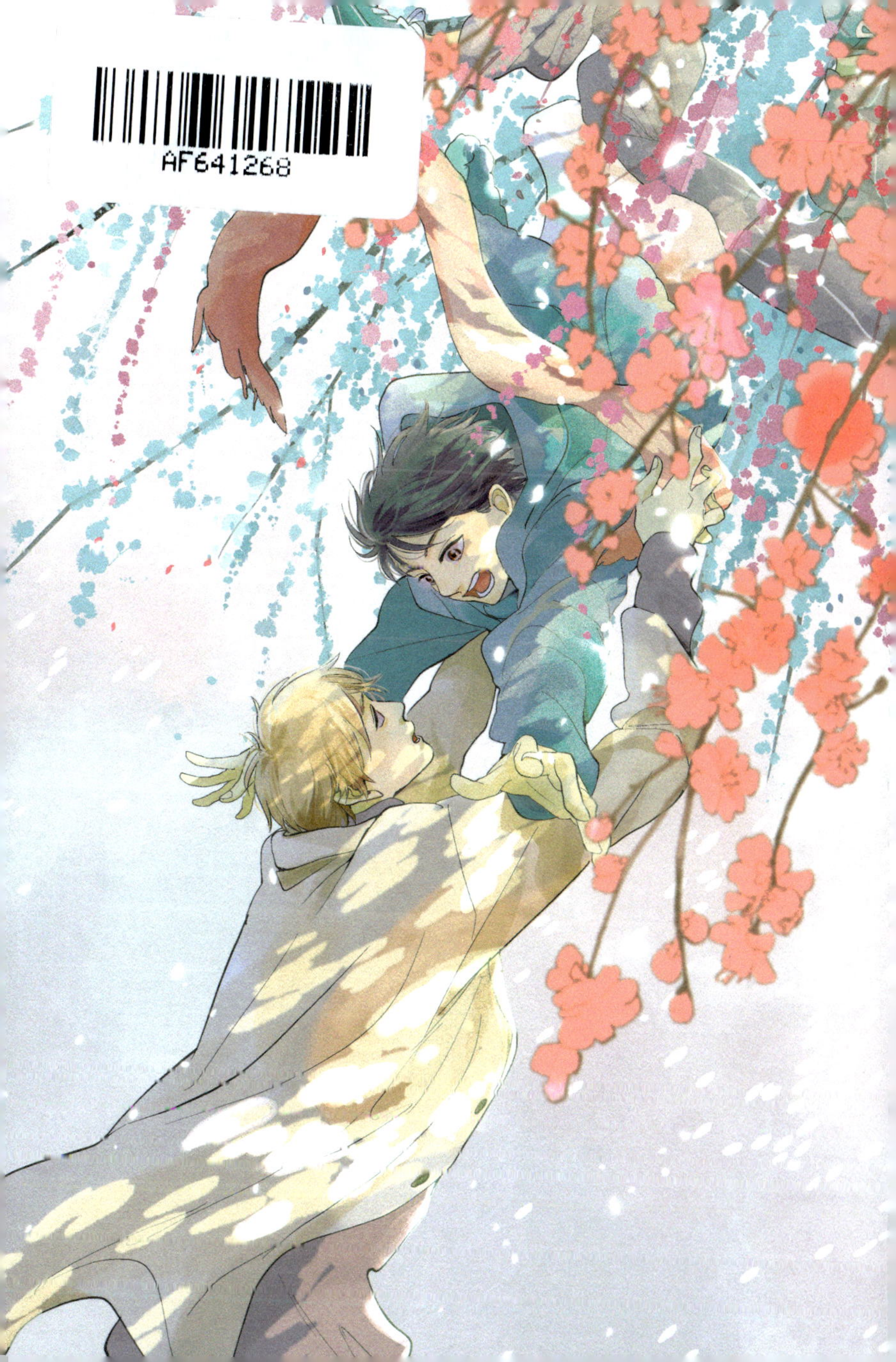

i hear the sunspot
Die Vier Jahreszeiten 1

Inhalt:

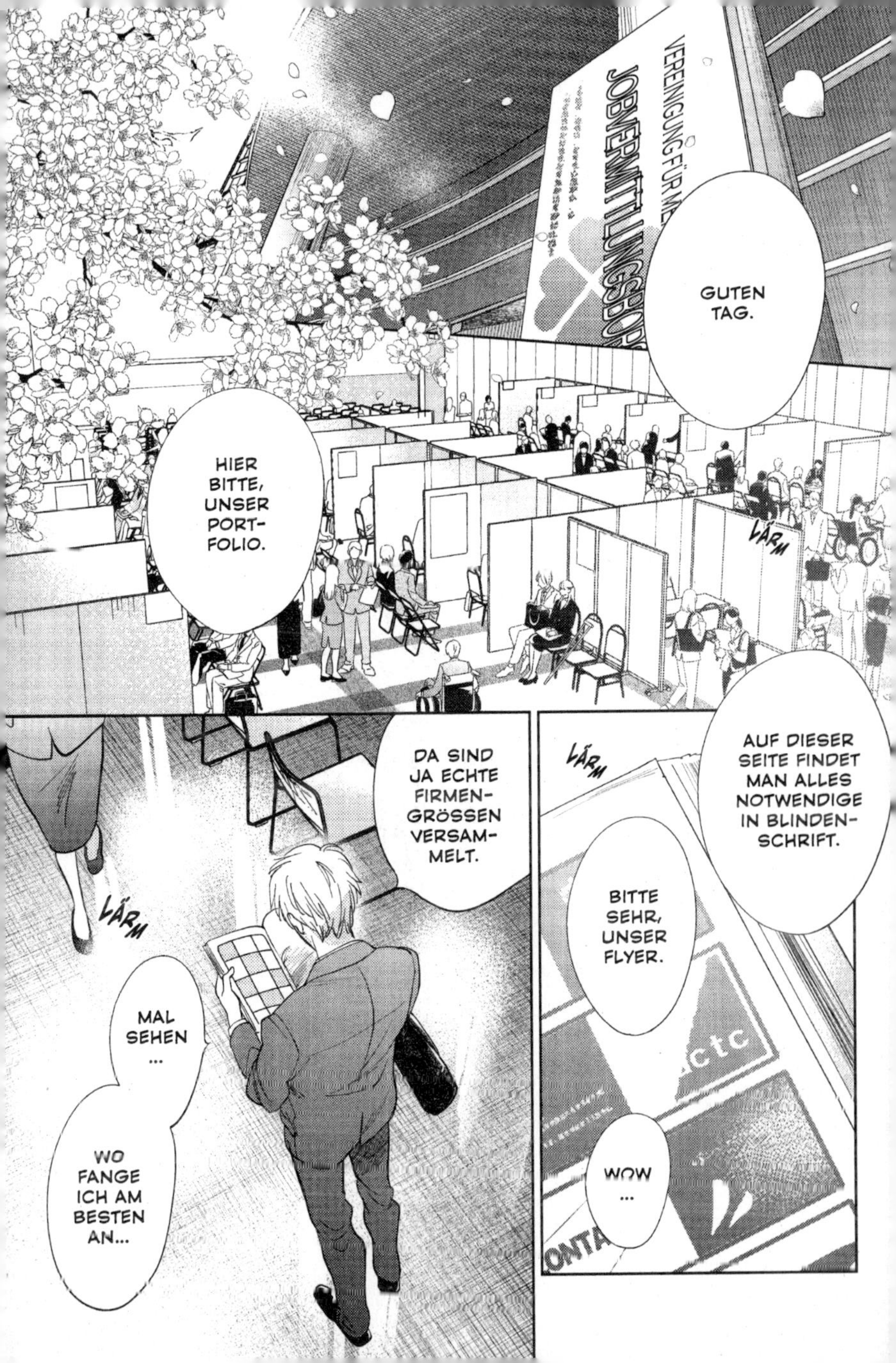
GUTEN TAG.
HIER BITTE, UNSER PORTFOLIO.
LÄRM
AUF DIESER SEITE FINDET MAN ALLES NOTWENDIGE IN BLINDENSCHRIFT.
BITTE SEHR, UNSER FLYER.
LÄRM
WOW ...
DA SIND JA ECHTE FIRMENGRÖSSEN VERSAMMELT.
LÄRM
MAL SEHEN ...
WO FANGE ICH AM BESTEN AN...

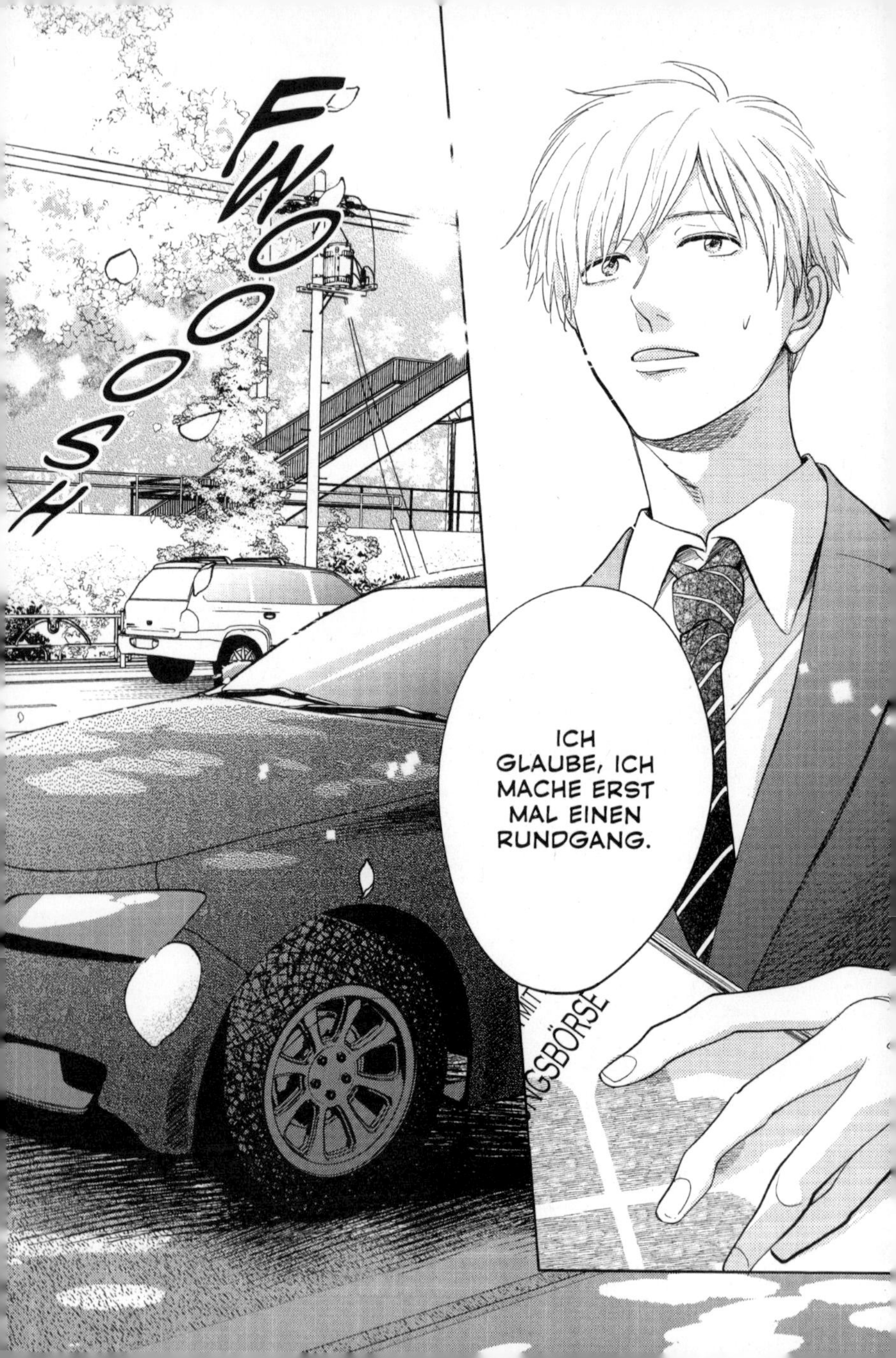
ICH GLAUBE, ICH MACHE ERST MAL EINEN RUNDGANG.
FWOOOSH

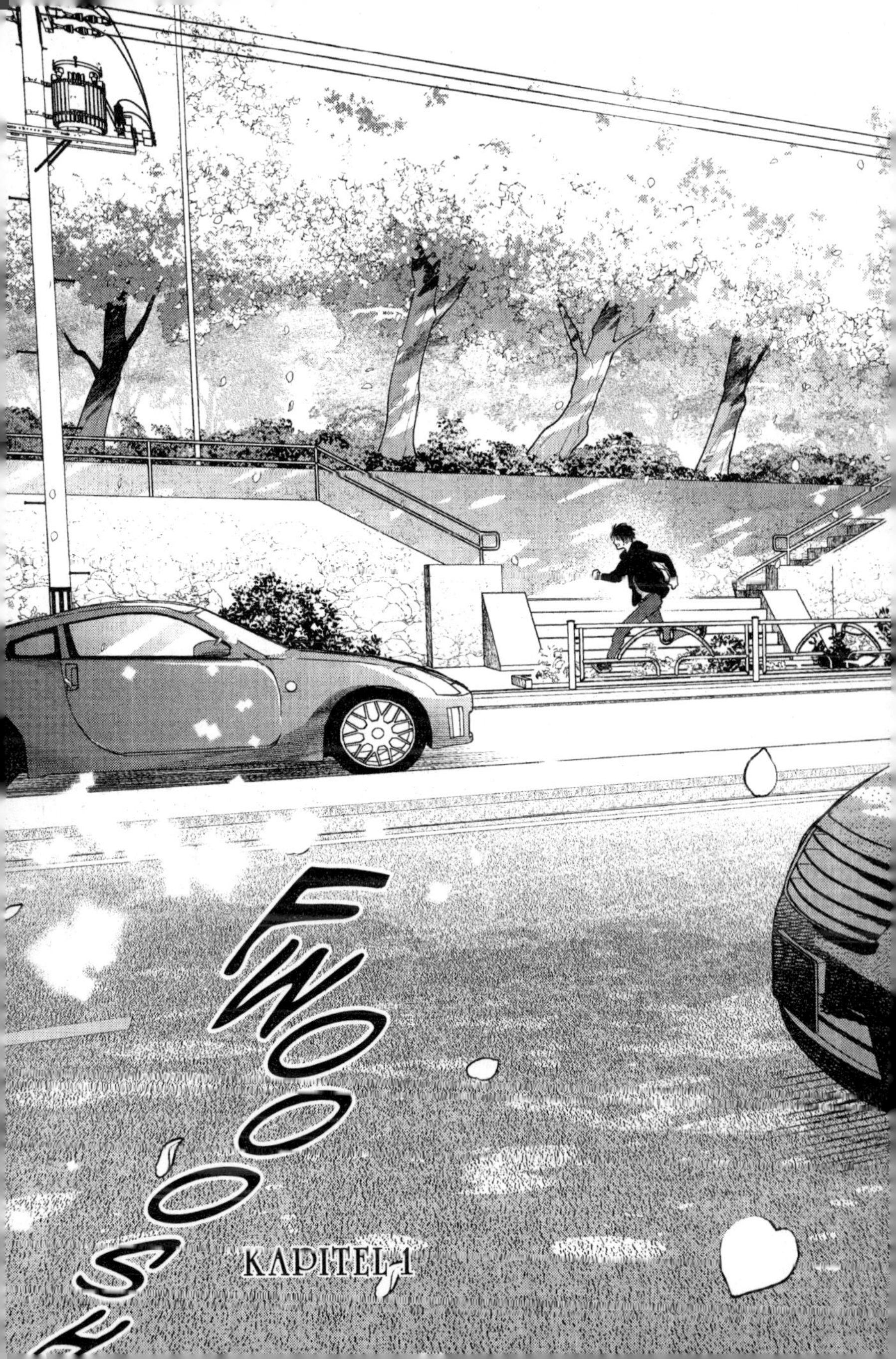
FWOOOOSH
KAPITEL 1

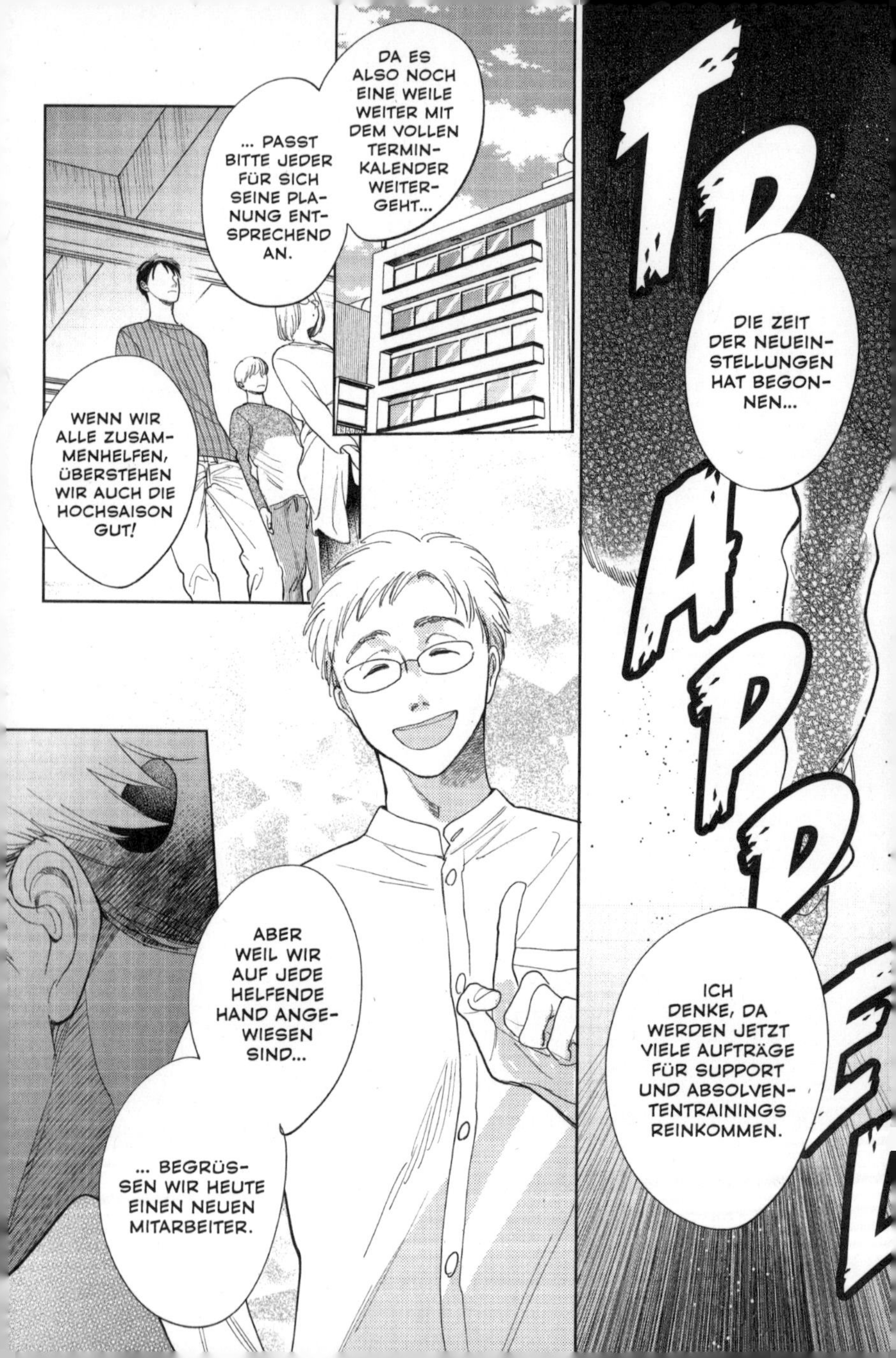
TAPPED
DIE ZEIT DER NEUEINSTELLUNGEN HAT BEGONNEN...
ICH DENKE, DA WERDEN JETZT VIELE AUFTRÄGE FÜR SUPPORT UND ABSOLVENTENTRAININGS REINKOMMEN.
DA ES ALSO NOCH EINE WEILE WEITER MIT DEM VOLLEN TERMINKALENDER WEITERGEHT...
... PASST BITTE JEDER FÜR SICH SEINE PLANUNG ENTSPRECHEND AN.
WENN WIR ALLE ZUSAMMENHELFEN, ÜBERSTEHEN WIR AUCH DIE HOCHSAISON GUT!
ABER WEIL WIR AUF JEDE HELFENDE HAND ANGEWIESEN SIND...
... BEGRÜSSEN WIR HEUTE EINEN NEUEN MITARBEITER.

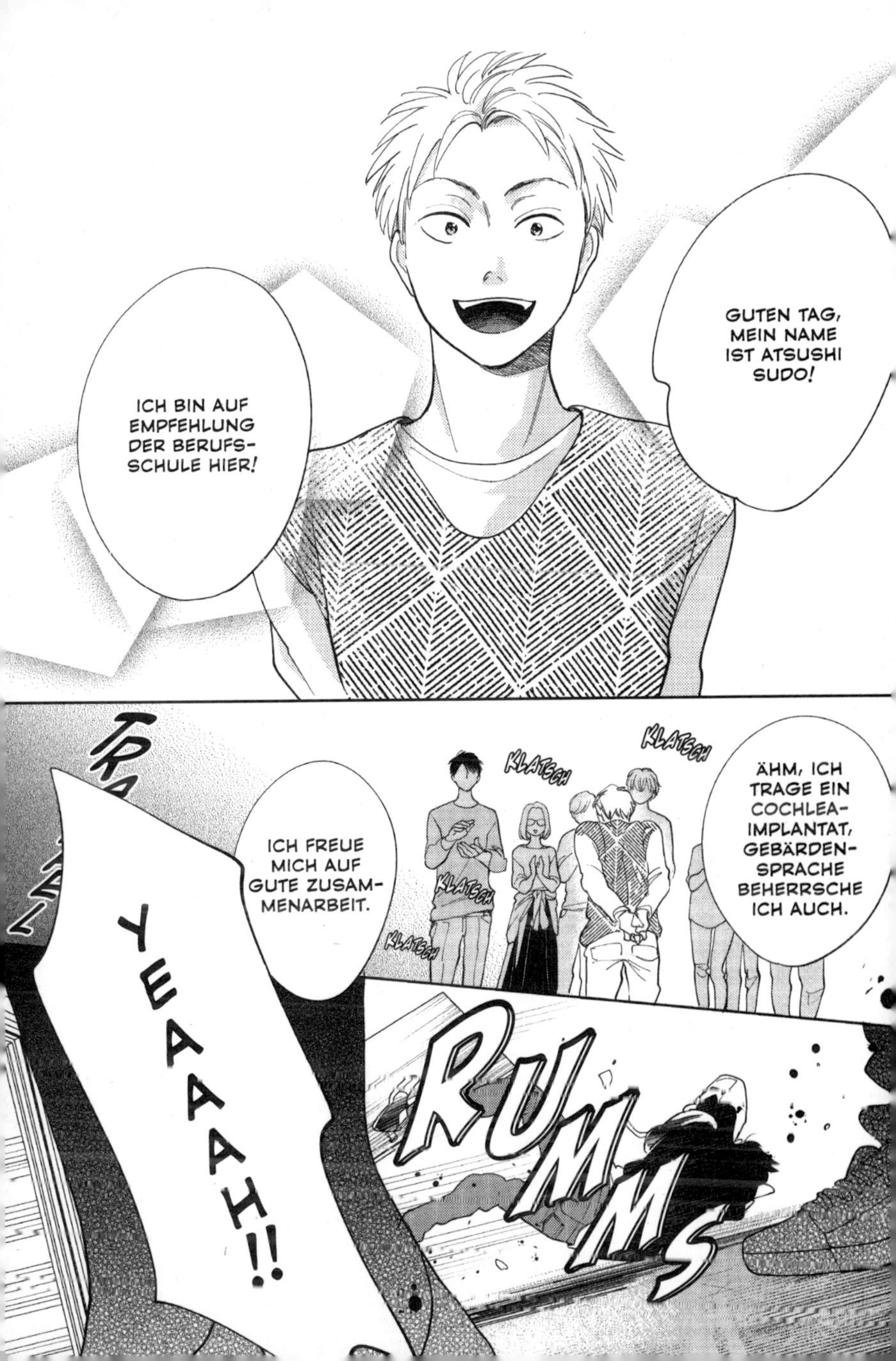
GUTEN TAG, MEIN NAME IST ATSUSHI SUDO!
ICH BIN AUF EMPFEHLUNG DER BERUFS-SCHULE HIER!
KLATSCH
ÄHM, ICH TRAGE EIN COCHLEA-IMPLANTAT, GEBÄRDEN-SPRACHE BEHERRSCHE ICH AUCH.
KLATSCH
KLATSCH
KLATSCH
ICH FREUE MICH AUF GUTE ZUSAM-MENARBEIT.
RUMMS
YEAAAH!!

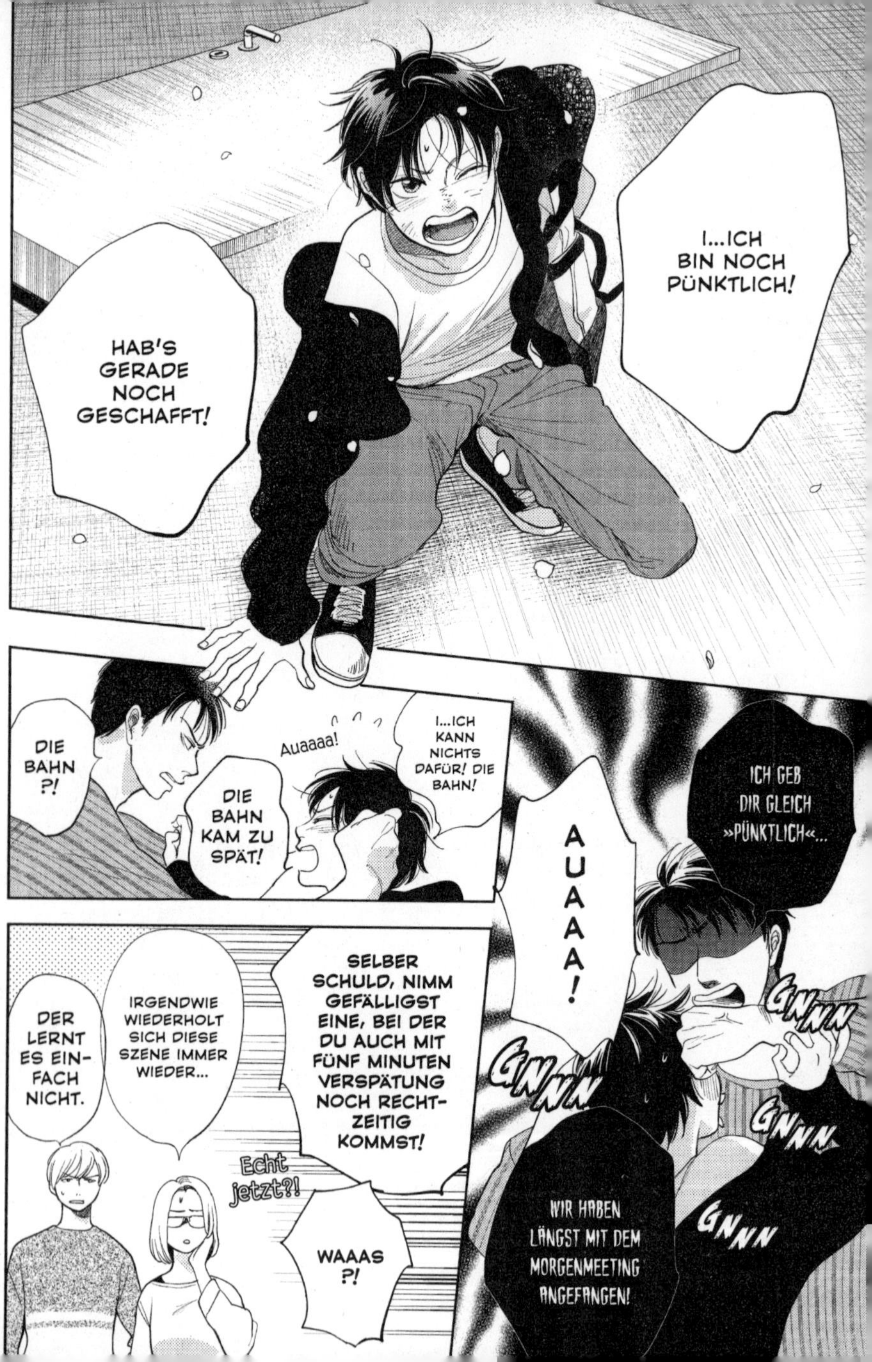
I...ICH BIN NOCH PÜNKTLICH!
HAB'S GERADE NOCH GESCHAFFT!
ICH GEB DIR GLEICH »PÜNKTLICH«...
AUAAAA!
GNNN
GNNN
GNNN
GNNN
I...ICH KANN NICHTS DAFÜR! DIE BAHN!
Auaaaa!
DIE BAHN?!
DIE BAHN KAM ZU SPÄT!
SELBER SCHULD, NIMM GEFÄLLIGST EINE, BEI DER DU AUCH MIT FÜNF MINUTEN VERSPÄTUNG NOCH RECHTZEITIG KOMMST!
WAAAS?!
WIR HABEN LÄNGST MIT DEM MORGENMEETING ANGEFANGEN!
IRGENDWIE WIEDERHOLT SICH DIESE SZENE IMMER WIEDER...
DER LERNT ES EINFACH NICHT.
Echt jetzt?!

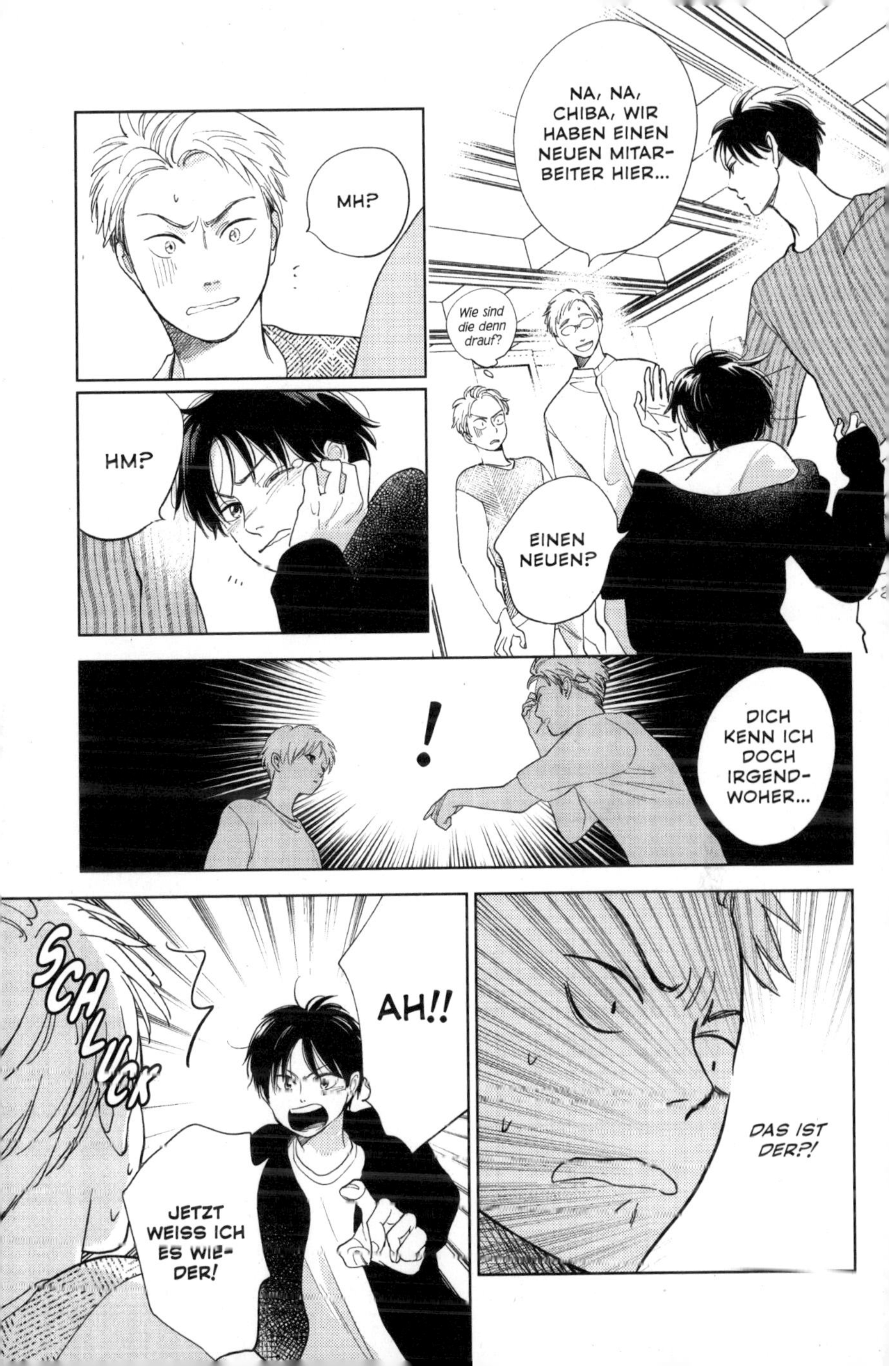
NA, NA, CHIBA, WIR HABEN EINEN NEUEN MITARBEITER HIER...
Wie sind die denn drauf?
EINEN NEUEN?
MH?
HM?
DICH KENN ICH DOCH IRGENDWOHER...
!
DAS IST DER?!
AH!!
SCHLUCK
JETZT WEISS ICH ES WIEDER!

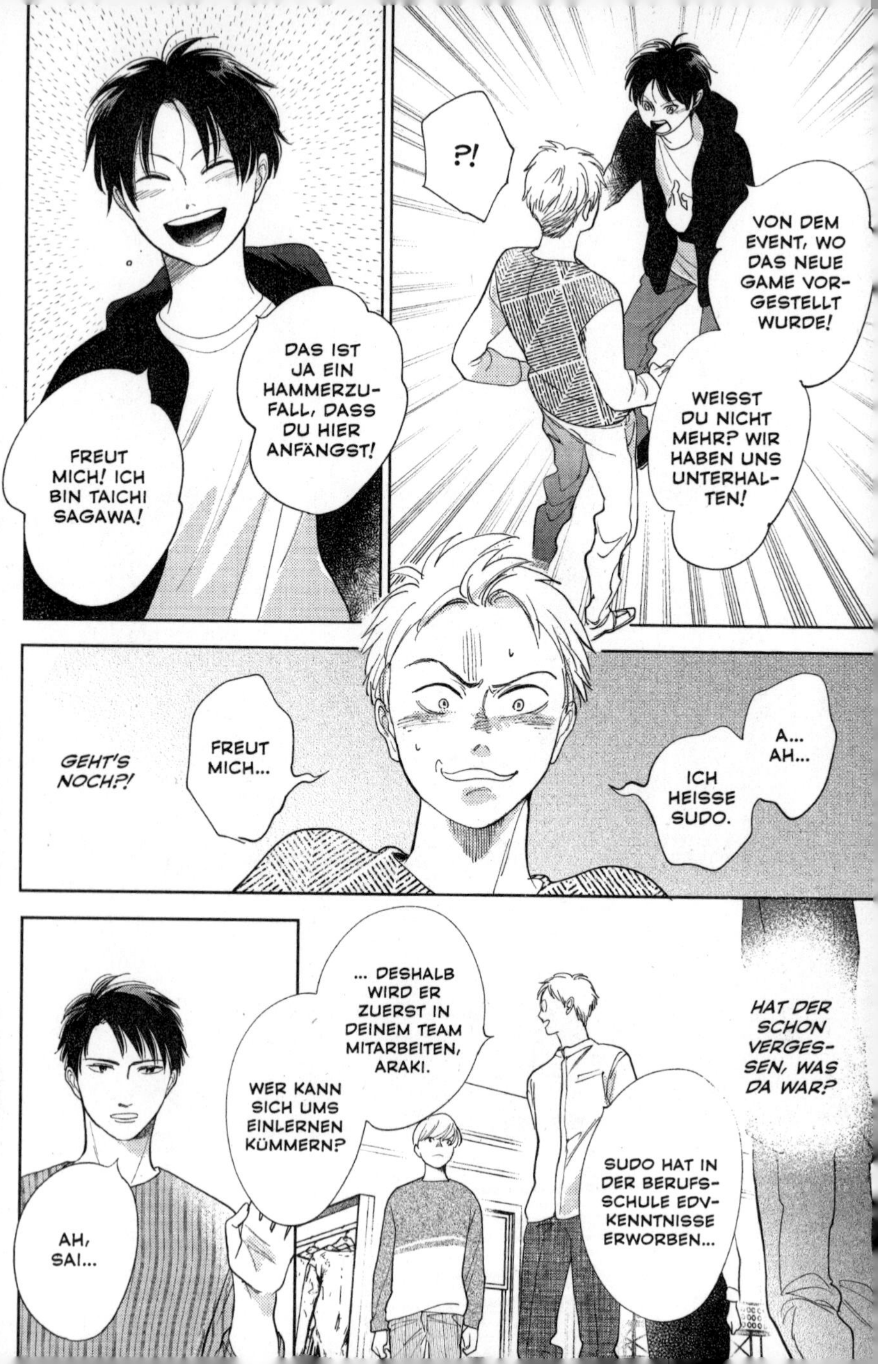
?!
VON DEM EVENT, WO DAS NEUE GAME VORGESTELLT WURDE!
WEISST DU NICHT MEHR? WIR HABEN UNS UNTERHALTEN!
DAS IST JA EIN HAMMERZUFALL, DASS DU HIER ANFÄNGST!
FREUT MICH! ICH BIN TAICHI SAGAWA!
A... AH...
ICH HEISSE SUDO.
FREUT MICH...
GEHT'S NOCH?!
HAT DER SCHON VERGESSEN, WAS DA WAR?
SUDO HAT IN DER BERUFSSCHULE EDV-KENNTNISSE ERWORBEN...
... DESHALB WIRD ER ZUERST IN DEINEM TEAM MITARBEITEN, ARAKI.
WER KANN SICH UMS EINLERNEN KÜMMERN?
AH, SAI...

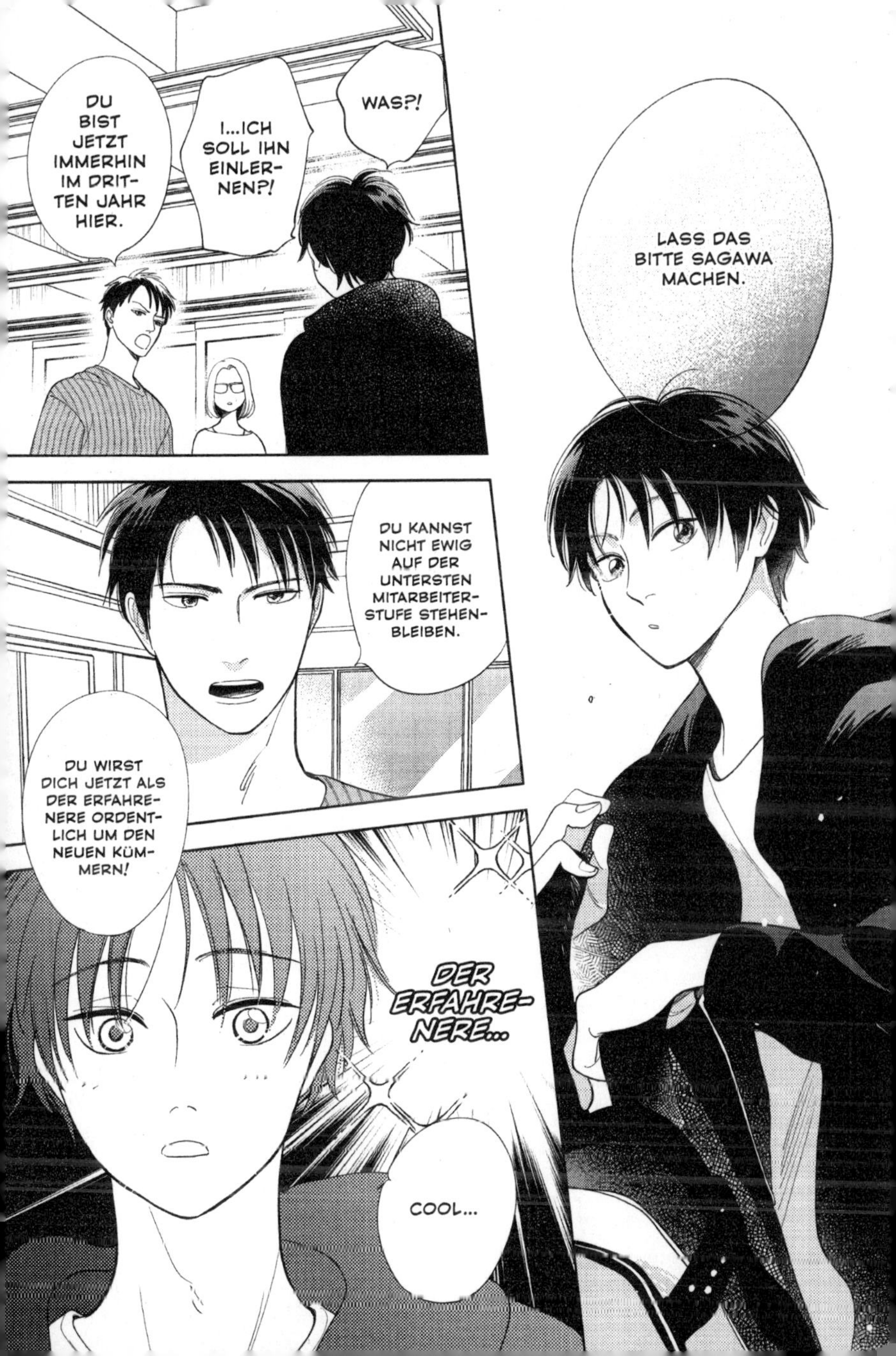
WAS?!
I...ICH SOLL IHN EINLERNEN?!
DU BIST JETZT IMMERHIN IM DRITTEN JAHR HIER.
LASS DAS BITTE SAGAWA MACHEN.
DU KANNST NICHT EWIG AUF DER UNTERSTEN MITARBEITERSTUFE STEHENBLEIBEN.
DU WIRST DICH JETZT ALS DER ERFAHRENERE ORDENTLICH UM DEN NEUEN KÜMMERN!
DER ERFAHRENERE...
COOL...

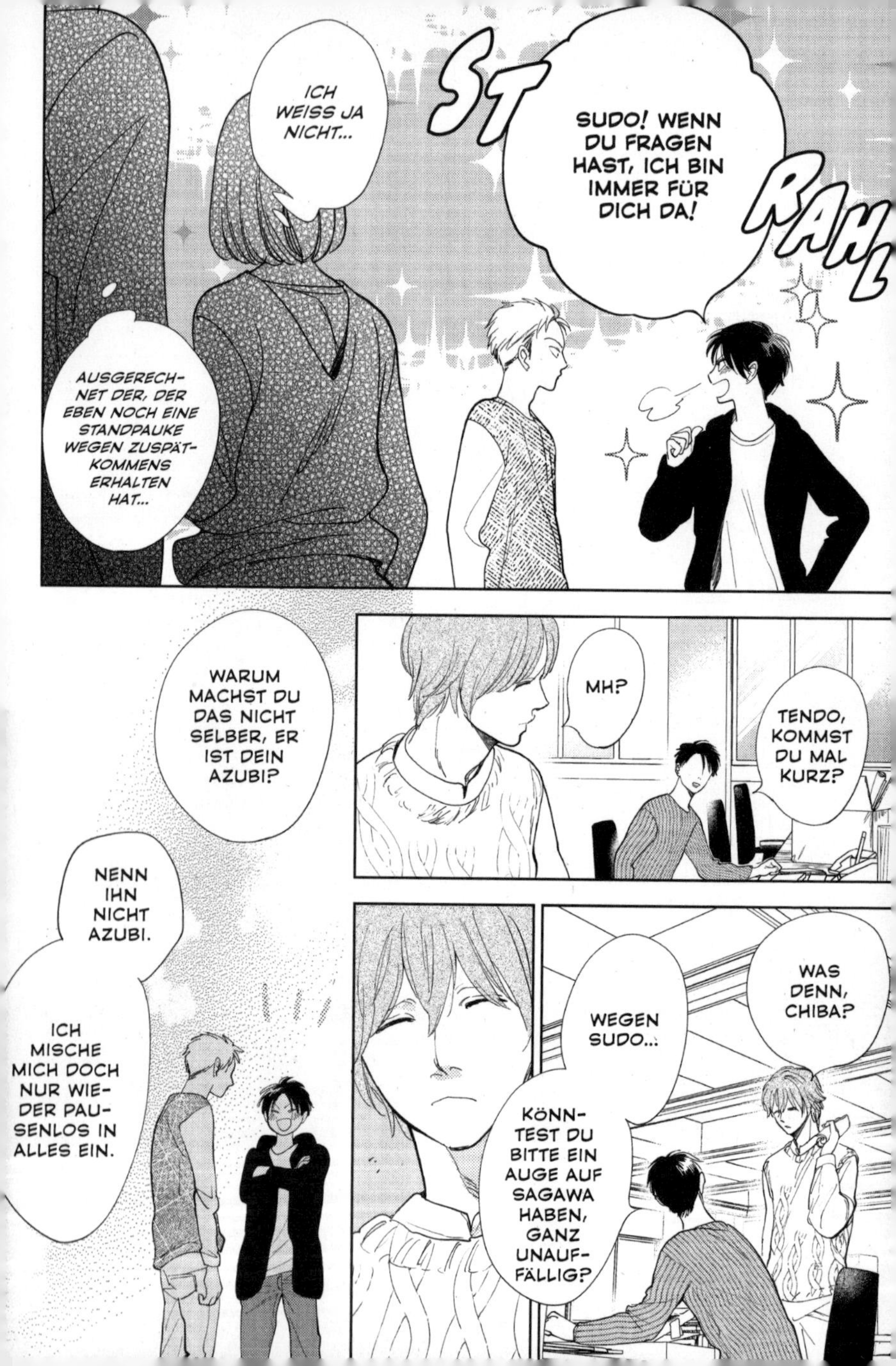
STRAHL
SUDO! WENN DU FRAGEN HAST, ICH BIN IMMER FÜR DICH DA!
ICH WEISS JA NICHT...
AUSGERECHNET DER, DER EBEN NOCH EINE STANDPAUKE WEGEN ZUSPÄT-KOMMENS ERHALTEN HAT...
TENDO, KOMMST DU MAL KURZ?
MH?
WARUM MACHST DU DAS NICHT SELBER, ER IST DEIN AZUBI?
WAS DENN, CHIBA?
WEGEN SUDO...
KÖNN-TEST DU BITTE EIN AUGE AUF SAGAWA HABEN, GANZ UNAUF-FÄLLIG?
NENN IHN NICHT AZUBI.
ICH MISCHE MICH DOCH NUR WIE-DER PAU-SENLOS IN ALLES EIN.

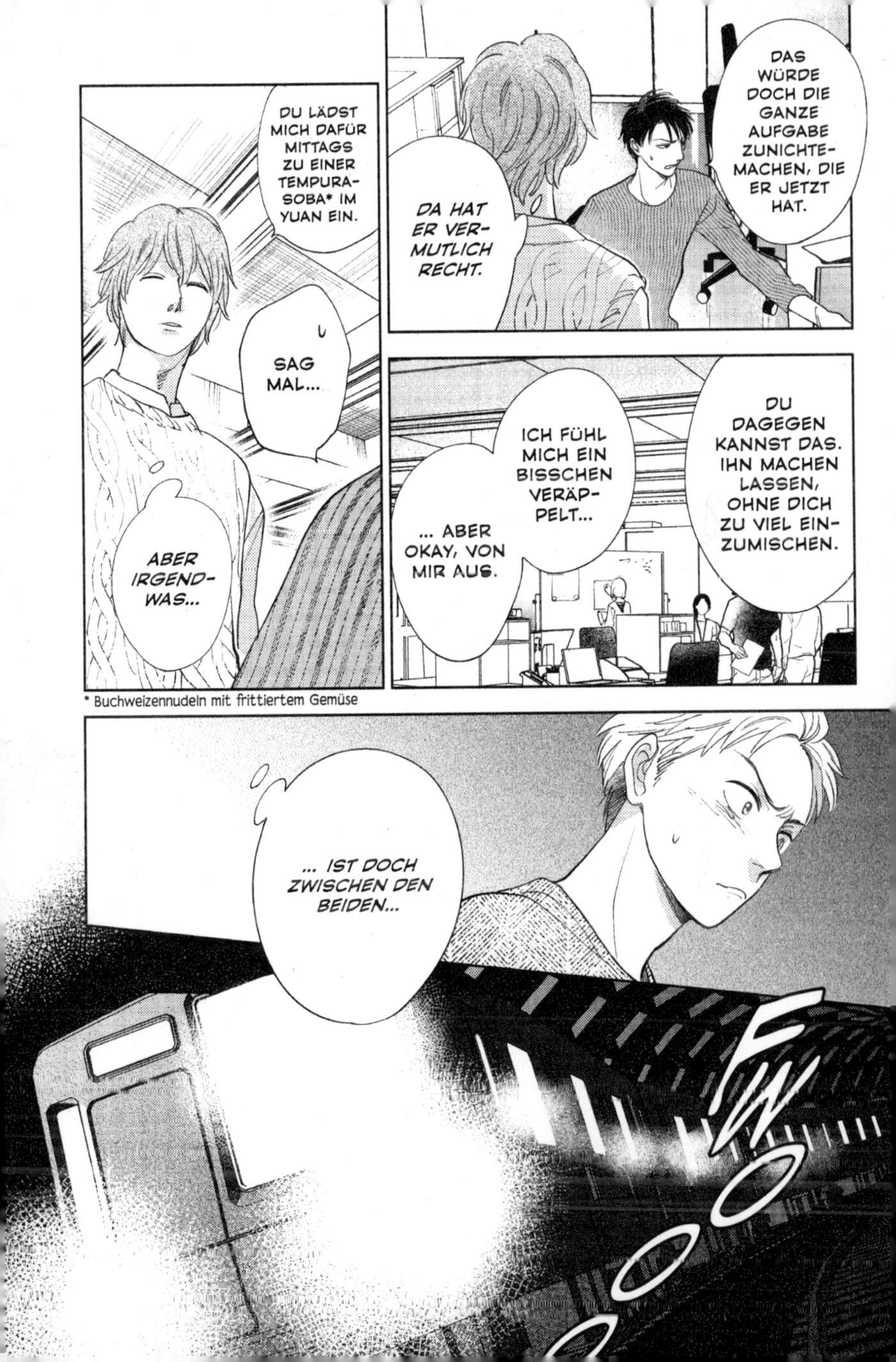

* Buchweizennudeln mit frittiertem Gemüse

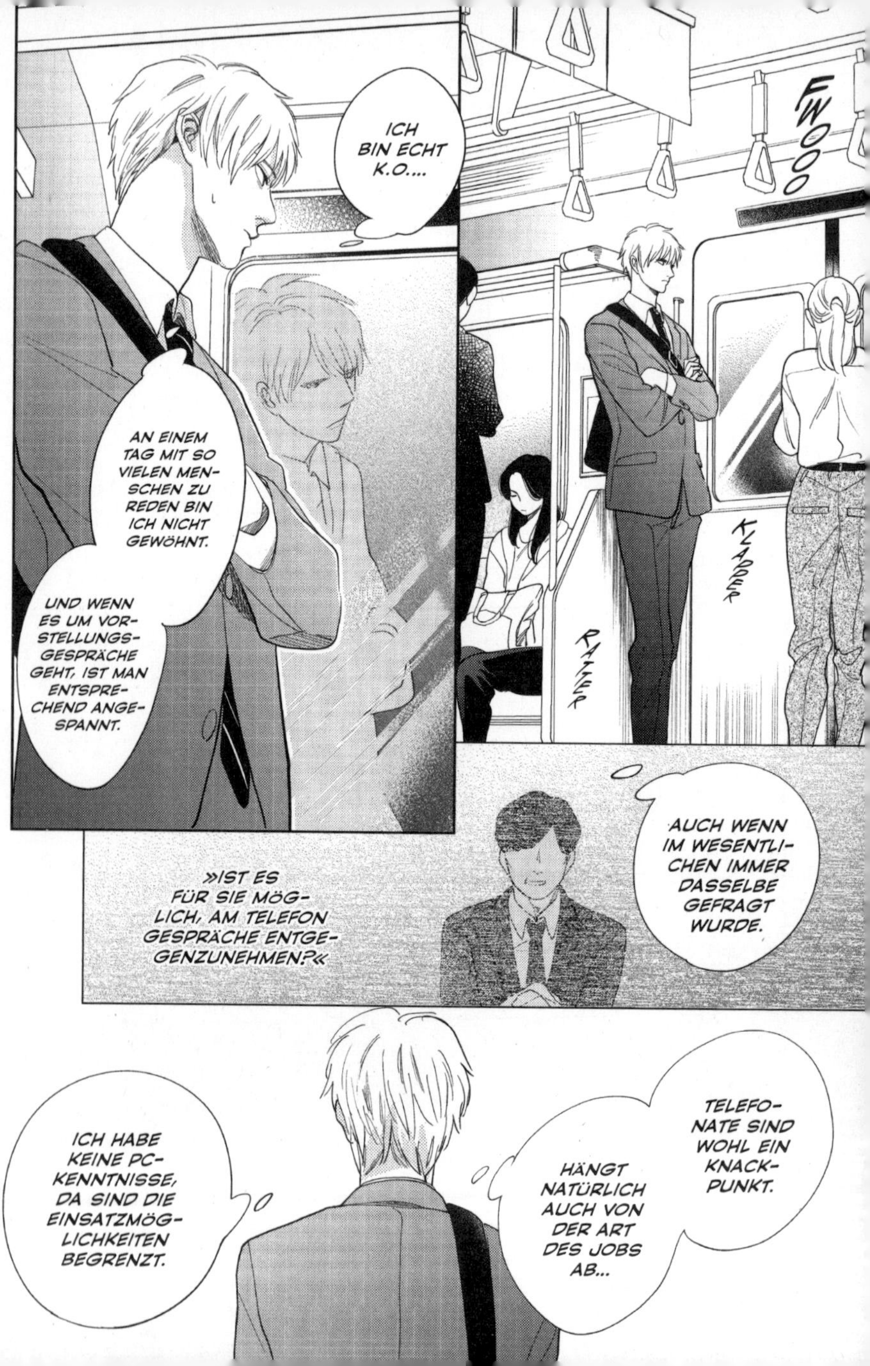
FWOOO
ICH BIN ECHT K.O....
AN EINEM TAG MIT SO VIELEN MENSCHEN ZU REDEN BIN ICH NICHT GEWÖHNT.
UND WENN ES UM VORSTELLUNGSGESPRÄCHE GEHT, IST MAN ENTSPRECHEND ANGESPANNT.
KLADDER
RATTER
AUCH WENN IM WESENTLICHEN IMMER DASSELBE GEFRAGT WURDE.
»IST ES FÜR SIE MÖGLICH, AM TELEFON GESPRÄCHE ENTGEGENZUNEHMEN?«
TELEFONATE SIND WOHL EIN KNACKPUNKT.
HÄNGT NATÜRLICH AUCH VON DER ART DES JOBS AB...
ICH HABE KEINE PC-KENNTNISSE, DA SIND DIE EINSATZMÖGLICHKEITEN BEGRENZT.

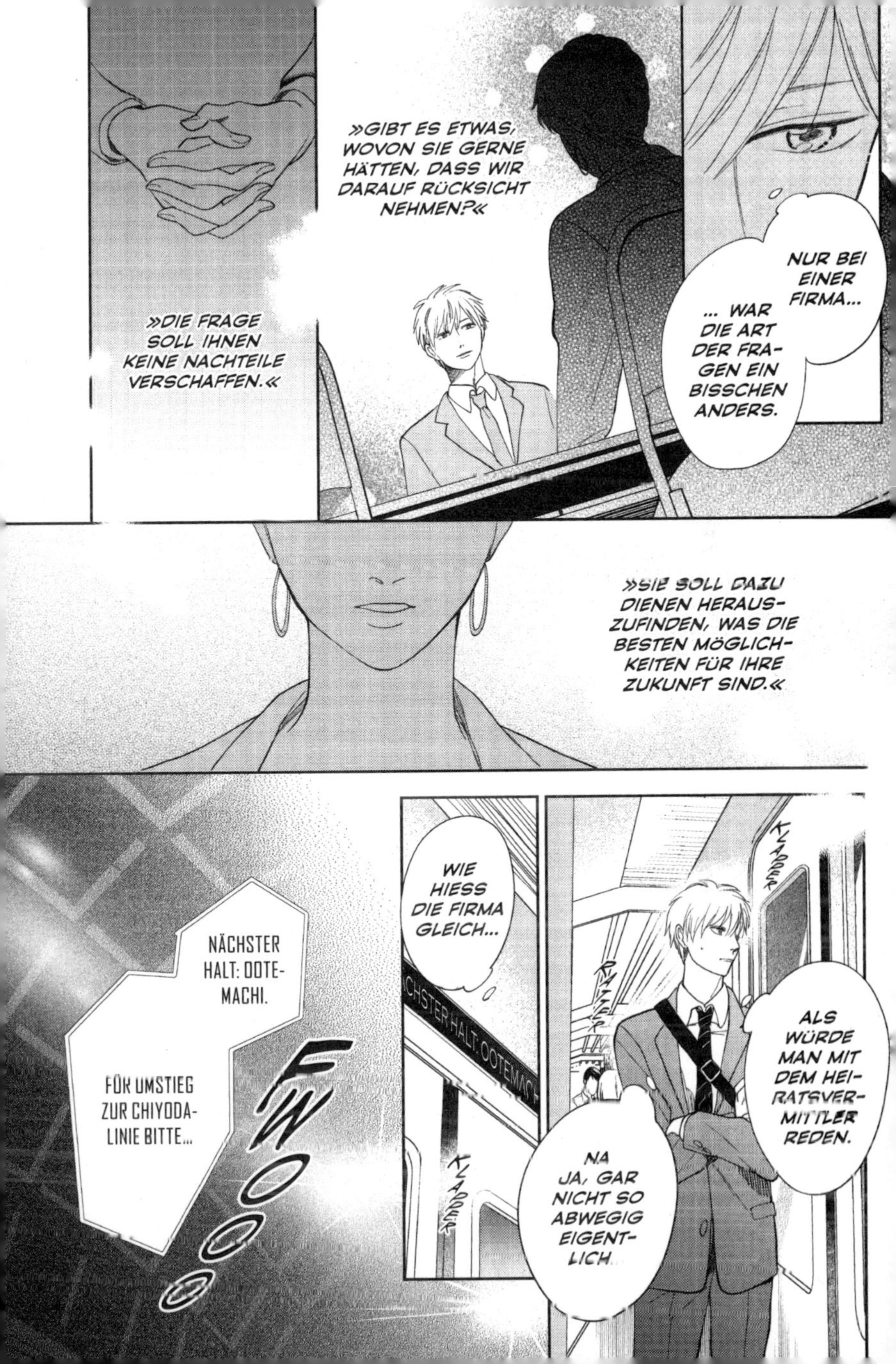
NUR BEI EINER FIRMA...
... WAR DIE ART DER FRAGEN EIN BISSCHEN ANDERS.
»GIBT ES ETWAS, WOVON SIE GERNE HÄTTEN, DASS WIR DARAUF RÜCKSICHT NEHMEN?«
»DIE FRAGE SOLL IHNEN KEINE NACHTEILE VERSCHAFFEN.«
»SIE SOLL DAZU DIENEN HERAUS-ZUFINDEN, WAS DIE BESTEN MÖGLICH-KEITEN FÜR IHRE ZUKUNFT SIND.«
KLAPPER
RATTER
ALS WÜRDE MAN MIT DEM HEIRATSVER-MITTLER REDEN.
NA JA, GAR NICHT SO ABWEGIG EIGENT-LICH.
WIE HIESS DIE FIRMA GLEICH...
KLAPPER
NÄCHSTER HALT: OOTE-MACHI.
FÜR UMSTIEG ZUR CHIYODA-LINIE BITTE...
FWOOO

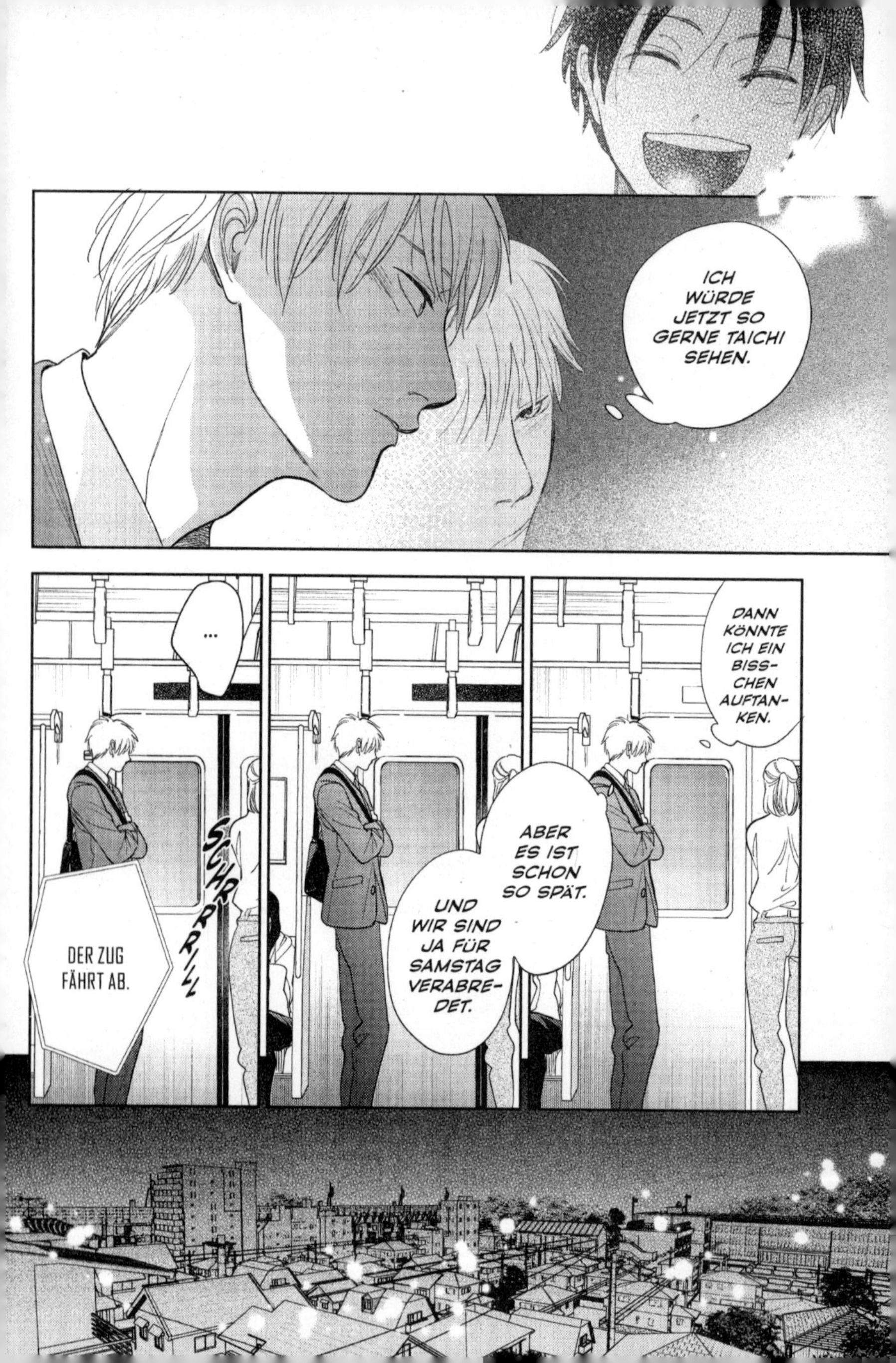
ICH WÜRDE JETZT SO GERNE TAICHI SEHEN.
DANN KÖNNTE ICH EIN BISSCHEN AUFTANKEN.
ABER ES IST SCHON SO SPÄT.
UND WIR SIND JA FÜR SAMSTAG VERABREDET.
...
SCHRRRILL
DER ZUG FÄHRT AB.

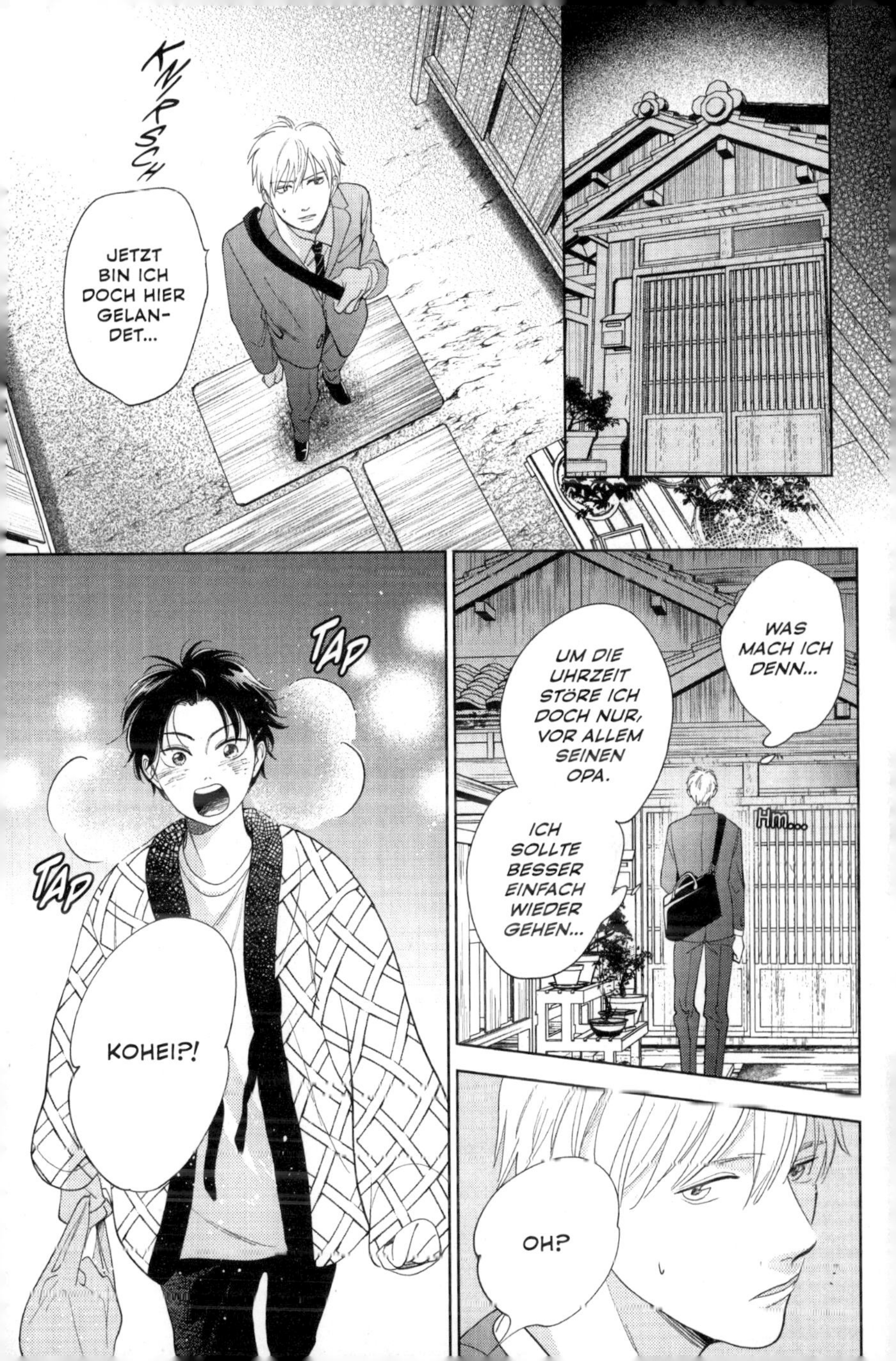
KNIRSCH
JETZT BIN ICH DOCH HIER GELANDET...
WAS MACH ICH DENN...
UM DIE UHRZEIT STÖRE ICH DOCH NUR, VOR ALLEM SEINEN OPA.
ICH SOLLTE BESSER EINFACH WIEDER GEHEN...
Hm...
OH?
TAP
TAP
KOHEI?!

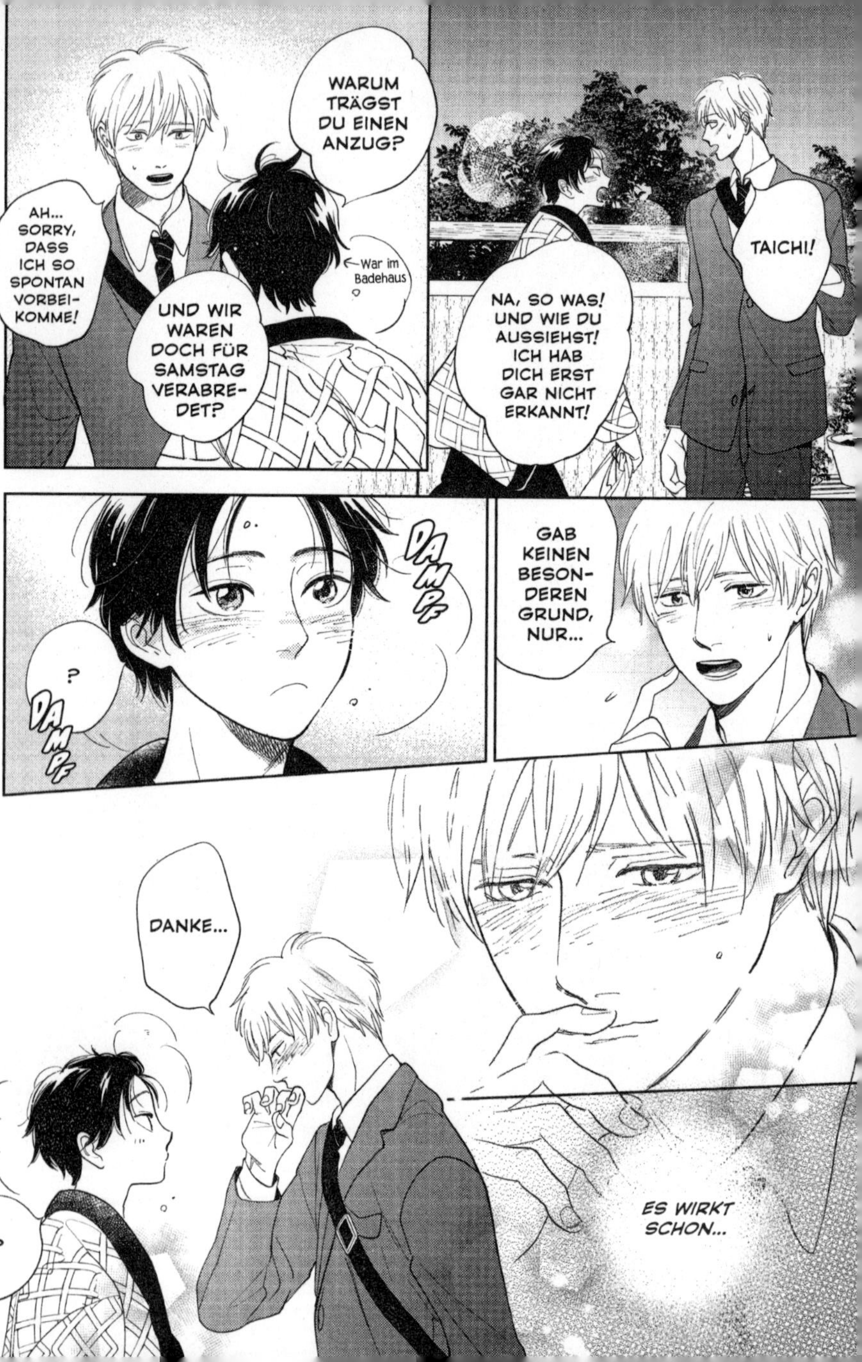

TAICHI!
NA, SO WAS! UND WIE DU AUSSIEHST! ICH HAB DICH ERST GAR NICHT ERKANNT!
WARUM TRÄGST DU EINEN ANZUG?
War im Badehaus
UND WIR WAREN DOCH FÜR SAMSTAG VERABREDET?
AH... SORRY, DASS ICH SO SPONTAN VORBEIKOMME!
GAB KEINEN BESONDEREN GRUND, NUR...
DAMPF
?
DAMPF
ES WIRKT SCHON...
DANKE...
?

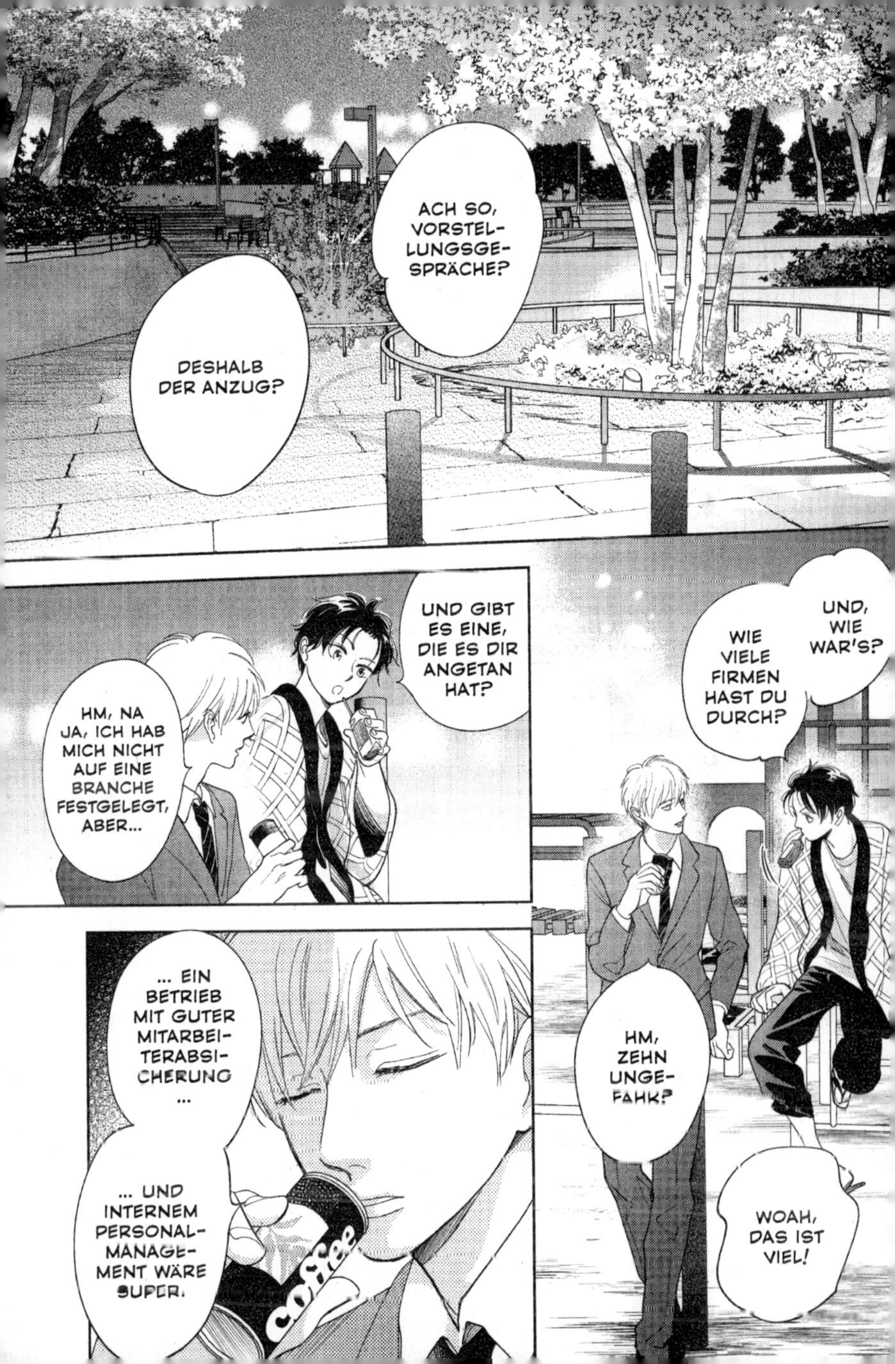
ACH SO, VORSTELLUNGSGESPRÄCHE?
DESHALB DER ANZUG?
UND, WIE WAR'S?
WIE VIELE FIRMEN HAST DU DURCH?
HM, ZEHN UNGEFÄHR?
WOAH, DAS IST VIEL!
UND GIBT ES EINE, DIE ES DIR ANGETAN HAT?
HM, NA JA, ICH HAB MICH NICHT AUF EINE BRANCHE FESTGELEGT, ABER ...
... EIN BETRIEB MIT GUTER MITARBEITERABSICHERUNG ...
... UND INTERNEM PERSONALMANAGEMENT WÄRE SUPER.

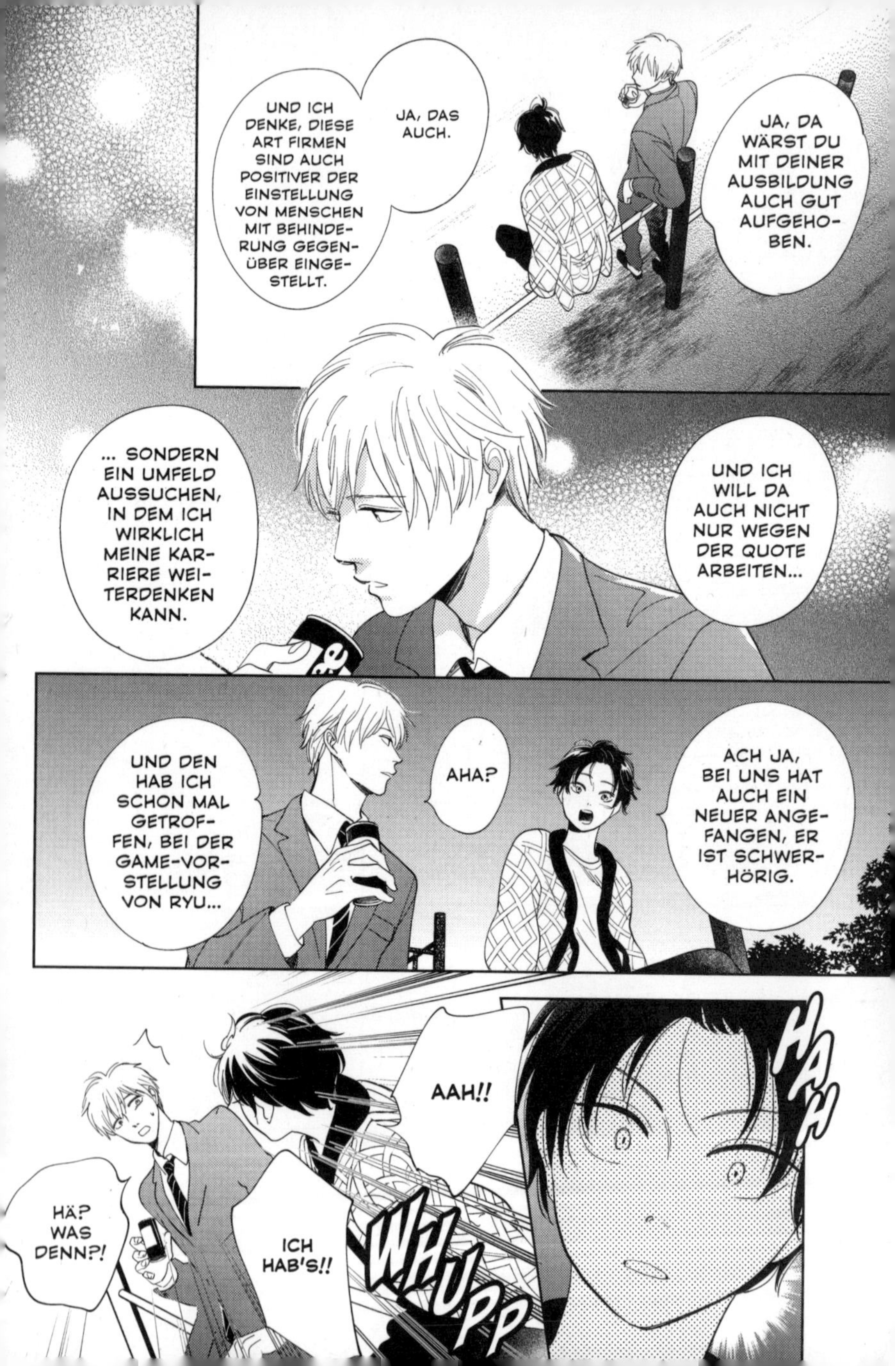
JA, DA WÄRST DU MIT DEINER AUSBILDUNG AUCH GUT AUFGEHOBEN.
JA, DAS AUCH.
UND ICH DENKE, DIESE ART FIRMEN SIND AUCH POSITIVER DER EINSTELLUNG VON MENSCHEN MIT BEHINDERUNG GEGENÜBER EINGESTELLT.
UND ICH WILL DA AUCH NICHT NUR WEGEN DER QUOTE ARBEITEN...
... SONDERN EIN UMFELD AUSSUCHEN, IN DEM ICH WIRKLICH MEINE KARRIERE WEITERDENKEN KANN.
ACH JA, BEI UNS HAT AUCH EIN NEUER ANGEFANGEN, ER IST SCHWERHÖRIG.
AHA?
UND DEN HAB ICH SCHON MAL GETROFFEN, BEI DER GAME-VORSTELLUNG VON RYU...
HAH
AAH!!
WHUPP
ICH HAB'S!!
HÄ? WAS DENN?!

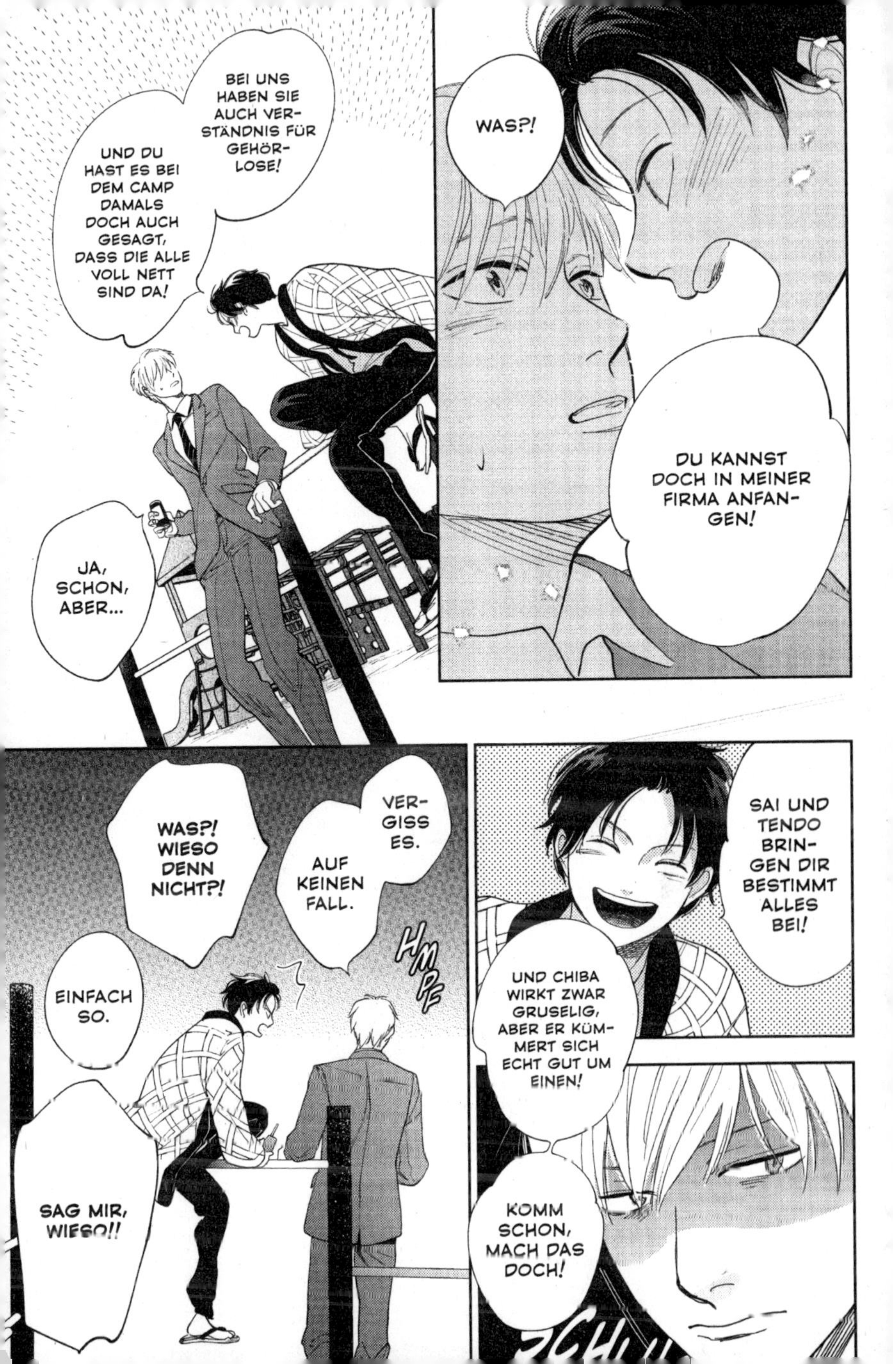
WAS?!
DU KANNST DOCH IN MEINER FIRMA ANFANGEN!
BEI UNS HABEN SIE AUCH VERSTÄNDNIS FÜR GEHÖRLOSE!
UND DU HAST ES BEI DEM CAMP DAMALS DOCH AUCH GESAGT, DASS DIE ALLE VOLL NETT SIND DA!
JA, SCHON, ABER...
SAI UND TENDO BRINGEN DIR BESTIMMT ALLES BEI!
UND CHIBA WIRKT ZWAR GRUSELIG, ABER ER KÜMMERT SICH ECHT GUT UM EINEN!
KOMM SCHON, MACH DAS DOCH!
VERGISS ES.
AUF KEINEN FALL.
WAS?! WIESO DENN NICHT?!
HMPF
EINFACH SO.
SAG MIR, WIESO!!

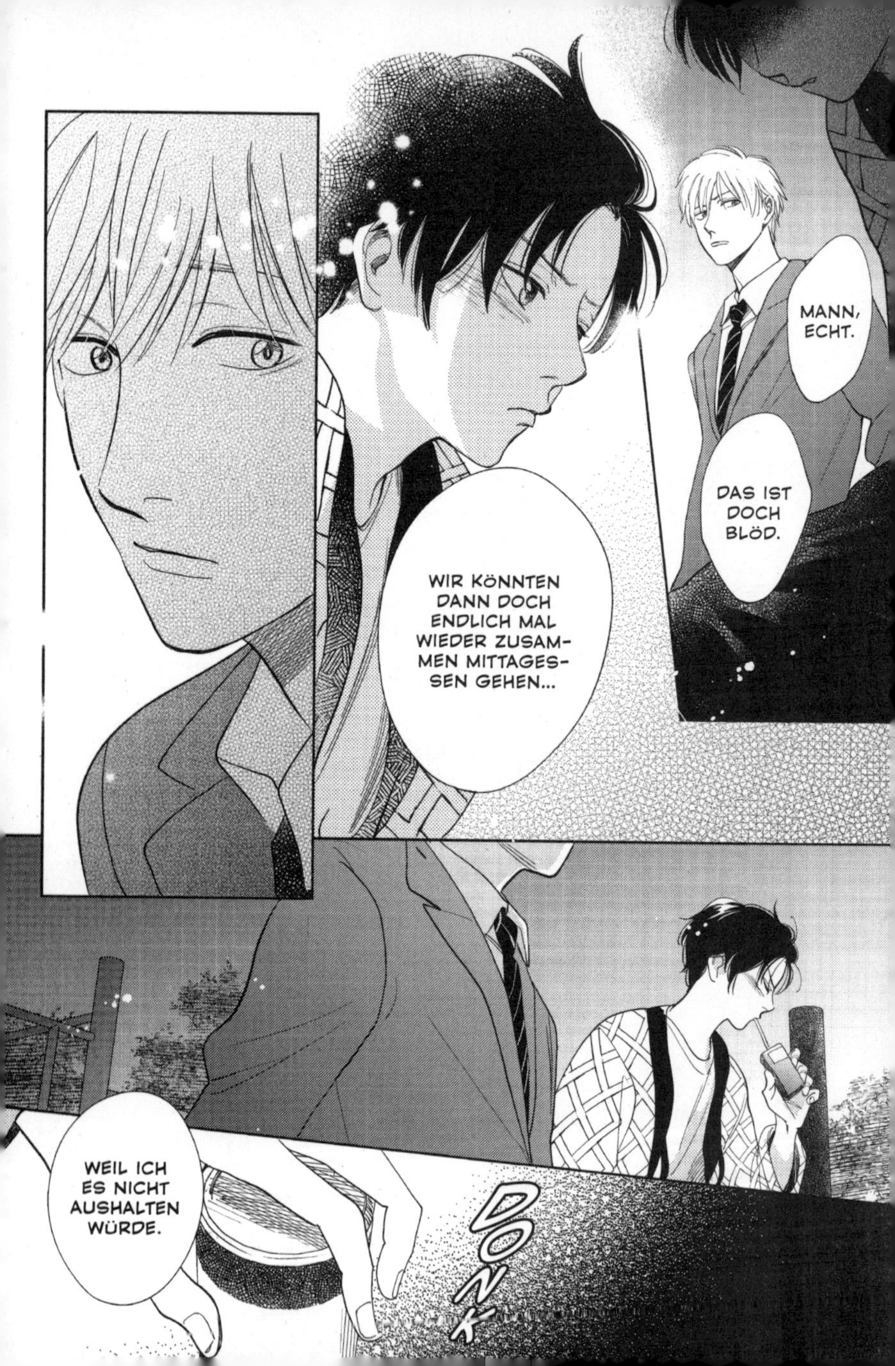
MANN, ECHT.
DAS IST DOCH BLÖD.
WIR KÖNNTEN DANN DOCH ENDLICH MAL WIEDER ZUSAMMEN MITTAGESSEN GEHEN...
DONK
WEIL ICH ES NICHT AUSHALTEN WÜRDE.

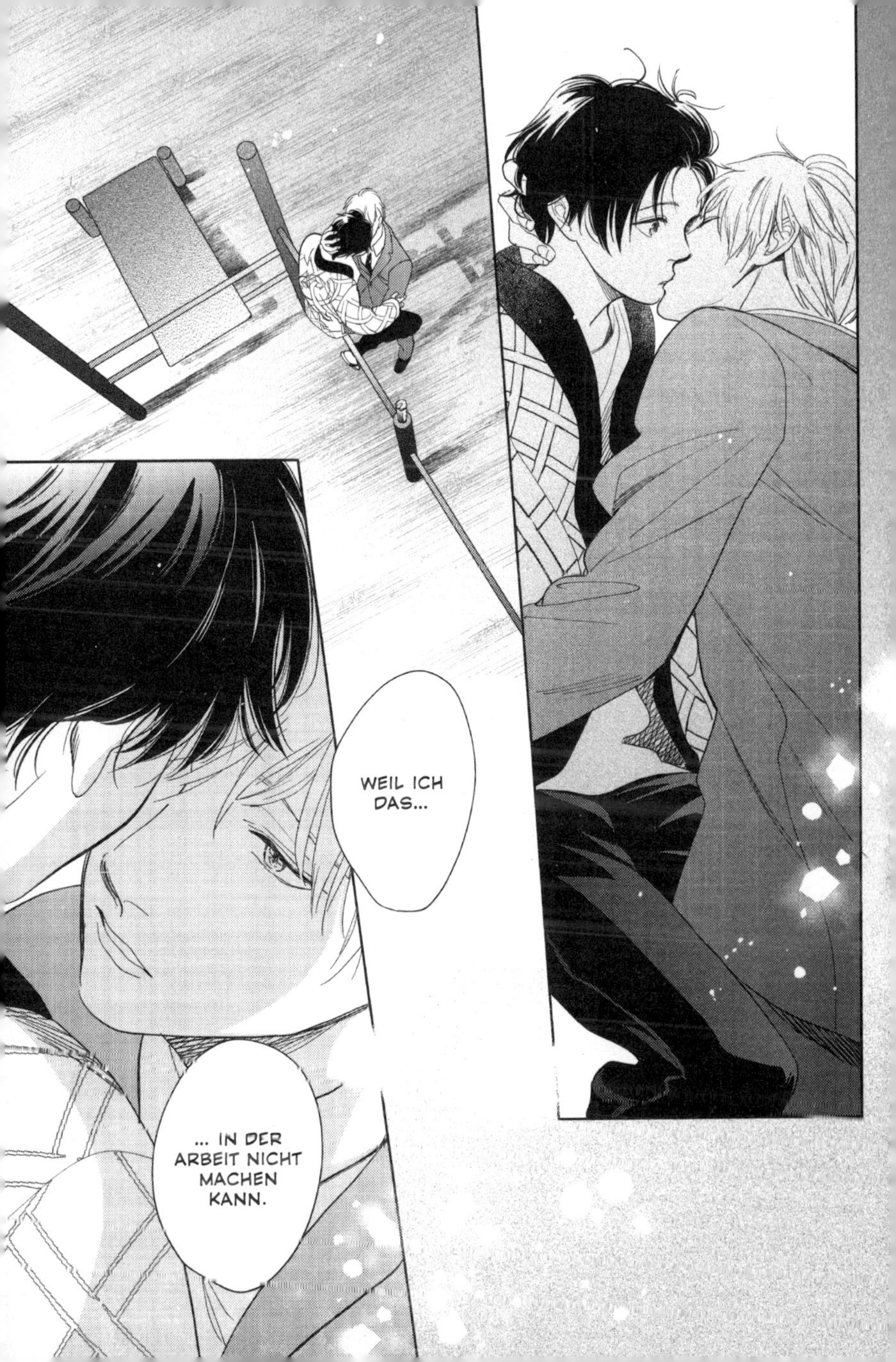
WEIL ICH DAS...
... IN DER ARBEIT NICHT MACHEN KANN.

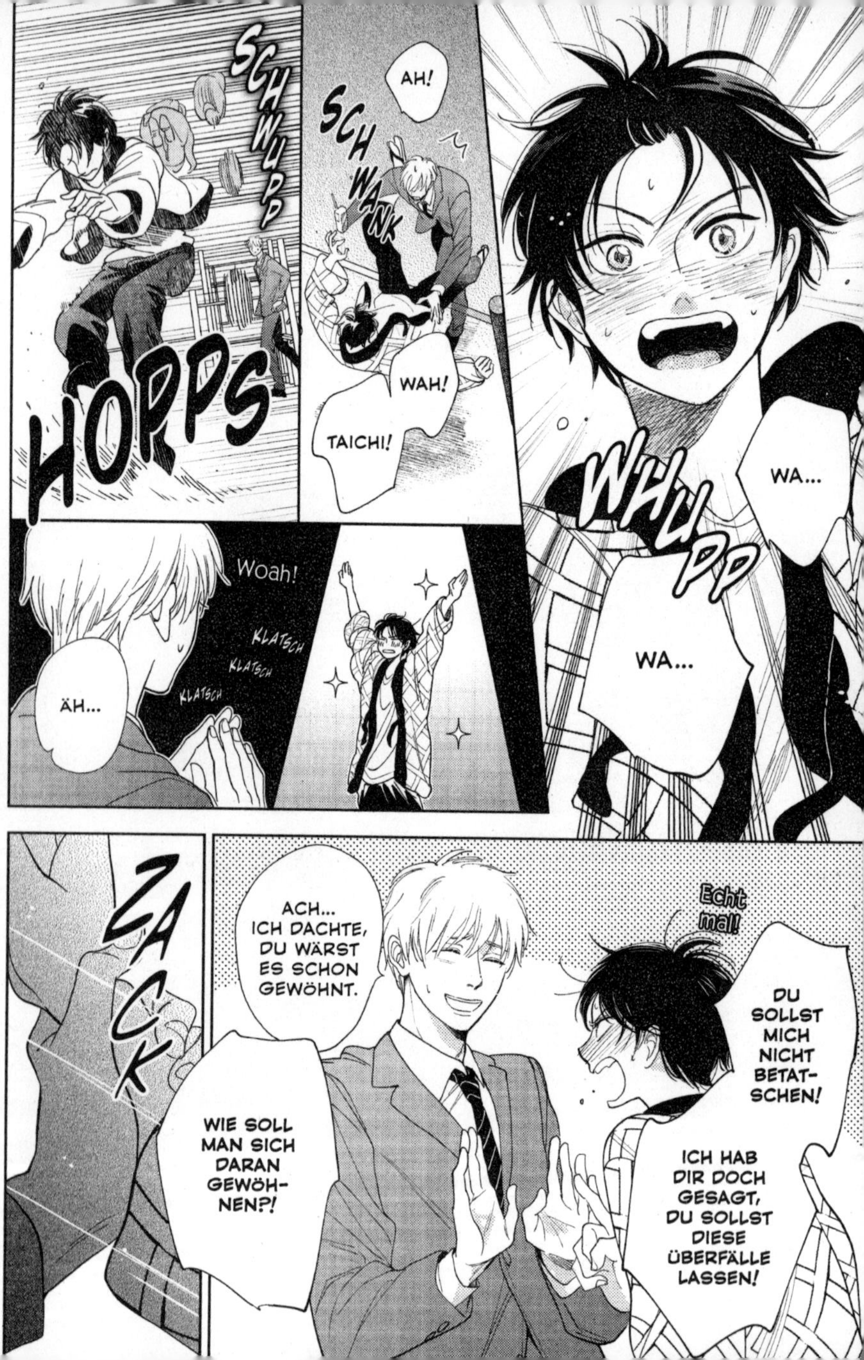
WA...
WA...
WHUPP
AH!
SCHWANK
WAH!
TAICHI!
SCHWUPP
HOPPS
Woah!
KLATSCH
KLATSCH
KLATSCH
ÄH...
Echt mal!
DU SOLLST MICH NICHT BETATSCHEN!
ICH HAB DIR DOCH GESAGT, DU SOLLST DIESE ÜBERFÄLLE LASSEN!
ACH... ICH DACHTE, DU WÄRST ES SCHON GEWÖHNT.
WIE SOLL MAN SICH DARAN GEWÖHNEN?!
ZACK

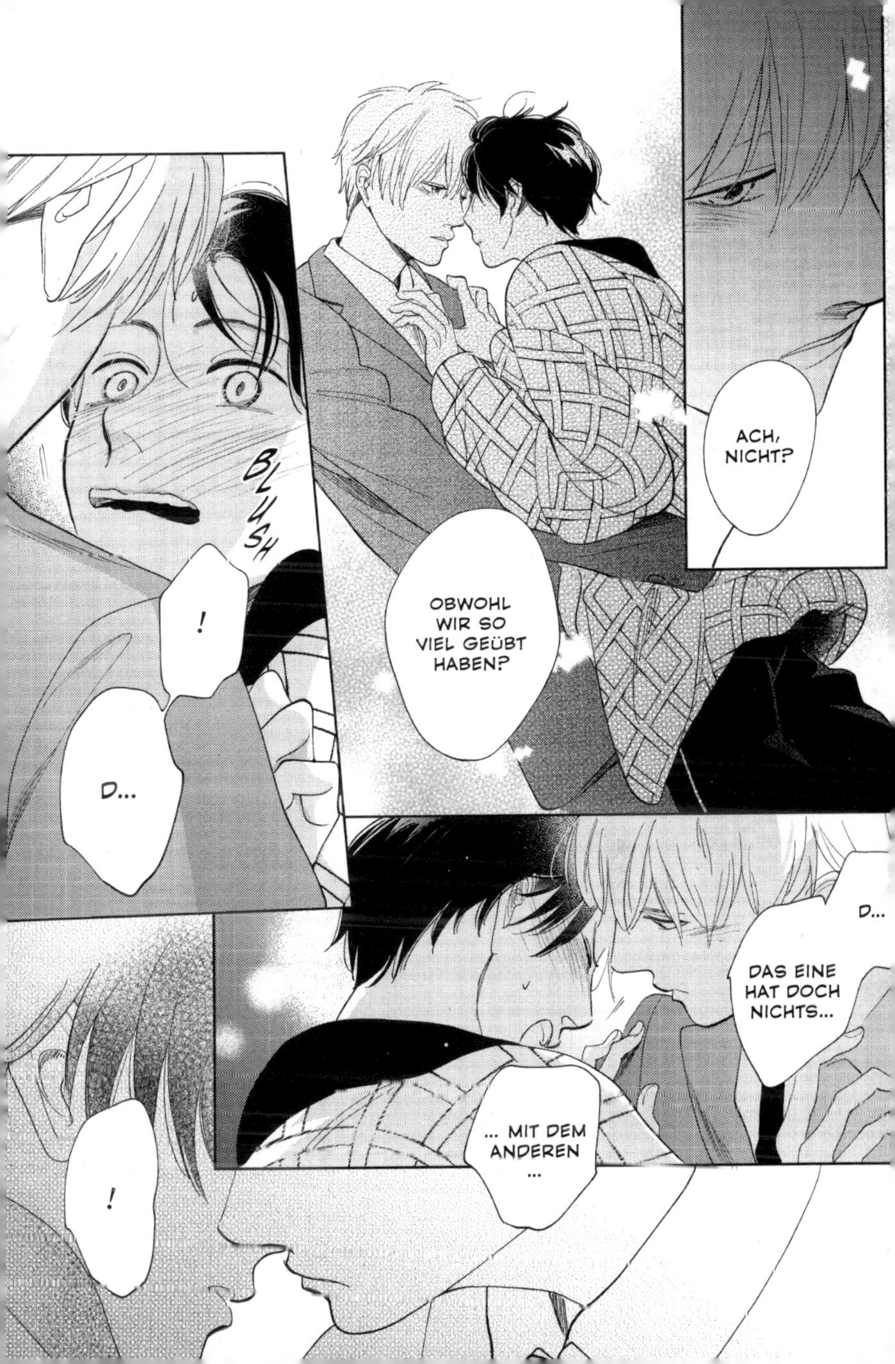
ACH, NICHT?
OBWOHL WIR SO VIEL GEÜBT HABEN?
BLUSH
!
D...
D...
DAS EINE HAT DOCH NICHTS...
... MIT DEM ANDEREN ...
!

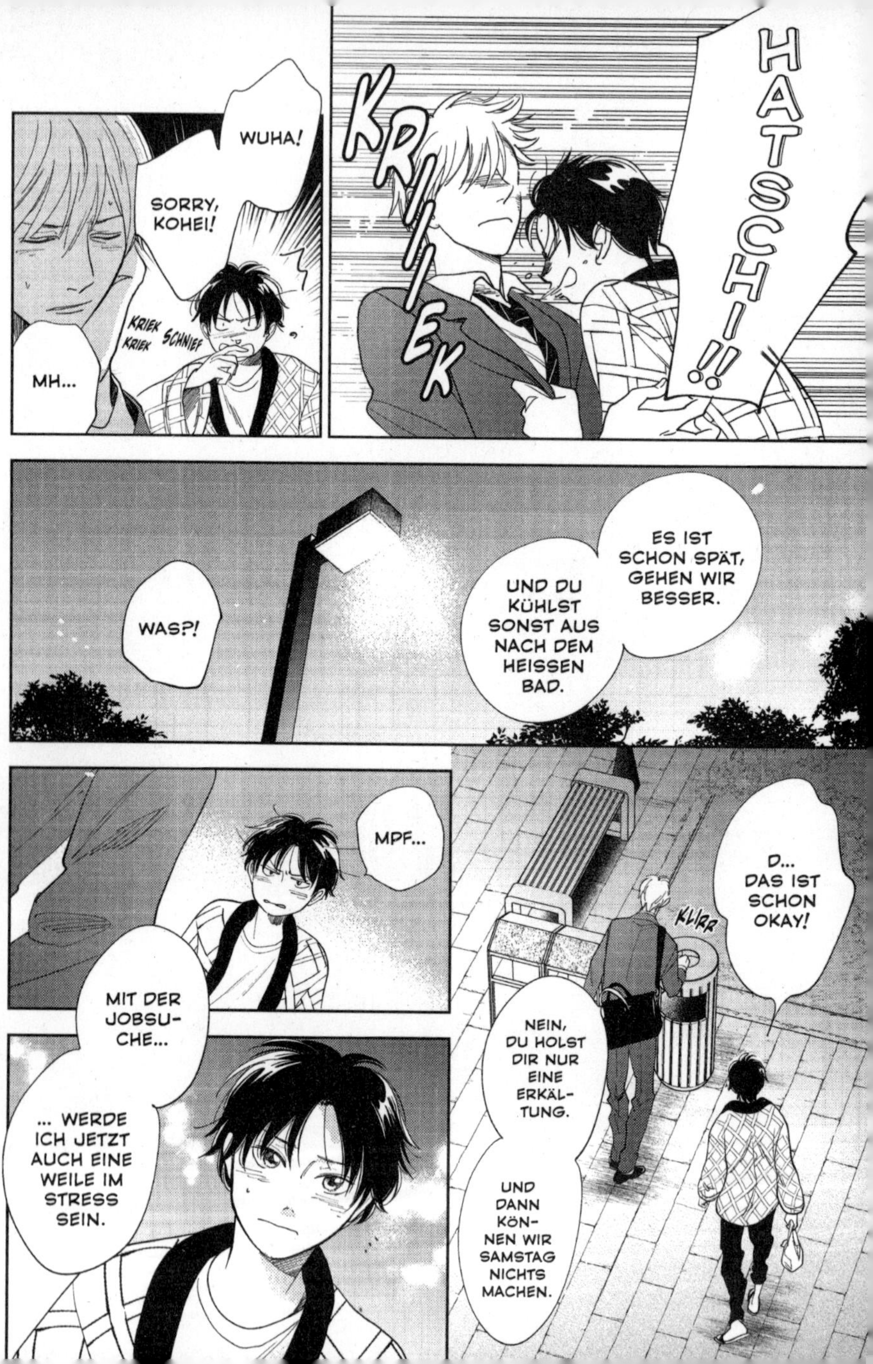
HATSCHI!!
KRIIIEK
WUHA!
SORRY, KOHEI!
KRIEK KRIEK
SCHNIEF
MH...
ES IST SCHON SPÄT, GEHEN WIR BESSER.
UND DU KÜHLST SONST AUS NACH DEM HEISSEN BAD.
WAS?!
D... DAS IST SCHON OKAY!
KLIRR
NEIN, DU HOLST DIR NUR EINE ERKÄLTUNG.
UND DANN KÖNNEN WIR SAMSTAG NICHTS MACHEN.
MPF...
MIT DER JOBSUCHE...
... WERDE ICH JETZT AUCH EINE WEILE IM STRESS SEIN.

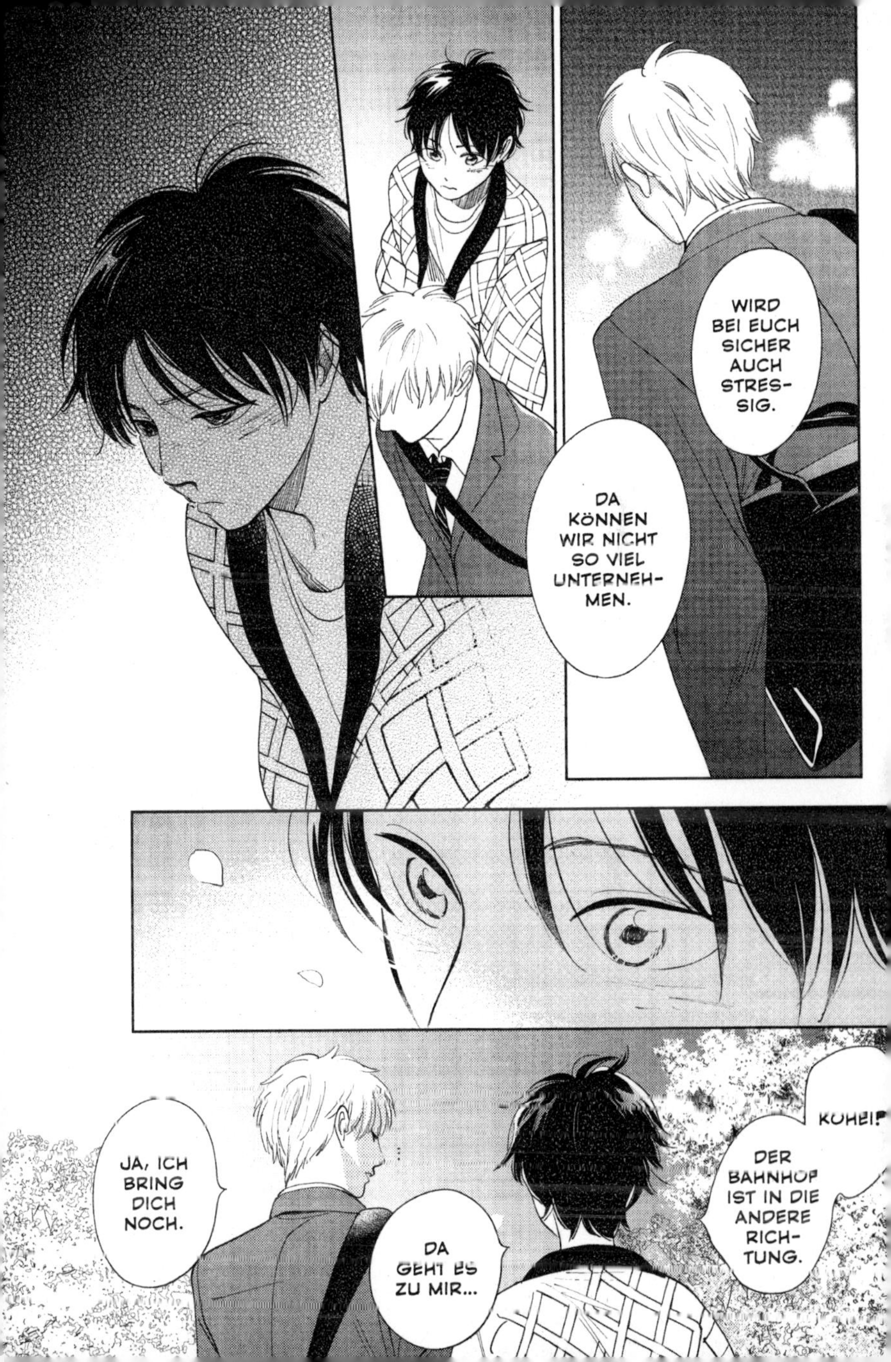
WIRD BEI EUCH SICHER AUCH STRES-SIG.
DA KÖNNEN WIR NICHT SO VIEL UNTERNEH-MEN.
KOHEI!?
DER BAHNHOF IST IN DIE ANDERE RICH-TUNG.
DA GEHT ES ZU MIR...
JA, ICH BRING DICH NOCH.

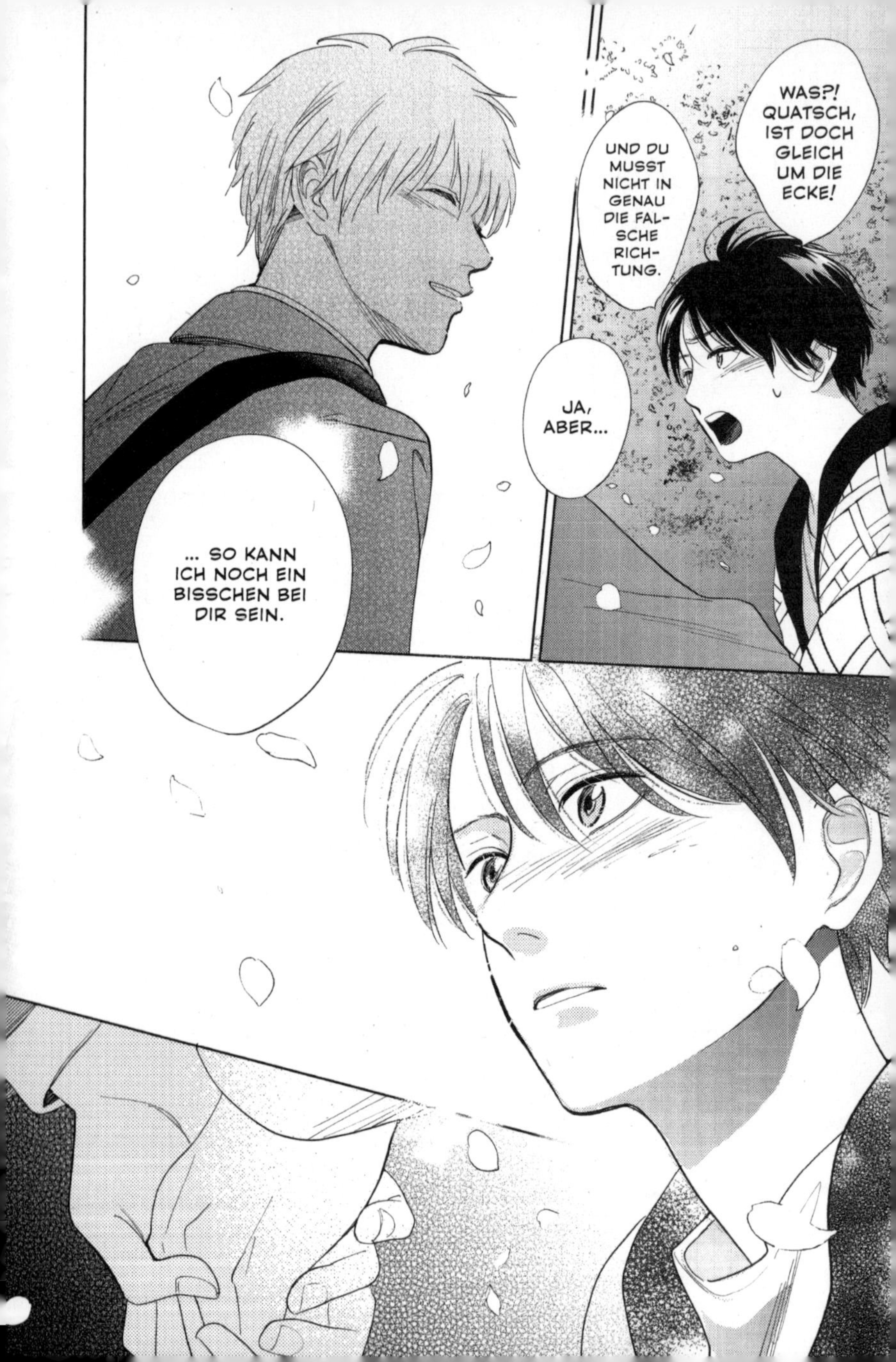
WAS?! QUATSCH, IST DOCH GLEICH UM DIE ECKE!
UND DU MUSST NICHT IN GENAU DIE FAL-SCHE RICH-TUNG.
JA, ABER...
... SO KANN ICH NOCH EIN BISSCHEN BEI DIR SEIN.

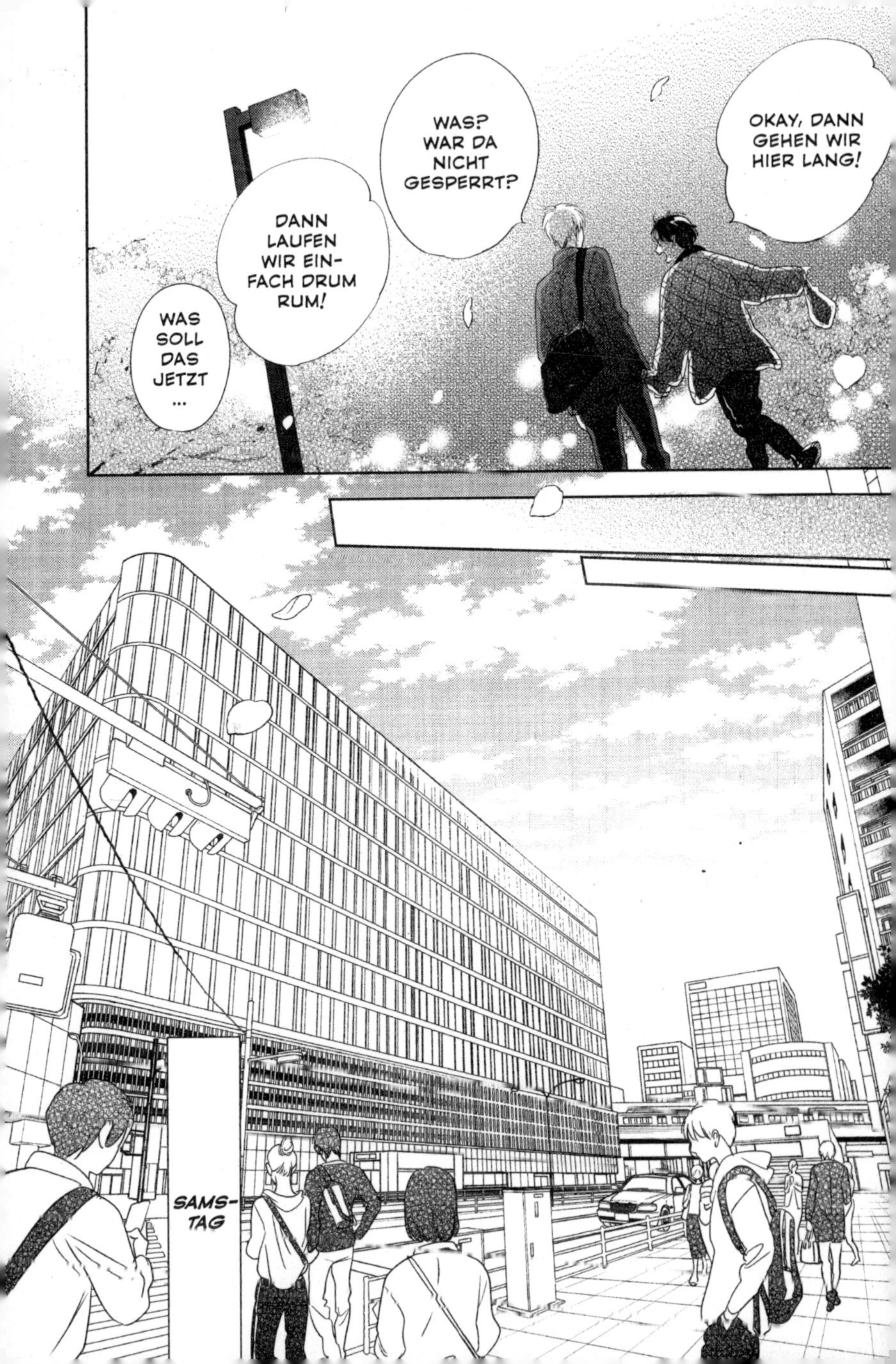
OKAY, DANN GEHEN WIR HIER LANG!
WAS? WAR DA NICHT GESPERRT?
DANN LAUFEN WIR EIN-FACH DRUM RUM!
WAS SOLL DAS JETZT ...
SAMS-TAG

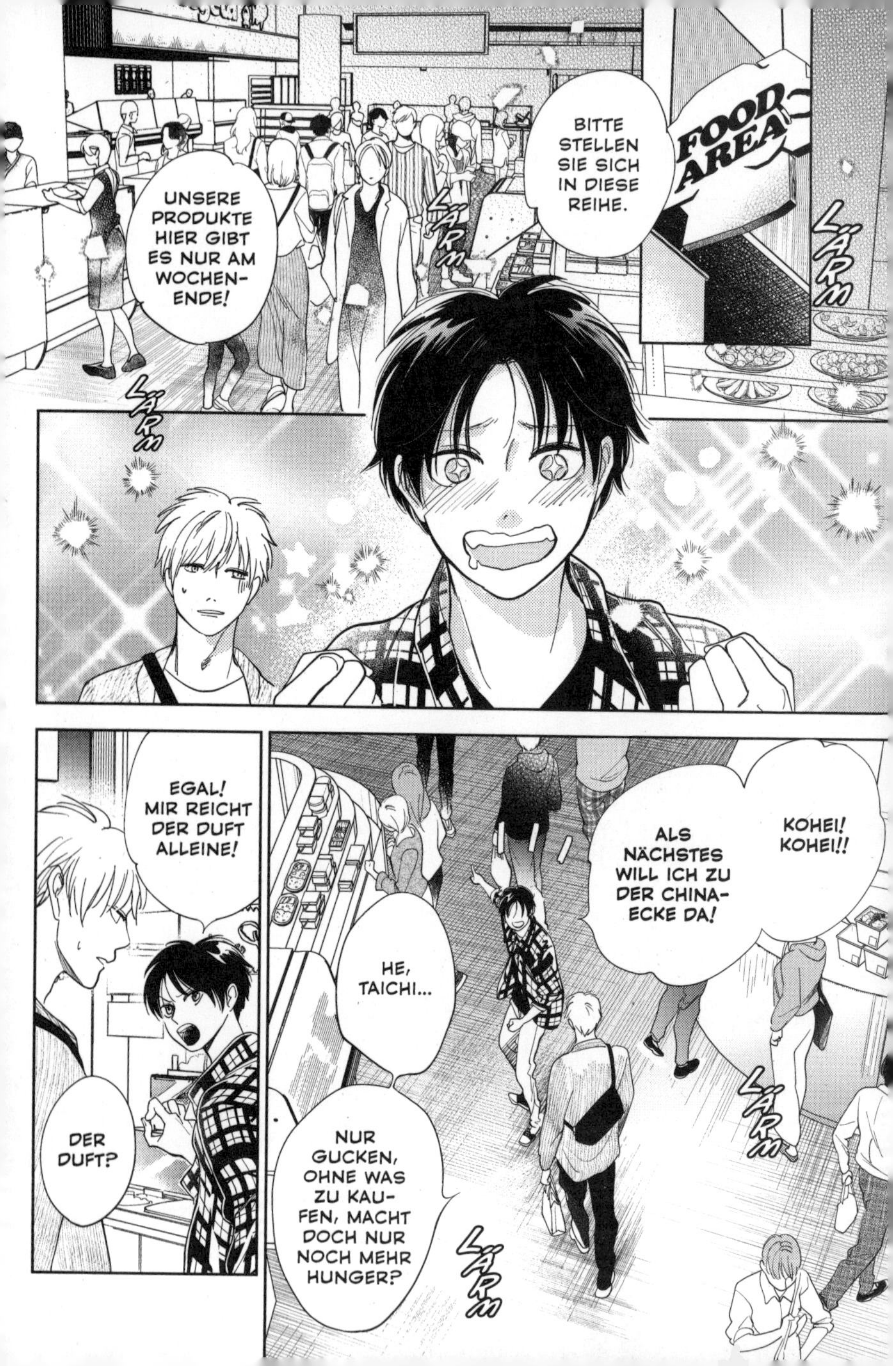
BITTE STELLEN SIE SICH IN DIESE REIHE.
LÄRM
UNSERE PRODUKTE HIER GIBT ES NUR AM WOCHEN-ENDE!
LÄRM
LÄRM
FOOD AREA
KOHEI! KOHEI!!
ALS NÄCHSTES WILL ICH ZU DER CHINA-ECKE DA!
HE, TAICHI...
NUR GUCKEN, OHNE WAS ZU KAU-FEN, MACHT DOCH NUR NOCH MEHR HUNGER?
LÄRM
LÄRM
EGAL! MIR REICHT DER DUFT ALLEINE!
DER DUFT?

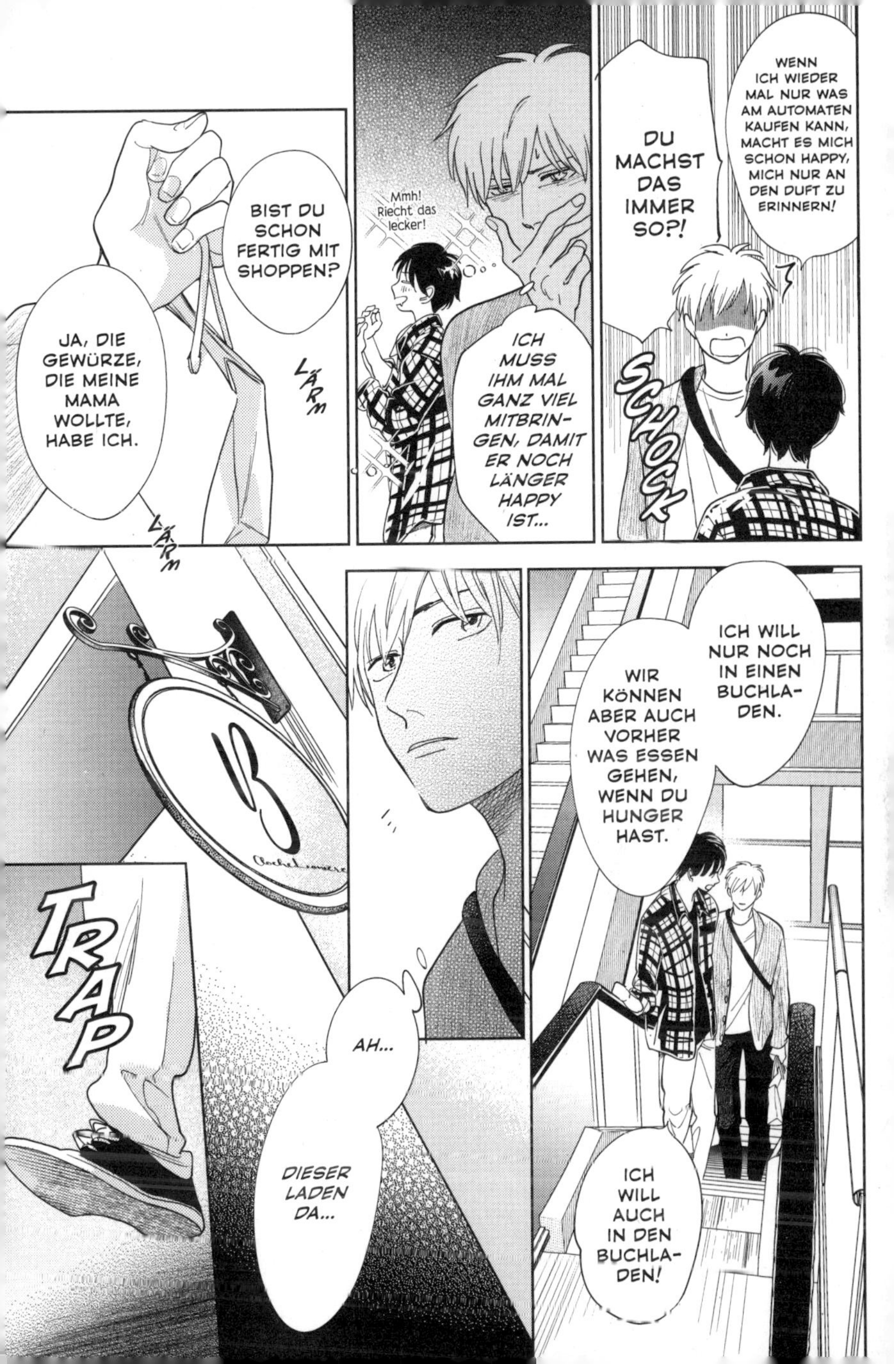
WENN ICH WIEDER MAL NUR WAS AM AUTOMATEN KAUFEN KANN, MACHT ES MICH SCHON HAPPY, MICH NUR AN DEN DUFT ZU ERINNERN!
DU MACHST DAS IMMER SO?!
SCHOCK
Mmh! Riecht das lecker!
ICH MUSS IHM MAL GANZ VIEL MITBRINGEN, DAMIT ER NOCH LÄNGER HAPPY IST...
BIST DU SCHON FERTIG MIT SHOPPEN?
JA, DIE GEWÜRZE, DIE MEINE MAMA WOLLTE, HABE ICH.
LÄRM
LÄRM
ICH WILL NUR NOCH IN EINEN BUCHLADEN.
WIR KÖNNEN ABER AUCH VORHER WAS ESSEN GEHEN, WENN DU HUNGER HAST.
ICH WILL AUCH IN DEN BUCHLADEN!
AH...
DIESER LADEN DA...
TRAP

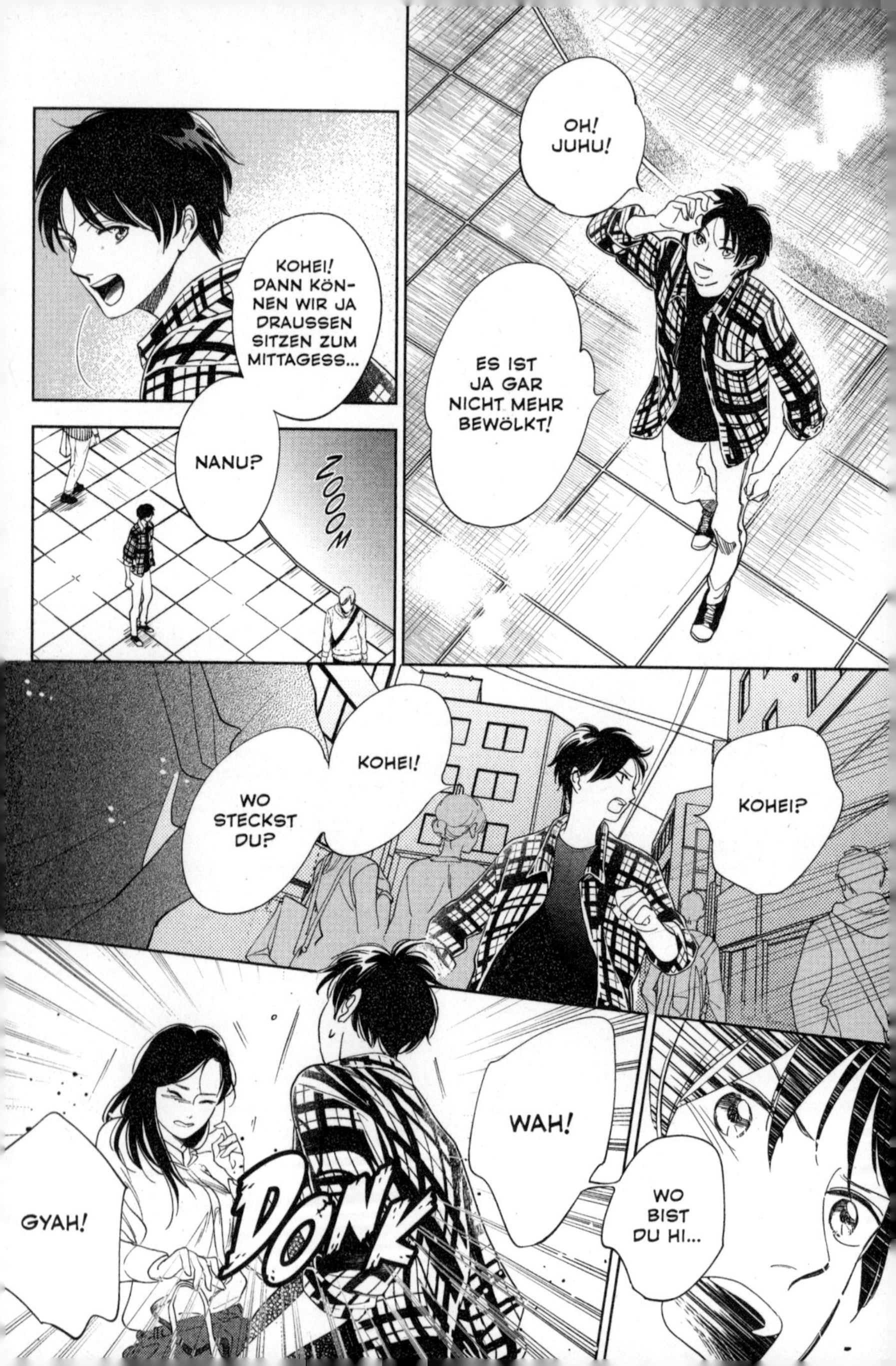
OH! JUHU!
ES IST JA GAR NICHT MEHR BEWÖLKT!
KOHEI! DANN KÖN-NEN WIR JA DRAUSSEN SITZEN ZUM MITTAGESS...
NANU?
ZOOOM
KOHEI?
KOHEI!
WO STECKST DU?
WO BIST DU HI...
WAH!
DONK
GYAH!

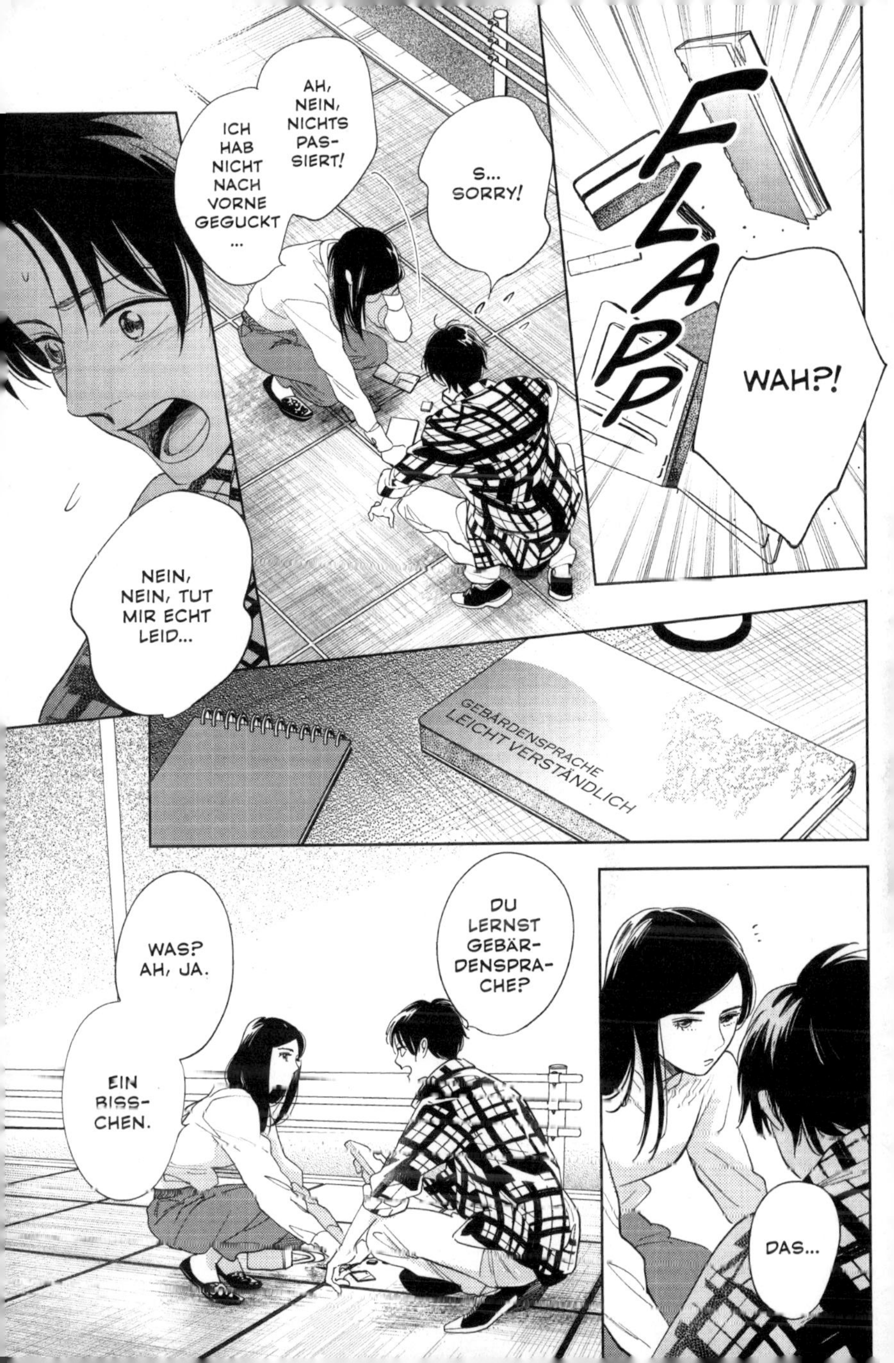
FLAPP
WAH?!
S... SORRY!
AH, NEIN, NICHTS PASSIERT!
ICH HAB NICHT NACH VORNE GEGUCKT ...
NEIN, NEIN, TUT MIR ECHT LEID...
GEBÄRDENSPRACHE LEICHT VERSTÄNDLICH
DAS...
DU LERNST GEBÄRDENSPRACHE?
WAS? AH, JA.
EIN BISSCHEN.

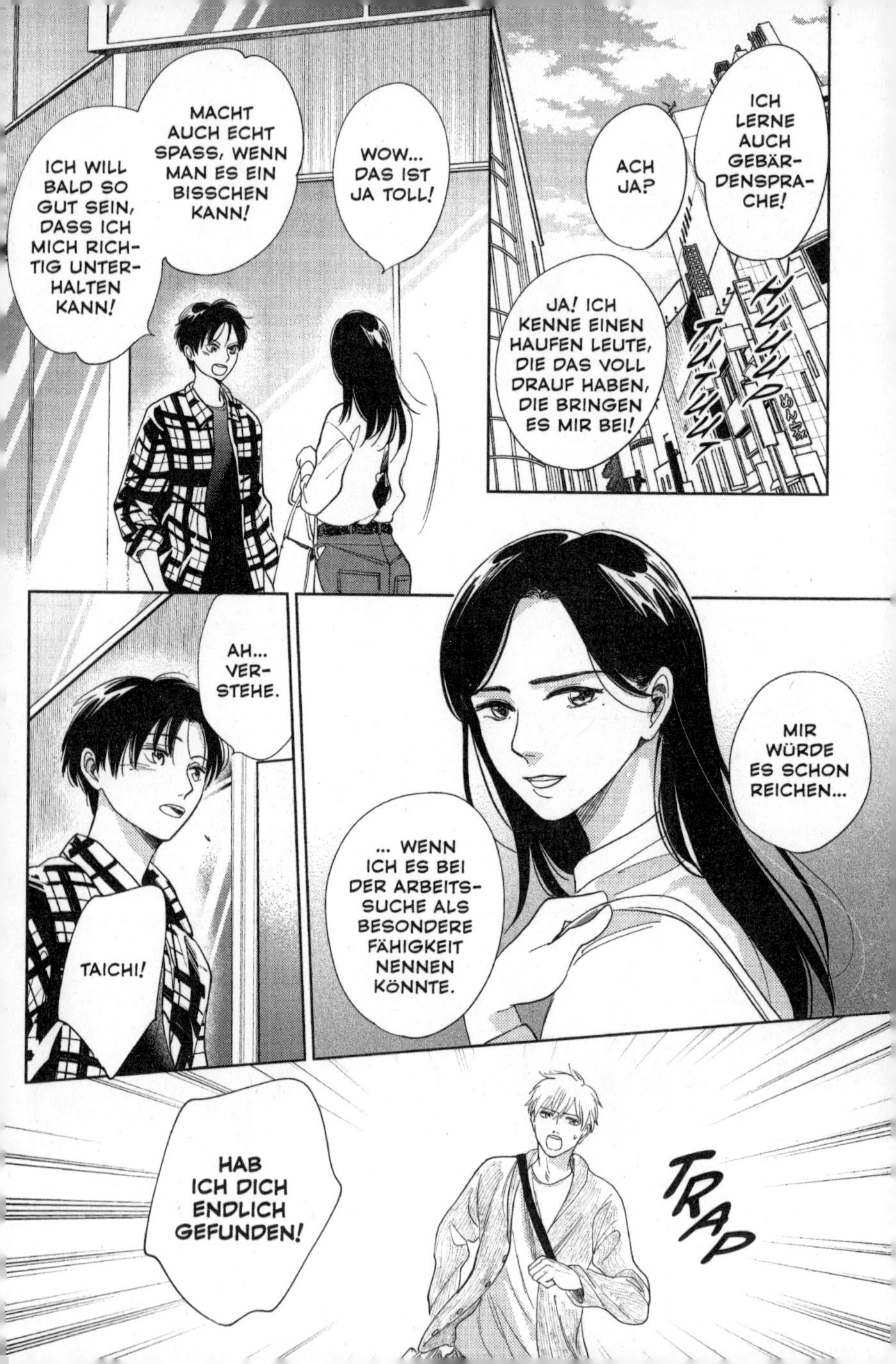
ICH LERNE AUCH GEBÄRDENSPRACHE!
ACH JA?
JA! ICH KENNE EINEN HAUFEN LEUTE, DIE DAS VOLL DRAUF HABEN, DIE BRINGEN ES MIR BEI!
WOW... DAS IST JA TOLL!
MACHT AUCH ECHT SPASS, WENN MAN ES EIN BISSCHEN KANN!
ICH WILL BALD SO GUT SEIN, DASS ICH MICH RICHTIG UNTERHALTEN KANN!
MIR WÜRDE ES SCHON REICHEN...
... WENN ICH ES BEI DER ARBEITSSUCHE ALS BESONDERE FÄHIGKEIT NENNEN KÖNNTE.
AH... VERSTEHE.
TAICHI!
HAB ICH DICH ENDLICH GEFUNDEN!
TRAP

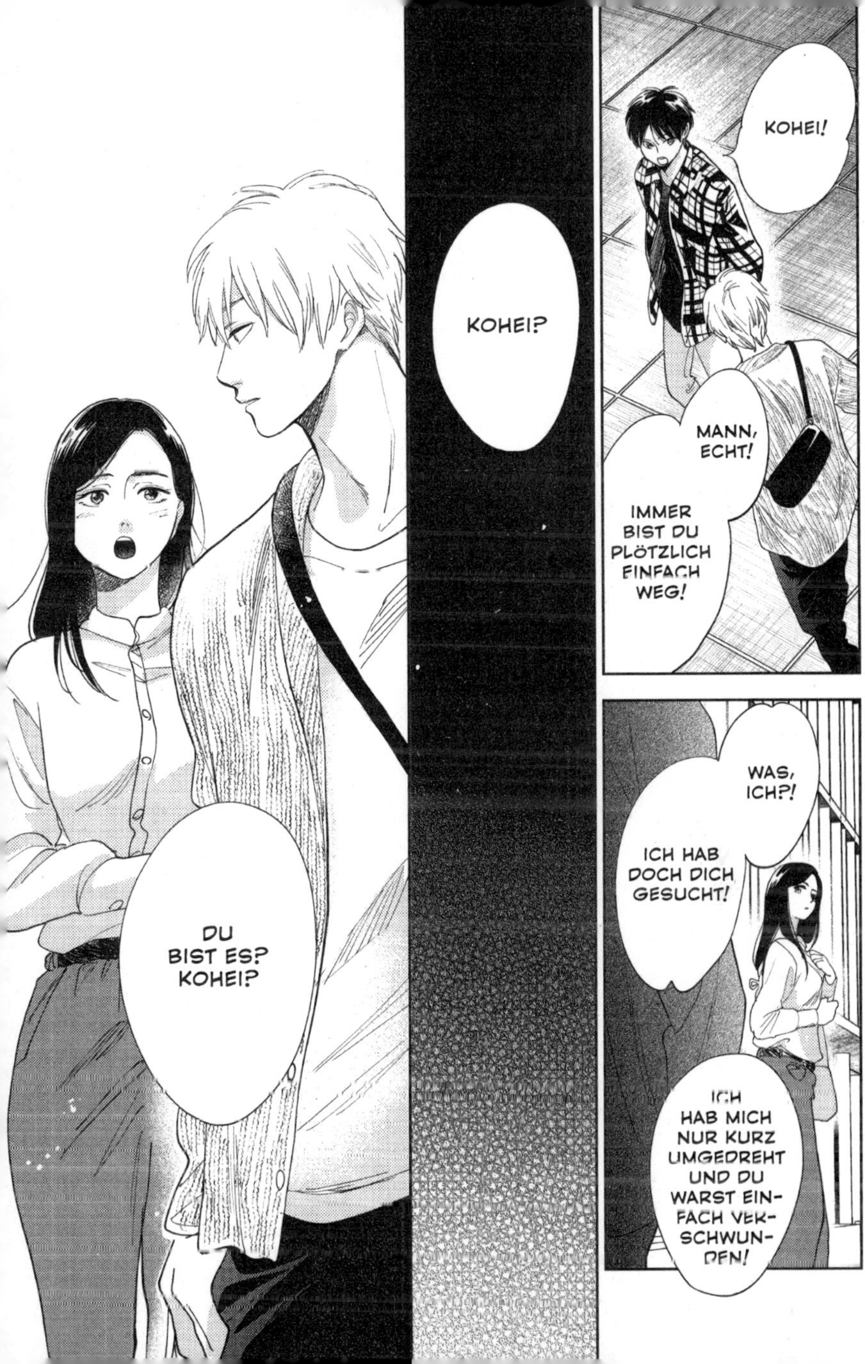
KOHEI!
MANN, ECHT!
IMMER BIST DU PLÖTZLICH EINFACH WEG!
WAS, ICH?!
ICH HAB DOCH DICH GESUCHT!
ICH HAB MICH NUR KURZ UMGEDREHT UND DU WARST EIN-FACH VER-SCHWUN-DEN!
KOHEI?
DU BIST ES? KOHEI?

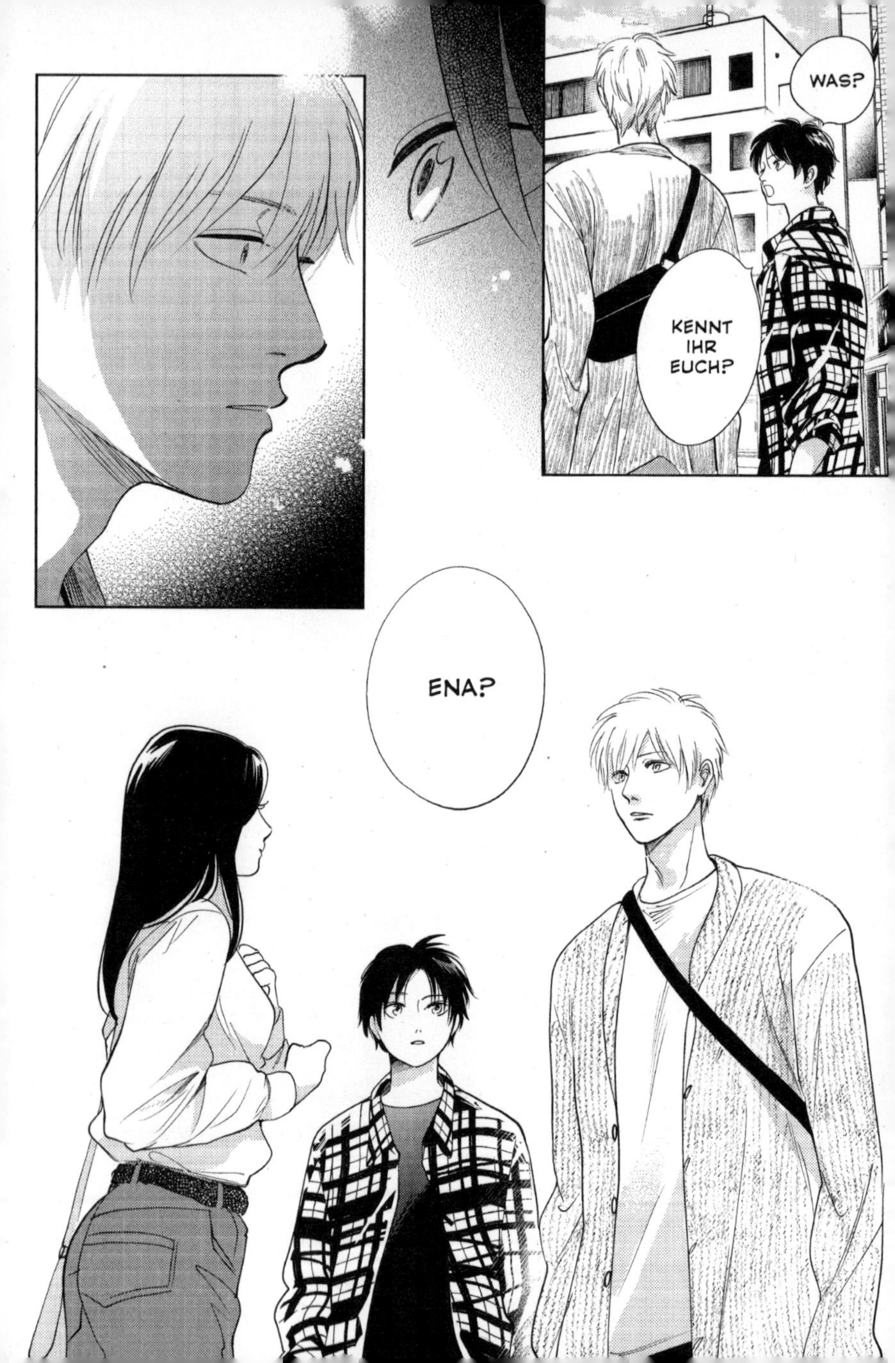
WAS?
KENNT IHR EUCH?
ENA?

i hear the sunspot

i hear the sunspot

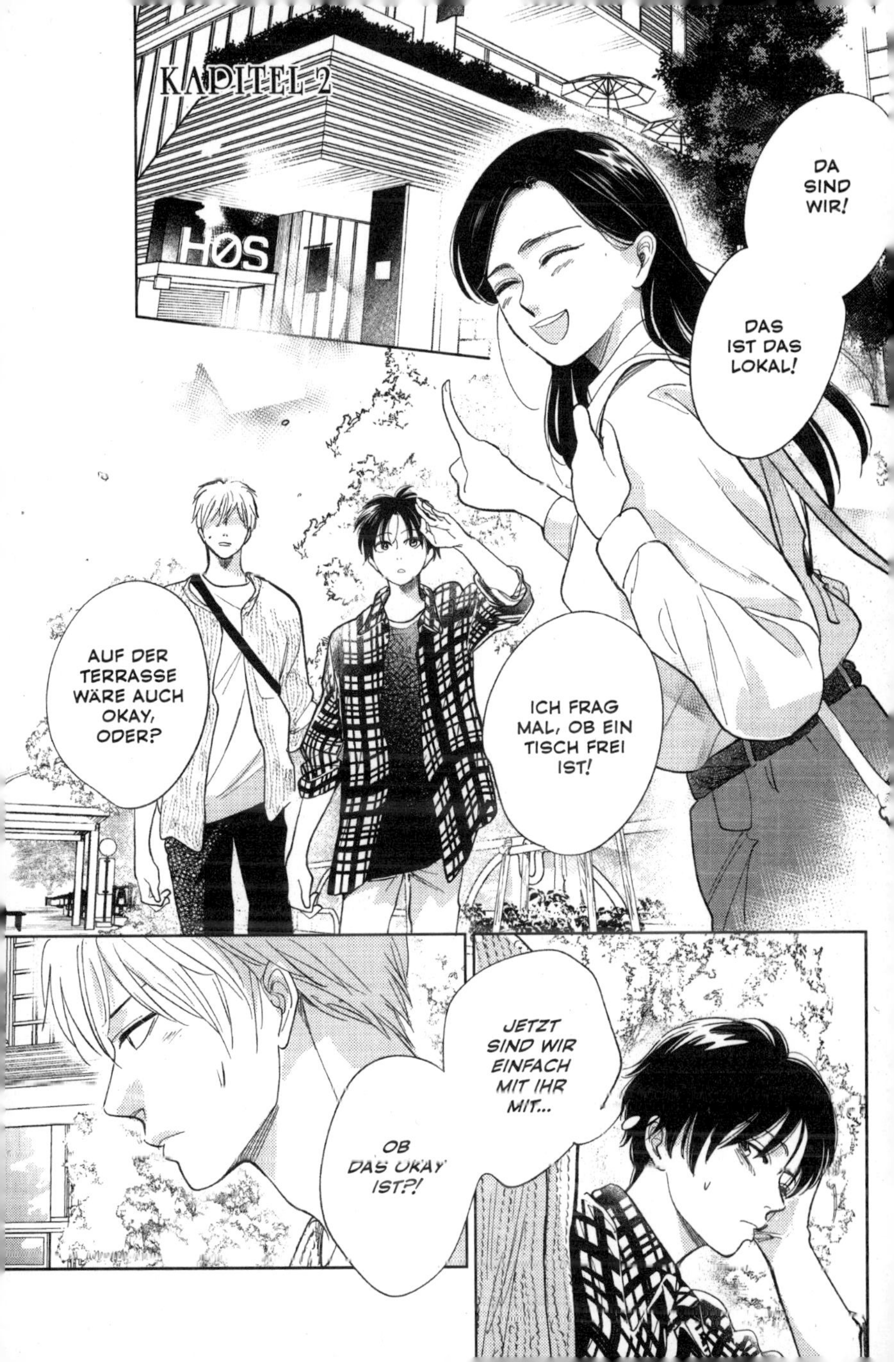
KAPITEL 2
HØS
DA SIND WIR!
DAS IST DAS LOKAL!
ICH FRAG MAL, OB EIN TISCH FREI IST!
AUF DER TERRASSE WÄRE AUCH OKAY, ODER?
JETZT SIND WIR EINFACH MIT IHR MIT...
OB DAS OKAY IST?!

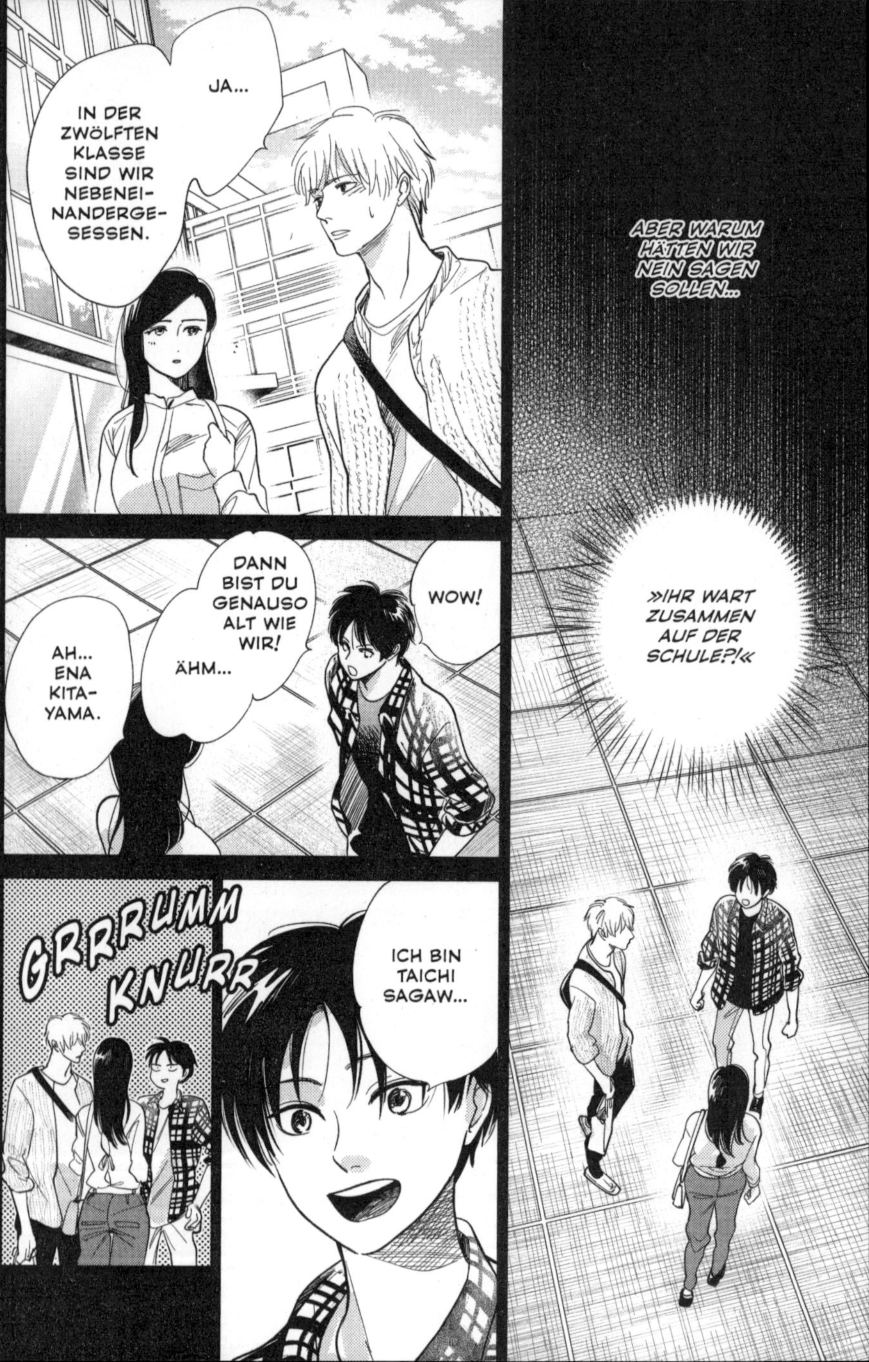
ABER WARUM HÄTTEN WIR NEIN SAGEN SOLLEN...
JA...
IN DER ZWÖLFTEN KLASSE SIND WIR NEBENEINANDERGESESSEN.
»IHR WART ZUSAMMEN AUF DER SCHULE?!«
WOW!
DANN BIST DU GENAUSO ALT WIE WIR!
ÄHM...
AH... ENA KITAYAMA.
ICH BIN TAICHI SAGAW...
GRRRUMM KNURR

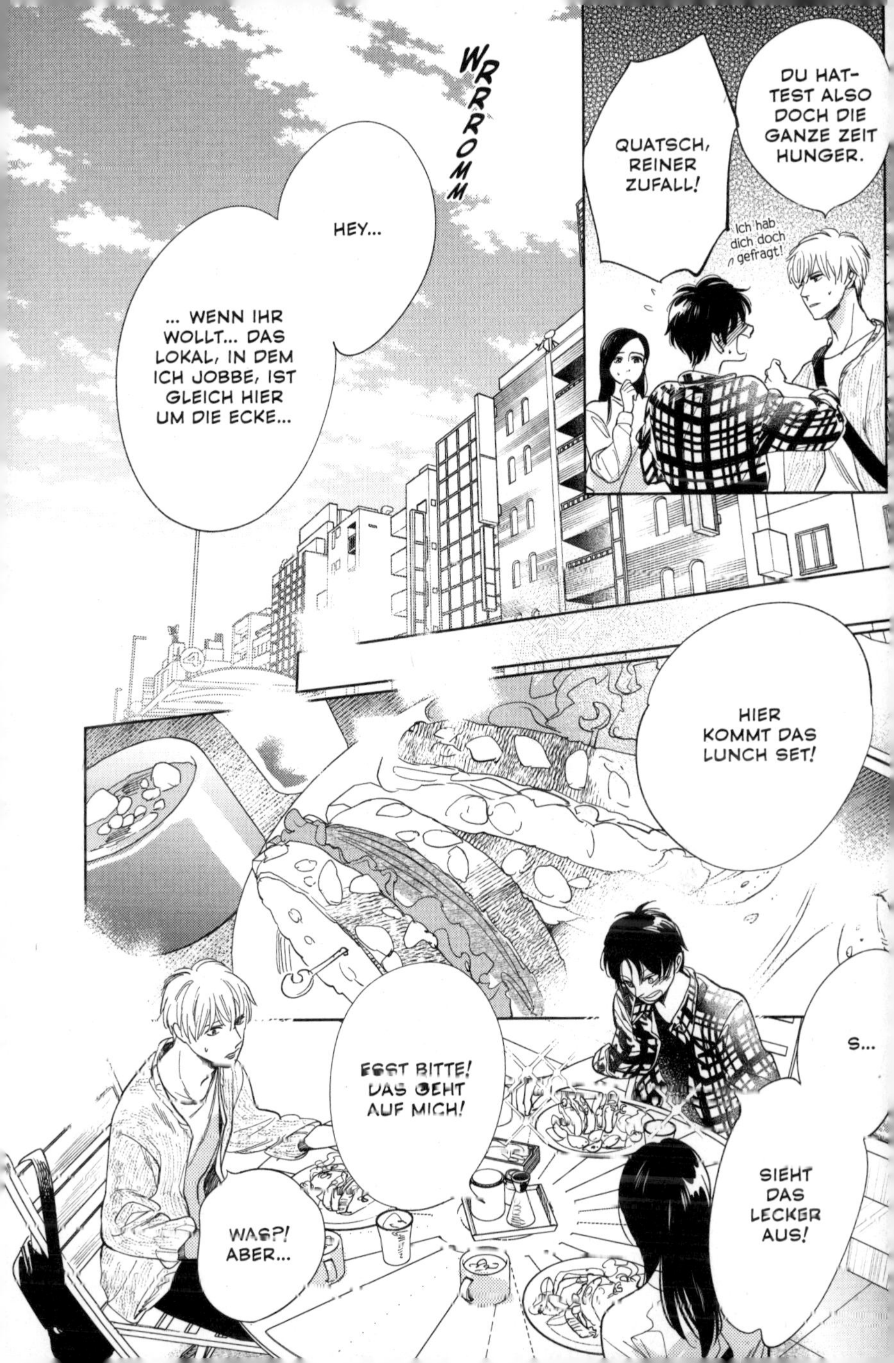
DU HAT-TEST ALSO DOCH DIE GANZE ZEIT HUNGER.
QUATSCH, REINER ZUFALL!
Ich hab dich doch gefragt!
WRRROMM
HEY...
... WENN IHR WOLLT... DAS LOKAL, IN DEM ICH JOBBE, IST GLEICH HIER UM DIE ECKE...
HIER KOMMT DAS LUNCH SET!
S...
SIEHT DAS LECKER AUS!
ESST BITTE! DAS GEHT AUF MICH!
WAS?! ABER...

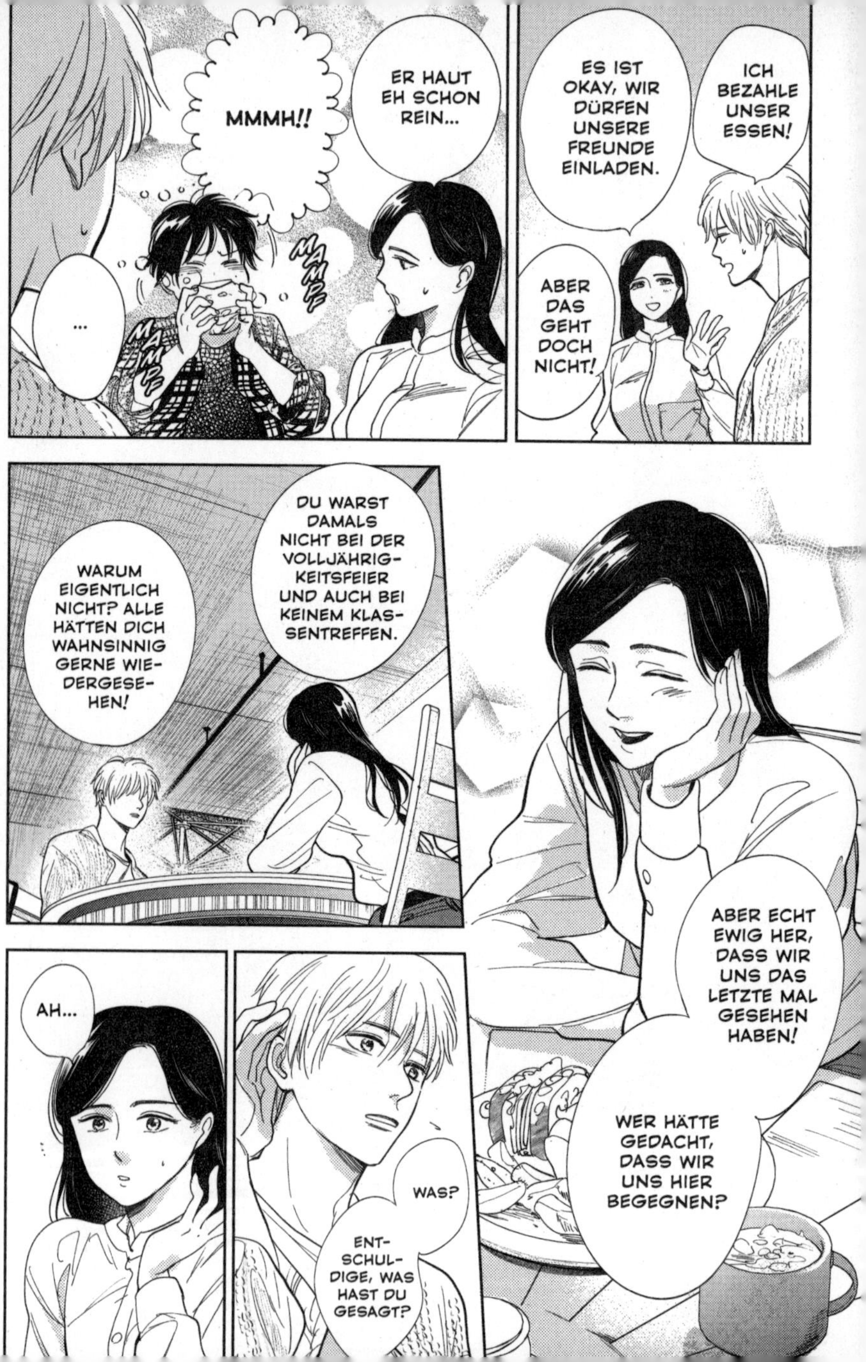
ICH BEZAHLE UNSER ESSEN!
ES IST OKAY, WIR DÜRFEN UNSERE FREUNDE EINLADEN.
ABER DAS GEHT DOCH NICHT!
ER HAUT EH SCHON REIN...
MMMH!!
MAMPF
MAMPF
...
ABER ECHT EWIG HER, DASS WIR UNS DAS LETZTE MAL GESEHEN HABEN!
WER HÄTTE GEDACHT, DASS WIR UNS HIER BEGEGNEN?
DU WARST DAMALS NICHT BEI DER VOLLJÄHRIG-KEITSFEIER UND AUCH BEI KEINEM KLAS-SENTREFFEN.
WARUM EIGENTLICH NICHT? ALLE HÄTTEN DICH WAHNSINNIG GERNE WIE-DERGESE-HEN!
WAS?
ENT-SCHUL-DIGE, WAS HAST DU GESAGT?
AH...

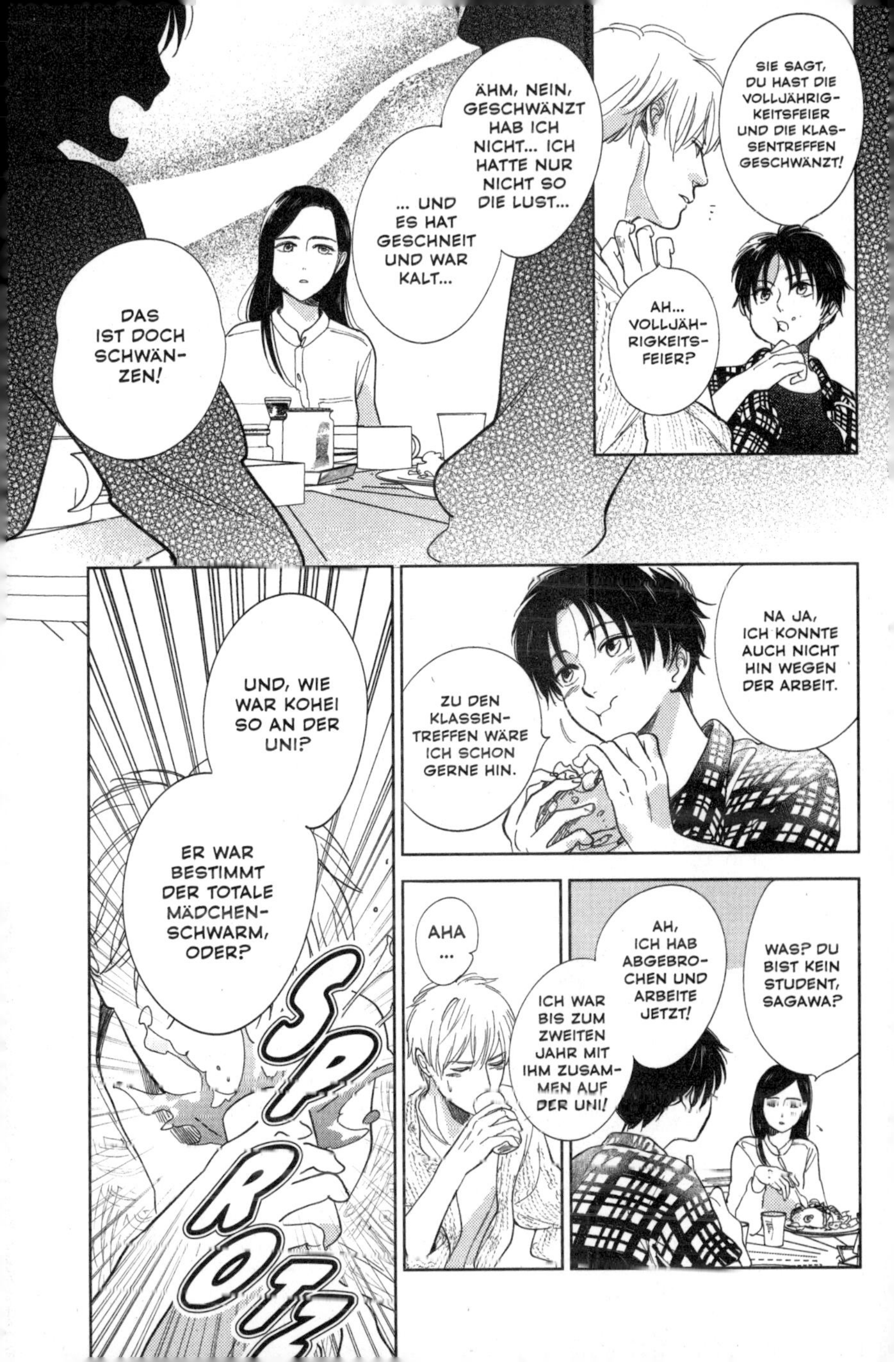
SIE SAGT, DU HAST DIE VOLLJÄHRIGKEITSFEIER UND DIE KLASSENTREFFEN GESCHWÄNZT!
AH... VOLLJÄHRIGKEITSFEIER?
ÄHM, NEIN, GESCHWÄNZT HAB ICH NICHT... ICH HATTE NUR NICHT SO DIE LUST...
... UND ES HAT GESCHNEIT UND WAR KALT...
DAS IST DOCH SCHWÄNZEN!
NA JA, ICH KONNTE AUCH NICHT HIN WEGEN DER ARBEIT.
ZU DEN KLASSENTREFFEN WÄRE ICH SCHON GERNE HIN.
WAS? DU BIST KEIN STUDENT, SAGAWA?
AH, ICH HAB ABGEBROCHEN UND ARBEITE JETZT!
ICH WAR BIS ZUM ZWEITEN JAHR MIT IHM ZUSAMMEN AUF DER UNI!
AHA ...
UND, WIE WAR KOHEI SO AN DER UNI?
ER WAR BESTIMMT DER TOTALE MÄDCHENSCHWARM, ODER?
SPROTZ

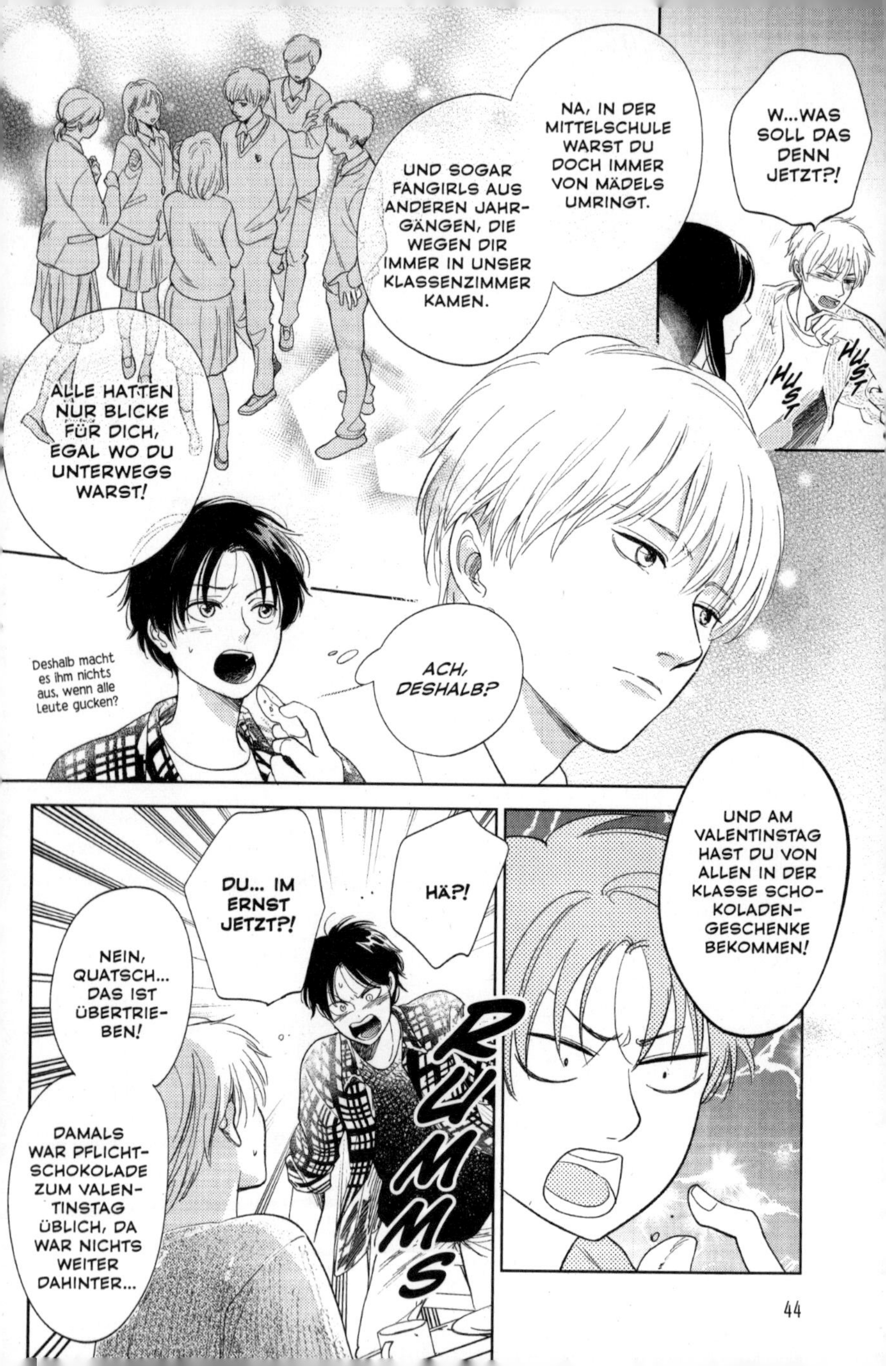

W...WAS SOLL DAS DENN JETZT?!
HUST
HUST
NA, IN DER MITTELSCHULE WARST DU DOCH IMMER VON MÄDELS UMRINGT.
UND SOGAR FANGIRLS AUS ANDEREN JAHR-GÄNGEN, DIE WEGEN DIR IMMER IN UNSER KLASSENZIMMER KAMEN.
ALLE HATTEN NUR BLICKE FÜR DICH, EGAL WO DU UNTERWEGS WARST!
ACH, DESHALB?
Deshalb macht es ihm nichts aus, wenn alle Leute gucken?
UND AM VALENTINSTAG HAST DU VON ALLEN IN DER KLASSE SCHO-KOLADEN-GESCHENKE BEKOMMEN!
RUMMS
HÄ?!
DU... IM ERNST JETZT?!
NEIN, QUATSCH... DAS IST ÜBERTRIE-BEN!
DAMALS WAR PFLICHT-SCHOKOLADE ZUM VALEN-TINSTAG ÜBLICH, DA WAR NICHTS WEITER DAHINTER...

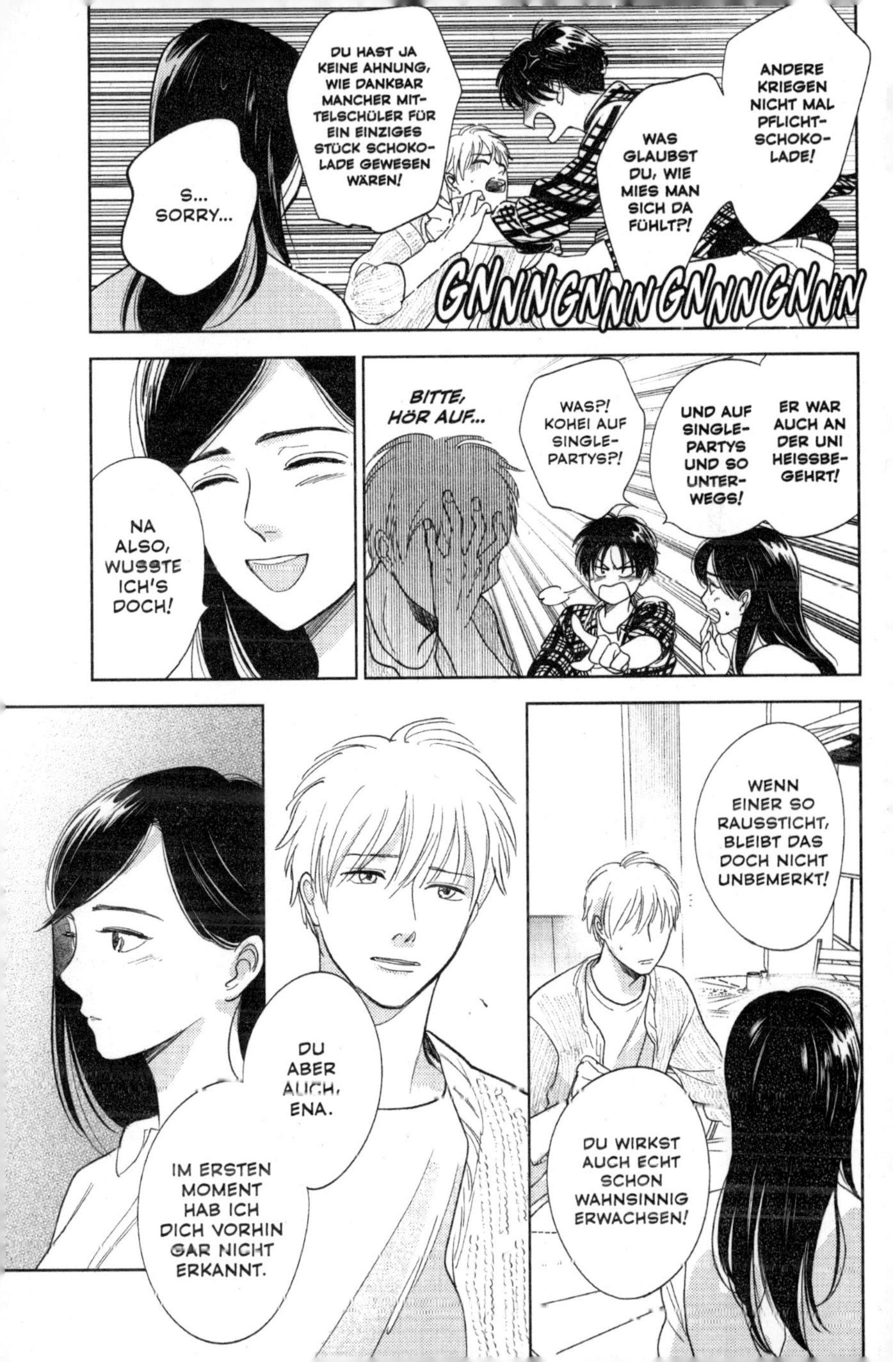
ANDERE KRIEGEN NICHT MAL PFLICHT-SCHOKO-LADE!
WAS GLAUBST DU, WIE MIES MAN SICH DA FÜHLT?!
DU HAST JA KEINE AHNUNG, WIE DANKBAR MANCHER MIT-TELSCHÜLER FÜR EIN EINZIGES STÜCK SCHOKO-LADE GEWESEN WÄREN!
S... SORRY...
GNNNGNNNGNNNGNNN
ER WAR AUCH AN DER UNI HEISSBE-GEHRT!
UND AUF SINGLE-PARTYS UND SO UNTER-WEGS!
WAS?! KOHEI AUF SINGLE-PARTYS?!
BITTE, HÖR AUF...
NA ALSO, WUSSTE ICH'S DOCH!
WENN EINER SO RAUSSTICHT, BLEIBT DAS DOCH NICHT UNBEMERKT!
DU WIRKST AUCH ECHT SCHON WAHNSINNIG ERWACHSEN!
DU ABER AUCH, ENA.
IM ERSTEN MOMENT HAB ICH DICH VORHIN GAR NICHT ERKANNT.

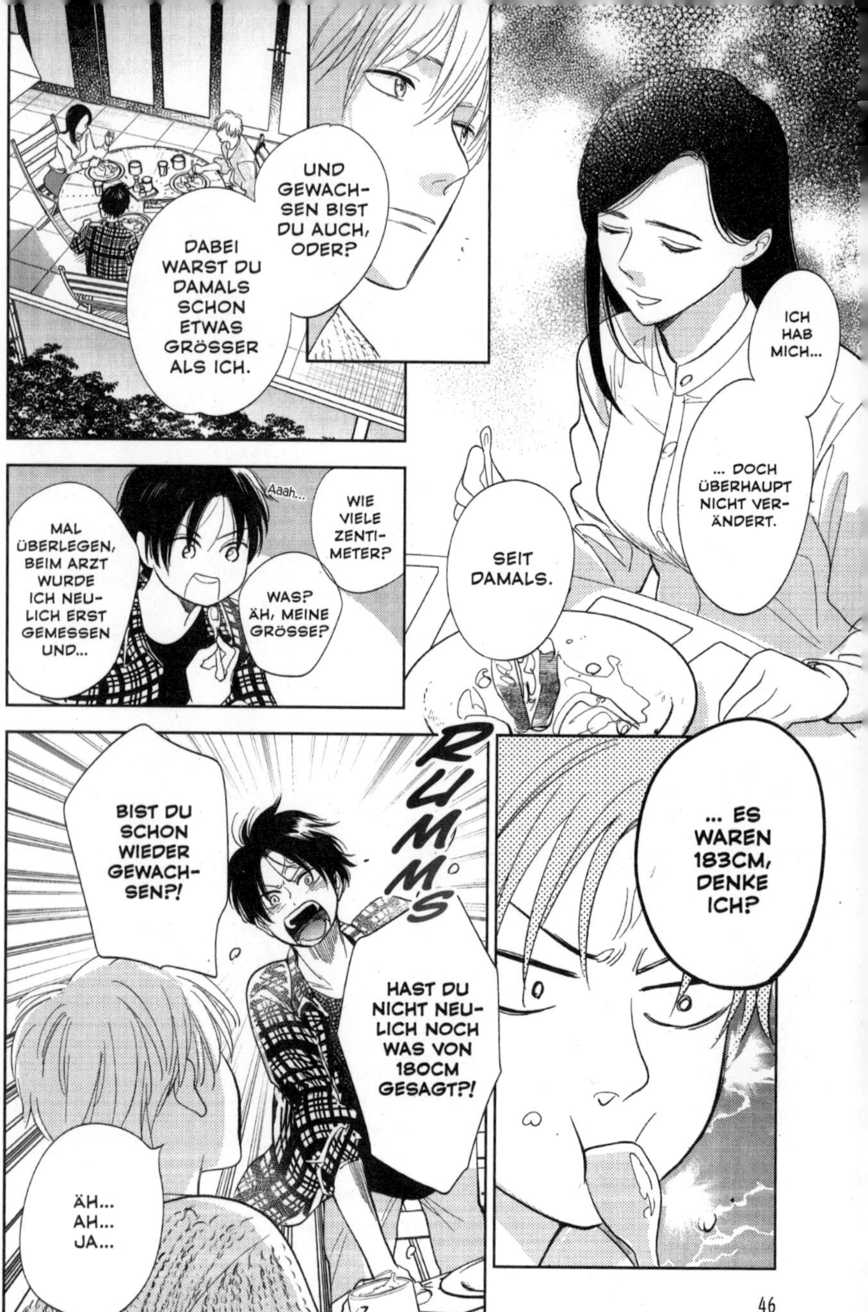
ICH HAB MICH...
... DOCH ÜBERHAUPT NICHT VERÄNDERT.
SEIT DAMALS.
UND GEWACHSEN BIST DU AUCH, ODER?
DABEI WARST DU DAMALS SCHON ETWAS GRÖSSER ALS ICH.
WIE VIELE ZENTIMETER?
Aaah...
WAS? ÄH, MEINE GRÖSSE?
MAL ÜBERLEGEN, BEIM ARZT WURDE ICH NEULICH ERST GEMESSEN UND...
... ES WAREN 183CM, DENKE ICH?
RUMMS
BIST DU SCHON WIEDER GEWACHSEN?!
HAST DU NICHT NEULICH NOCH WAS VON 180CM GESAGT?!
ÄH... AH... JA...

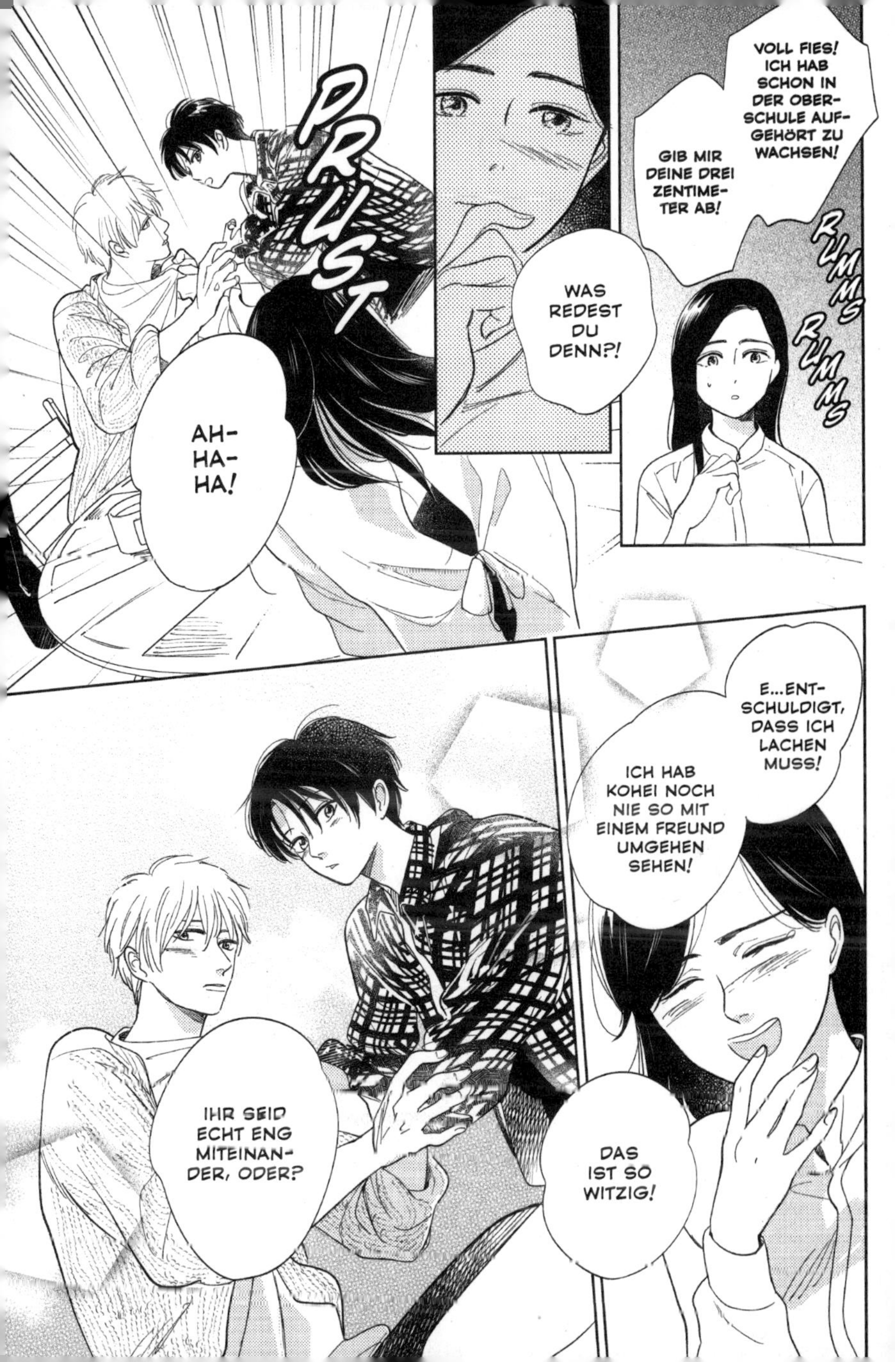
VOLL FIES! ICH HAB SCHON IN DER OBER-SCHULE AUF-GEHÖRT ZU WACHSEN!
GIB MIR DEINE DREI ZENTIME-TER AB!
RUMMS RUMMS
WAS REDEST DU DENN?!
PRUST
AH-HA-HA!
E...ENT-SCHULDIGT, DASS ICH LACHEN MUSS!
ICH HAB KOHEI NOCH NIE SO MIT EINEM FREUND UMGEHEN SEHEN!
DAS IST SO WITZIG!
IHR SEID ECHT ENG MITEINAN-DER, ODER?

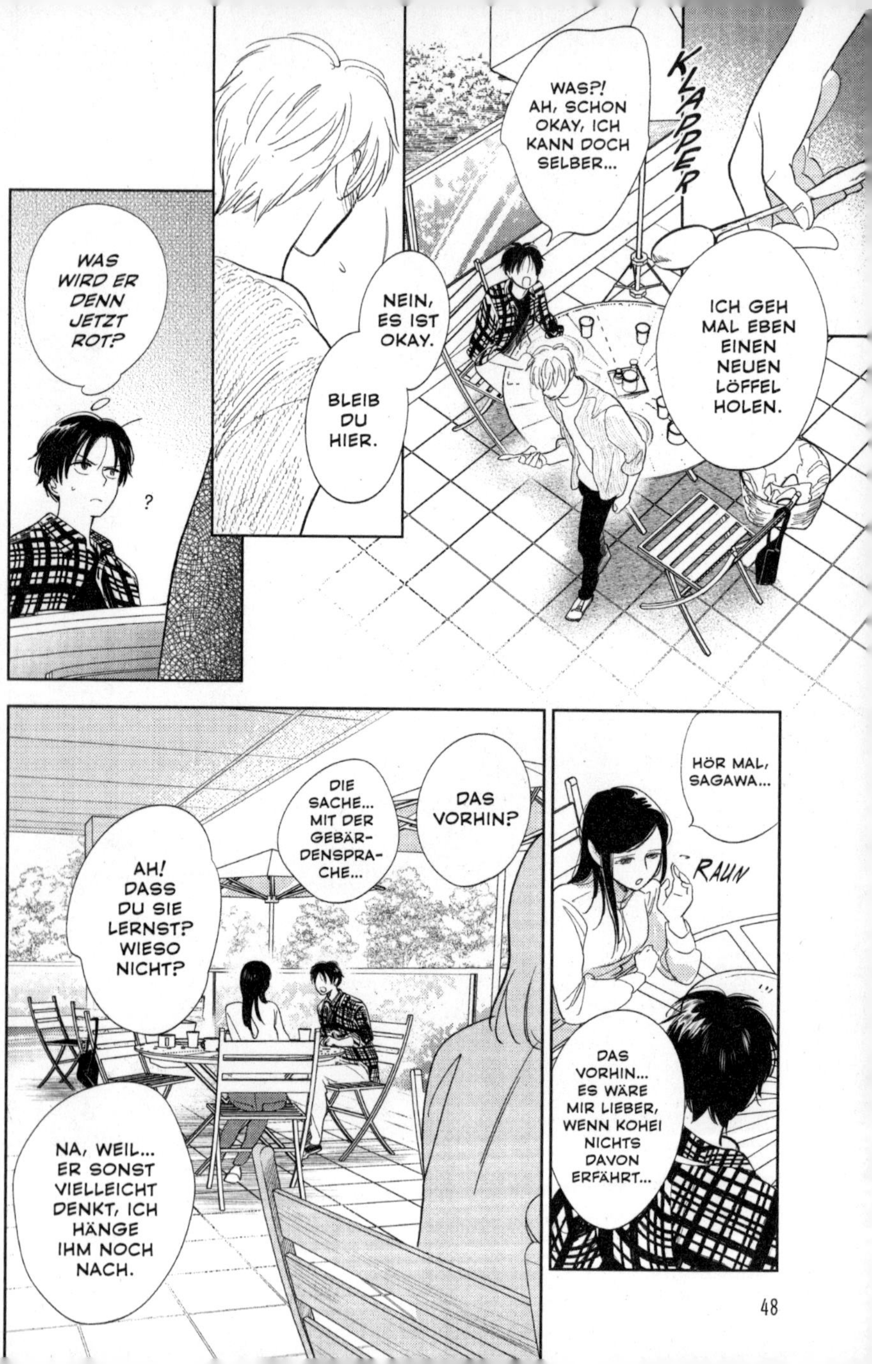
KLAPPER
ICH GEH MAL EBEN EINEN NEUEN LÖFFEL HOLEN.
WAS?! AH, SCHON OKAY, ICH KANN DOCH SELBER...
NEIN, ES IST OKAY.
BLEIB DU HIER.
WAS WIRD ER DENN JETZT ROT?
?
HÖR MAL, SAGAWA...
RAUN
DAS VORHIN... ES WÄRE MIR LIEBER, WENN KOHEI NICHTS DAVON ERFÄHRT...
DAS VORHIN?
DIE SACHE... MIT DER GEBÄRDENSPRACHE...
AH! DASS DU SIE LERNST? WIESO NICHT?
NA, WEIL... ER SONST VIELLEICHT DENKT, ICH HÄNGE IHM NOCH NACH.

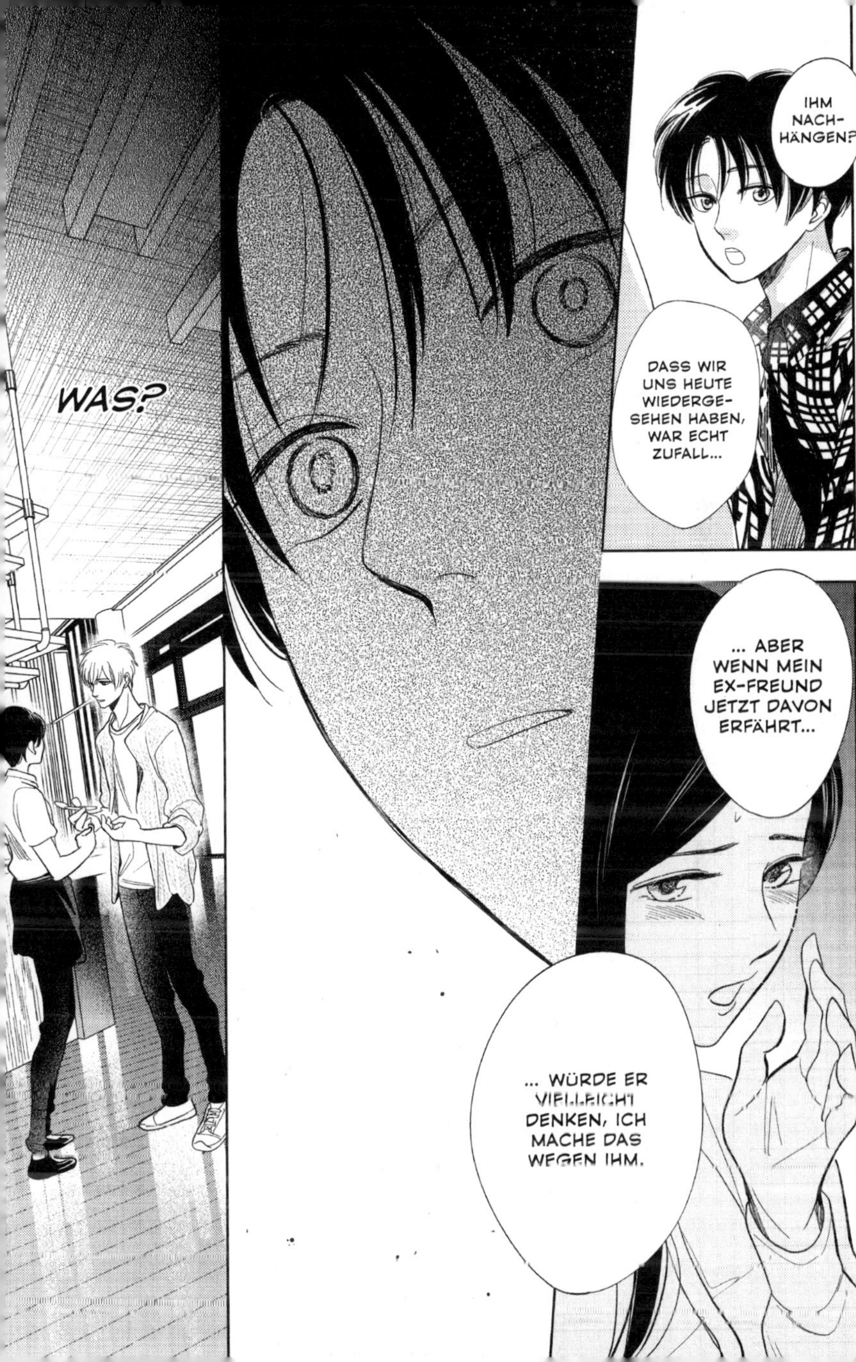
IHM NACH-HÄNGEN?
DASS WIR UNS HEUTE WIEDERGE-SEHEN HABEN, WAR ECHT ZUFALL...
... ABER WENN MEIN EX-FREUND JETZT DAVON ERFÄHRT...
... WÜRDE ER VIELLEICHT DENKEN, ICH MACHE DAS WEGEN IHM.
WAS?

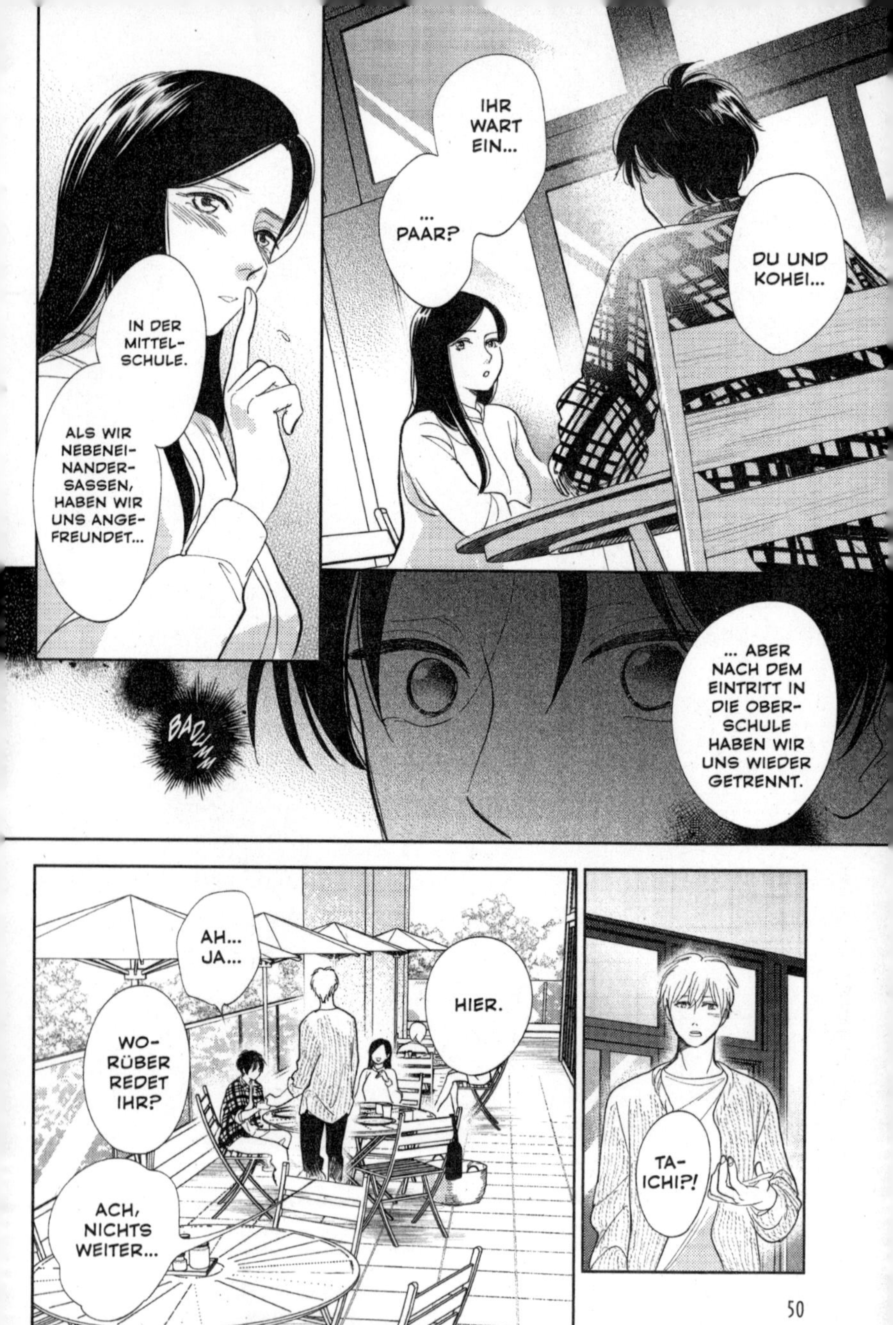
DU UND KOHEI...
IHR WART EIN...
... PAAR?
IN DER MITTEL-SCHULE.
ALS WIR NEBENEI-NANDER-SASSEN, HABEN WIR UNS ANGE-FREUNDET...
BADUMM
... ABER NACH DEM EINTRITT IN DIE OBER-SCHULE HABEN WIR UNS WIEDER GETRENNT.
TA-ICHI?!
AH... JA...
HIER.
WO-RÜBER REDET IHR?
ACH, NICHTS WEITER...

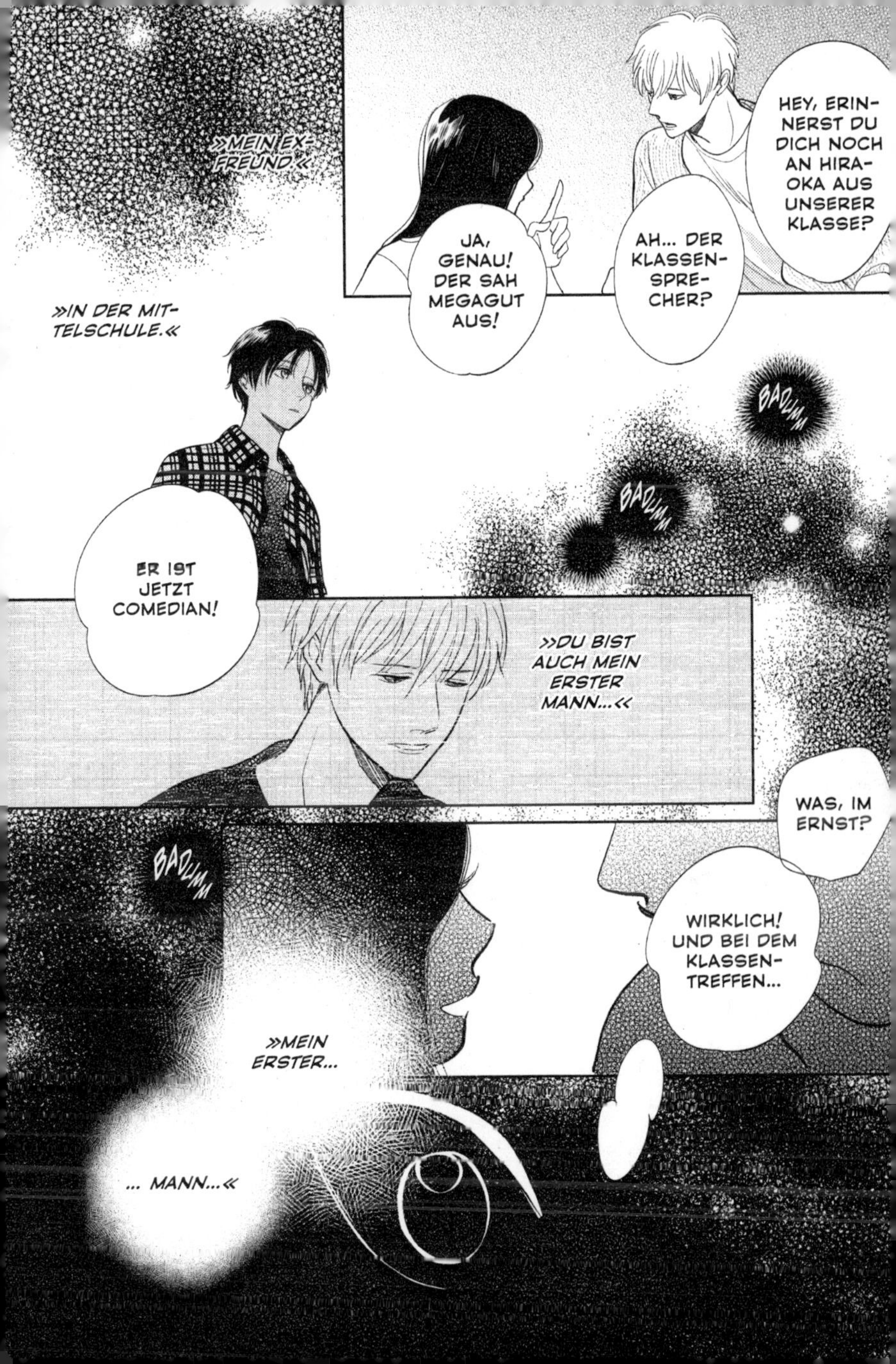
HEY, ERINNERST DU DICH NOCH AN HIRAOKA AUS UNSERER KLASSE?
AH... DER KLASSENSPRECHER?
JA, GENAU! DER SAH MEGAGUT AUS!
»MEIN EX-FREUND.«
»IN DER MITTELSCHULE.«
BADUMM
BADUMM
ER IST JETZT COMEDIAN!
»DU BIST AUCH MEIN ERSTER MANN...«
WAS, IM ERNST?
WIRKLICH! UND BEI DEM KLASSENTREFFEN...
BADUMM
»MEIN ERSTER...
... MANN...«

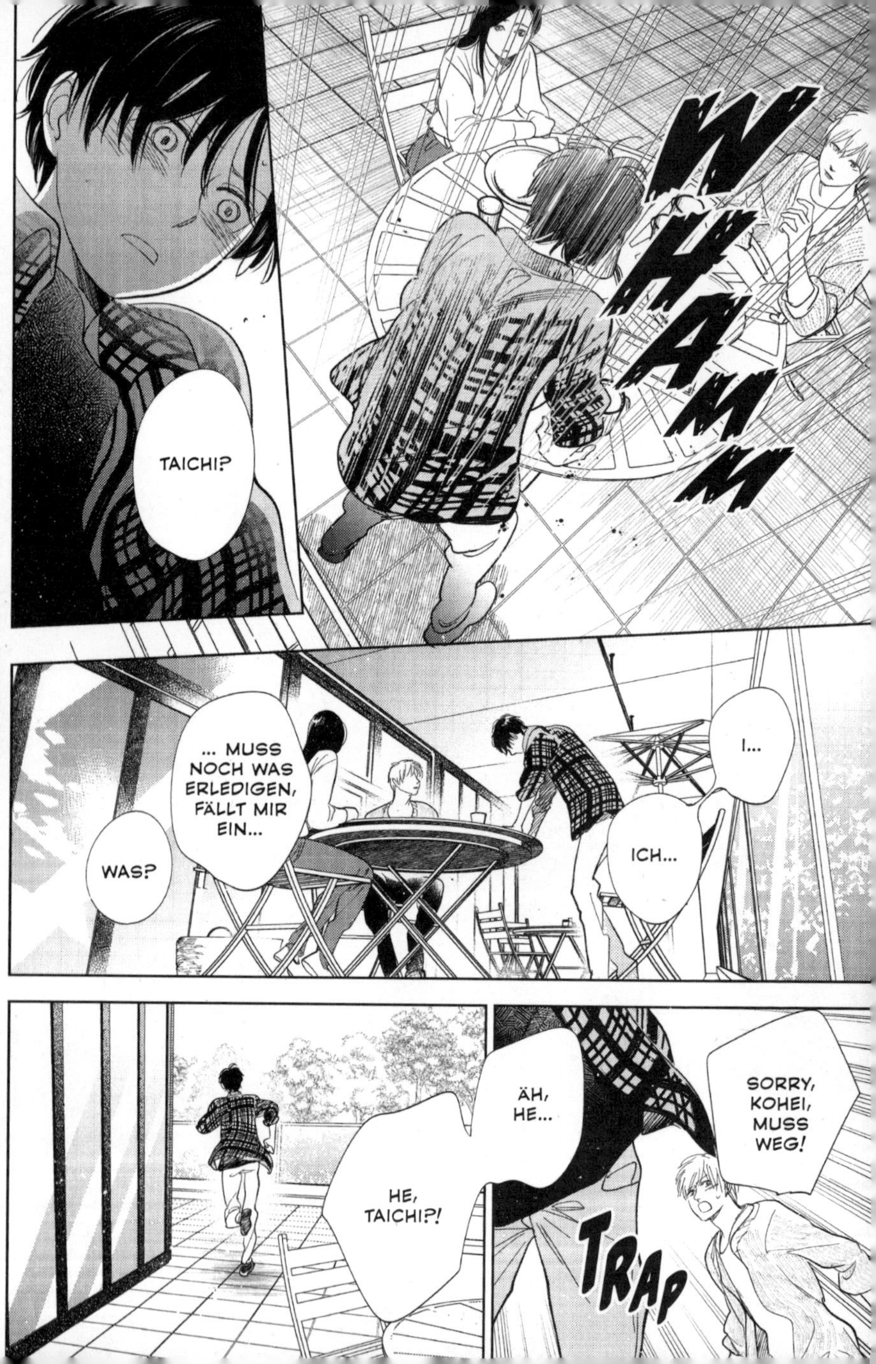
WHAMM
TAICHI?
I...
ICH...
... MUSS NOCH WAS ERLEDIGEN, FÄLLT MIR EIN...
WAS?
SORRY, KOHEI, MUSS WEG!
TRAP
ÄH, HE...
HE, TAICHI?!

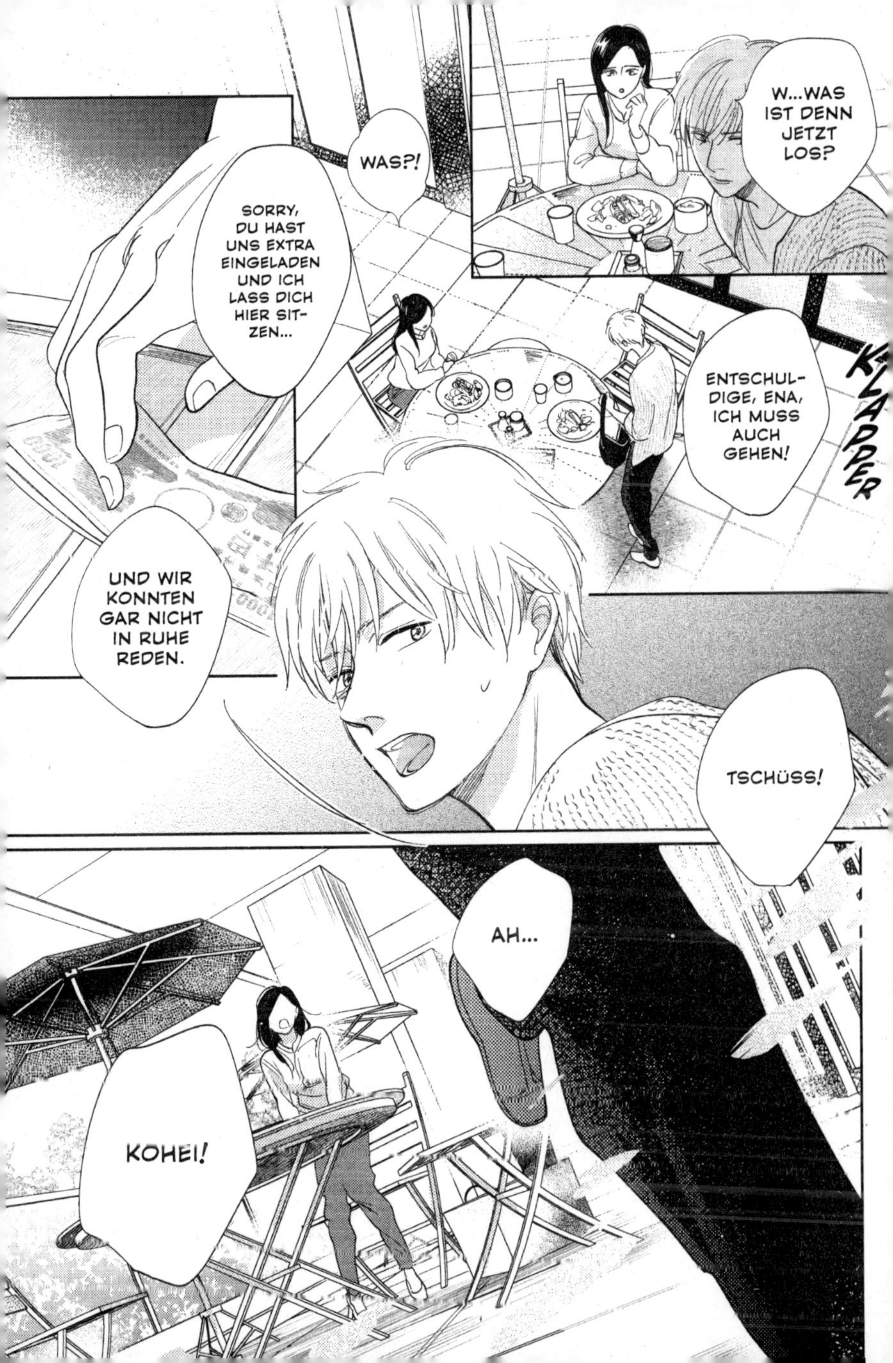
W...WAS IST DENN JETZT LOS?
WAS?!
SORRY, DU HAST UNS EXTRA EINGELADEN UND ICH LASS DICH HIER SIT-ZEN...
KLAPPER
ENTSCHUL-DIGE, ENA, ICH MUSS AUCH GEHEN!
UND WIR KONNTEN GAR NICHT IN RUHE REDEN.
TSCHÜSS!
AH...
KOHEI!

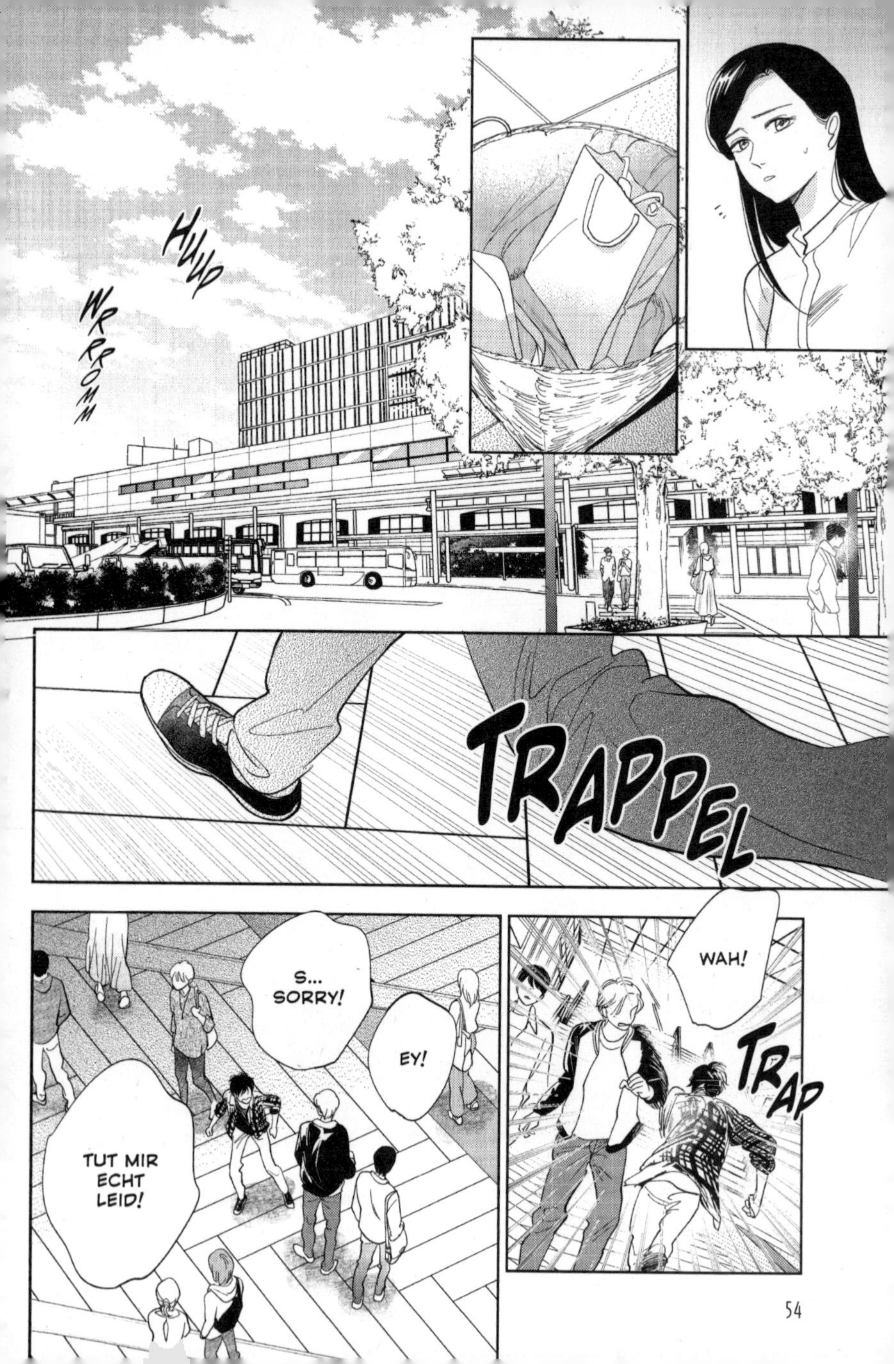
HUUP
WRRROMM
TRAPPEL
WAH!
TRAP
S... SORRY!
EY!
TUT MIR ECHT LEID!

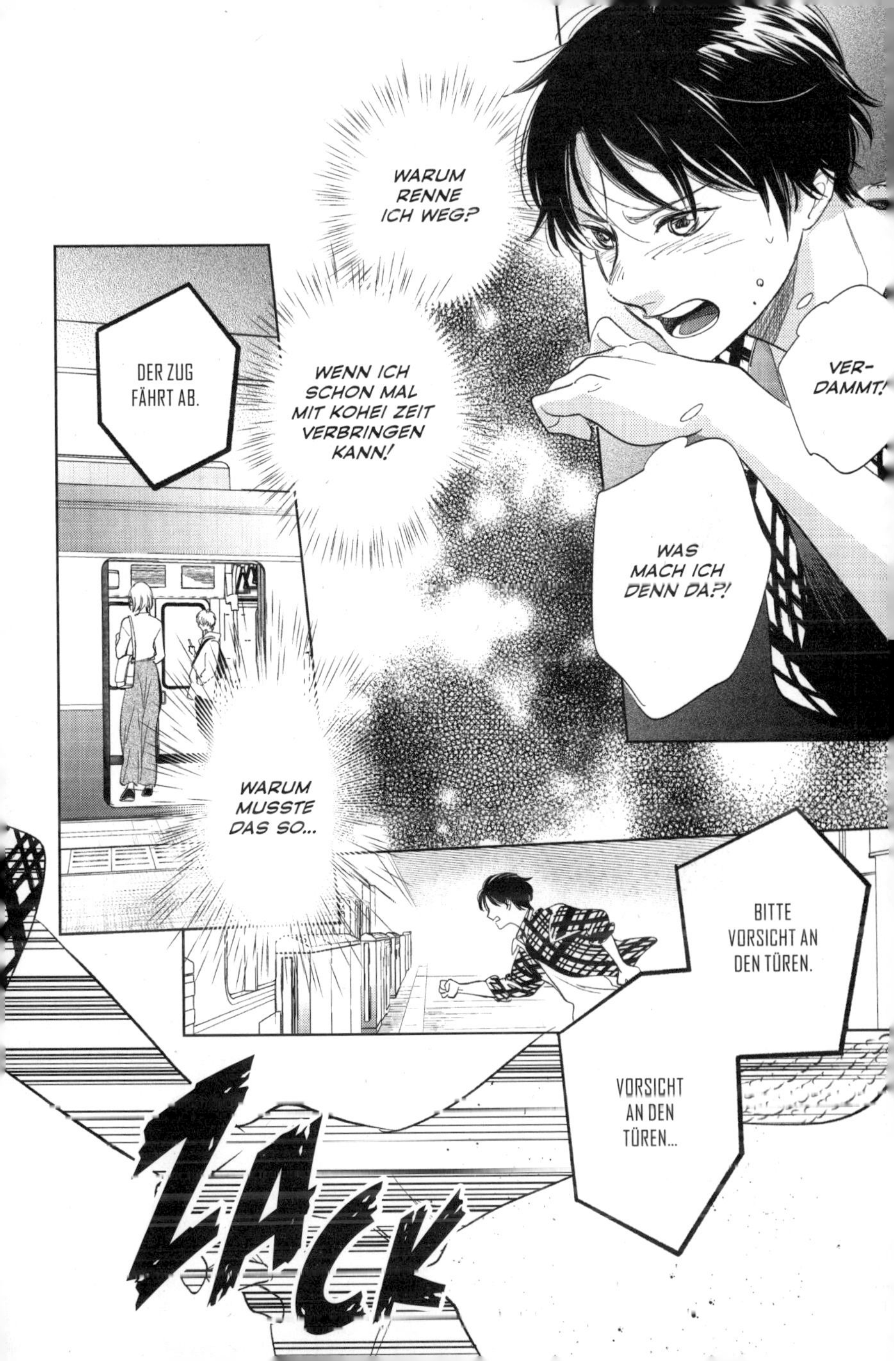
WARUM RENNE ICH WEG?
VER-DAMMT!
WENN ICH SCHON MAL MIT KOHEI ZEIT VERBRINGEN KANN!
DER ZUG FÄHRT AB.
WAS MACH ICH DENN DA?!
WARUM MUSSTE DAS SO...
BITTE VORSICHT AN DEN TÜREN.
VORSICHT AN DEN TÜREN...
ZACK

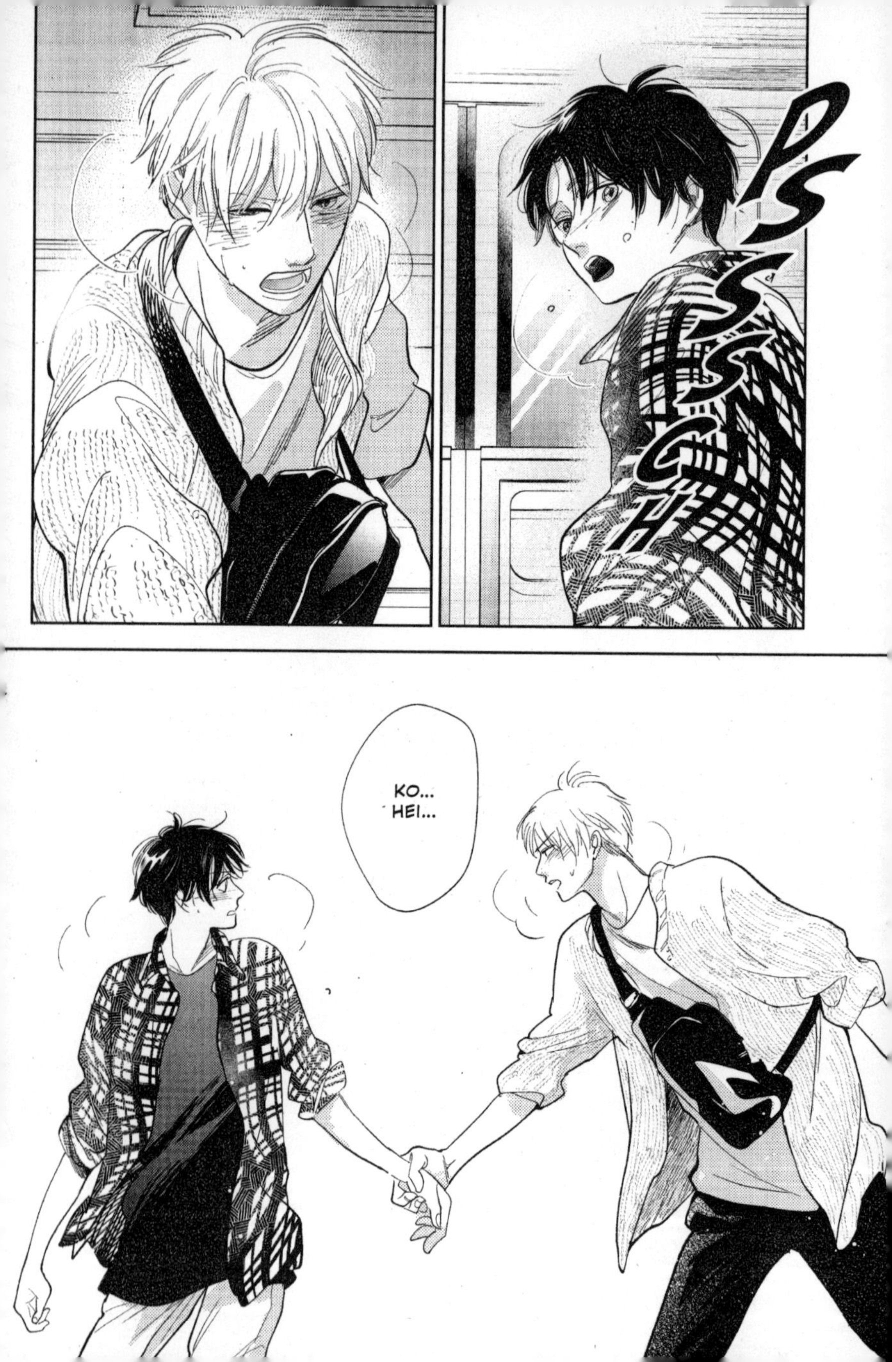
PSSSGH
KO... HEI...

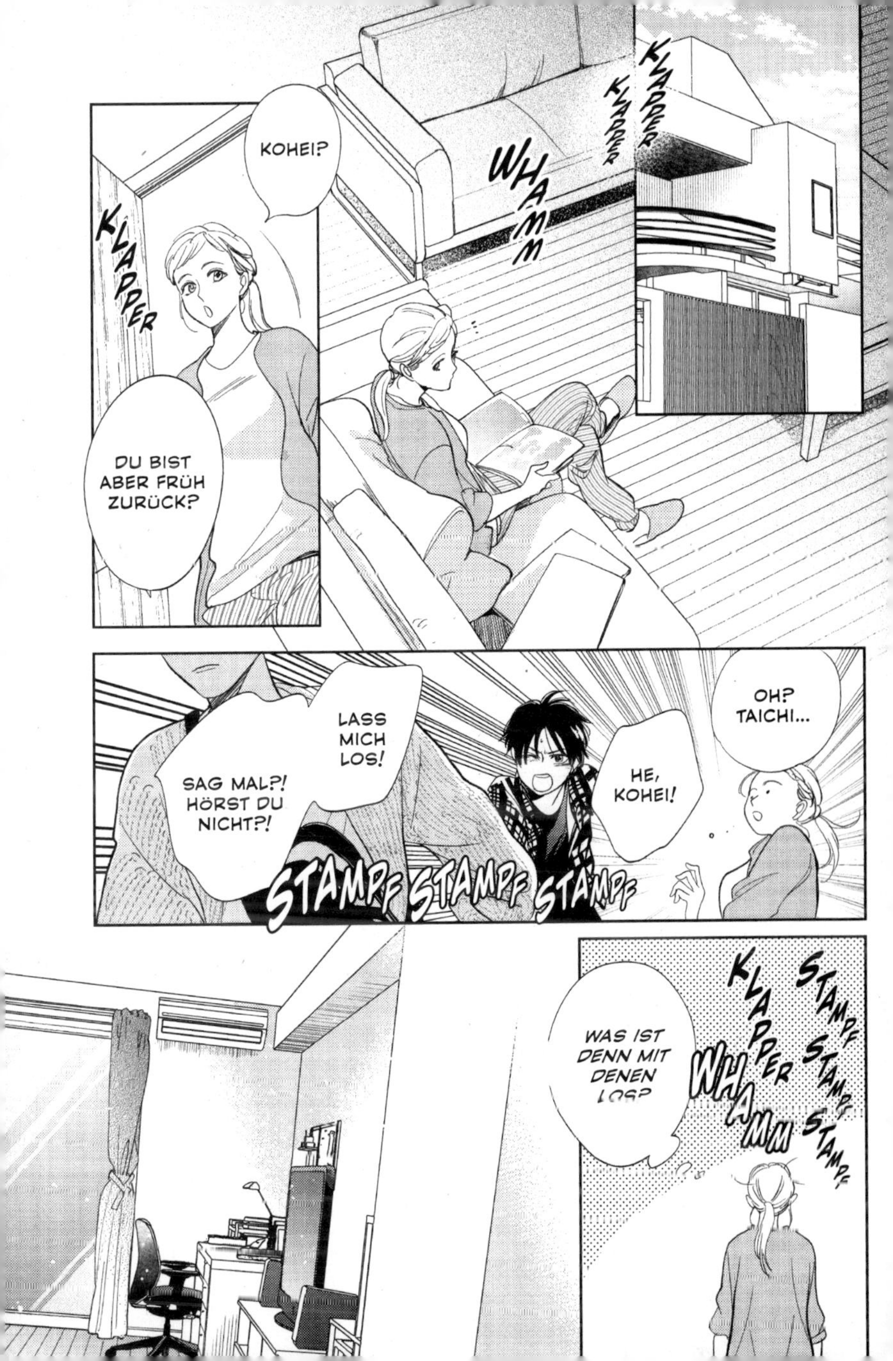
KLAPPER KLAPPER
WHAMM
KOHEI?
KLAPPER
DU BIST ABER FRÜH ZURÜCK?
OH? TAICHI...
HE, KOHEI!
LASS MICH LOS!
SAG MAL?! HÖRST DU NICHT?!
STAMPF STAMPF STAMPF
STAMPF STAMPF STAMPF
KLAPPER
WHAMM
WAS IST DENN MIT DENEN LOS?

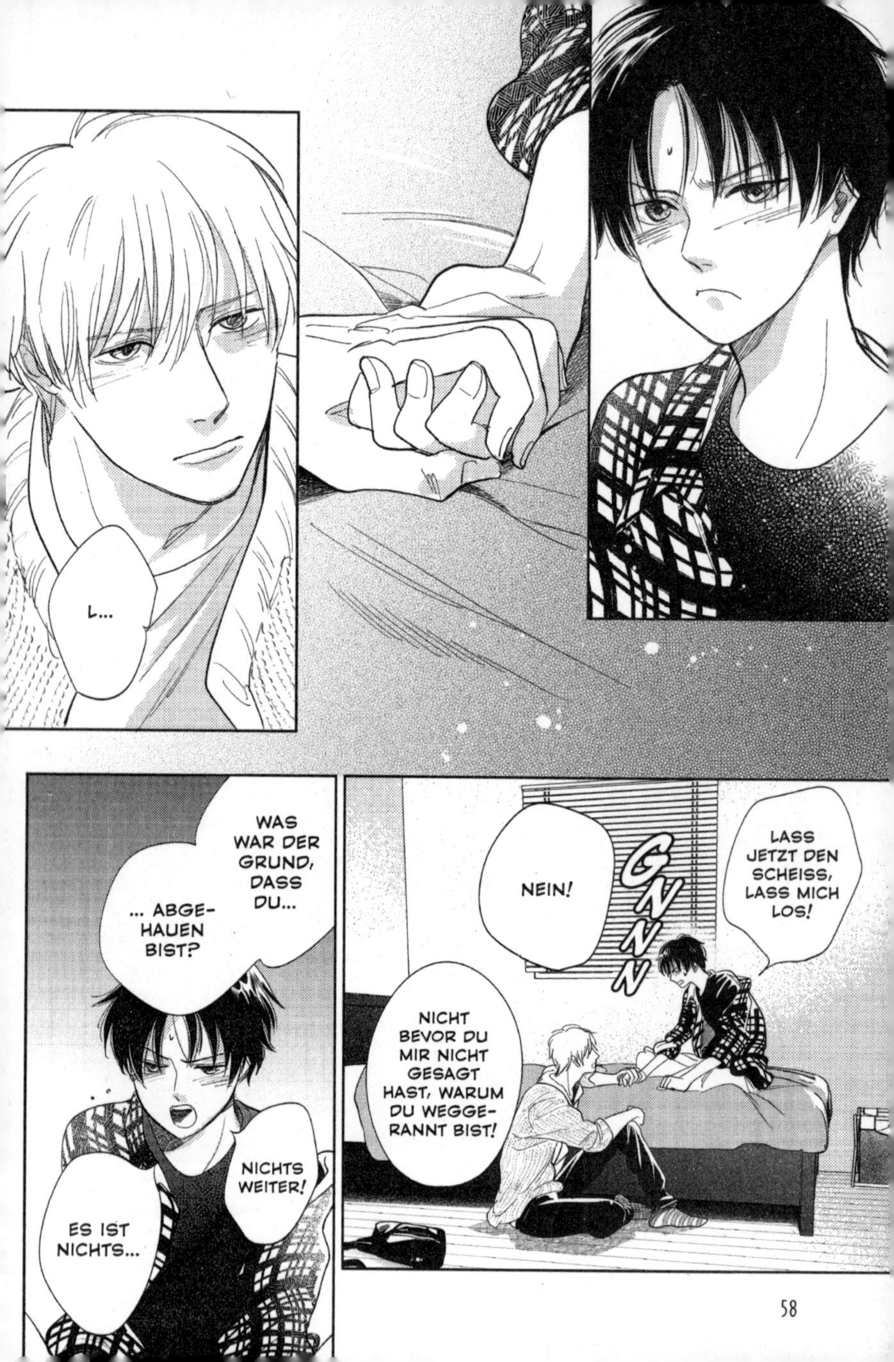
L...
LASS JETZT DEN SCHEISS, LASS MICH LOS!
NEIN!
GNNN
NICHT BEVOR DU MIR NICHT GESAGT HAST, WARUM DU WEGGE-RANNT BIST!
WAS WAR DER GRUND, DASS DU...
... ABGE-HAUEN BIST?
NICHTS WEITER!
ES IST NICHTS...

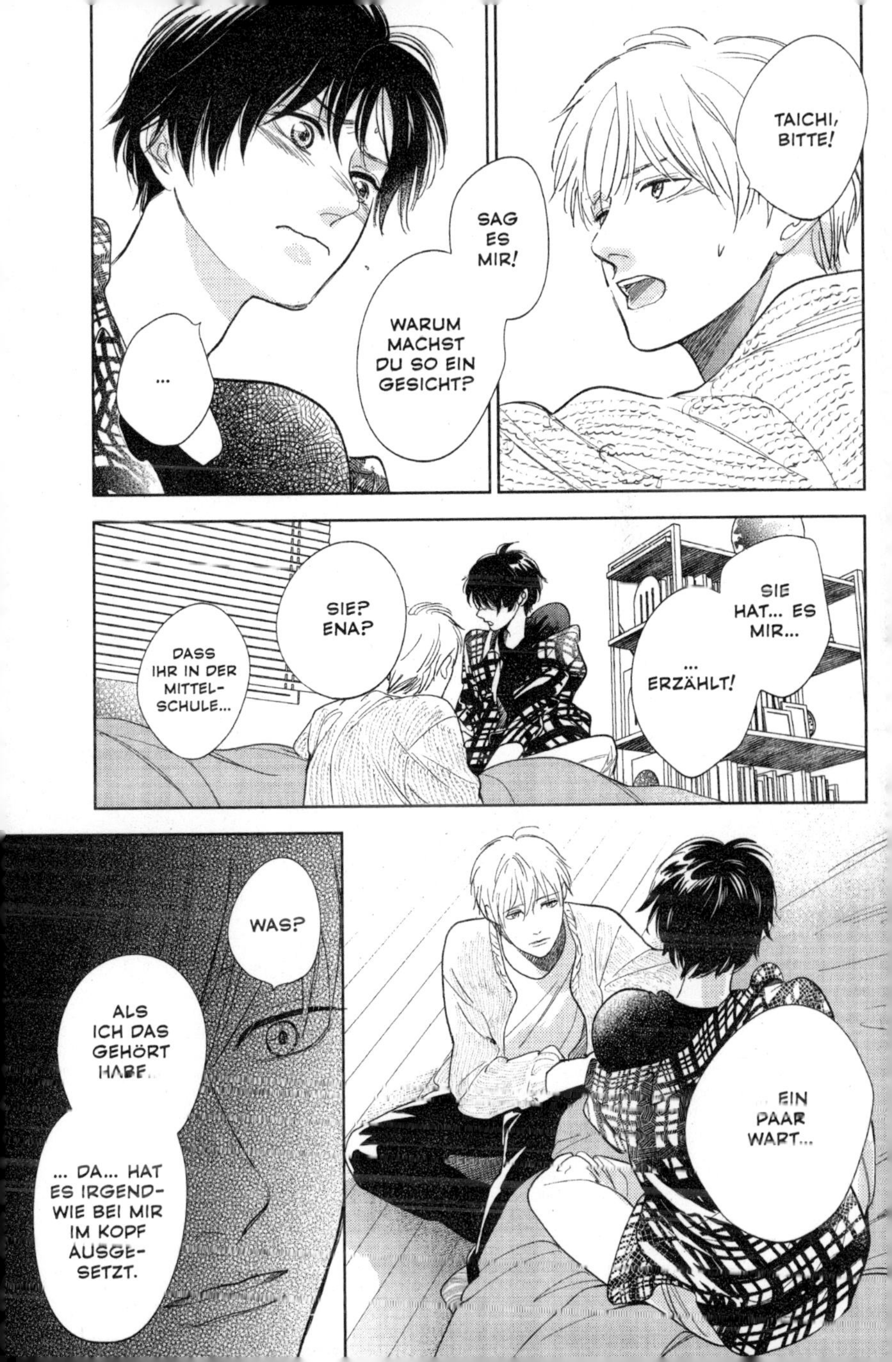
TAICHI, BITTE!
SAG ES MIR!
WARUM MACHST DU SO EIN GESICHT?
...
SIE HAT... ES MIR...
... ERZÄHLT!
SIE? ENA?
DASS IHR IN DER MITTEL-SCHULE...
... EIN PAAR WART...
WAS?
ALS ICH DAS GEHÖRT HABE...
... DA... HAT ES IRGEND-WIE BEI MIR IM KOPF AUSGE-SETZT.

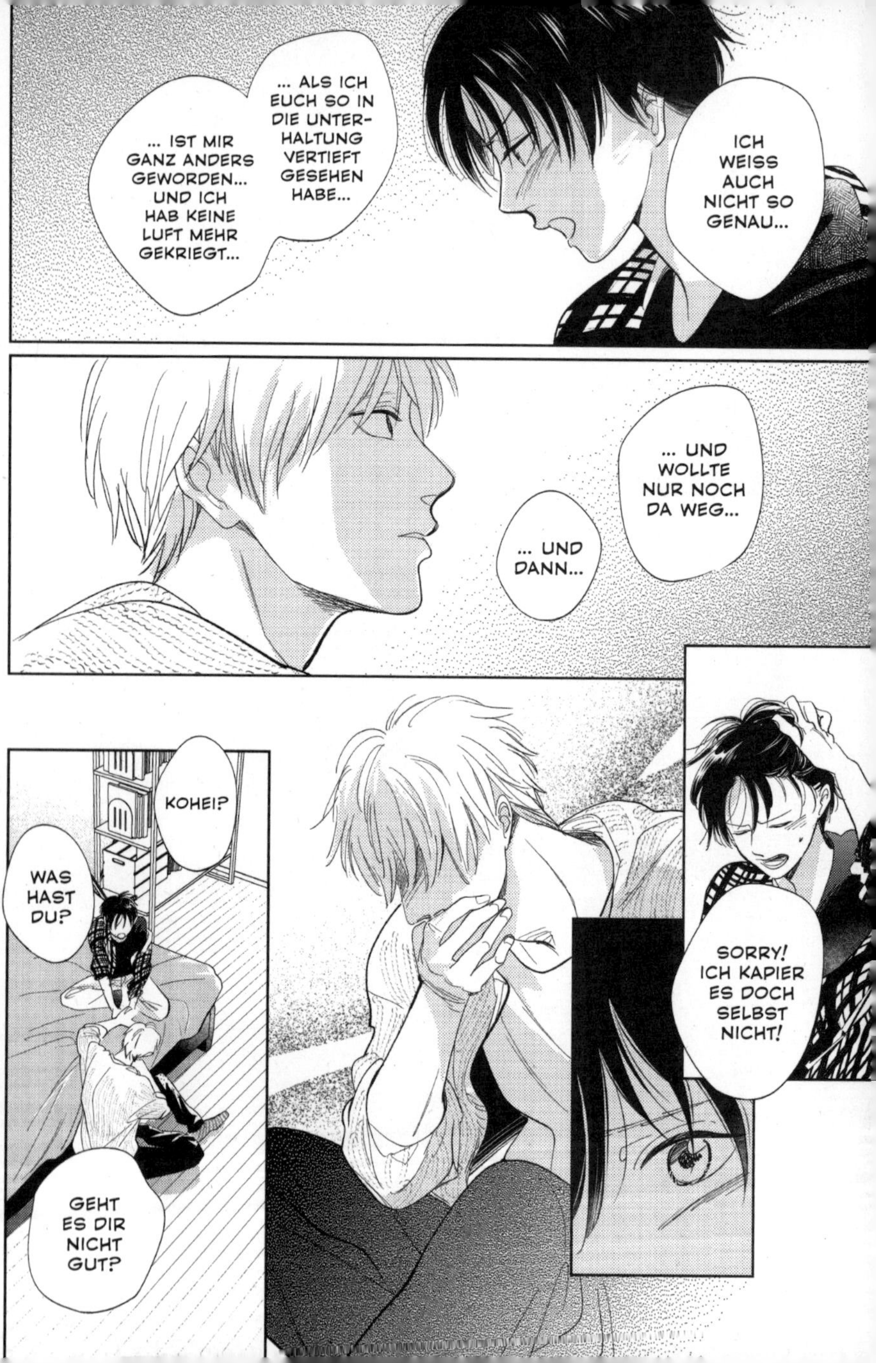
ICH WEISS AUCH NICHT SO GENAU...
... ALS ICH EUCH SO IN DIE UNTERHALTUNG VERTIEFT GESEHEN HABE...
... IST MIR GANZ ANDERS GEWORDEN... UND ICH HAB KEINE LUFT MEHR GEKRIEGT...
... UND WOLLTE NUR NOCH DA WEG...
... UND DANN...
SORRY! ICH KAPIER ES DOCH SELBST NICHT!
KOHEI?
WAS HAST DU?
GEHT ES DIR NICHT GUT?

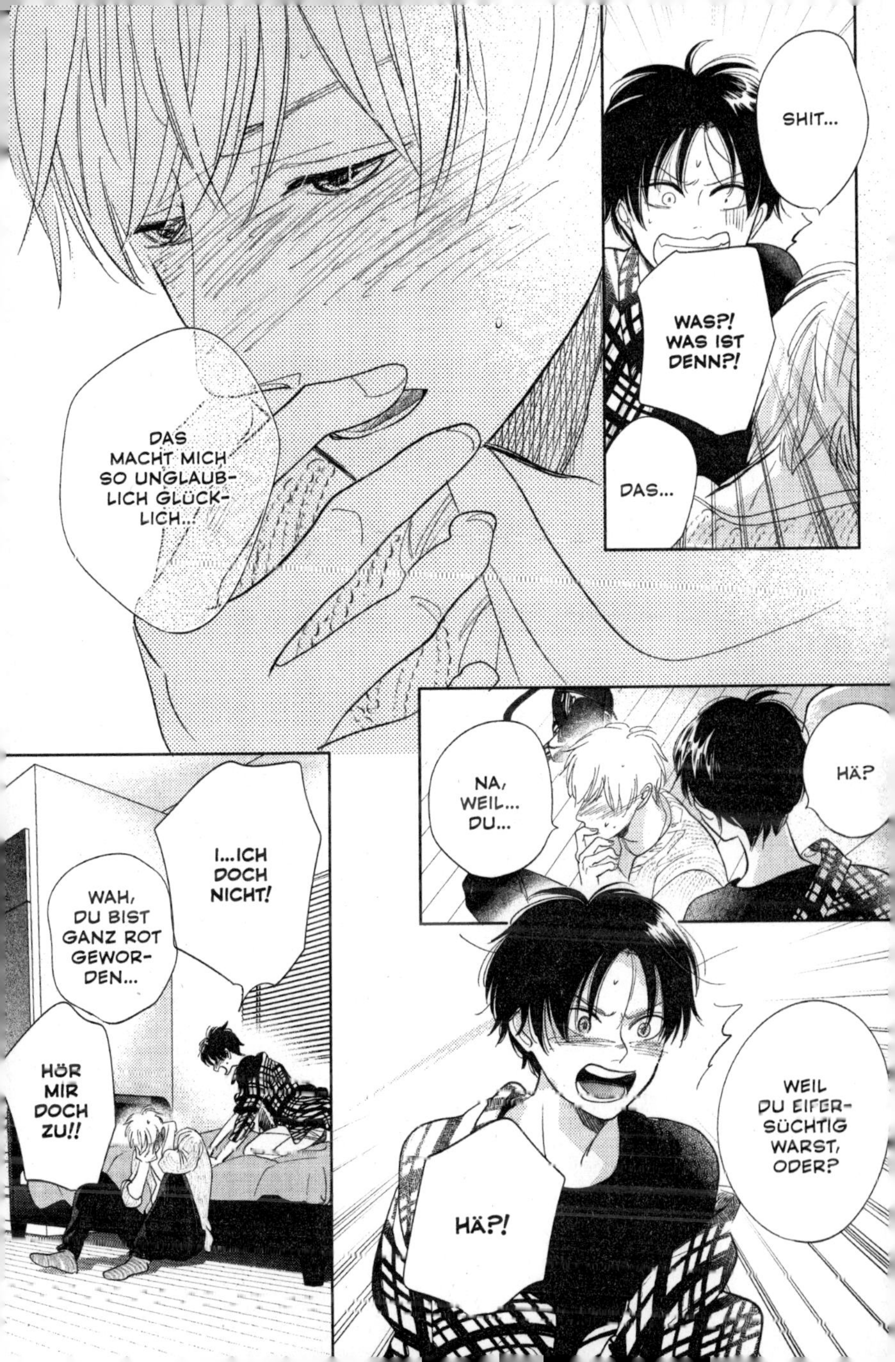
SHIT...
WAS?! WAS IST DENN?!
DAS...
DAS MACHT MICH SO UNGLAUB-LICH GLÜCK-LICH...
HÄ?
NA, WEIL... DU...
WEIL DU EIFER-SÜCHTIG WARST, ODER?
HÄ?!
I...ICH DOCH NICHT!
WAH, DU BIST GANZ ROT GEWOR-DEN...
HÖR MIR DOCH ZU!!

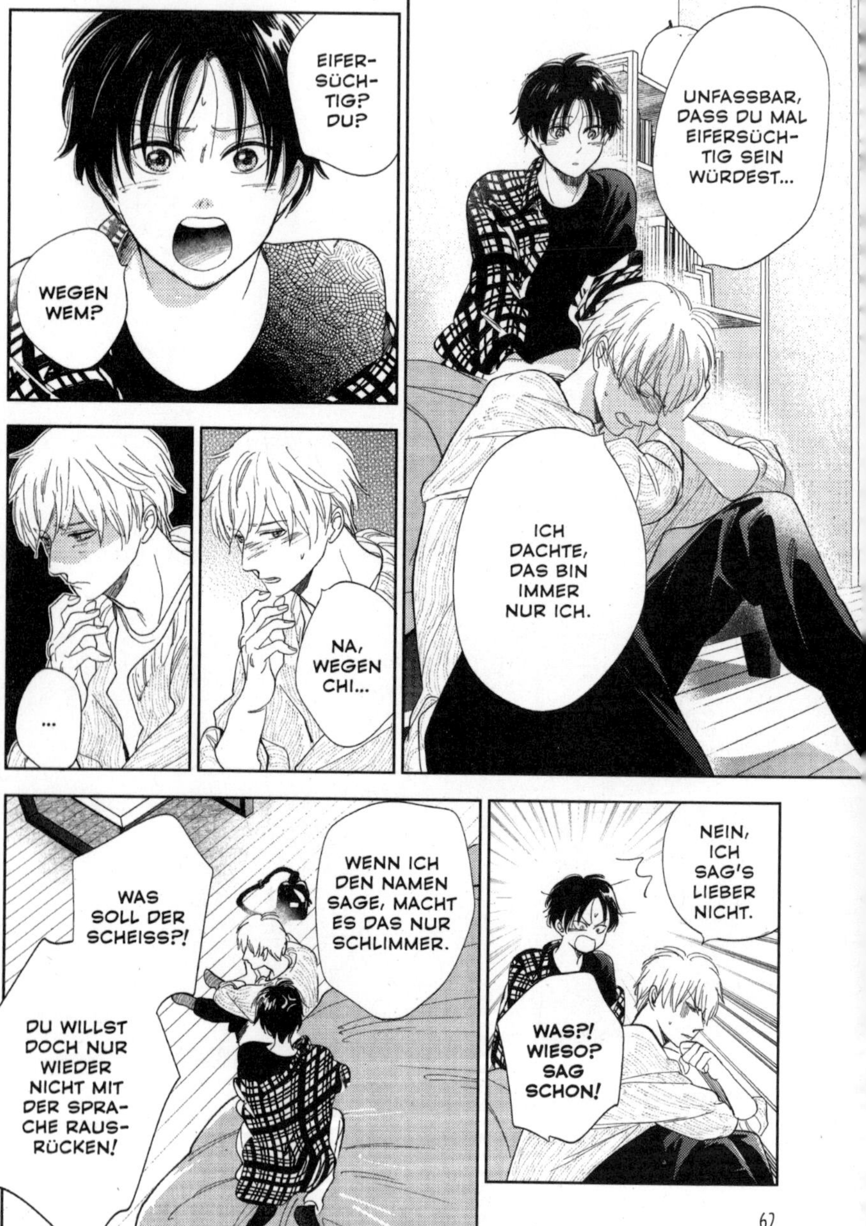
UNFASSBAR, DASS DU MAL EIFERSÜCHTIG SEIN WÜRDEST...
ICH DACHTE, DAS BIN IMMER NUR ICH.
EIFERSÜCHTIG? DU?
WEGEN WEM?
NA, WEGEN CHI...
...
NEIN, ICH SAG'S LIEBER NICHT.
WAS?! WIESO? SAG SCHON!
WENN ICH DEN NAMEN SAGE, MACHT ES DAS NUR SCHLIMMER.
WAS SOLL DER SCHEISS?!
DU WILLST DOCH NUR WIEDER NICHT MIT DER SPRACHE RAUSRÜCKEN!

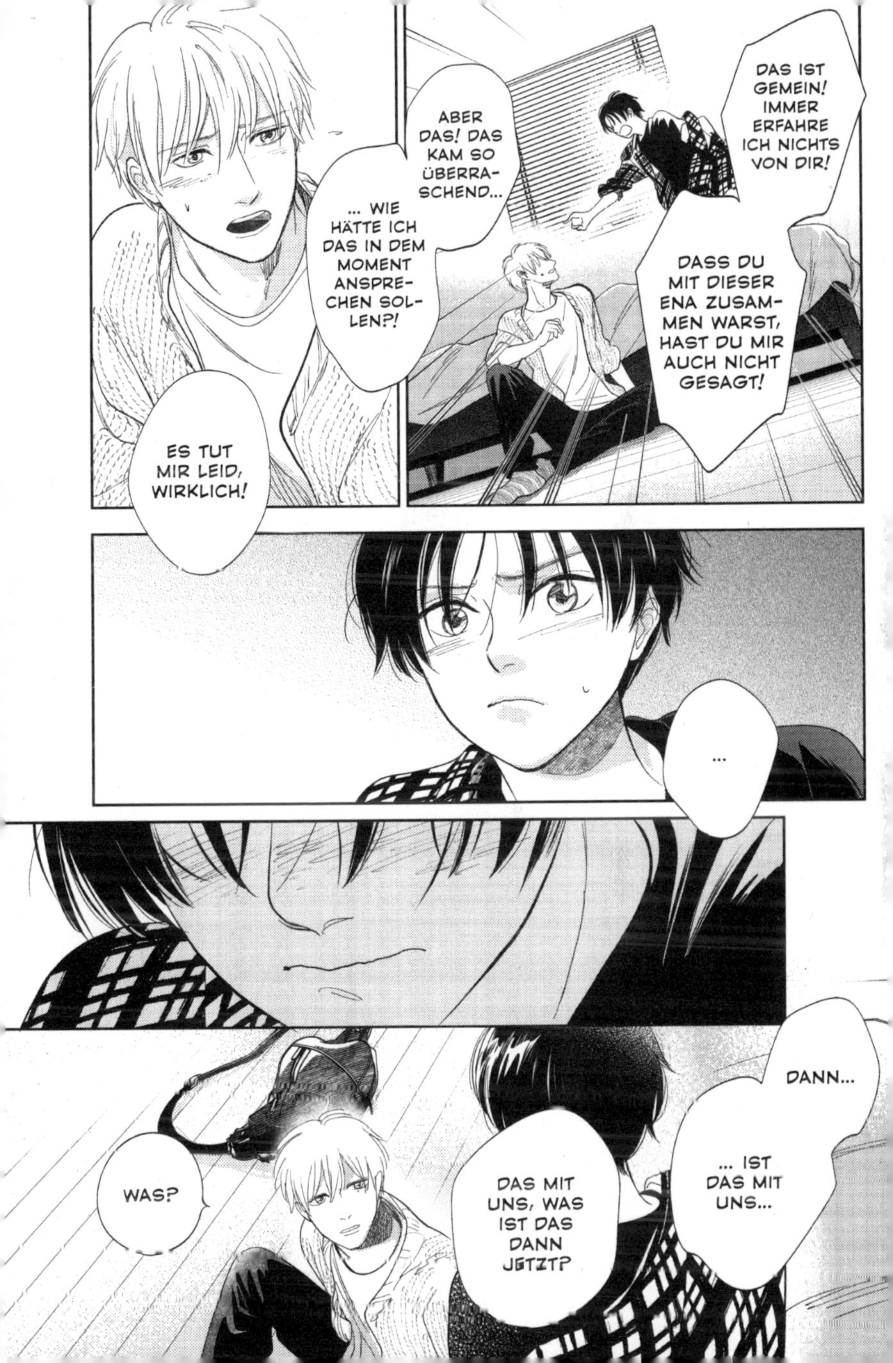
DAS IST GEMEIN! IMMER ERFAHRE ICH NICHTS VON DIR!
DASS DU MIT DIESER ENA ZUSAMMEN WARST, HAST DU MIR AUCH NICHT GESAGT!
ABER DAS! DAS KAM SO ÜBERRASCHEND...
... WIE HÄTTE ICH DAS IN DEM MOMENT ANSPRECHEN SOLLEN?!
ES TUT MIR LEID, WIRKLICH!
...
DANN...
... IST DAS MIT UNS...
DAS MIT UNS, WAS IST DAS DANN JETZT?
WAS?

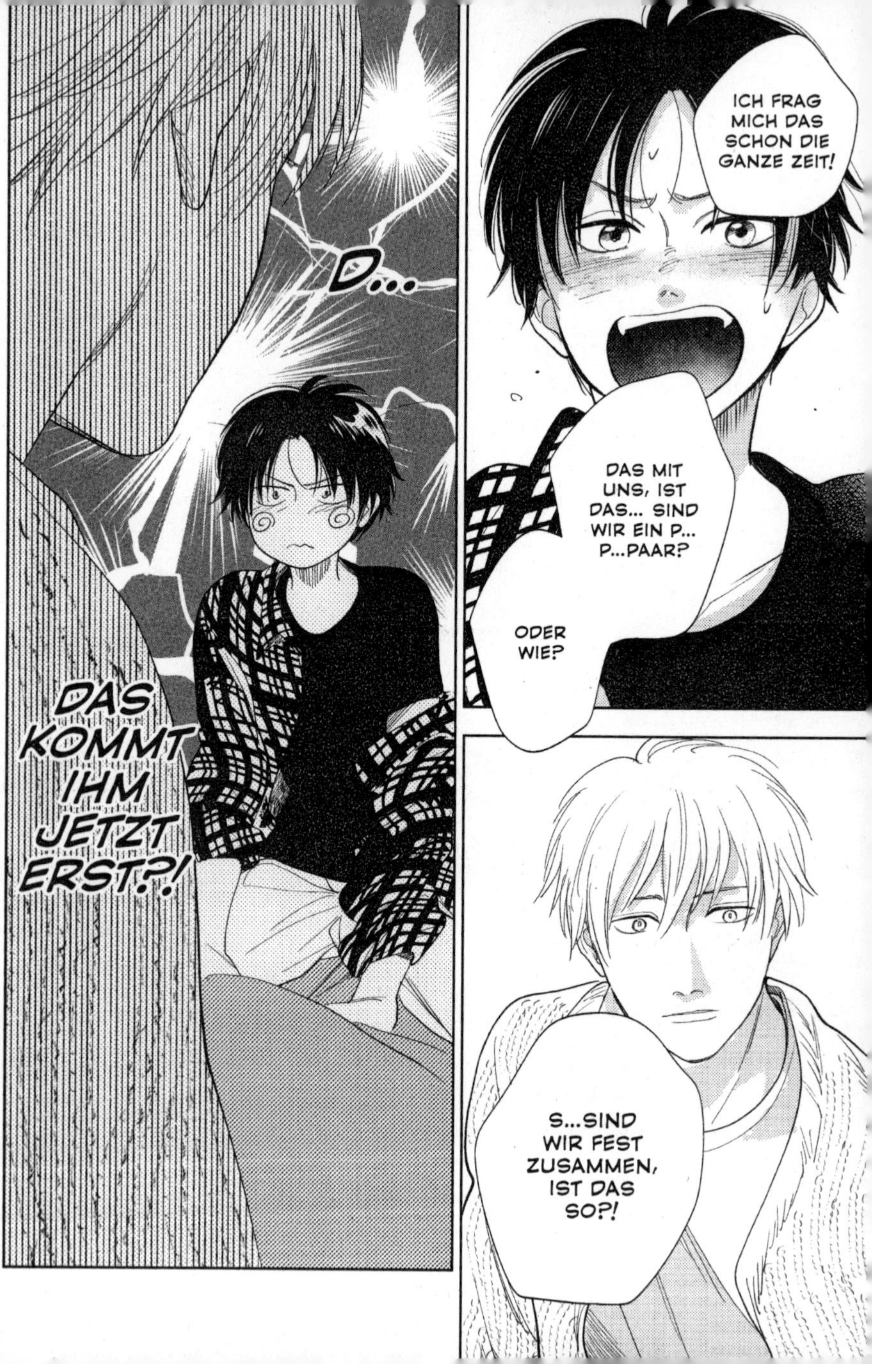
ICH FRAG MICH DAS SCHON DIE GANZE ZEIT!
DAS MIT UNS, IST DAS... SIND WIR EIN P... P...PAAR?
ODER WIE?
S...SIND WIR FEST ZUSAMMEN, IST DAS SO?!
D...
DAS KOMMT IHM JETZT ERST?!

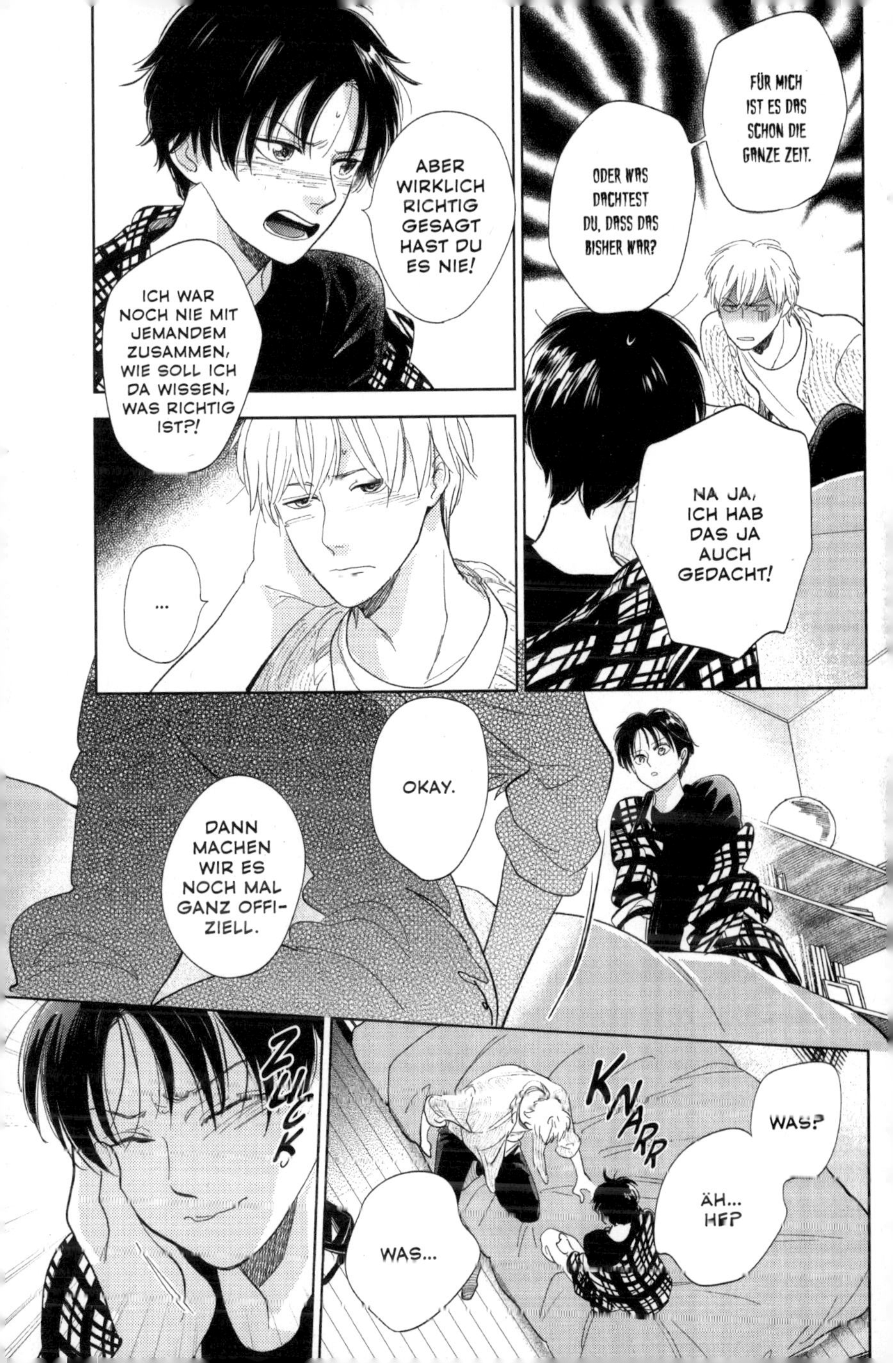
FÜR MICH IST ES DAS SCHON DIE GANZE ZEIT.
ODER WAS DACHTEST DU, DASS DAS BISHER WAR?
ABER WIRKLICH RICHTIG GESAGT HAST DU ES NIE!
ICH WAR NOCH NIE MIT JEMANDEM ZUSAMMEN, WIE SOLL ICH DA WISSEN, WAS RICHTIG IST?!
NA JA, ICH HAB DAS JA AUCH GEDACHT!
…
OKAY.
DANN MACHEN WIR ES NOCH MAL GANZ OFFI-ZIELL.
KNARR
WAS?
ÄH… HE?
WAS…
ZUCK

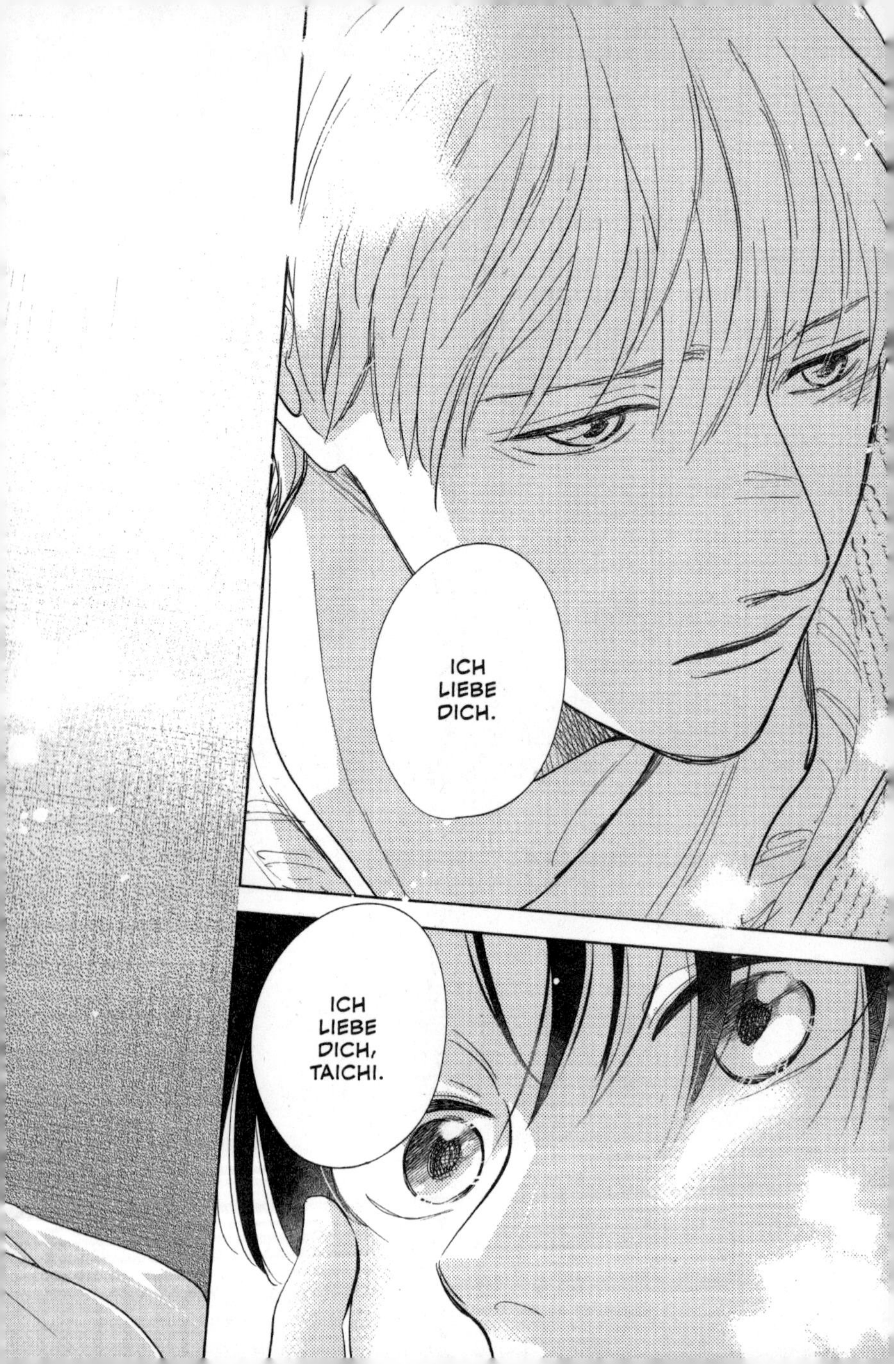
ICH LIEBE DICH.
ICH LIEBE DICH, TAICHI.

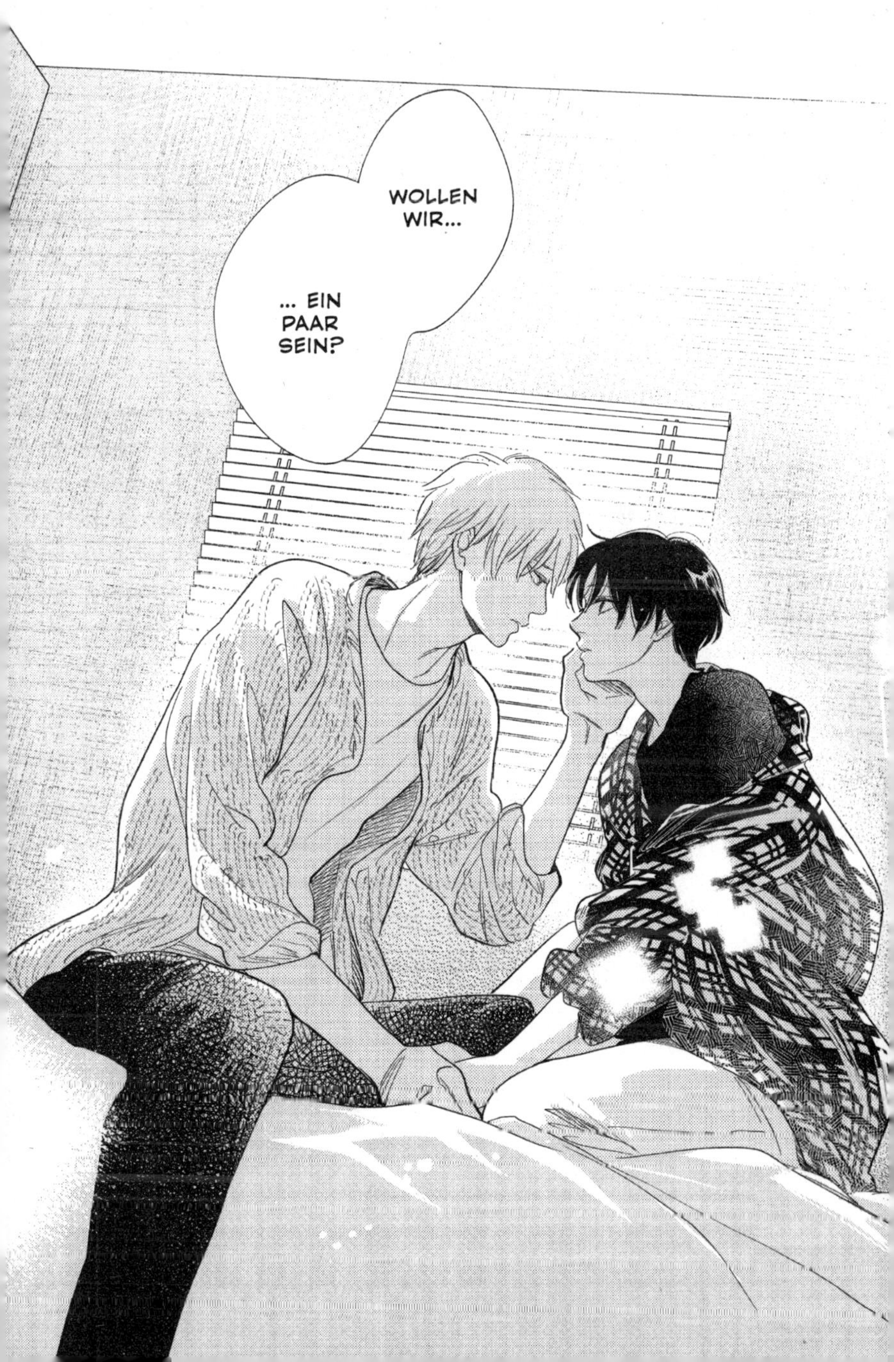
WOLLEN WIR...
... EIN PAAR SEIN?

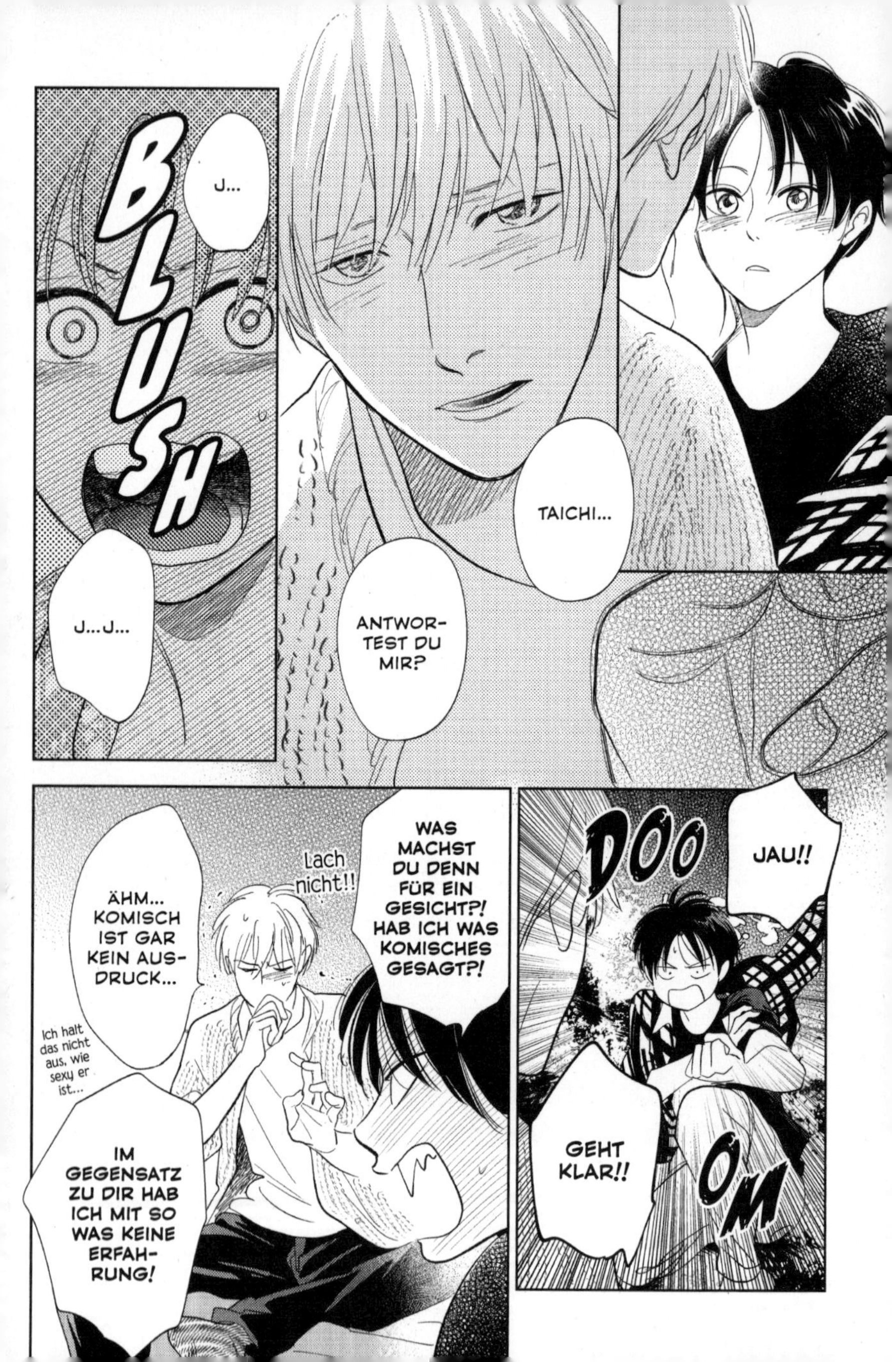
TAICHI...
ANTWORTEST DU MIR?
J...
BLUSH
J...J...
JAU!!
DOO
GEHT KLAR!!
OM
WAS MACHST DU DENN FÜR EIN GESICHT?! HAB ICH WAS KOMISCHES GESAGT?!
Lach nicht!!
ÄHM... KOMISCH IST GAR KEIN AUSDRUCK...
Ich halt das nicht aus, wie sexy er ist...
IM GEGENSATZ ZU DIR HAB ICH MIT SO WAS KEINE ERFAHRUNG!

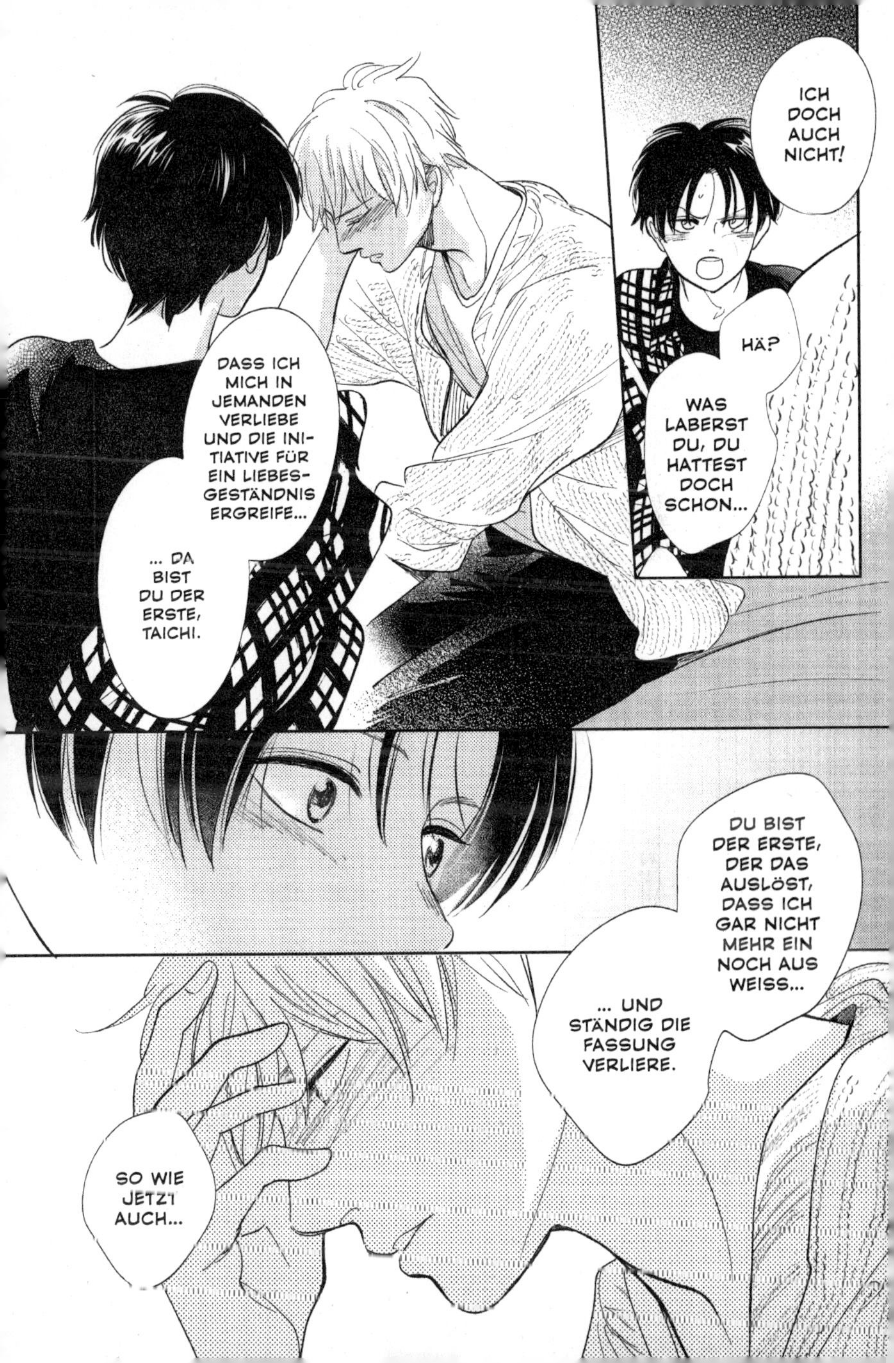
ICH DOCH AUCH NICHT!
HÄ?
WAS LABERST DU, DU HATTEST DOCH SCHON...
DASS ICH MICH IN JEMANDEN VERLIEBE UND DIE INITIATIVE FÜR EIN LIEBESGESTÄNDNIS ERGREIFE...
... DA BIST DU DER ERSTE, TAICHI.
DU BIST DER ERSTE, DER DAS AUSLÖST, DASS ICH GAR NICHT MEHR EIN NOCH AUS WEISS...
... UND STÄNDIG DIE FASSUNG VERLIERE.
SO WIE JETZT AUCH...

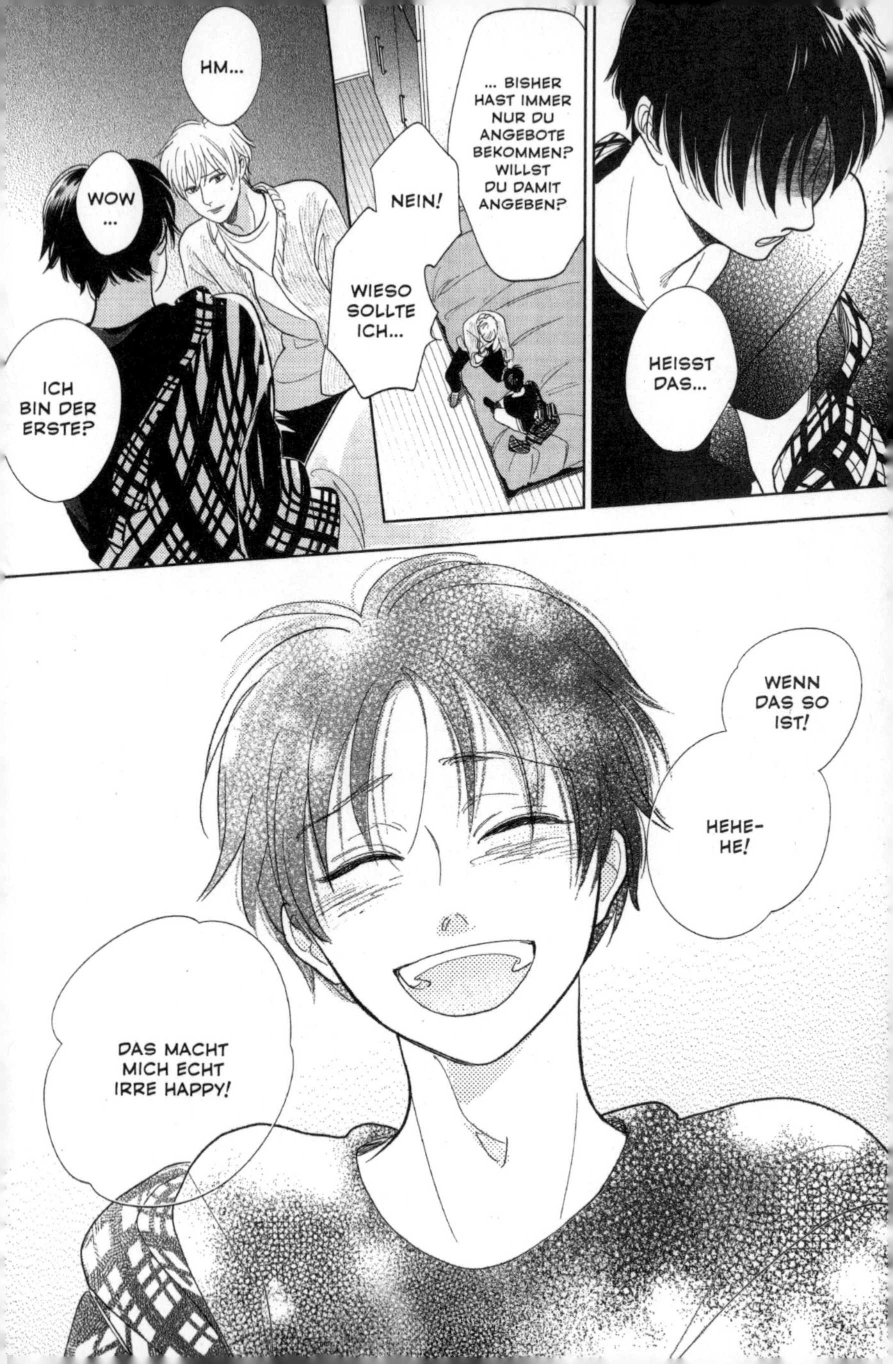
HEISST DAS...
... BISHER HAST IMMER NUR DU ANGEBOTE BEKOMMEN? WILLST DU DAMIT ANGEBEN?
NEIN!
WIESO SOLLTE ICH...
HM...
WOW ...
ICH BIN DER ERSTE?
WENN DAS SO IST!
HEHE-HE!
DAS MACHT MICH ECHT IRRE HAPPY!

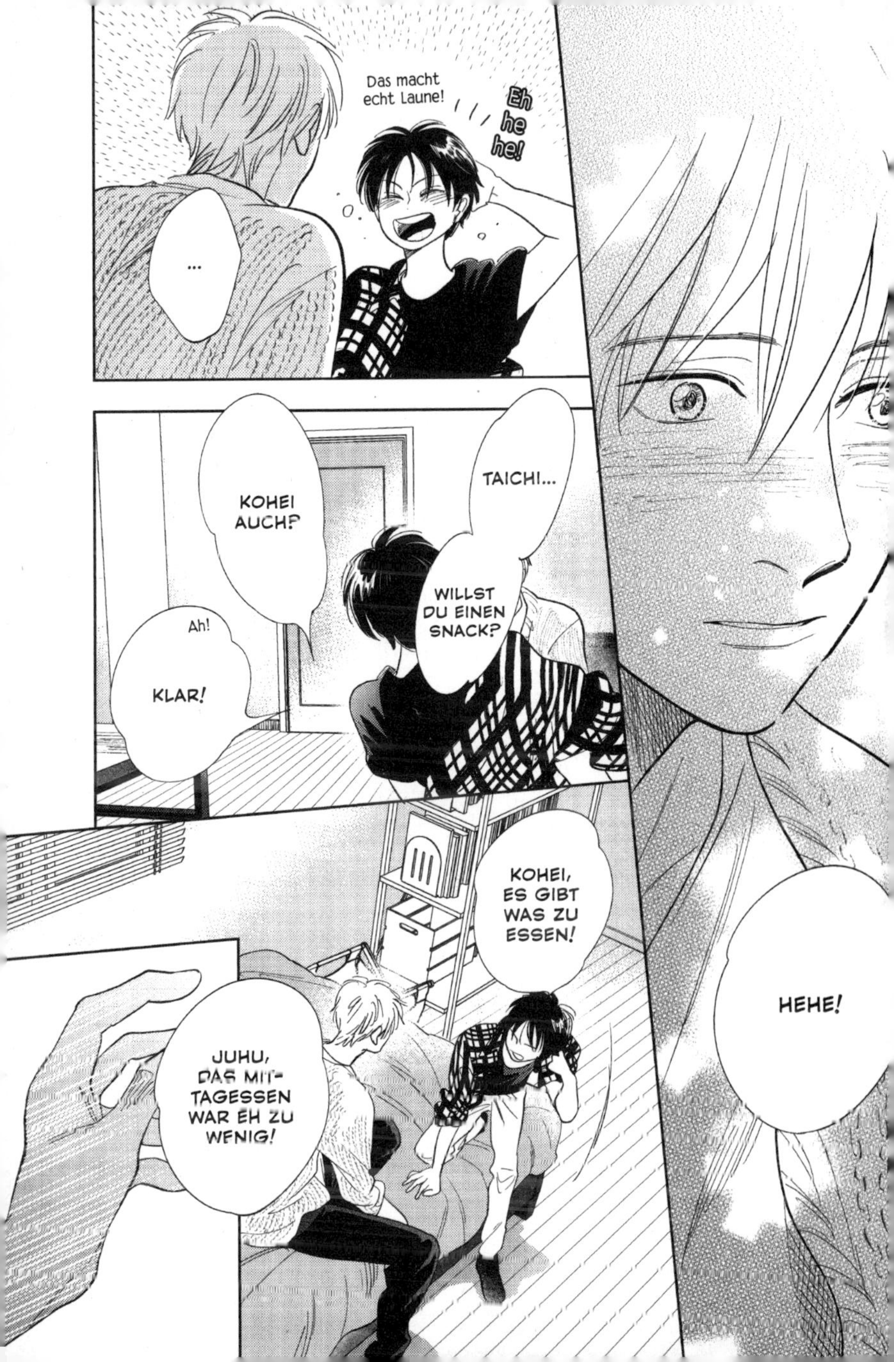
Das macht echt Laune!
Eh he he!
...
TAICHI...
WILLST DU EINEN SNACK?
KOHEI AUCH?
Ah!
KLAR!
HEHE!
KOHEI, ES GIBT WAS ZU ESSEN!
JUHU, DAS MIT-TAGESSEN WAR EH ZU WENIG!

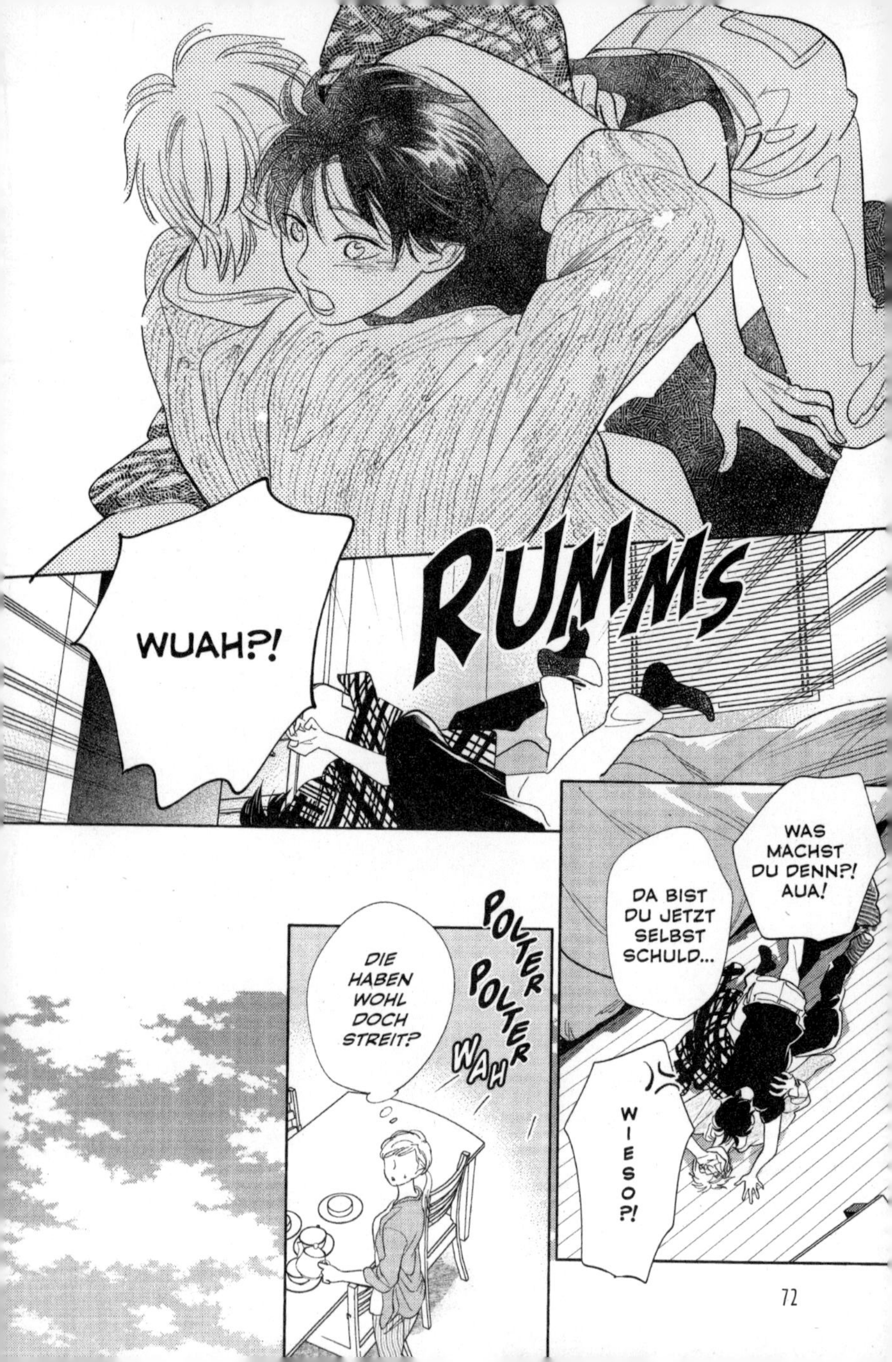

RUMMS
WUAH?!
WAS MACHST DU DENN?! AUA!
DA BIST DU JETZT SELBST SCHULD...
WIESO?!
POLTER POLTER
WAH
DIE HABEN WOHL DOCH STREIT?

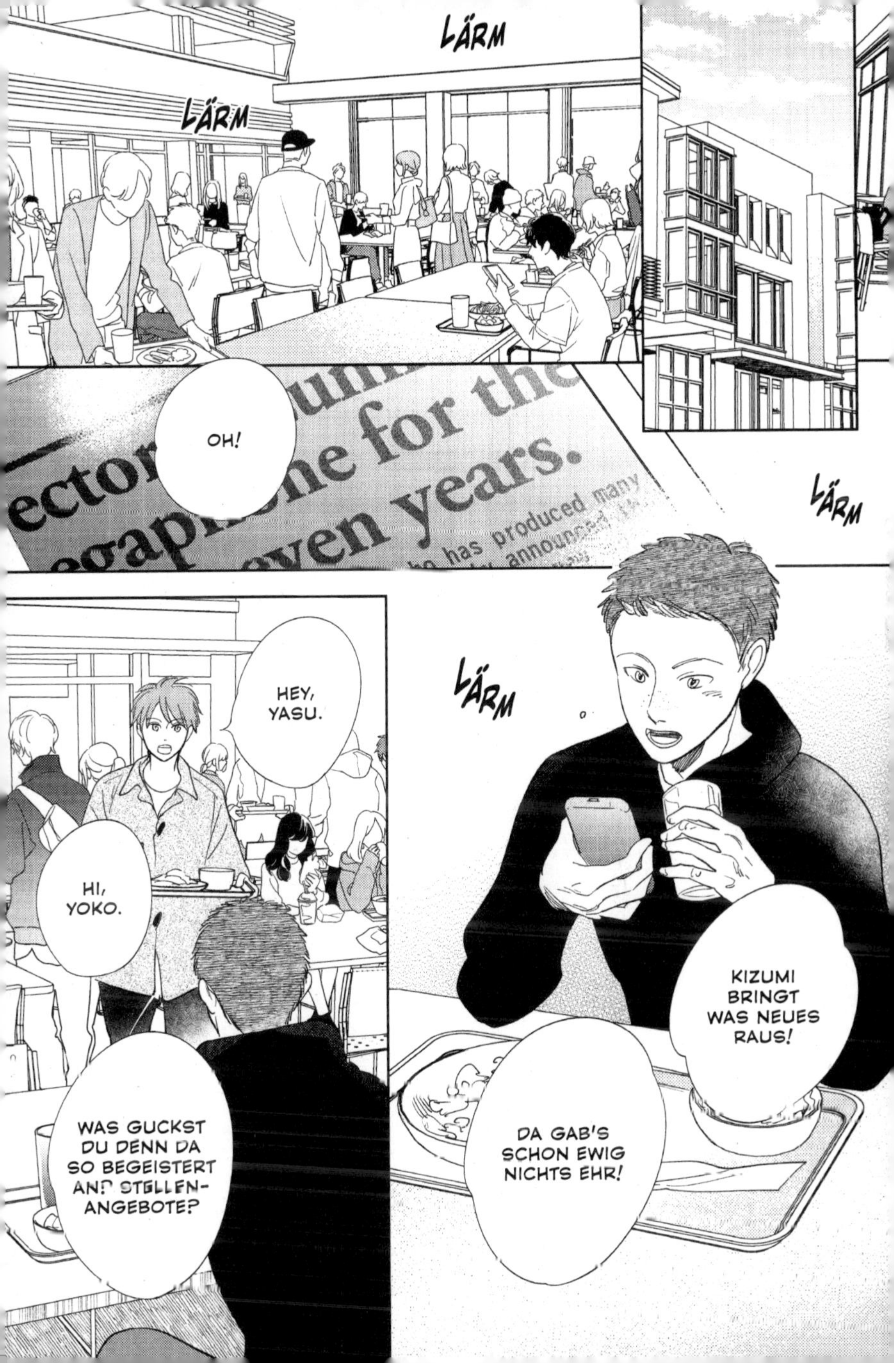
LÄRM
LÄRM
OH!
even years.
LÄRM
LÄRM
KIZUMI BRINGT WAS NEUES RAUS!
DA GAB'S SCHON EWIG NICHTS EHR!
HEY, YASU.
HI, YOKO.
WAS GUCKST DU DENN DA SO BEGEISTERT AN? STELLEN-ANGEBOTE?

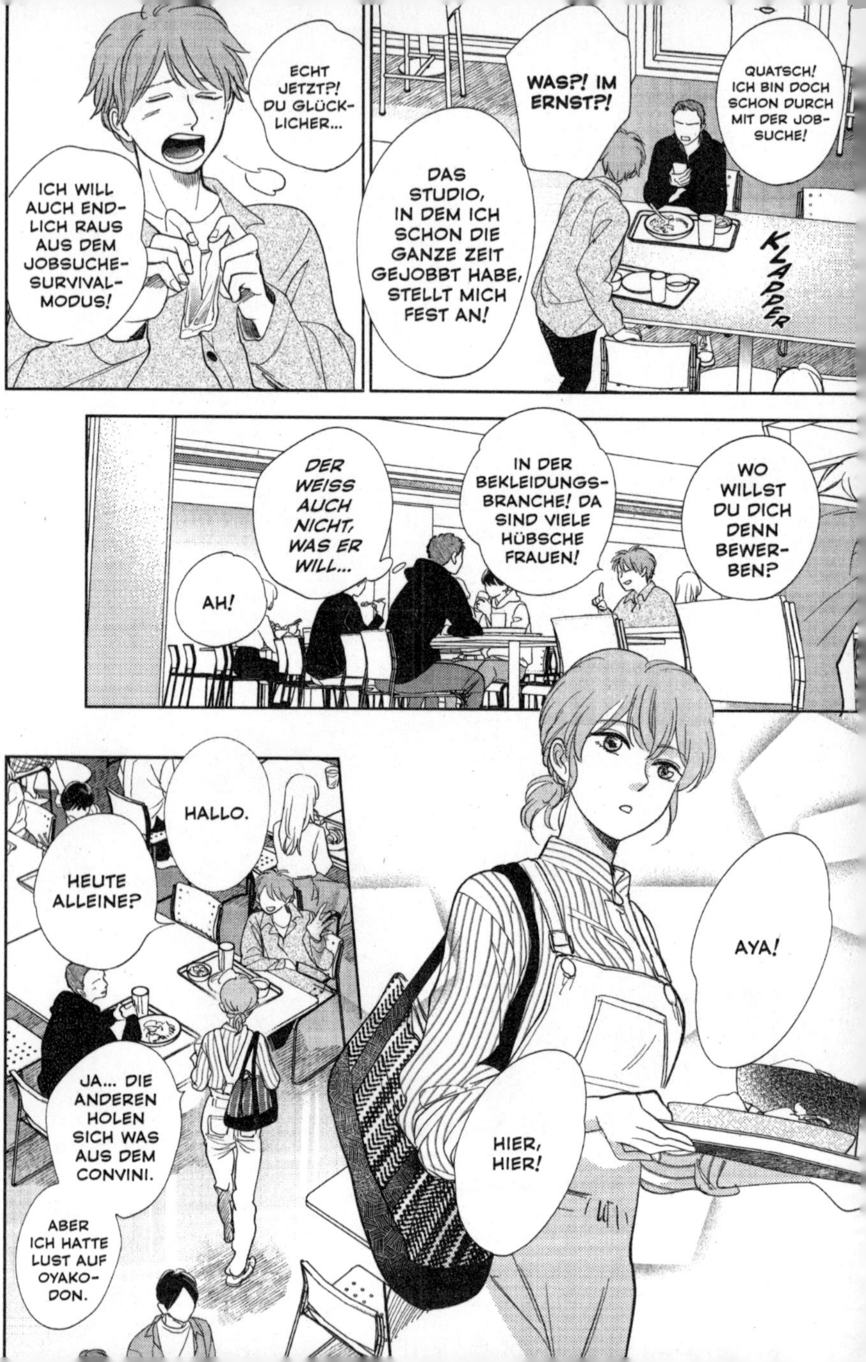
QUATSCH! ICH BIN DOCH SCHON DURCH MIT DER JOBSUCHE!
WAS?! IM ERNST?!
DAS STUDIO, IN DEM ICH SCHON DIE GANZE ZEIT GEJOBBT HABE, STELLT MICH FEST AN!
KLAPPER
ECHT JETZT?! DU GLÜCKLICHER...
ICH WILL AUCH ENDLICH RAUS AUS DEM JOBSUCHE-SURVIVAL-MODUS!
WO WILLST DU DICH DENN BEWERBEN?
IN DER BEKLEIDUNGSBRANCHE! DA SIND VIELE HÜBSCHE FRAUEN!
DER WEISS AUCH NICHT, WAS ER WILL...
AH!
AYA!
HIER, HIER!
HALLO.
HEUTE ALLEINE?
JA... DIE ANDEREN HOLEN SICH WAS AUS DEM CONVINI.
ABER ICH HATTE LUST AUF OYAKODON.

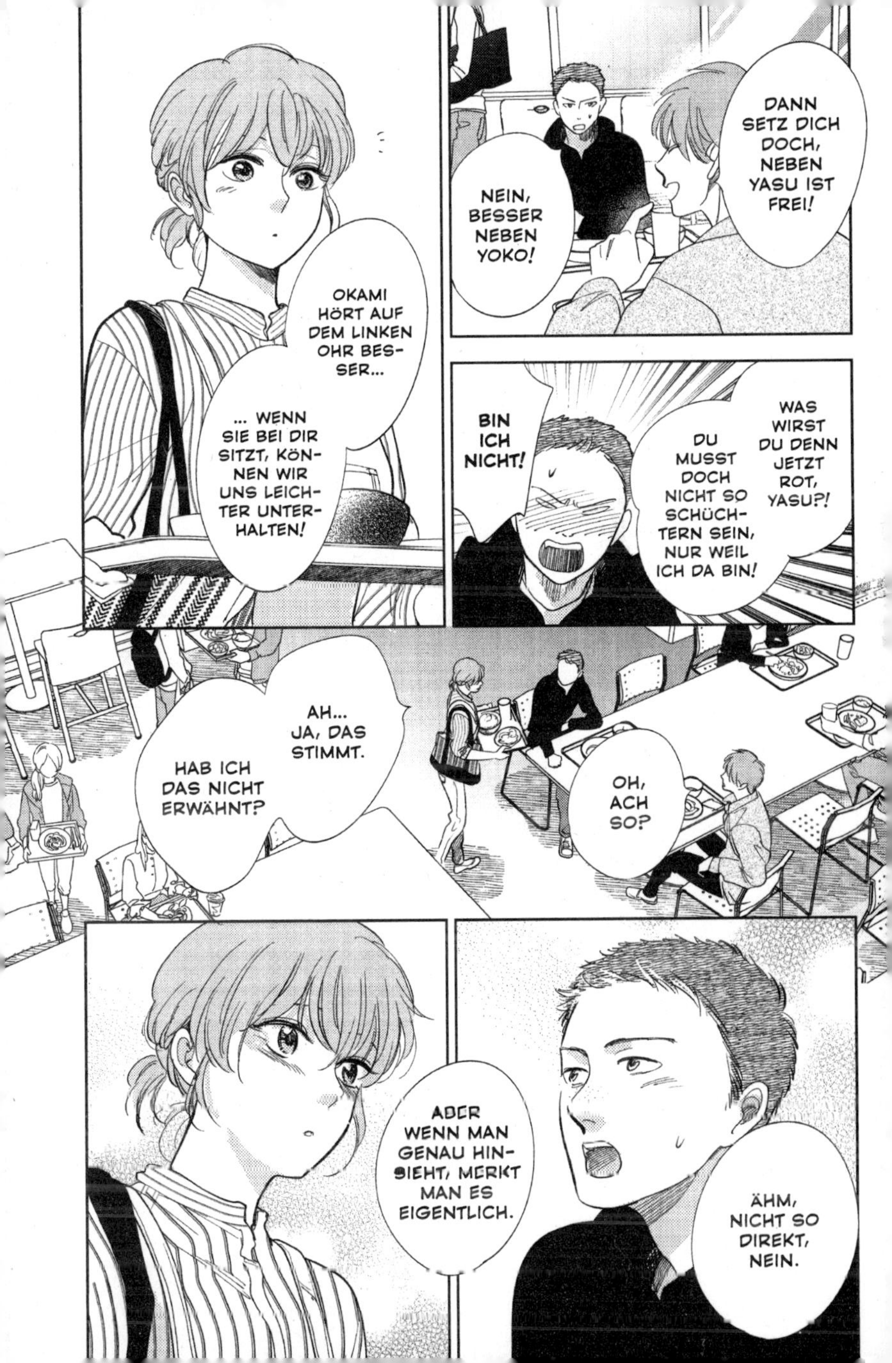
DANN SETZ DICH DOCH, NEBEN YASU IST FREI!
NEIN, BESSER NEBEN YOKO!
OKAMI HÖRT AUF DEM LINKEN OHR BESSER...
... WENN SIE BEI DIR SITZT, KÖNNEN WIR UNS LEICHTER UNTERHALTEN!
WAS WIRST DU DENN JETZT ROT, YASU?!
DU MUSST DOCH NICHT SO SCHÜCHTERN SEIN, NUR WEIL ICH DA BIN!
BIN ICH NICHT!
OH, ACH SO?
AH... JA, DAS STIMMT.
HAB ICH DAS NICHT ERWÄHNT?
ÄHM, NICHT SO DIREKT, NEIN.
ABER WENN MAN GENAU HINSIEHT, MERKT MAN ES EIGENTLICH.

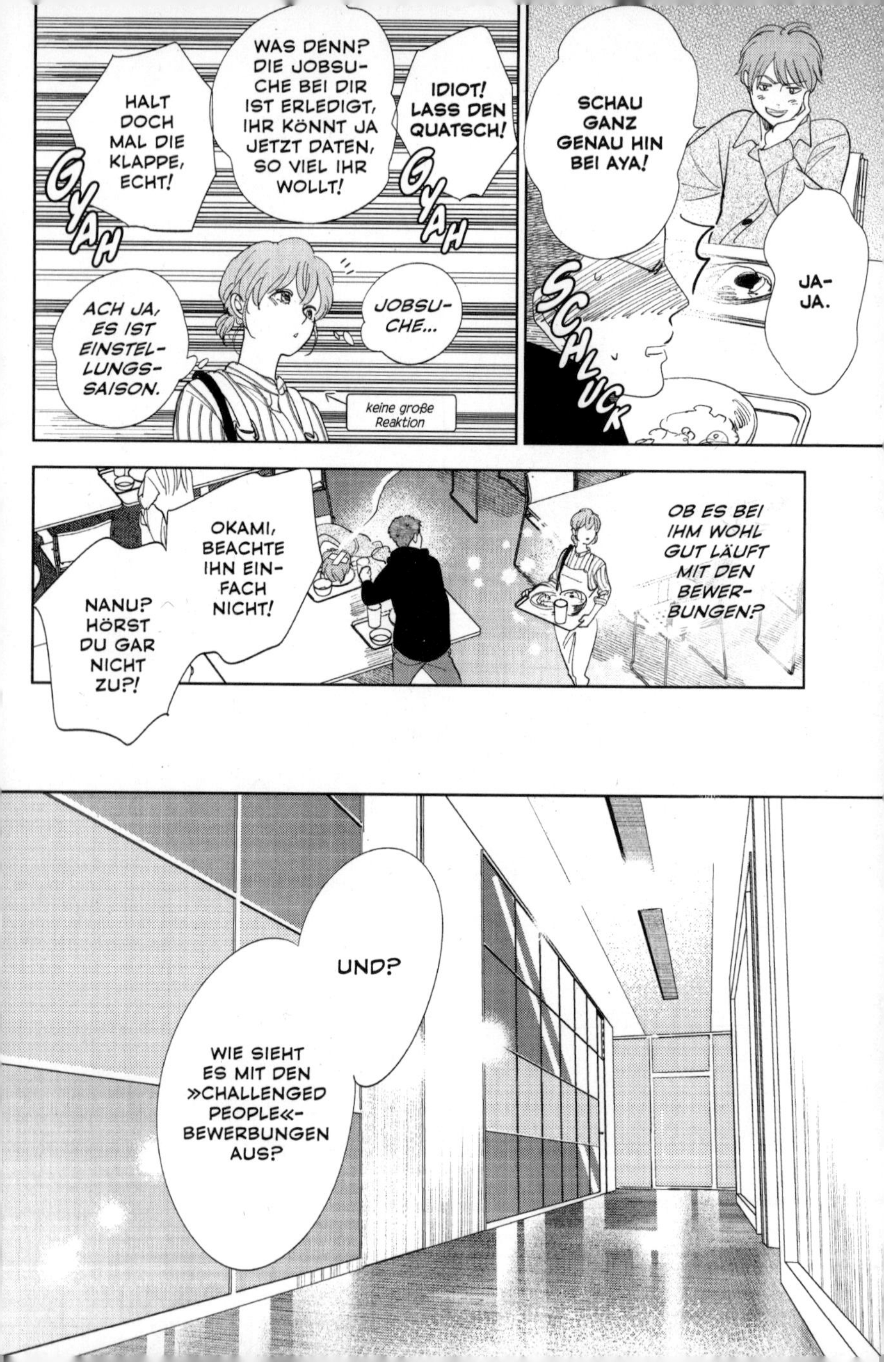
SCHAU GANZ GENAU HIN BEI AYA!
JA-JA.
SCHLUCK
IDIOT! LASS DEN QUATSCH!
GYAH
WAS DENN? DIE JOBSUCHE BEI DIR IST ERLEDIGT, IHR KÖNNT JA JETZT DATEN, SO VIEL IHR WOLLT!
HALT DOCH MAL DIE KLAPPE, ECHT!
GYAH
JOBSUCHE...
keine große Reaktion
ACH JA, ES IST EINSTELLUNGSSAISON.
OB ES BEI IHM WOHL GUT LÄUFT MIT DEN BEWERBUNGEN?
OKAMI, BEACHTE IHN EINFACH NICHT!
NANU? HÖRST DU GAR NICHT ZU?!
UND?
WIE SIEHT ES MIT DEN »CHALLENGED PEOPLE«-BEWERBUNGEN AUS?

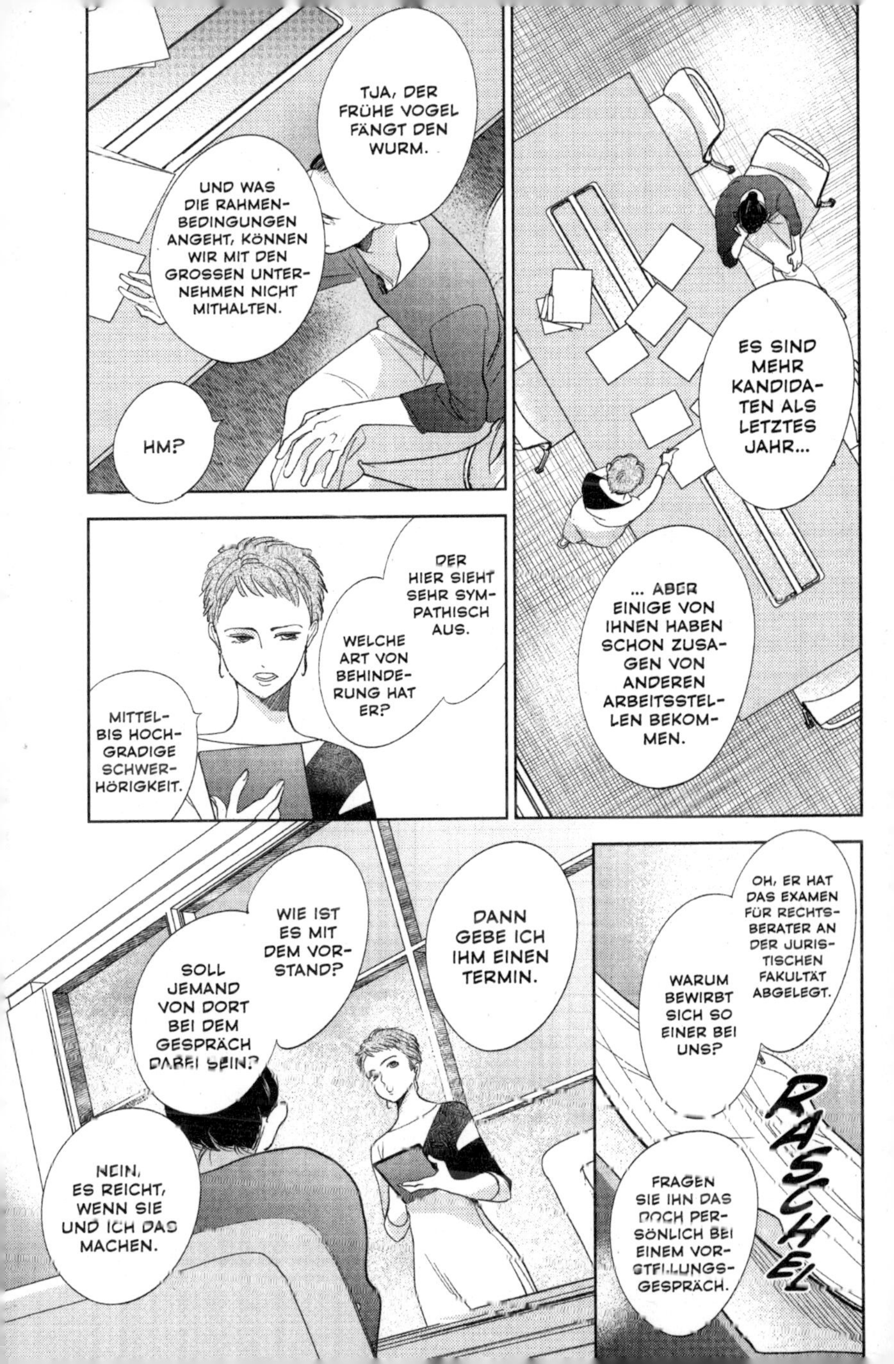
ES SIND MEHR KANDIDATEN ALS LETZTES JAHR...
... ABER EINIGE VON IHNEN HABEN SCHON ZUSAGEN VON ANDEREN ARBEITSSTELLEN BEKOMMEN.
TJA, DER FRÜHE VOGEL FÄNGT DEN WURM.
UND WAS DIE RAHMENBEDINGUNGEN ANGEHT, KÖNNEN WIR MIT DEN GROSSEN UNTERNEHMEN NICHT MITHALTEN.
HM?
DER HIER SIEHT SEHR SYMPATHISCH AUS.
WELCHE ART VON BEHINDERUNG HAT ER?
MITTEL- BIS HOCHGRADIGE SCHWERHÖRIGKEIT.
OH, ER HAT DAS EXAMEN FÜR RECHTSBERATER AN DER JURISTISCHEN FAKULTÄT ABGELEGT.
WARUM BEWIRBT SICH SO EINER BEI UNS?
RASCHEL
FRAGEN SIE IHN DAS DOCH PERSÖNLICH BEI EINEM VORSTELLUNGSGESPRÄCH.
DANN GEBE ICH IHM EINEN TERMIN.
WIE IST ES MIT DEM VORSTAND?
SOLL JEMAND VON DORT BEI DEM GESPRÄCH DABEI SEIN?
NEIN, ES REICHT, WENN SIE UND ICH DAS MACHEN.

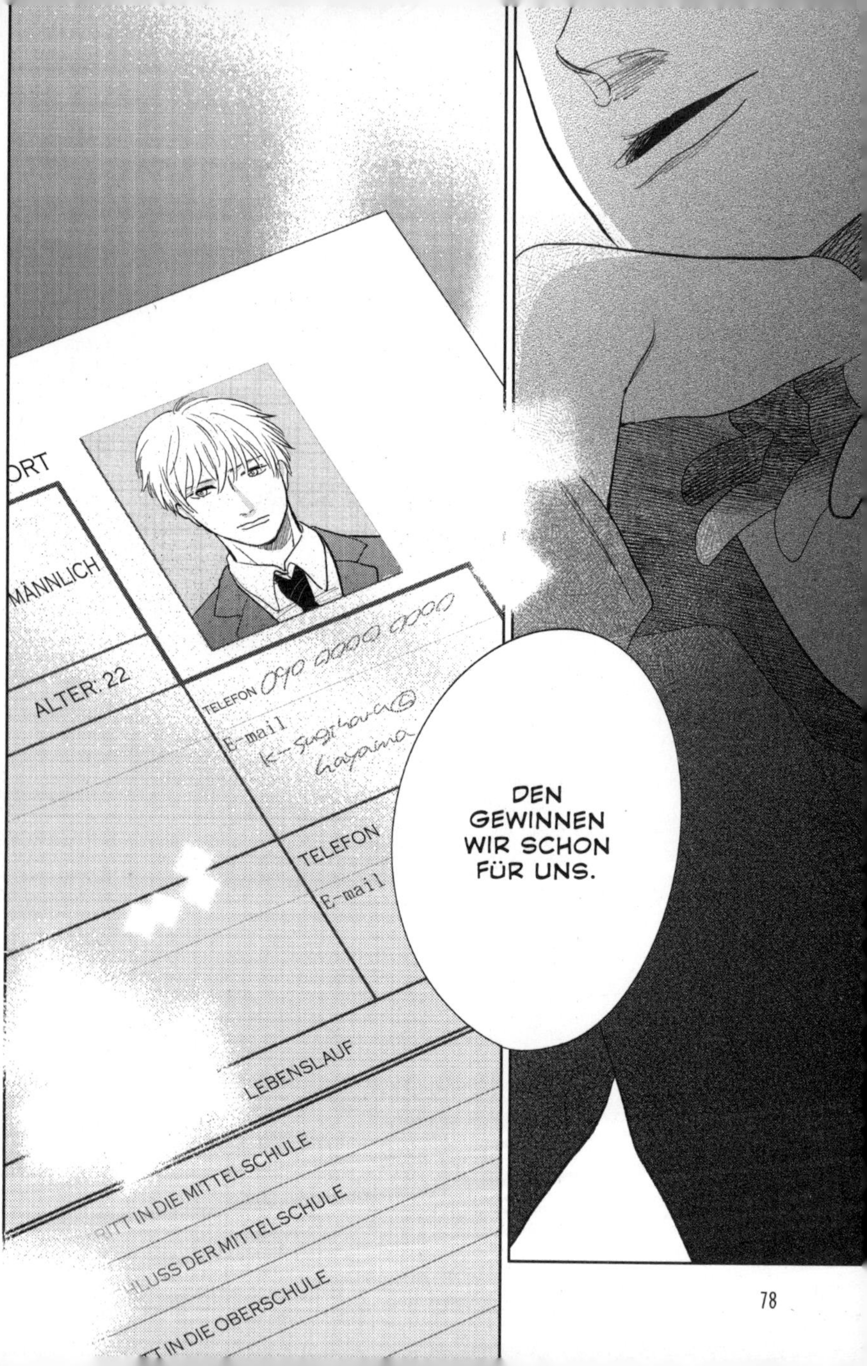
DEN GEWINNEN WIR SCHON FÜR UNS.
ORT
MÄNNLICH
ALTER: 22
TELEFON 090 0000 0000
E-mail K-sugihara@ hayama
TELEFON
E-mail
LEBENSLAUF
RITT IN DIE MITTELSCHULE
HLUSS DER MITTELSCHULE
ITT IN DIE OBERSCHULE

KAPITEL 3

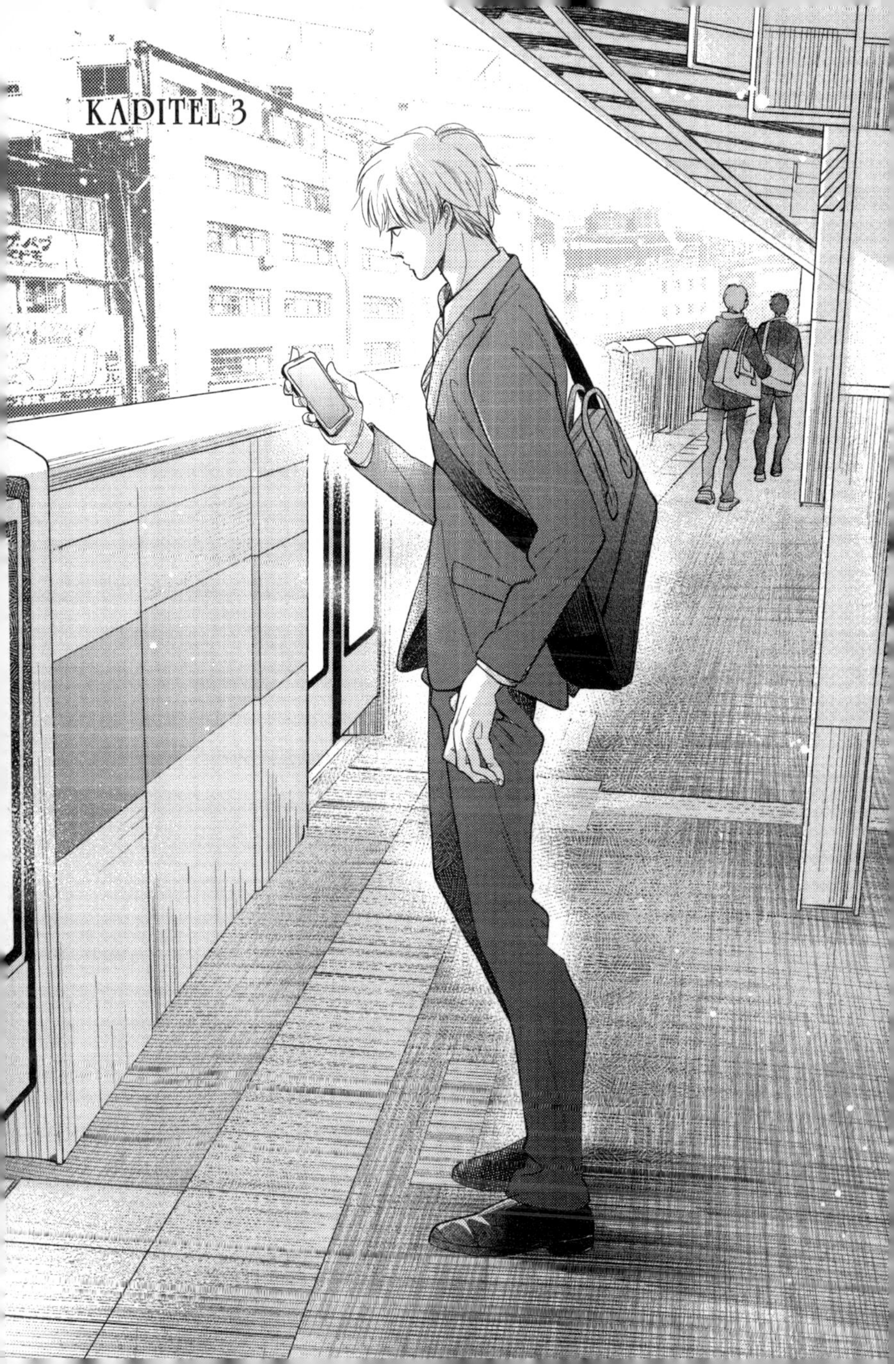

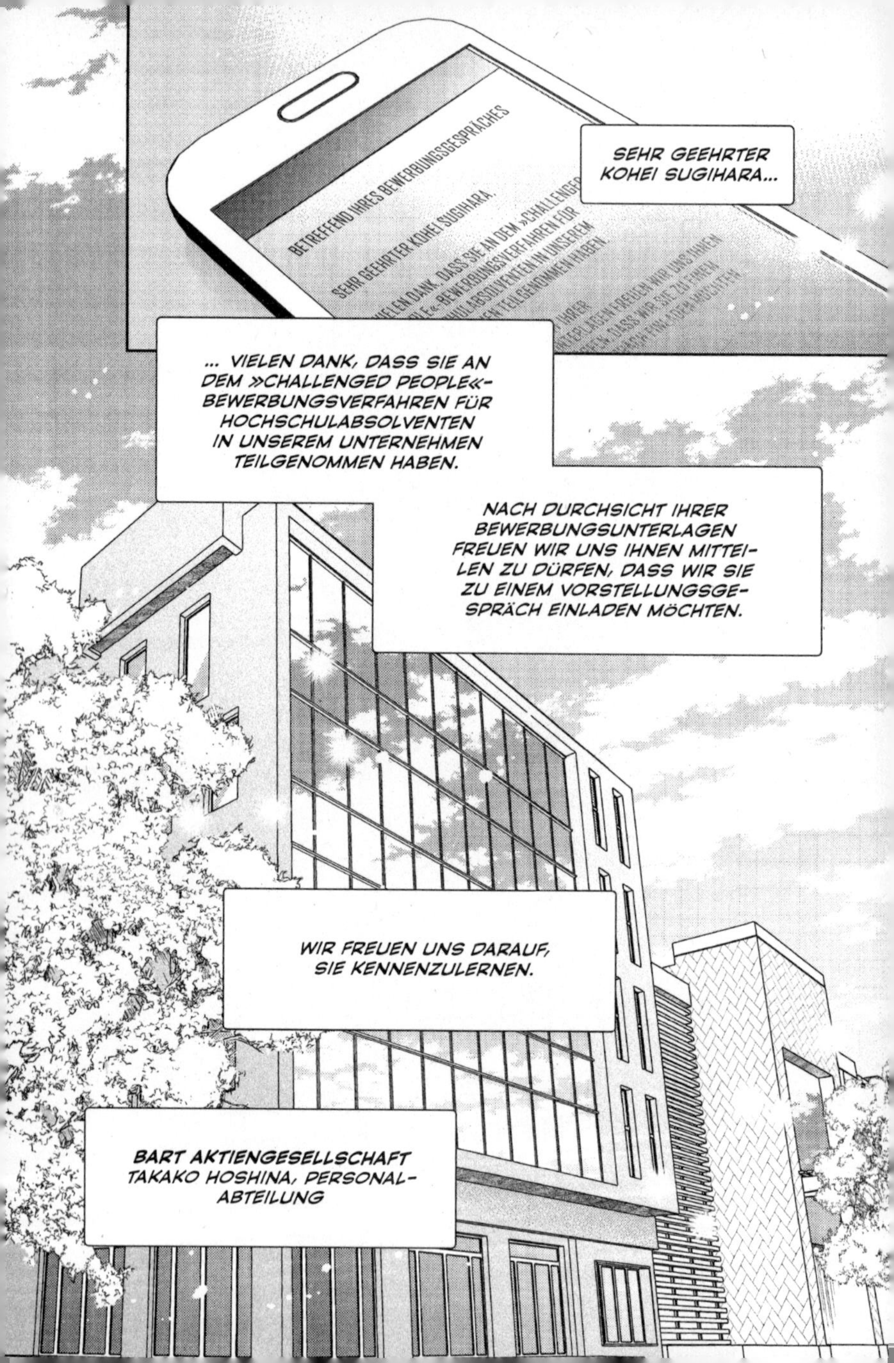
BETREFFEND IHRES BEWERBUNGSGESPRÄCHES
SEHR GEEHRTER KOHEI SUGIHARA,
SEHR GEEHRTER KOHEI SUGIHARA...
... VIELEN DANK, DASS SIE AN DEM »CHALLENGED PEOPLE«-BEWERBUNGSVERFAHREN FÜR HOCHSCHULABSOLVENTEN IN UNSEREM UNTERNEHMEN TEILGENOMMEN HABEN.
NACH DURCHSICHT IHRER BEWERBUNGSUNTERLAGEN FREUEN WIR UNS IHNEN MITTEILEN ZU DÜRFEN, DASS WIR SIE ZU EINEM VORSTELLUNGSGESPRÄCH EINLADEN MÖCHTEN.
WIR FREUEN UNS DARAUF, SIE KENNENZULERNEN.
BART AKTIENGESELLSCHAFT TAKAKO HOSHINA, PERSONALABTEILUNG

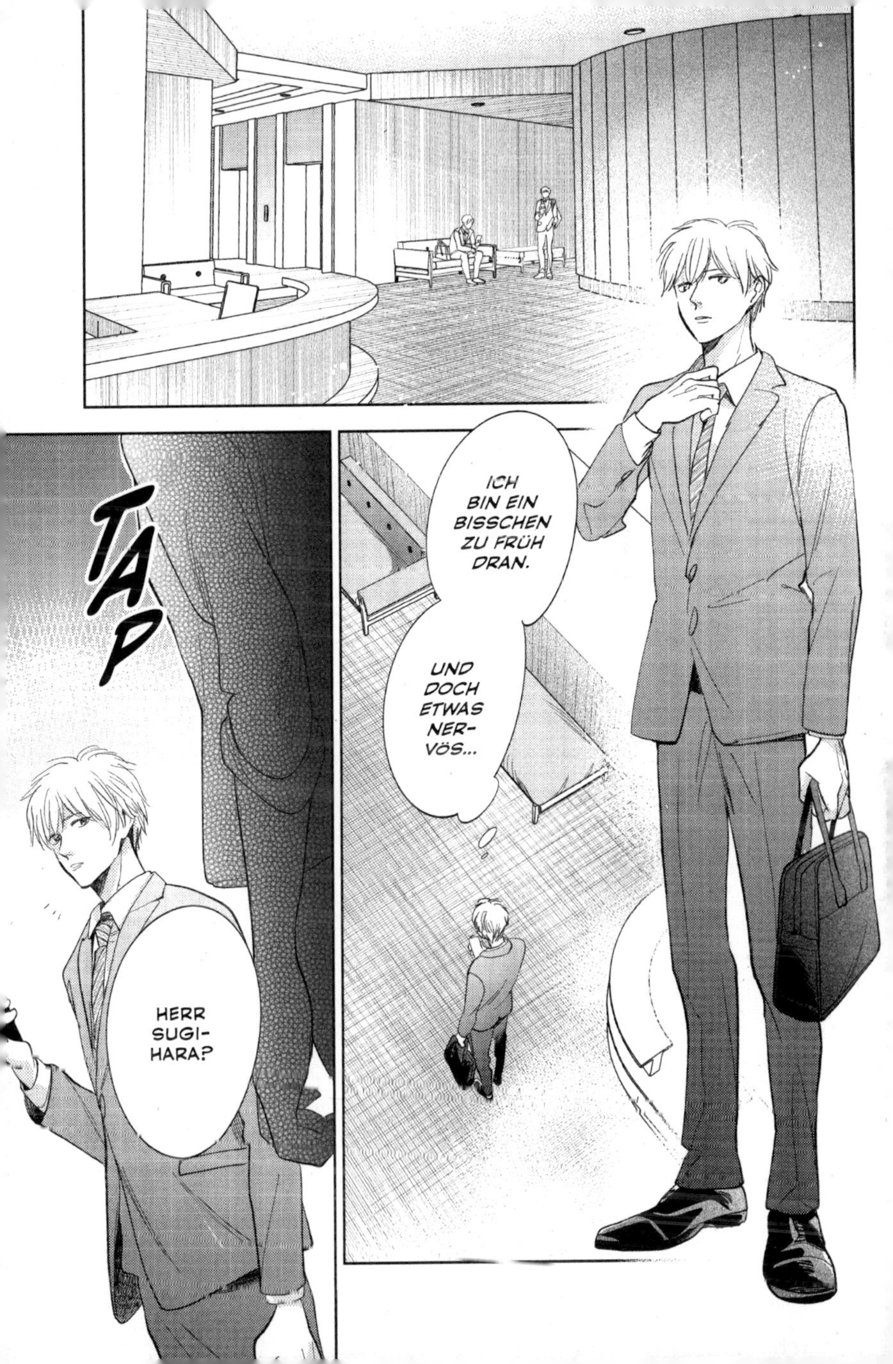
ICH BIN EIN BISSCHEN ZU FRÜH DRAN.
UND DOCH ETWAS NER-VÖS...
TAP
HERR SUGI-HARA?

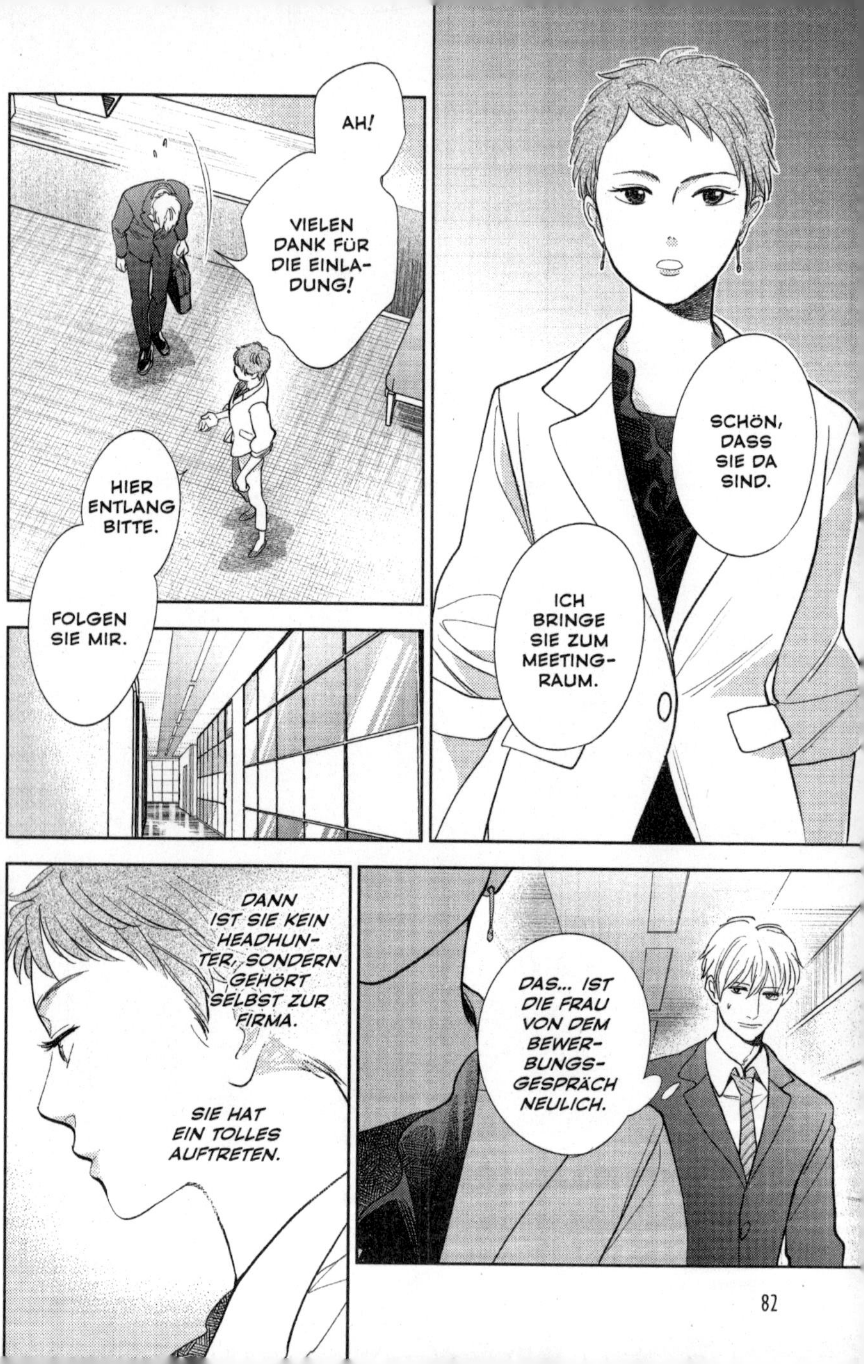
SCHÖN, DASS SIE DA SIND.
ICH BRINGE SIE ZUM MEETINGRAUM.
AH!
VIELEN DANK FÜR DIE EINLADUNG!
HIER ENTLANG BITTE.
FOLGEN SIE MIR.
DAS... IST DIE FRAU VON DEM BEWERBUNGSGESPRÄCH NEULICH.
DANN IST SIE KEIN HEADHUNTER, SONDERN GEHÖRT SELBST ZUR FIRMA.
SIE HAT EIN TOLLES AUFTRETEN.

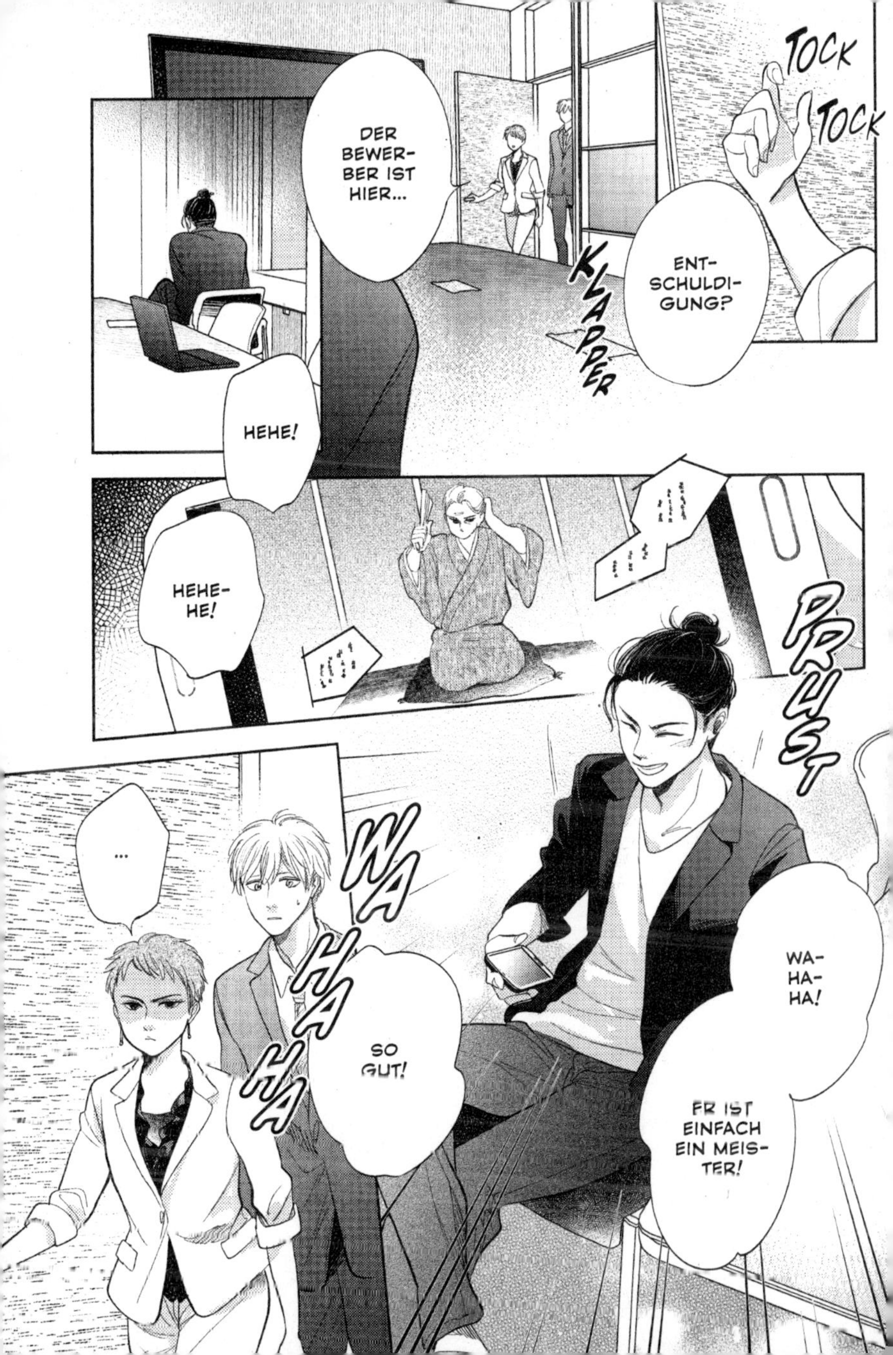
TOCK
TOCK
ENT-SCHULDI-GUNG?
KLAPPER
DER BEWER-BER IST HIER...
HEHE!
HEHE-HE!
PRUST
WA-HA-HA!
ER IST EINFACH EIN MEIS-TER!
SO GUT!
WA HA HA HA
...

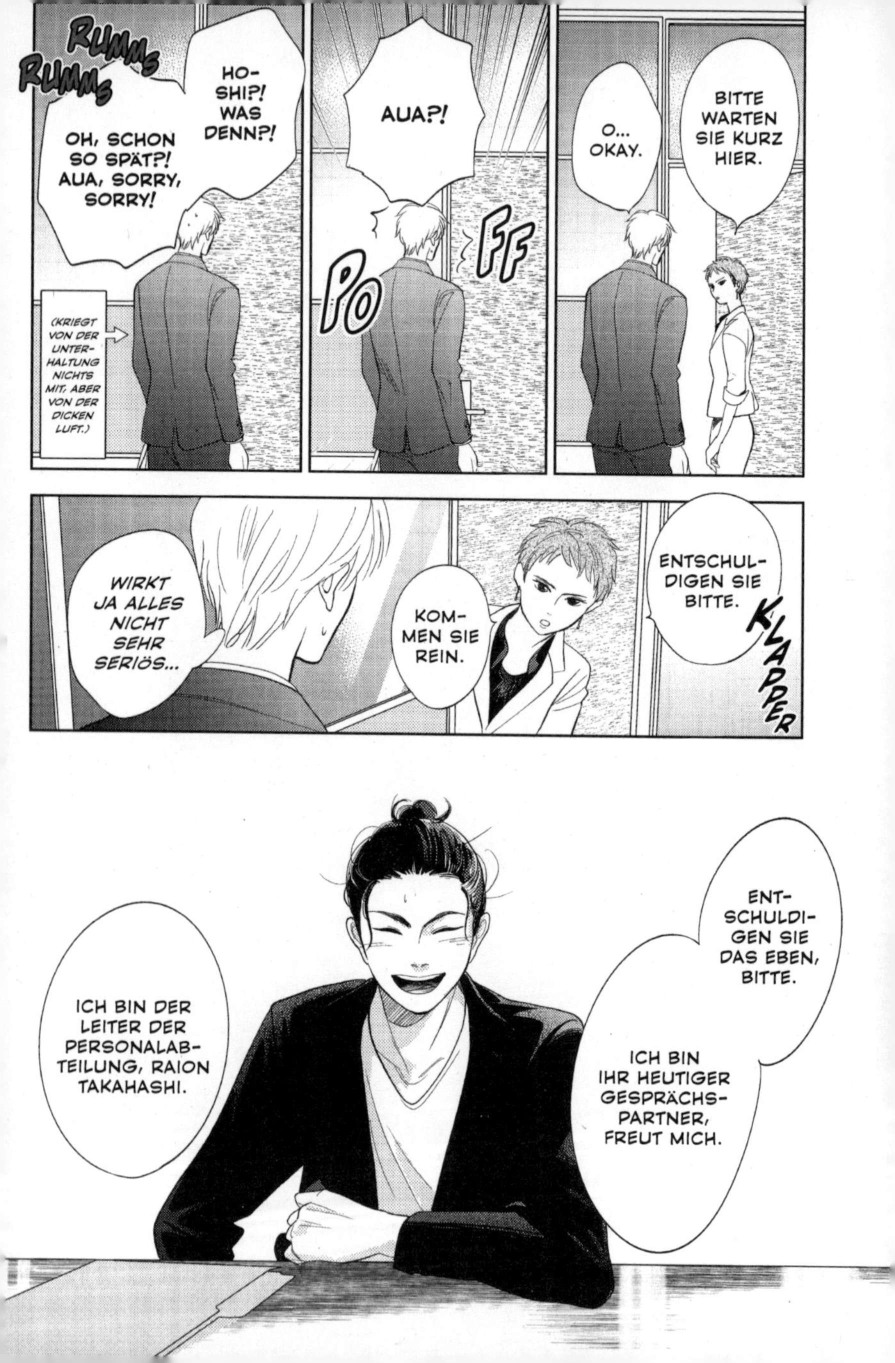
BITTE WARTEN SIE KURZ HIER.
O... OKAY.
AUA?!
POFF
HO-SHI?! WAS DENN?!
OH, SCHON SO SPÄT?! AUA, SORRY, SORRY!
RUMMS RUMMS
(KRIEGT VON DER UNTERHALTUNG NICHTS MIT, ABER VON DER DICKEN LUFT.)
ENTSCHULDIGEN SIE BITTE.
KLAPPER
KOMMEN SIE REIN.
WIRKT JA ALLES NICHT SEHR SERIÖS...
ENTSCHULDIGEN SIE DAS EBEN, BITTE.
ICH BIN IHR HEUTIGER GESPRÄCHSPARTNER, FREUT MICH.
ICH BIN DER LEITER DER PERSONALABTEILUNG, RAION TAKAHASHI.

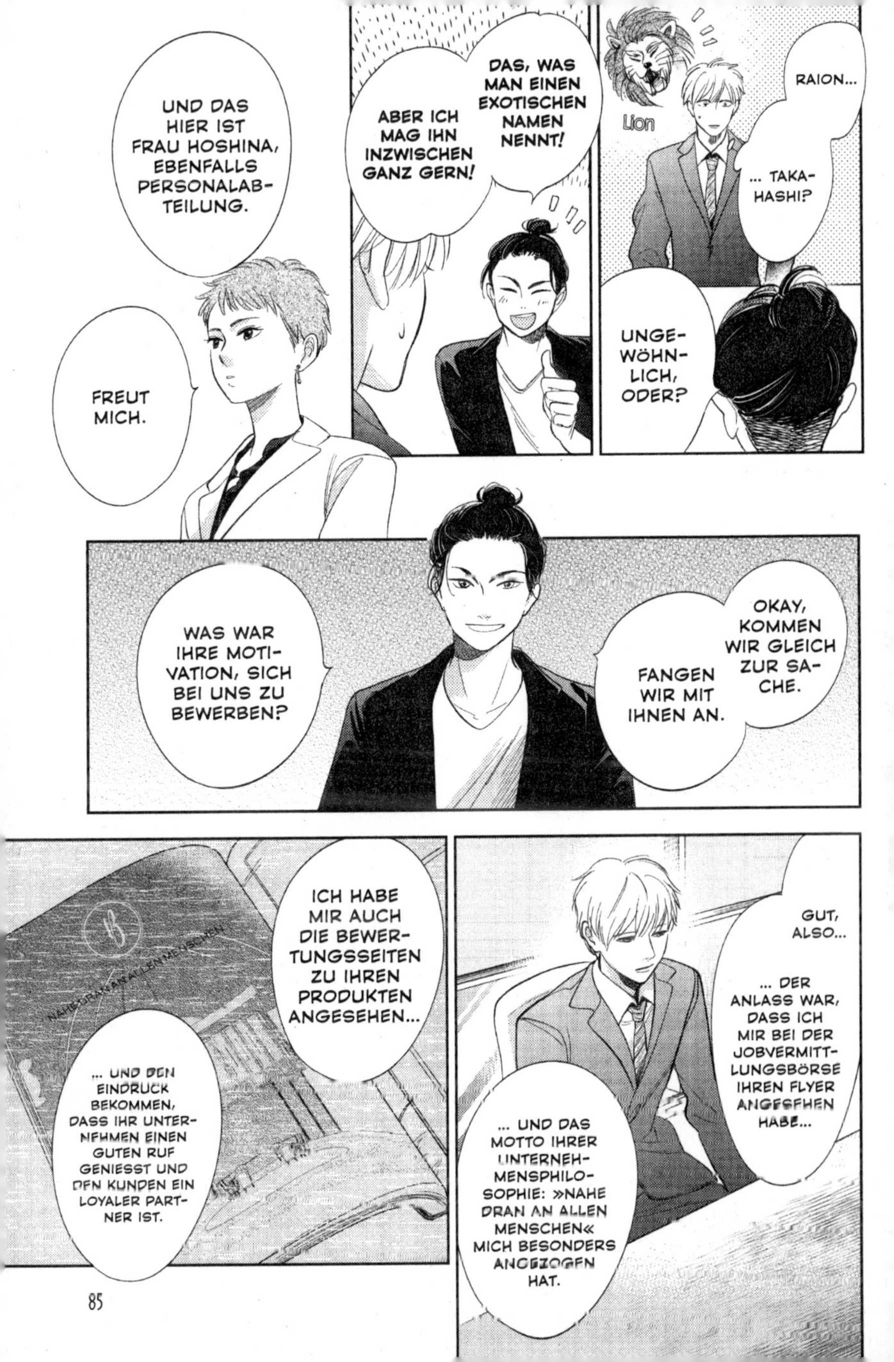

RAION...
Lion
... TAKAHASHI?
UNGEWÖHNLICH, ODER?
DAS, WAS MAN EINEN EXOTISCHEN NAMEN NENNT!
ABER ICH MAG IHN INZWISCHEN GANZ GERN!
UND DAS HIER IST FRAU HOSHINA, EBENFALLS PERSONALABTEILUNG.
FREUT MICH.
OKAY, KOMMEN WIR GLEICH ZUR SACHE.
FANGEN WIR MIT IHNEN AN.
WAS WAR IHRE MOTIVATION, SICH BEI UNS ZU BEWERBEN?
GUT, ALSO...
... DER ANLASS WAR, DASS ICH MIR BEI DER JOBVERMITTLUNGSBÖRSE IHREN FLYER ANGESEHEN HABE...
... UND DAS MOTTO IHRER UNTERNEHMENSPHILOSOPHIE: »NAHE DRAN AN ALLEN MENSCHEN« MICH BESONDERS ANGEZOGEN HAT.
ICH HABE MIR AUCH DIE BEWERTUNGSSEITEN ZU IHREN PRODUKTEN ANGESEHEN...
... UND DEN EINDRUCK BEKOMMEN, DASS IHR UNTERNEHMEN EINEN GUTEN RUF GENIESST UND DEN KUNDEN EIN LOYALER PARTNER IST.
NAHE DRAN AN ALLEN MENSCHEN

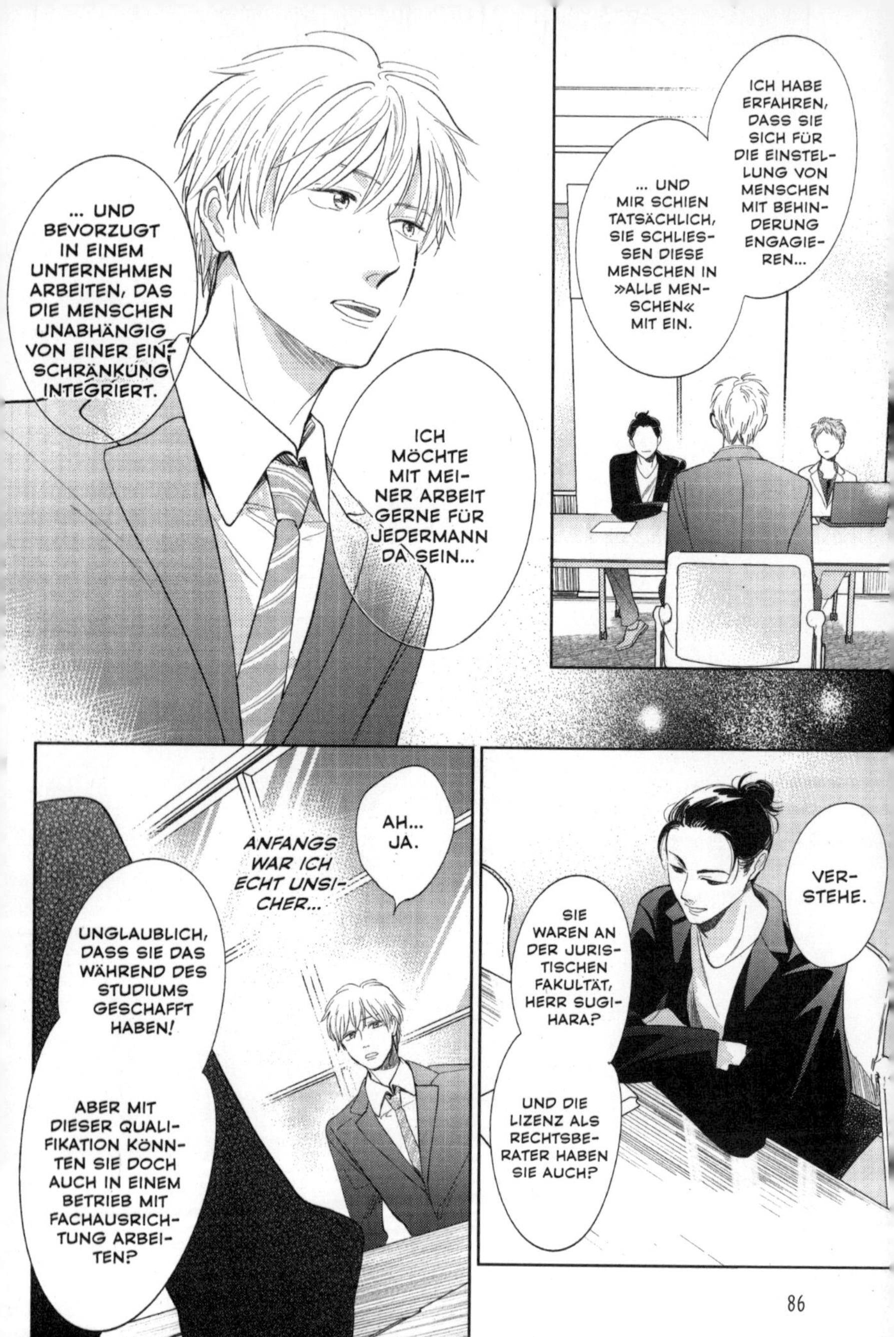
ICH HABE ERFAHREN, DASS SIE SICH FÜR DIE EINSTELLUNG VON MENSCHEN MIT BEHINDERUNG ENGAGIEREN...
... UND MIR SCHIEN TATSÄCHLICH, SIE SCHLIESSEN DIESE MENSCHEN IN »ALLE MENSCHEN« MIT EIN.
ICH MÖCHTE MIT MEINER ARBEIT GERNE FÜR JEDERMANN DA SEIN...
... UND BEVORZUGT IN EINEM UNTERNEHMEN ARBEITEN, DAS DIE MENSCHEN UNABHÄNGIG VON EINER EINSCHRÄNKUNG INTEGRIERT.
VERSTEHE.
SIE WAREN AN DER JURISTISCHEN FAKULTÄT, HERR SUGIHARA?
UND DIE LIZENZ ALS RECHTSBERATER HABEN SIE AUCH?
AH... JA.
ANFANGS WAR ICH ECHT UNSICHER...
UNGLAUBLICH, DASS SIE DAS WÄHREND DES STUDIUMS GESCHAFFT HABEN!
ABER MIT DIESER QUALIFIKATION KÖNNTEN SIE DOCH AUCH IN EINEM BETRIEB MIT FACHAUSRICHTUNG ARBEITEN?

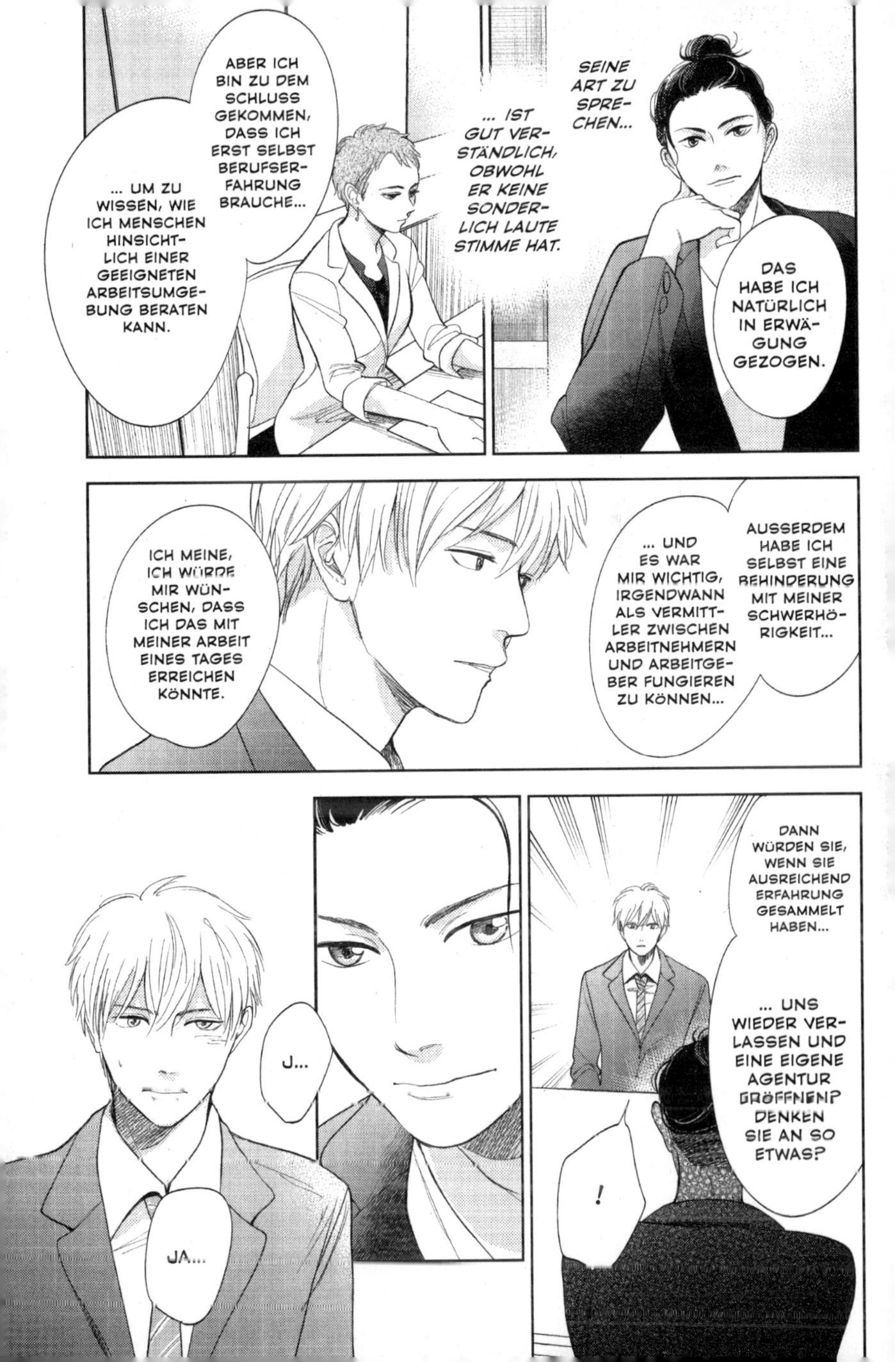
SEINE ART ZU SPRECHEN...
... IST GUT VERSTÄNDLICH, OBWOHL ER KEINE SONDERLICH LAUTE STIMME HAT.
DAS HABE ICH NATÜRLICH IN ERWÄGUNG GEZOGEN.
ABER ICH BIN ZU DEM SCHLUSS GEKOMMEN, DASS ICH ERST SELBST BERUFSERFAHRUNG BRAUCHE...
... UM ZU WISSEN, WIE ICH MENSCHEN HINSICHTLICH EINER GEEIGNETEN ARBEITSUMGEBUNG BERATEN KANN.
AUSSERDEM HABE ICH SELBST EINE BEHINDERUNG MIT MEINER SCHWERHÖRIGKEIT...
... UND ES WAR MIR WICHTIG, IRGENDWANN ALS VERMITTLER ZWISCHEN ARBEITNEHMERN UND ARBEITGEBER FUNGIEREN ZU KÖNNEN...
ICH MEINE, ICH WÜRDE MIR WÜNSCHEN, DASS ICH DAS MIT MEINER ARBEIT EINES TAGES ERREICHEN KÖNNTE.
DANN WÜRDEN SIE, WENN SIE AUSREICHEND ERFAHRUNG GESAMMELT HABEN...
... UNS WIEDER VERLASSEN UND EINE EIGENE AGENTUR ERÖFFNEN? DENKEN SIE AN SO ETWAS?
!
J...
JA...

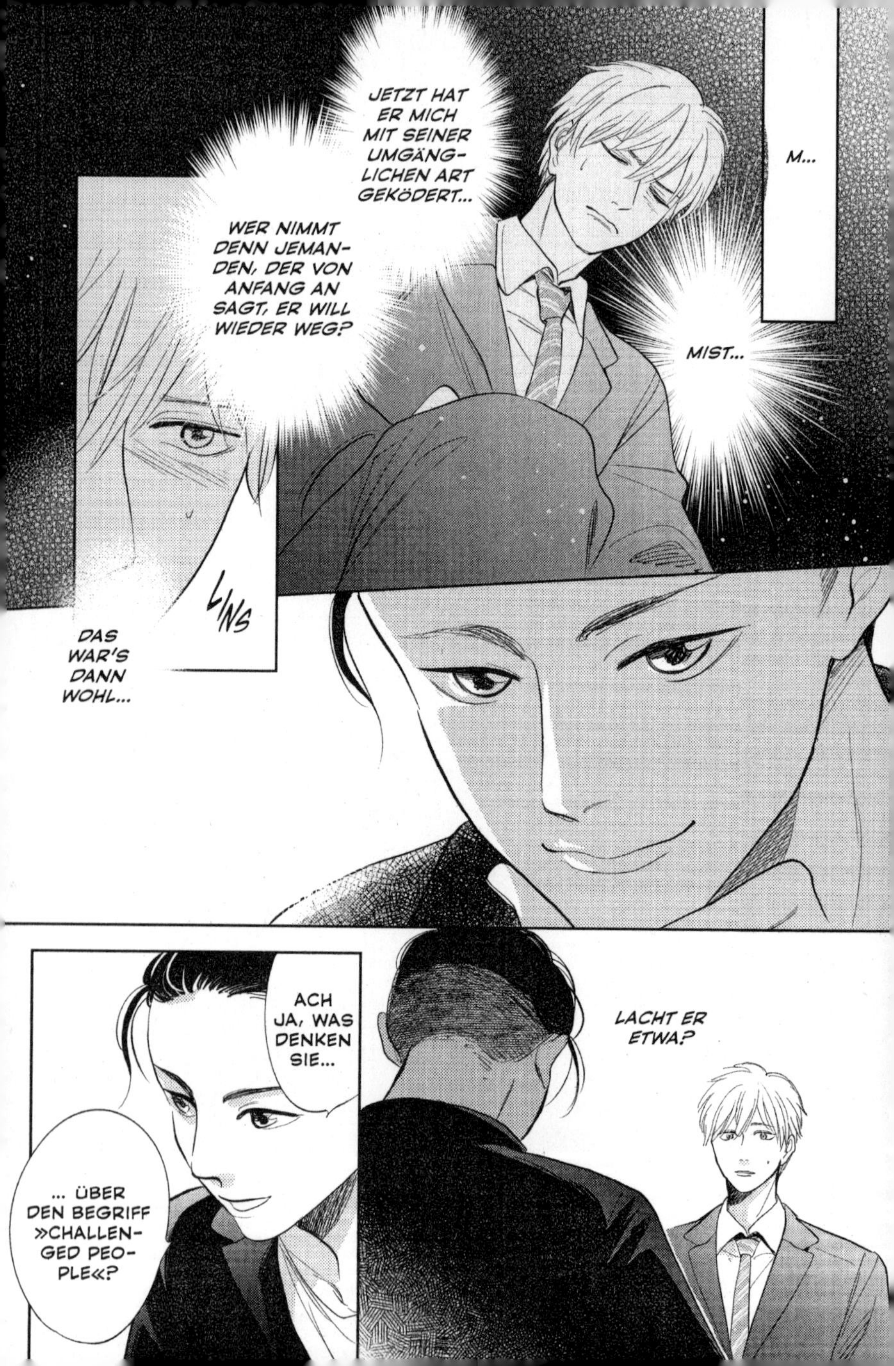
M...
MIST...
JETZT HAT ER MICH MIT SEINER UMGÄNGLICHEN ART GEKÖDERT...
WER NIMMT DENN JEMANDEN, DER VON ANFANG AN SAGT, ER WILL WIEDER WEG?
LINS
DAS WAR'S DANN WOHL...
LACHT ER ETWA?
ACH JA, WAS DENKEN SIE...
... ÜBER DEN BEGRIFF »CHALLENGED PEOPLE«?

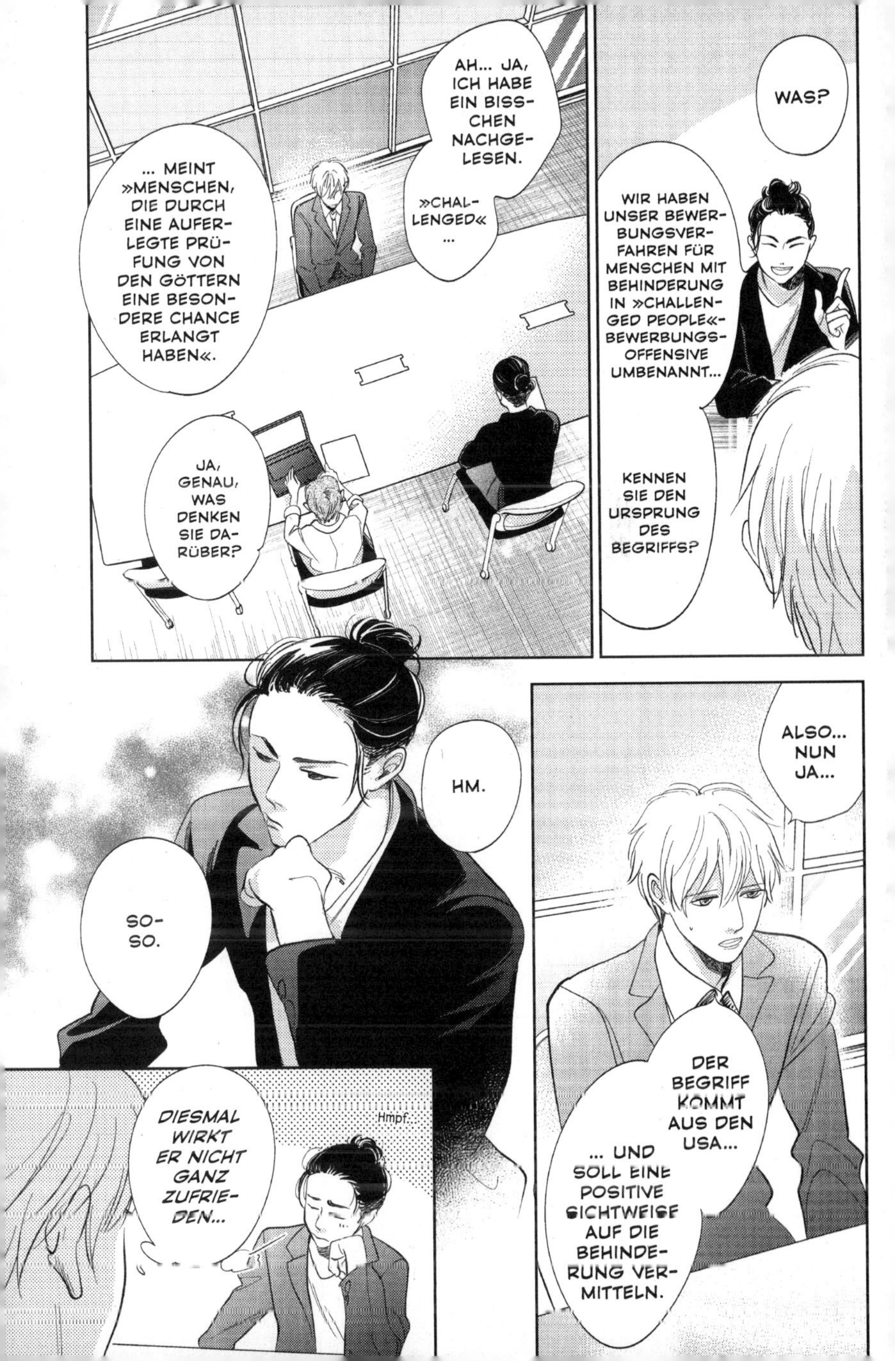
WAS?
WIR HABEN UNSER BEWERBUNGSVERFAHREN FÜR MENSCHEN MIT BEHINDERUNG IN »CHALLENGED PEOPLE«-BEWERBUNGSOFFENSIVE UMBENANNT...
KENNEN SIE DEN URSPRUNG DES BEGRIFFS?
AH... JA, ICH HABE EIN BISSCHEN NACHGELESEN.
»CHALLENGED« ...
... MEINT »MENSCHEN, DIE DURCH EINE AUFERLEGTE PRÜFUNG VON DEN GÖTTERN EINE BESONDERE CHANCE ERLANGT HABEN«.
JA, GENAU, WAS DENKEN SIE DARÜBER?
ALSO... NUN JA...
DER BEGRIFF KOMMT AUS DEN USA...
... UND SOLL EINE POSITIVE SICHTWEISE AUF DIE BEHINDERUNG VERMITTELN.
HM.
SO-SO.
Hmpf...
DIESMAL WIRKT ER NICHT GANZ ZUFRIEDEN...

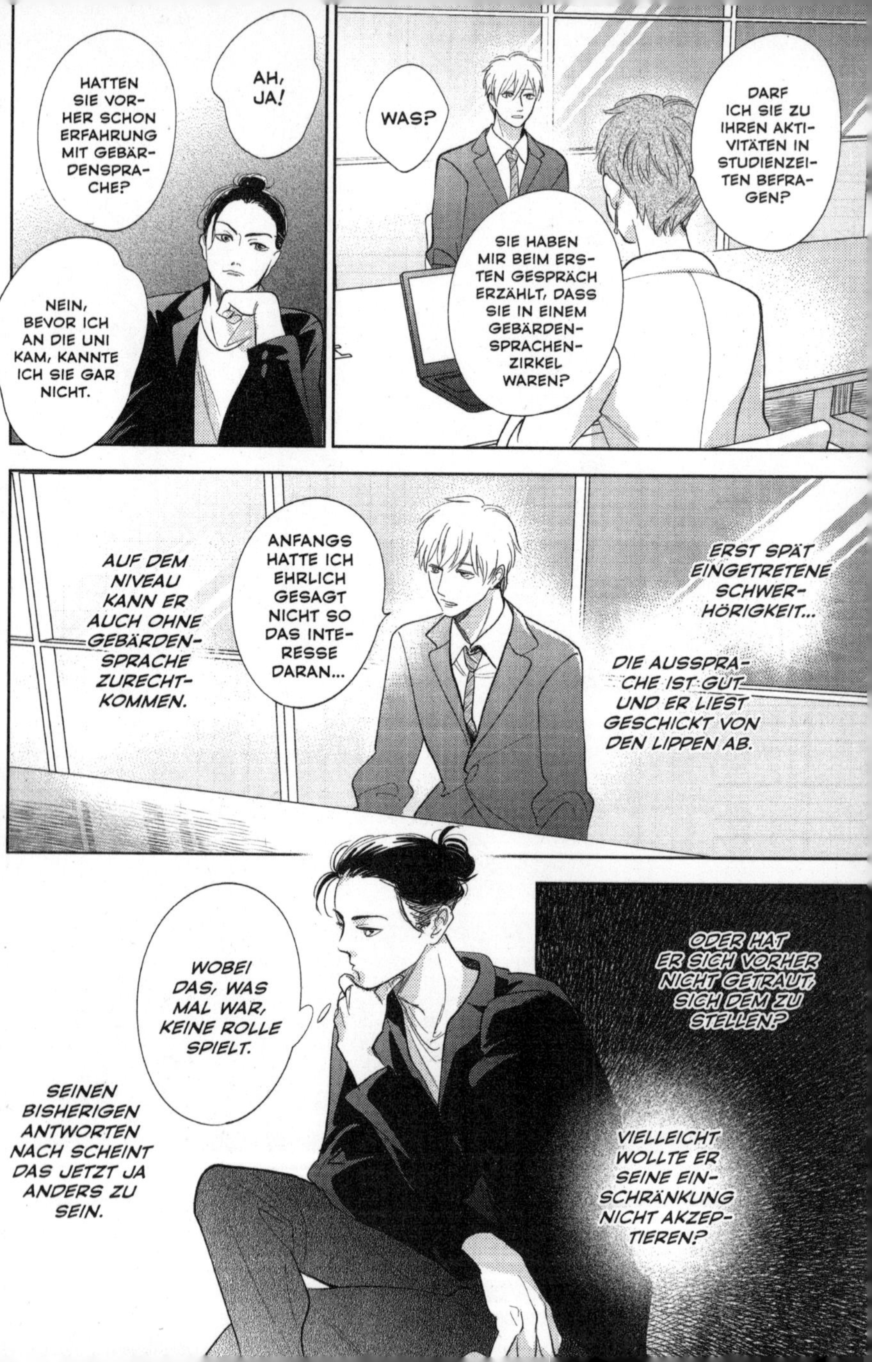
DARF ICH SIE ZU IHREN AKTIVITÄTEN IN STUDIENZEITEN BEFRAGEN?
SIE HABEN MIR BEIM ERSTEN GESPRÄCH ERZÄHLT, DASS SIE IN EINEM GEBÄRDENSPRACHENZIRKEL WAREN?
WAS?
AH, JA!
HATTEN SIE VORHER SCHON ERFAHRUNG MIT GEBÄRDENSPRACHE?
NEIN, BEVOR ICH AN DIE UNI KAM, KANNTE ICH SIE GAR NICHT.
ERST SPÄT EINGETRETENE SCHWERHÖRIGKEIT...
DIE AUSSPRACHE IST GUT UND ER LIEST GESCHICKT VON DEN LIPPEN AB.
ANFANGS HATTE ICH EHRLICH GESAGT NICHT SO DAS INTERESSE DARAN...
AUF DEM NIVEAU KANN ER AUCH OHNE GEBÄRDENSPRACHE ZURECHTKOMMEN.
ODER HAT ER SICH VORHER NICHT GETRAUT, SICH DEM ZU STELLEN?
VIELLEICHT WOLLTE ER SEINE EINSCHRÄNKUNG NICHT AKZEPTIEREN?
WOBEI DAS, WAS MAL WAR, KEINE ROLLE SPIELT.
SEINEN BISHERIGEN ANTWORTEN NACH SCHEINT DAS JETZT JA ANDERS ZU SEIN.

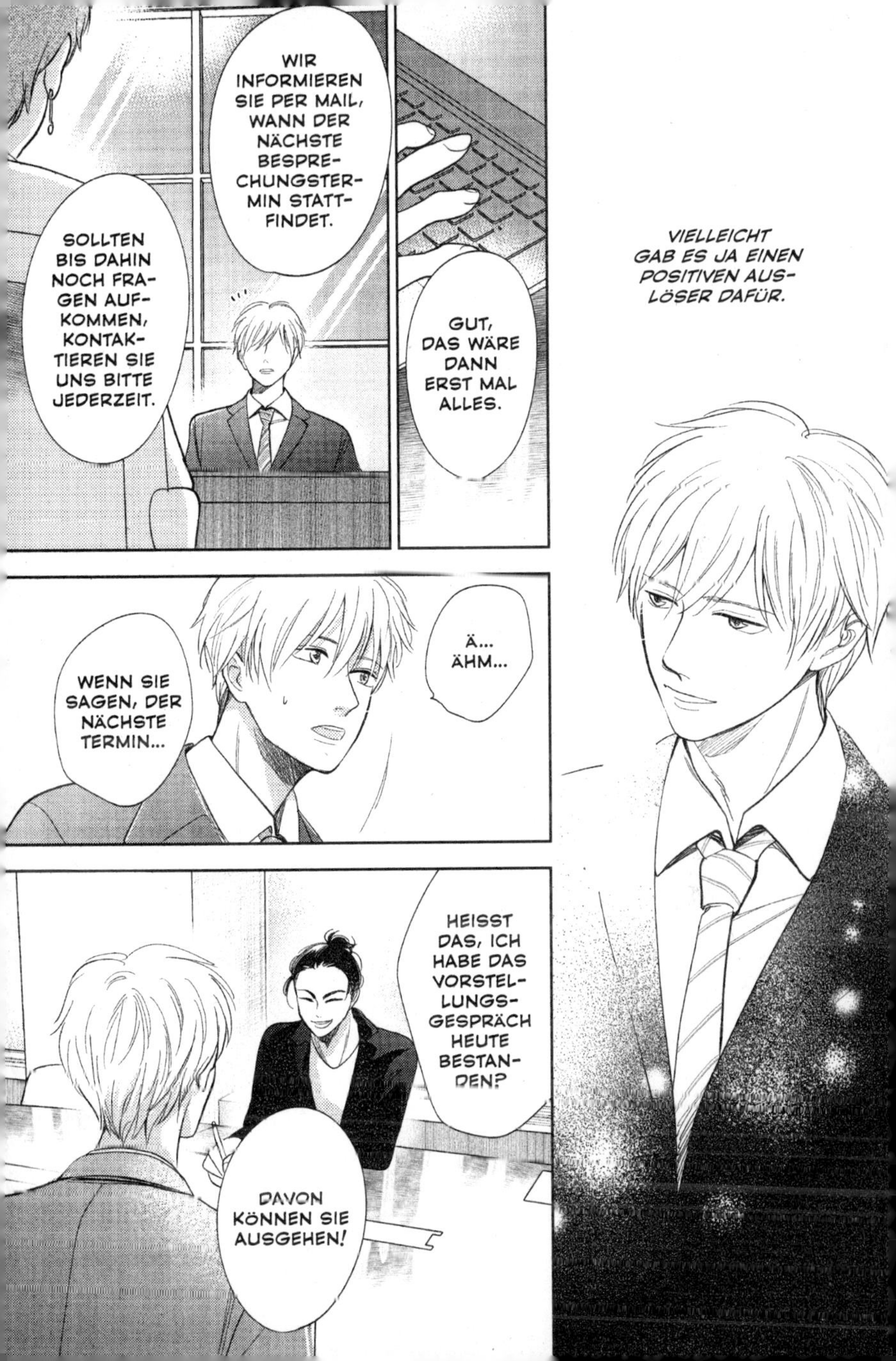
GUT, DAS WÄRE DANN ERST MAL ALLES.
WIR INFORMIEREN SIE PER MAIL, WANN DER NÄCHSTE BESPRE-CHUNGSTER-MIN STATT-FINDET.
SOLLTEN BIS DAHIN NOCH FRA-GEN AUF-KOMMEN, KONTAK-TIEREN SIE UNS BITTE JEDERZEIT.
Ä... ÄHM...
WENN SIE SAGEN, DER NÄCHSTE TERMIN...
HEISST DAS, ICH HABE DAS VORSTEL-LUNGS-GESPRÄCH HEUTE BESTAN-DEN?
DAVON KÖNNEN SIE AUSGEHEN!
VIELLEICHT GAB ES JA EINEN POSITIVEN AUS-LÖSER DAFÜR.

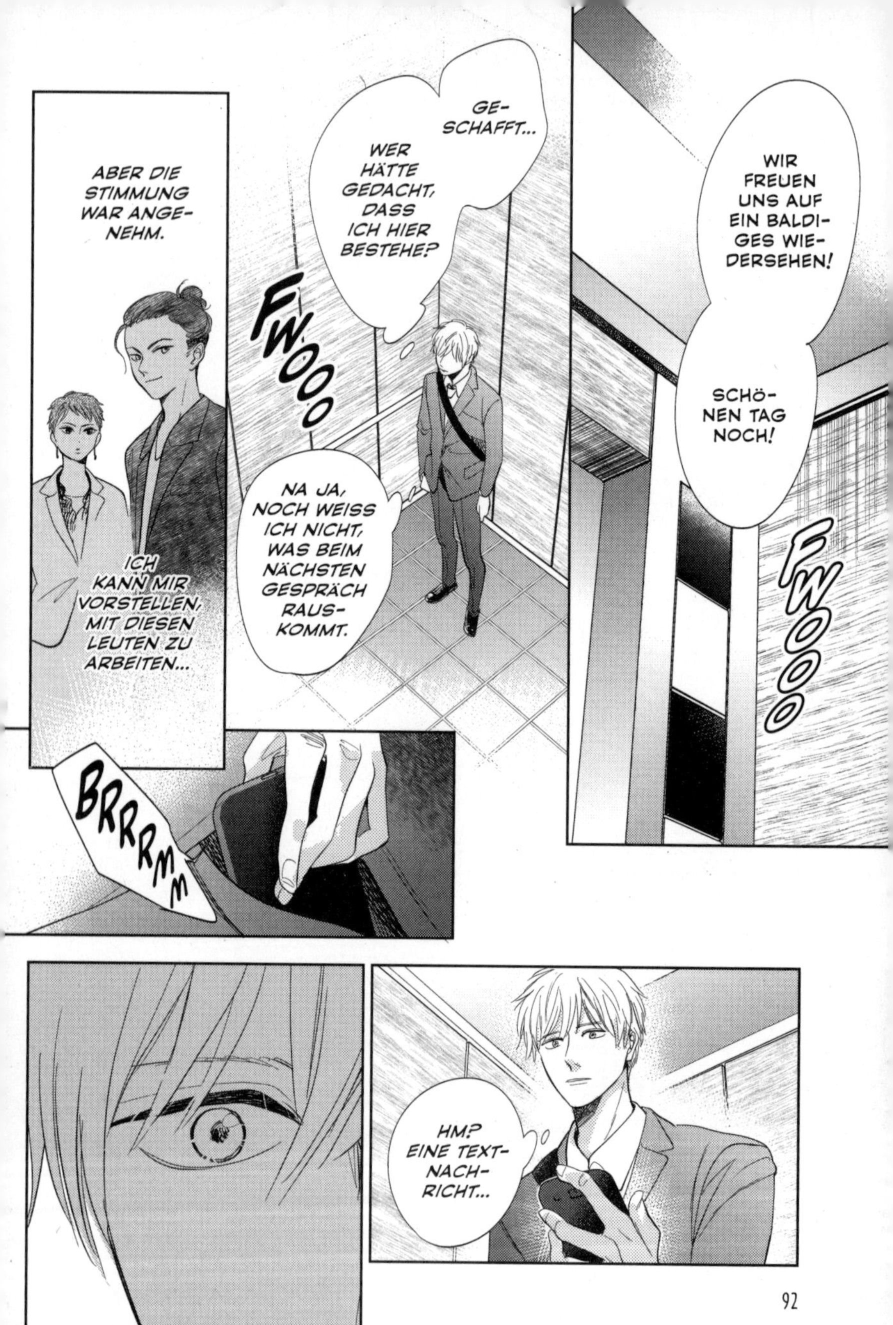
WIR FREUEN UNS AUF EIN BALDIGES WIEDERSEHEN!
SCHÖNEN TAG NOCH!
FWOOO
GE-SCHAFFT...
WER HÄTTE GEDACHT, DASS ICH HIER BESTEHE?
FWOOO
NA JA, NOCH WEISS ICH NICHT, WAS BEIM NÄCHSTEN GESPRÄCH RAUS-KOMMT.
ABER DIE STIMMUNG WAR ANGE-NEHM.
ICH KANN MIR VORSTELLEN, MIT DIESEN LEUTEN ZU ARBEITEN...
BRRRRMM
HM? EINE TEXT-NACH-RICHT...

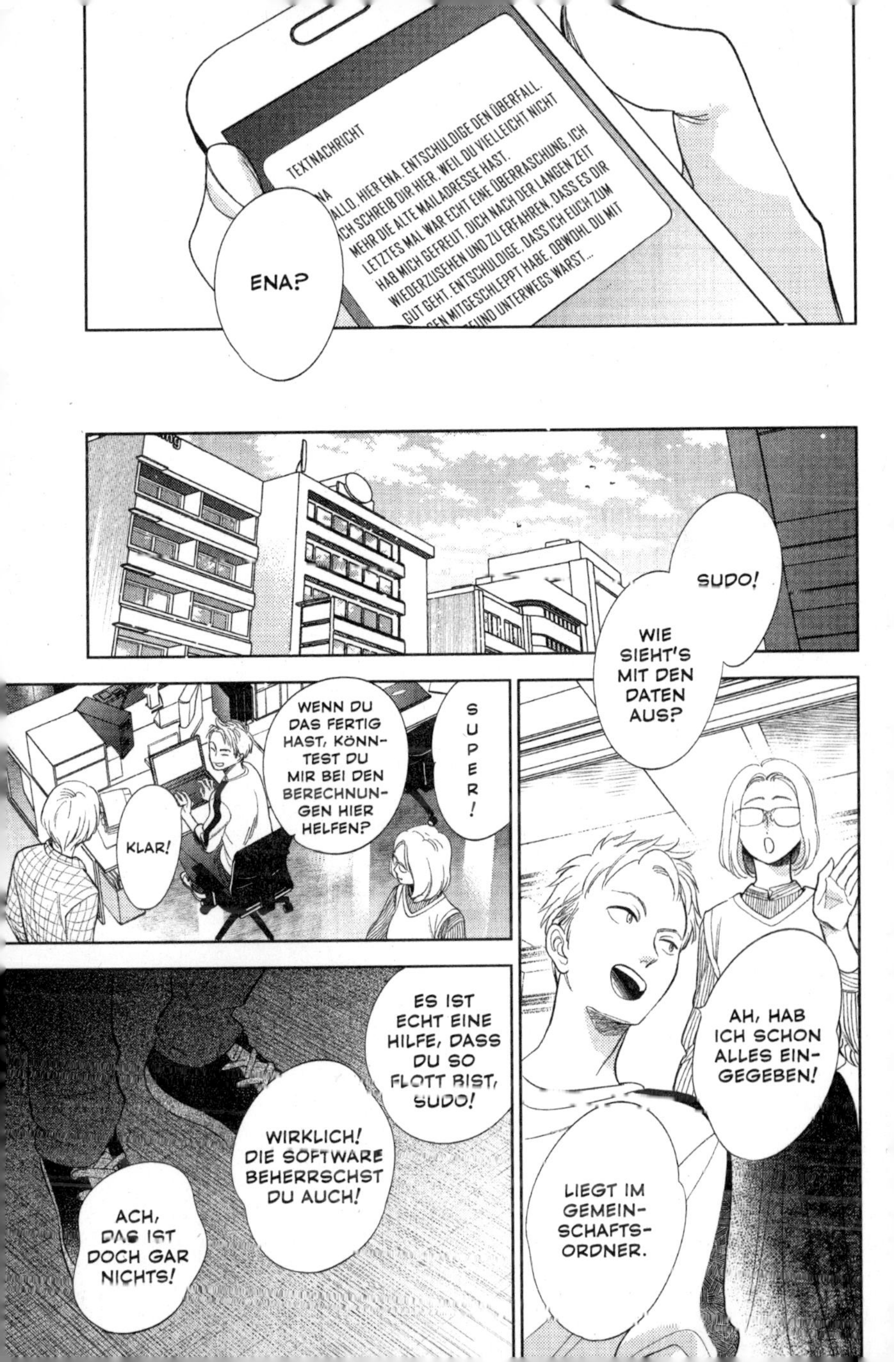

TEXTNACHRICHT
NA
ALLO, HIER ENA. ENTSCHULDIGE DEN ÜBERFALL.
CH SCHREIB DIR HIER, WEIL DU VIELLEICHT NICHT
MEHR DIE ALTE MAILADRESSE HAST.
LETZTES MAL WAR ECHT EINE ÜBERRASCHUNG. ICH
HAB MICH GEFREUT, DICH NACH DER LANGEN ZEIT
WIEDERZUSEHEN UND ZU ERFAHREN, DASS ES DIR
GUT GEHT. ENTSCHULDIGE, DASS ICH EUCH ZUM
EN MITGESCHLEPPT HABE, OBWOHL DU MIT
UND UNTERWEGS WARST...
ENA?
SUDO!
WIE SIEHT'S MIT DEN DATEN AUS?
AH, HAB ICH SCHON ALLES EINGEGEBEN!
LIEGT IM GEMEINSCHAFTSORDNER.
SUPER!
WENN DU DAS FERTIG HAST, KÖNNTEST DU MIR BEI DEN BERECHNUNGEN HIER HELFEN?
KLAR!
ES IST ECHT EINE HILFE, DASS DU SO FLOTT BIST, SUDO!
WIRKLICH! DIE SOFTWARE BEHERRSCHST DU AUCH!
ACH, DAS IST DOCH GAR NICHTS!

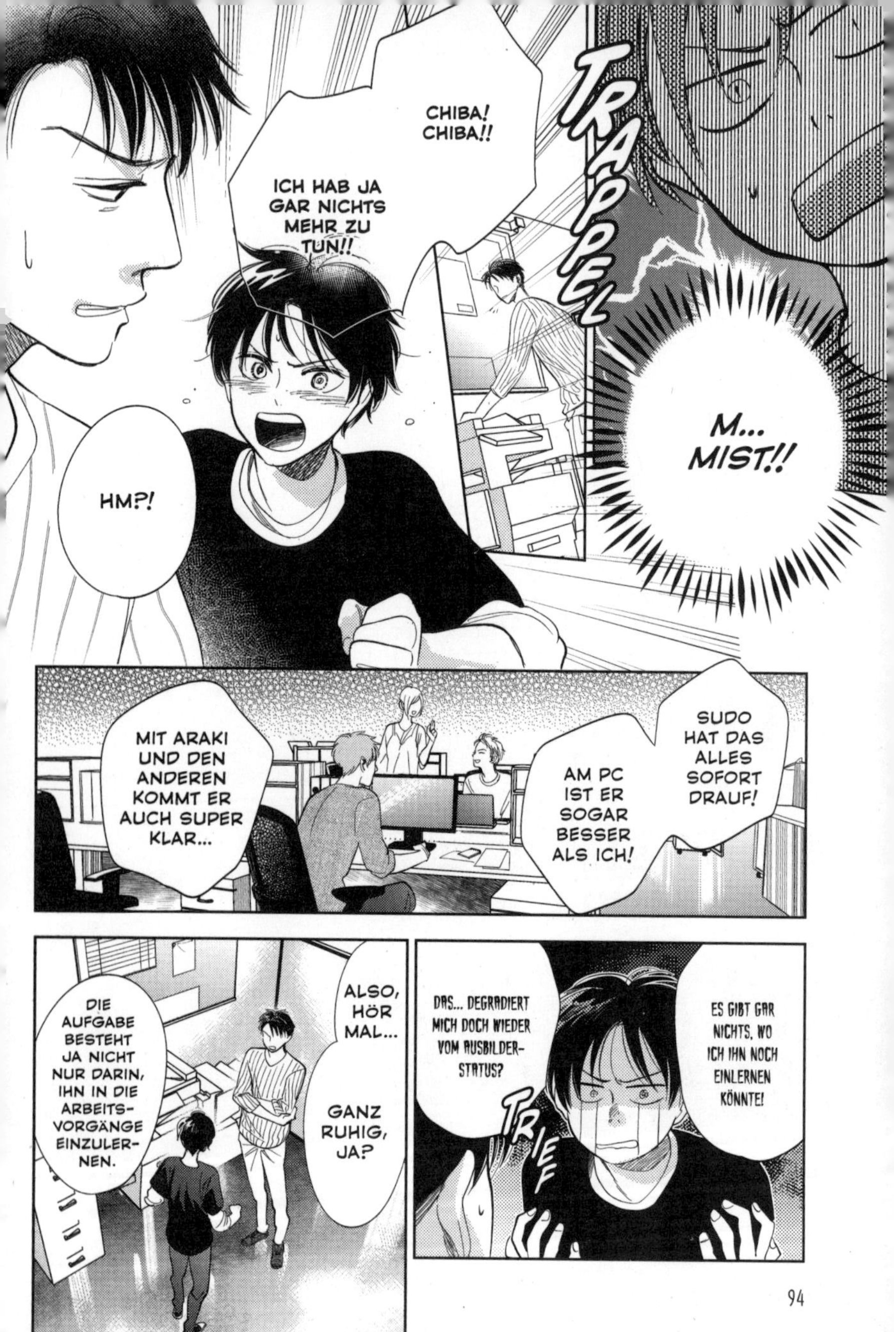
TRAPPEL
M... MIST!!
CHIBA! CHIBA!!
ICH HAB JA GAR NICHTS MEHR ZU TUN!!
HM?!
SUDO HAT DAS ALLES SOFORT DRAUF!
AM PC IST ER SOGAR BESSER ALS ICH!
MIT ARAKI UND DEN ANDEREN KOMMT ER AUCH SUPER KLAR...
ES GIBT GAR NICHTS, WO ICH IHN NOCH EINLERNEN KÖNNTE!
TRIEF
DAS... DEGRADIERT MICH DOCH WIEDER VOM AUSBILDER-STATUS?
ALSO, HÖR MAL...
GANZ RUHIG, JA?
DIE AUFGABE BESTEHT JA NICHT NUR DARIN, IHN IN DIE ARBEITS-VORGÄNGE EINZULER-NEN.

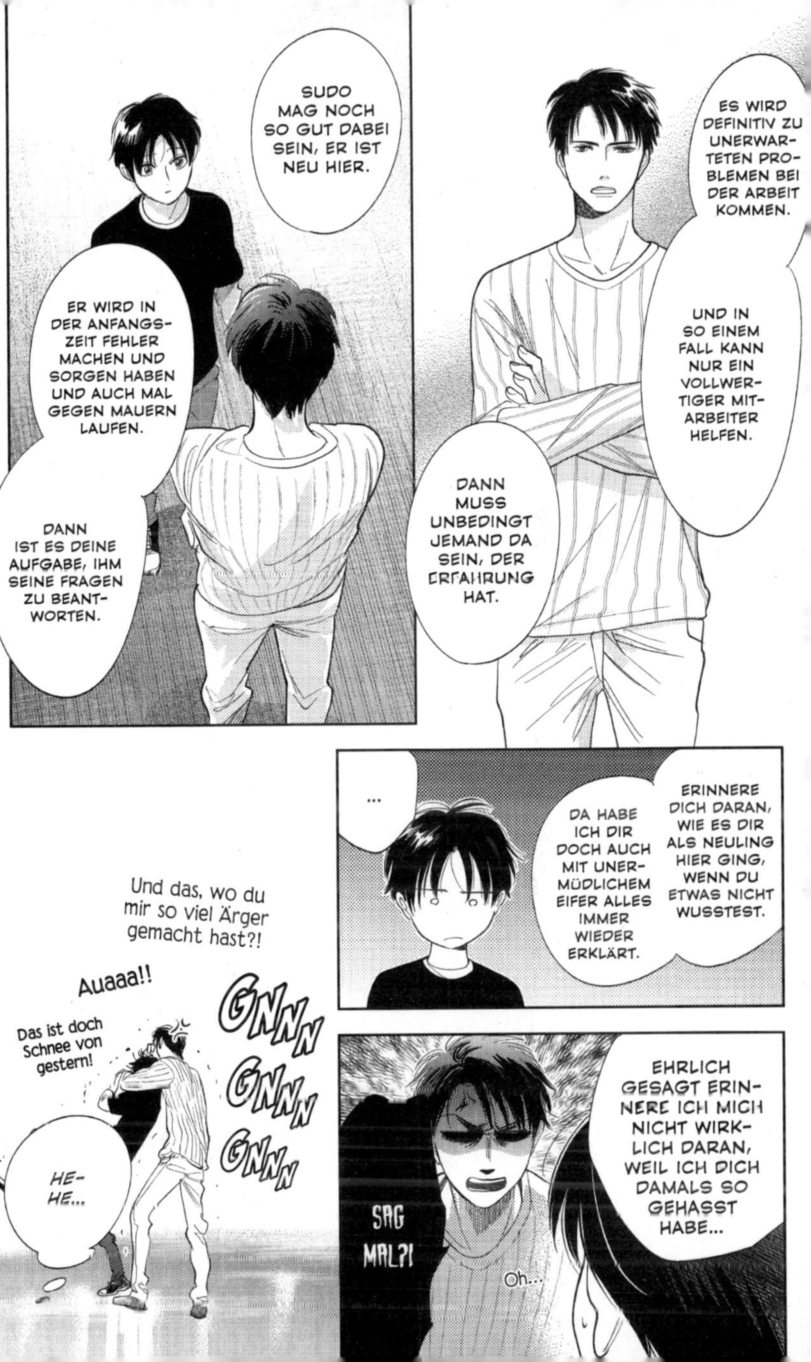
ES WIRD DEFINITIV ZU UNERWARTETEN PROBLEMEN BEI DER ARBEIT KOMMEN.
UND IN SO EINEM FALL KANN NUR EIN VOLLWERTIGER MITARBEITER HELFEN.
DANN MUSS UNBEDINGT JEMAND DA SEIN, DER ERFAHRUNG HAT.
SUDO MAG NOCH SO GUT DABEI SEIN, ER IST NEU HIER.
ER WIRD IN DER ANFANGSZEIT FEHLER MACHEN UND SORGEN HABEN UND AUCH MAL GEGEN MAUERN LAUFEN.
DANN IST ES DEINE AUFGABE, IHM SEINE FRAGEN ZU BEANTWORTEN.
ERINNERE DICH DARAN, WIE ES DIR ALS NEULING HIER GING, WENN DU ETWAS NICHT WUSSTEST.
DA HABE ICH DIR DOCH AUCH MIT UNERMÜDLICHEM EIFER ALLES IMMER WIEDER ERKLÄRT.
...
EHRLICH GESAGT ERINNERE ICH MICH NICHT WIRKLICH DARAN, WEIL ICH DICH DAMALS SO GEHASST HABE...
SAG MAL?!
Oh...
Und das, wo du mir so viel Ärger gemacht hast?!
Auaaa!!
Das ist doch Schnee von gestern!
GNNNN
GNNNN
GNNN
HE-HE...

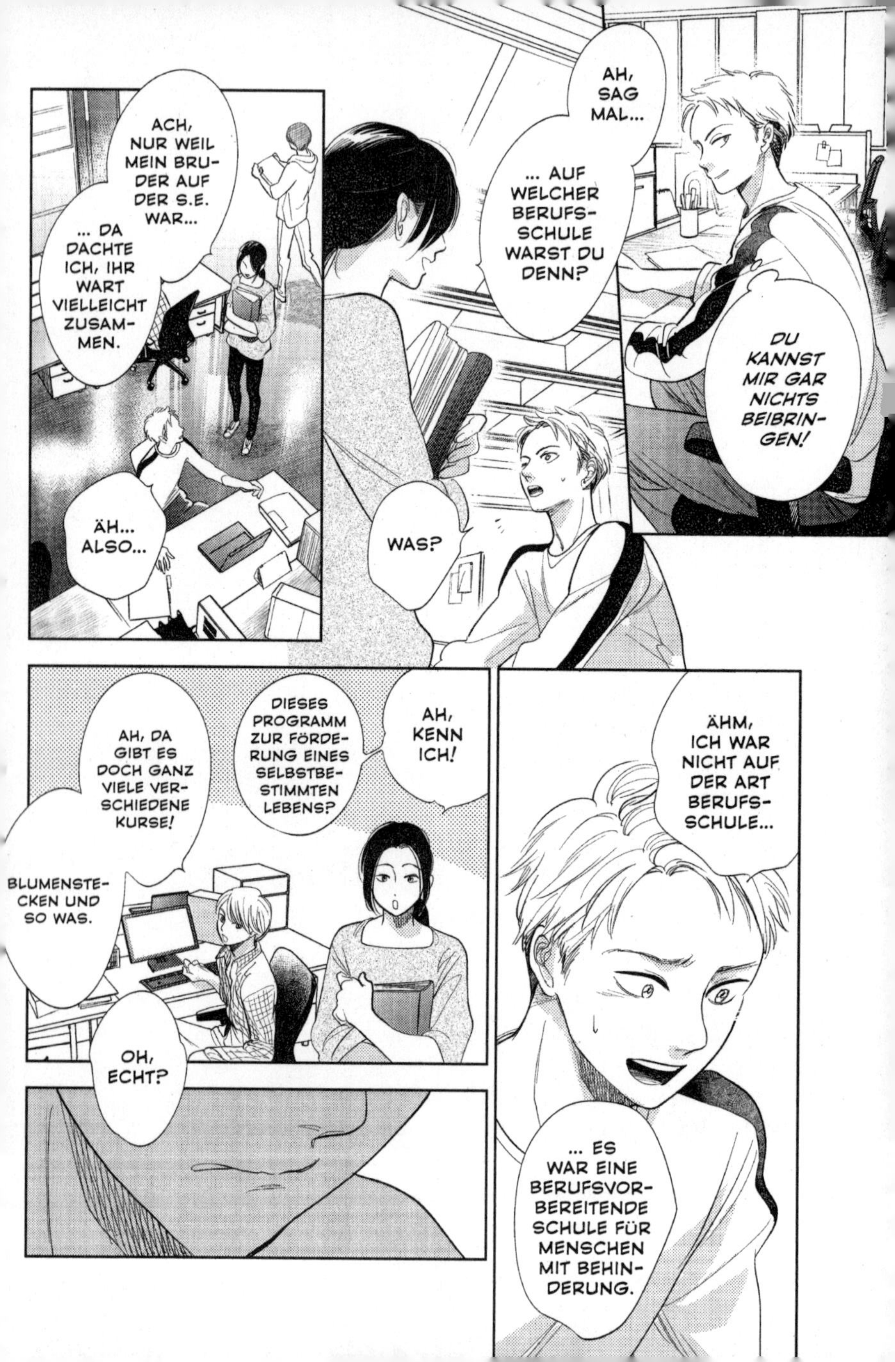
DU KANNST MIR GAR NICHTS BEIBRINGEN!
AH, SAG MAL...
... AUF WELCHER BERUFSSCHULE WARST DU DENN?
WAS?
ACH, NUR WEIL MEIN BRUDER AUF DER S.E. WAR...
... DA DACHTE ICH, IHR WART VIELLEICHT ZUSAMMEN.
ÄH... ALSO...
ÄHM, ICH WAR NICHT AUF DER ART BERUFSSCHULE...
... ES WAR EINE BERUFSVORBEREITENDE SCHULE FÜR MENSCHEN MIT BEHINDERUNG.
AH, KENN ICH!
DIESES PROGRAMM ZUR FÖRDERUNG EINES SELBSTBESTIMMTEN LEBENS?
AH, DA GIBT ES DOCH GANZ VIELE VERSCHIEDENE KURSE!
BLUMENSTECKEN UND SO WAS.
OH, ECHT?

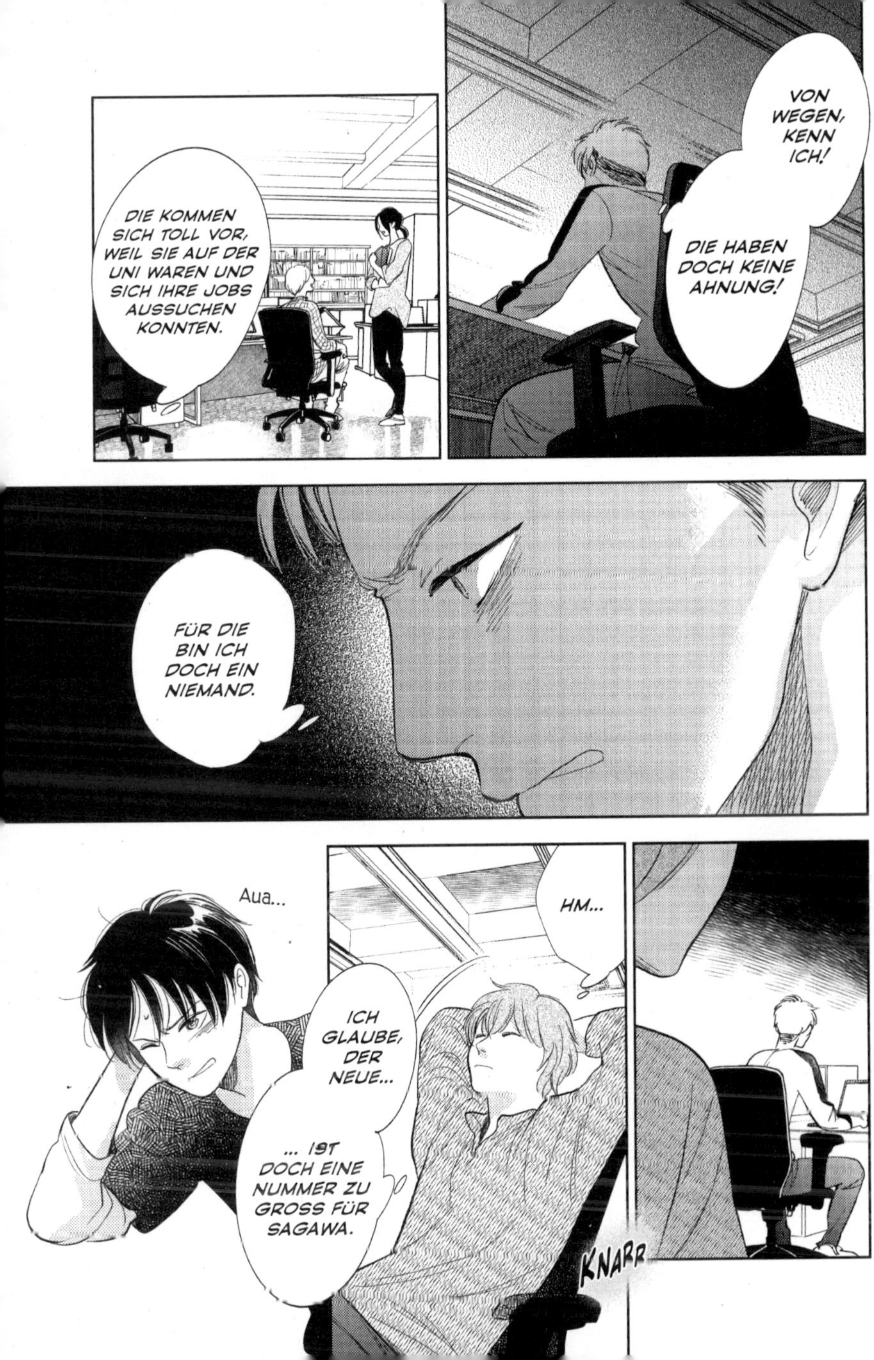
VON WEGEN, KENN ICH!
DIE HABEN DOCH KEINE AHNUNG!
DIE KOMMEN SICH TOLL VOR, WEIL SIE AUF DER UNI WAREN UND SICH IHRE JOBS AUSSUCHEN KONNTEN.
FÜR DIE BIN ICH DOCH EIN NIEMAND.
KNARR
HM...
ICH GLAUBE, DER NEUE...
... IST DOCH EINE NUMMER ZU GROSS FÜR SAGAWA.
Aua...

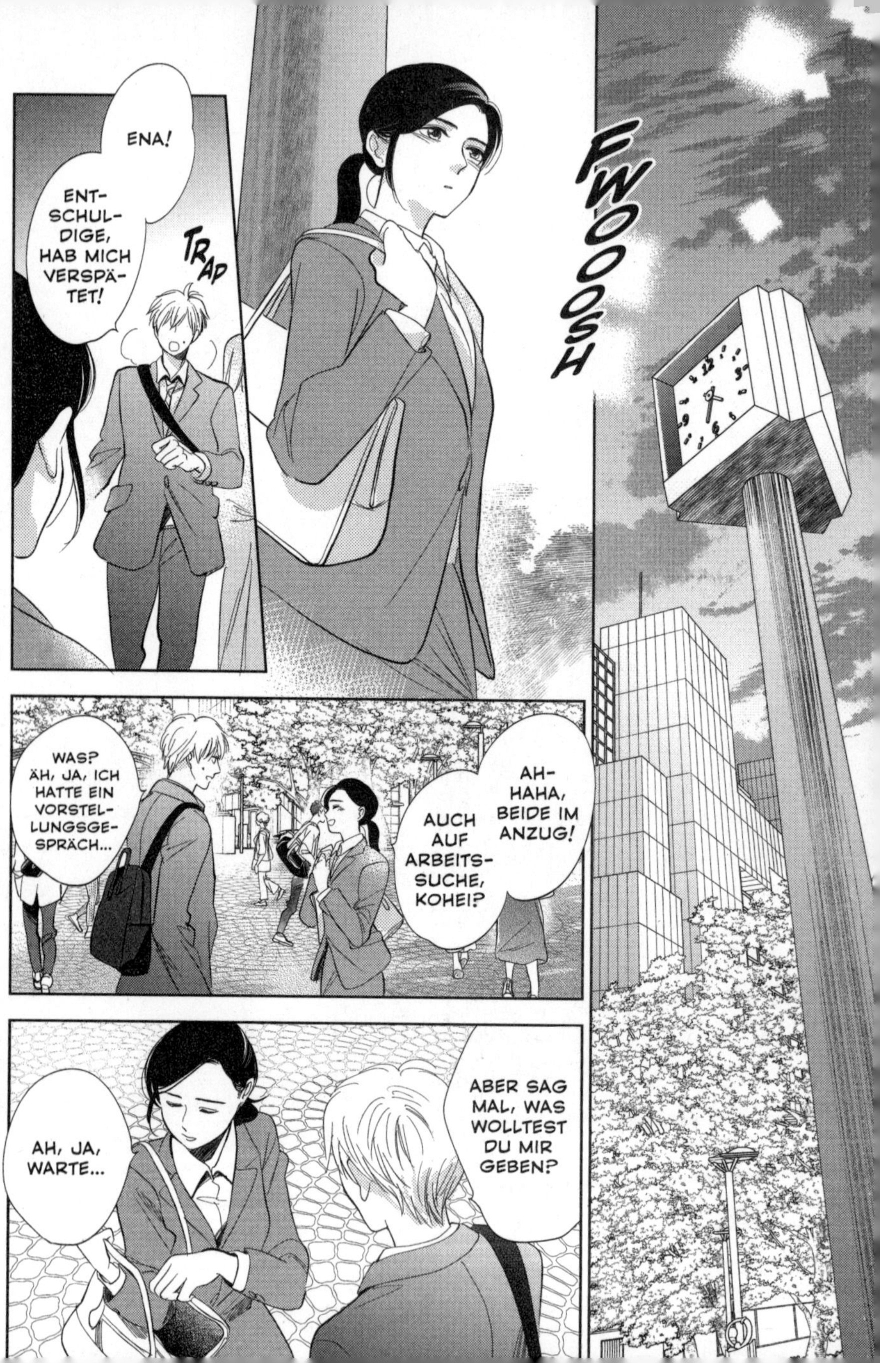

FWOOOOSH
ENA!
ENTSCHULDIGE, HAB MICH VERSPÄTET!
TRAP
AHHAHA, BEIDE IM ANZUG!
AUCH AUF ARBEITSSUCHE, KOHEI?
WAS? ÄH, JA, ICH HATTE EIN VORSTELLUNGSGESPRÄCH...
ABER SAG MAL, WAS WOLLTEST DU MIR GEBEN?
AH, JA, WARTE...

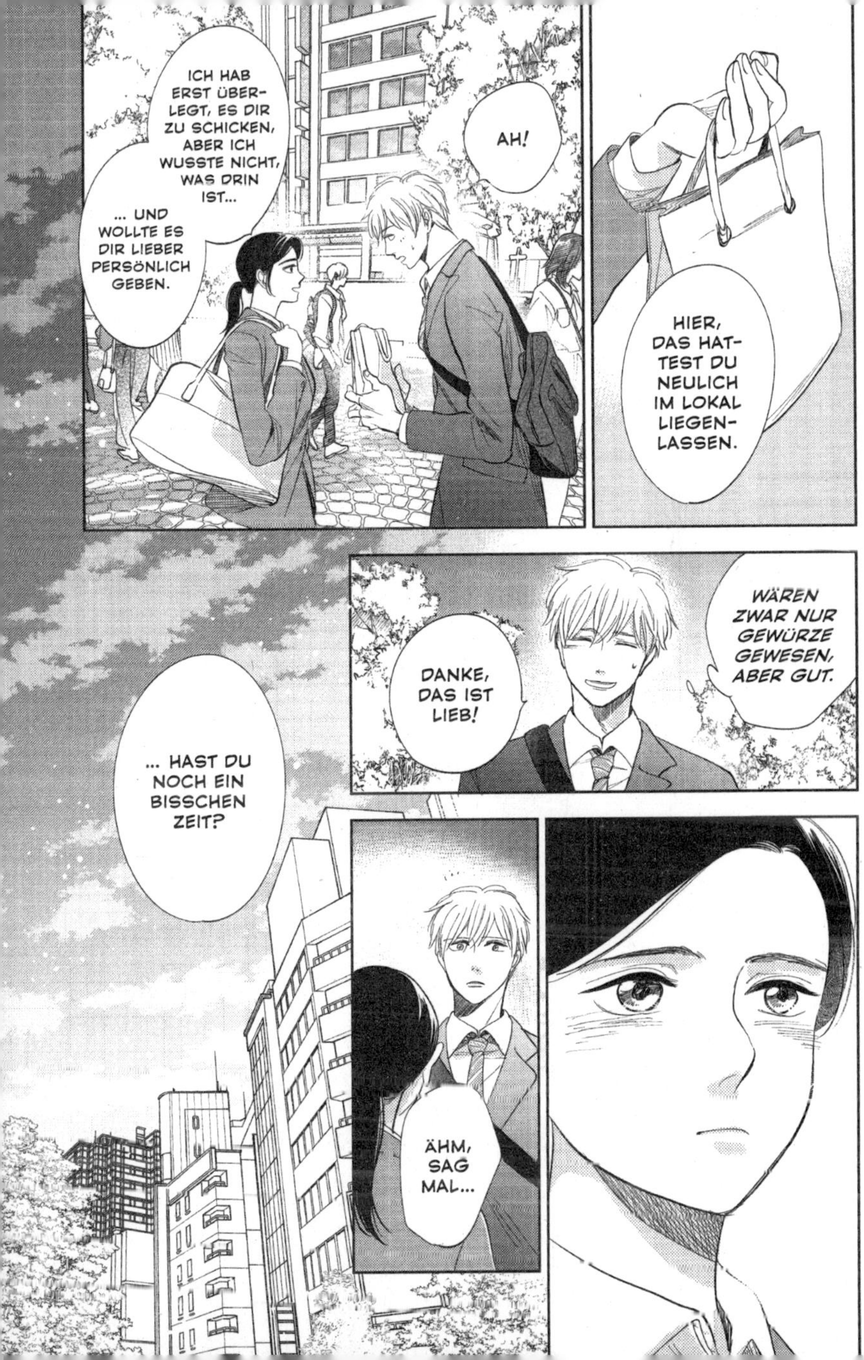
HIER, DAS HATTEST DU NEULICH IM LOKAL LIEGENLASSEN.
AH!
ICH HAB ERST ÜBERLEGT, ES DIR ZU SCHICKEN, ABER ICH WUSSTE NICHT, WAS DRIN IST...
... UND WOLLTE ES DIR LIEBER PERSÖNLICH GEBEN.
WÄREN ZWAR NUR GEWÜRZE GEWESEN, ABER GUT.
DANKE, DAS IST LIEB!
ÄHM, SAG MAL...
... HAST DU NOCH EIN BISSCHEN ZEIT?

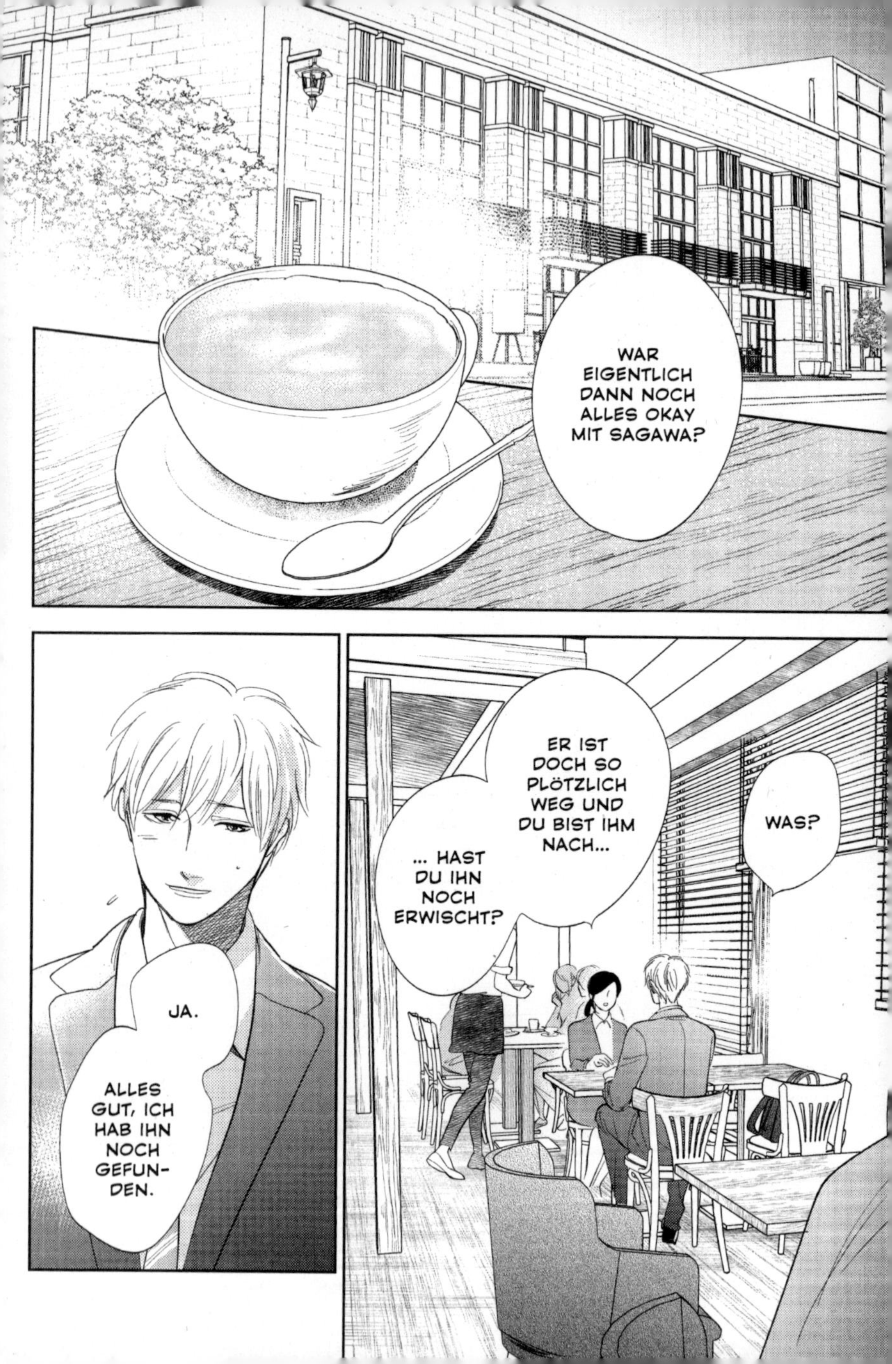
WAR EIGENTLICH DANN NOCH ALLES OKAY MIT SAGAWA?
WAS?
ER IST DOCH SO PLÖTZLICH WEG UND DU BIST IHM NACH...
... HAST DU IHN NOCH ERWISCHT?
JA.
ALLES GUT, ICH HAB IHN NOCH GEFUNDEN.

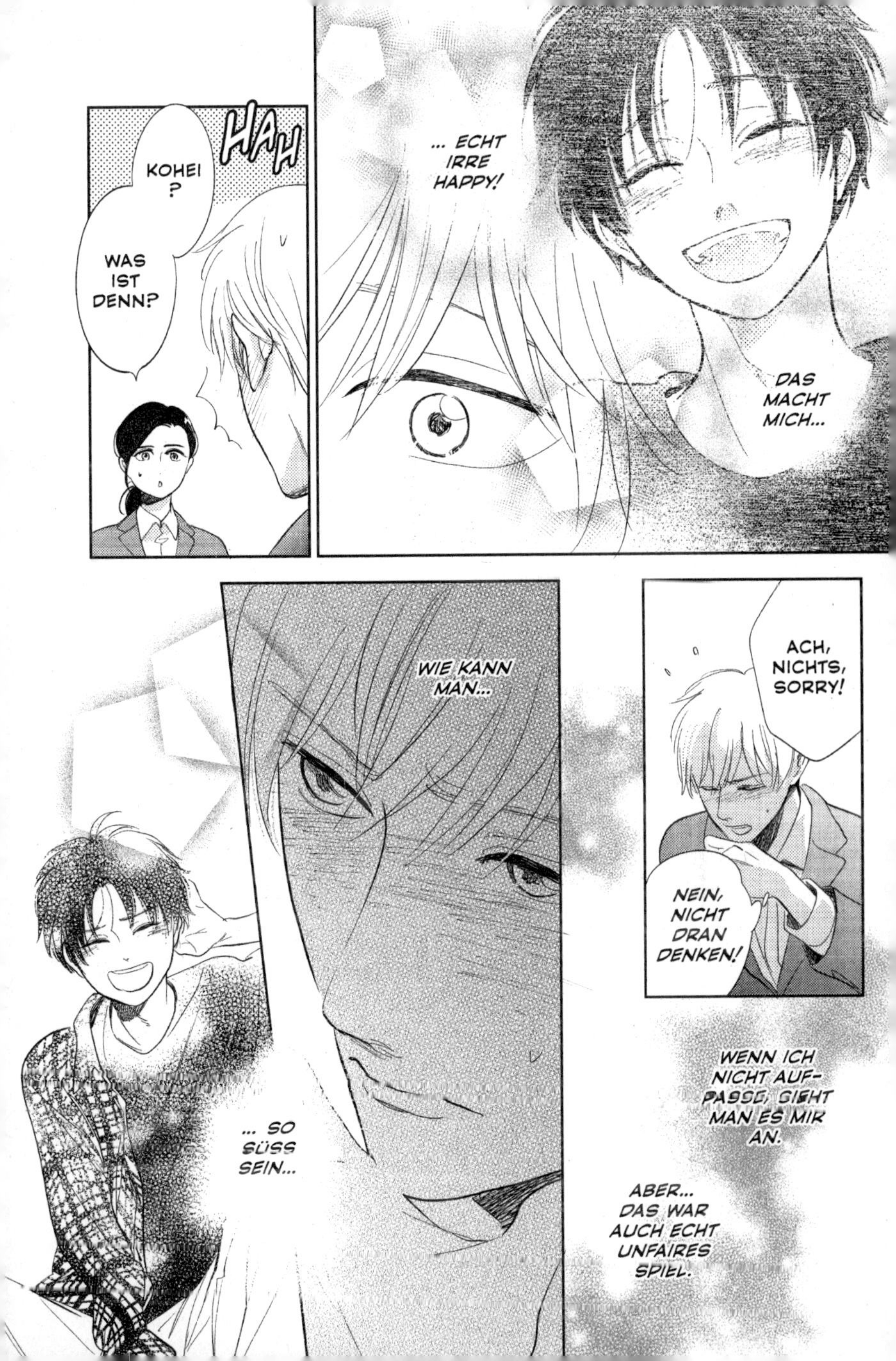
DAS MACHT MICH...
... ECHT IRRE HAPPY!
HAH
KOHEI?
WAS IST DENN?
ACH, NICHTS, SORRY!
NEIN, NICHT DRAN DENKEN!
WENN ICH NICHT AUFPASSE, SIEHT MAN ES MIR AN.
ABER... DAS WAR AUCH ECHT UNFAIRES SPIEL.
WIE KANN MAN...
... SO SÜSS SEIN...

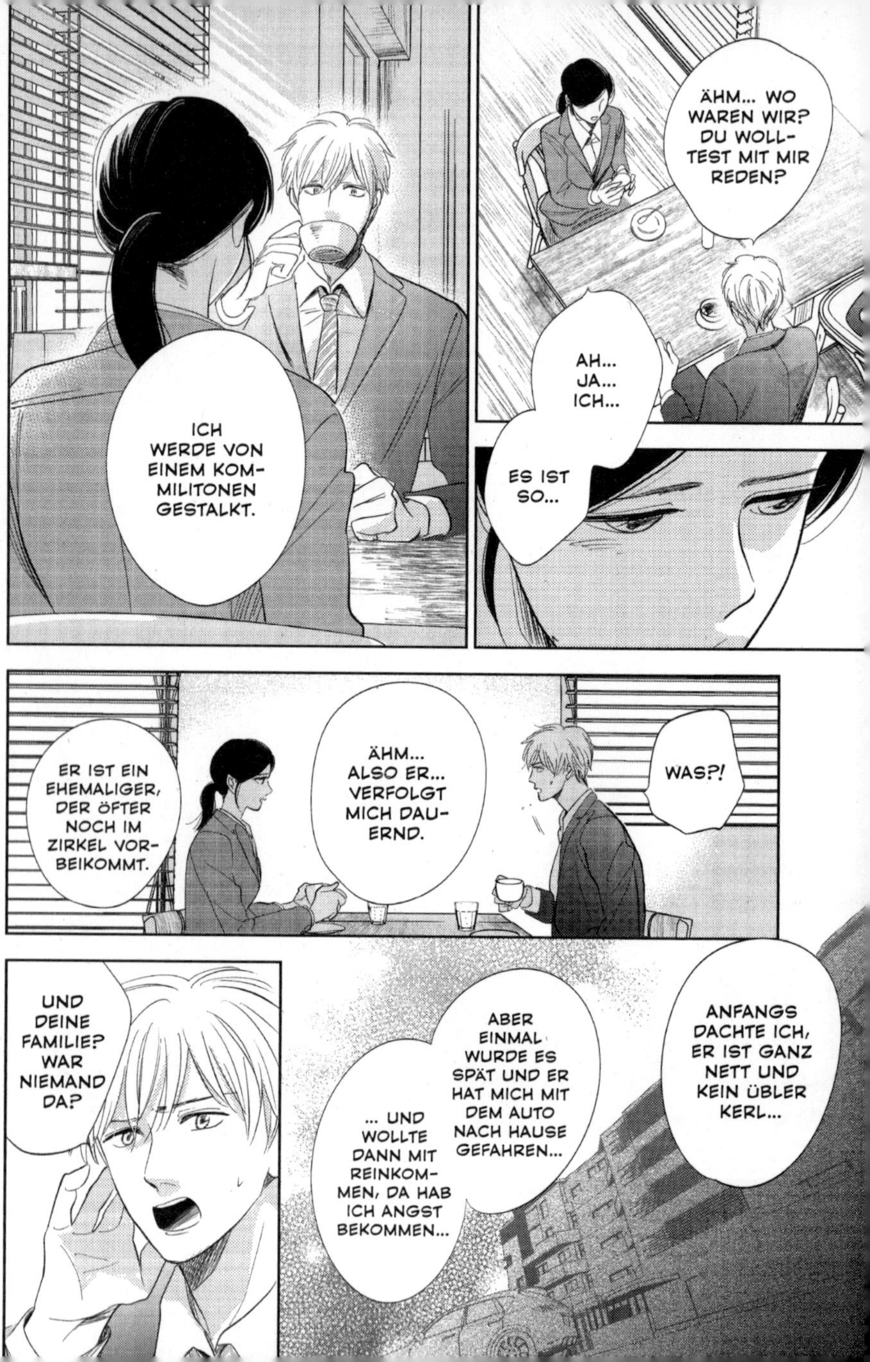
ÄHM... WO WAREN WIR? DU WOLLTEST MIT MIR REDEN?
AH... JA... ICH...
ES IST SO...
ICH WERDE VON EINEM KOMMILITONEN GESTALKT.
WAS?!
ÄHM... ALSO ER... VERFOLGT MICH DAUERND.
ER IST EIN EHEMALIGER, DER ÖFTER NOCH IM ZIRKEL VORBEIKOMMT.
ANFANGS DACHTE ICH, ER IST GANZ NETT UND KEIN ÜBLER KERL...
ABER EINMAL WURDE ES SPÄT UND ER HAT MICH MIT DEM AUTO NACH HAUSE GEFAHREN...
... UND WOLLTE DANN MIT REINKOMMEN, DA HAB ICH ANGST BEKOMMEN...
UND DEINE FAMILIE? WAR NIEMAND DA?

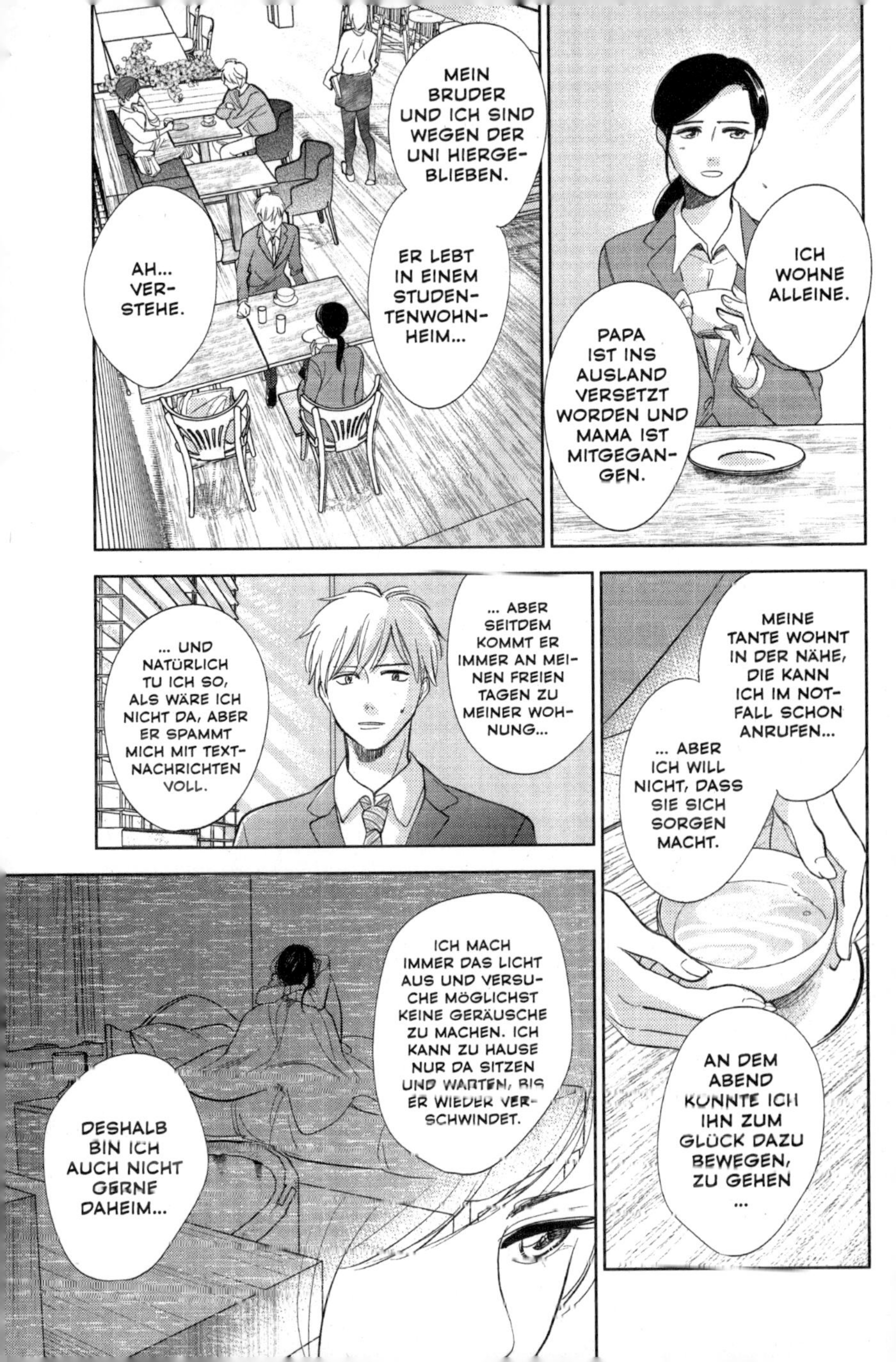

ICH WOHNE ALLEINE.
PAPA IST INS AUSLAND VERSETZT WORDEN UND MAMA IST MITGEGANGEN.
MEIN BRUDER UND ICH SIND WEGEN DER UNI HIERGEBLIEBEN.
ER LEBT IN EINEM STUDENTENWOHNHEIM...
AH... VERSTEHE.
MEINE TANTE WOHNT IN DER NÄHE, DIE KANN ICH IM NOTFALL SCHON ANRUFEN...
... ABER ICH WILL NICHT, DASS SIE SICH SORGEN MACHT.
... ABER SEITDEM KOMMT ER IMMER AN MEINEN FREIEN TAGEN ZU MEINER WOHNUNG...
... UND NATÜRLICH TU ICH SO, ALS WÄRE ICH NICHT DA, ABER ER SPAMMT MICH MIT TEXTNACHRICHTEN VOLL.
ICH MACH IMMER DAS LICHT AUS UND VERSUCHE MÖGLICHST KEINE GERÄUSCHE ZU MACHEN. ICH KANN ZU HAUSE NUR DA SITZEN UND WARTEN, BIS ER WIEDER VERSCHWINDET.
DESHALB BIN ICH AUCH NICHT GERNE DAHEIM...
AN DEM ABEND KONNTE ICH IHN ZUM GLÜCK DAZU BEWEGEN, ZU GEHEN ...

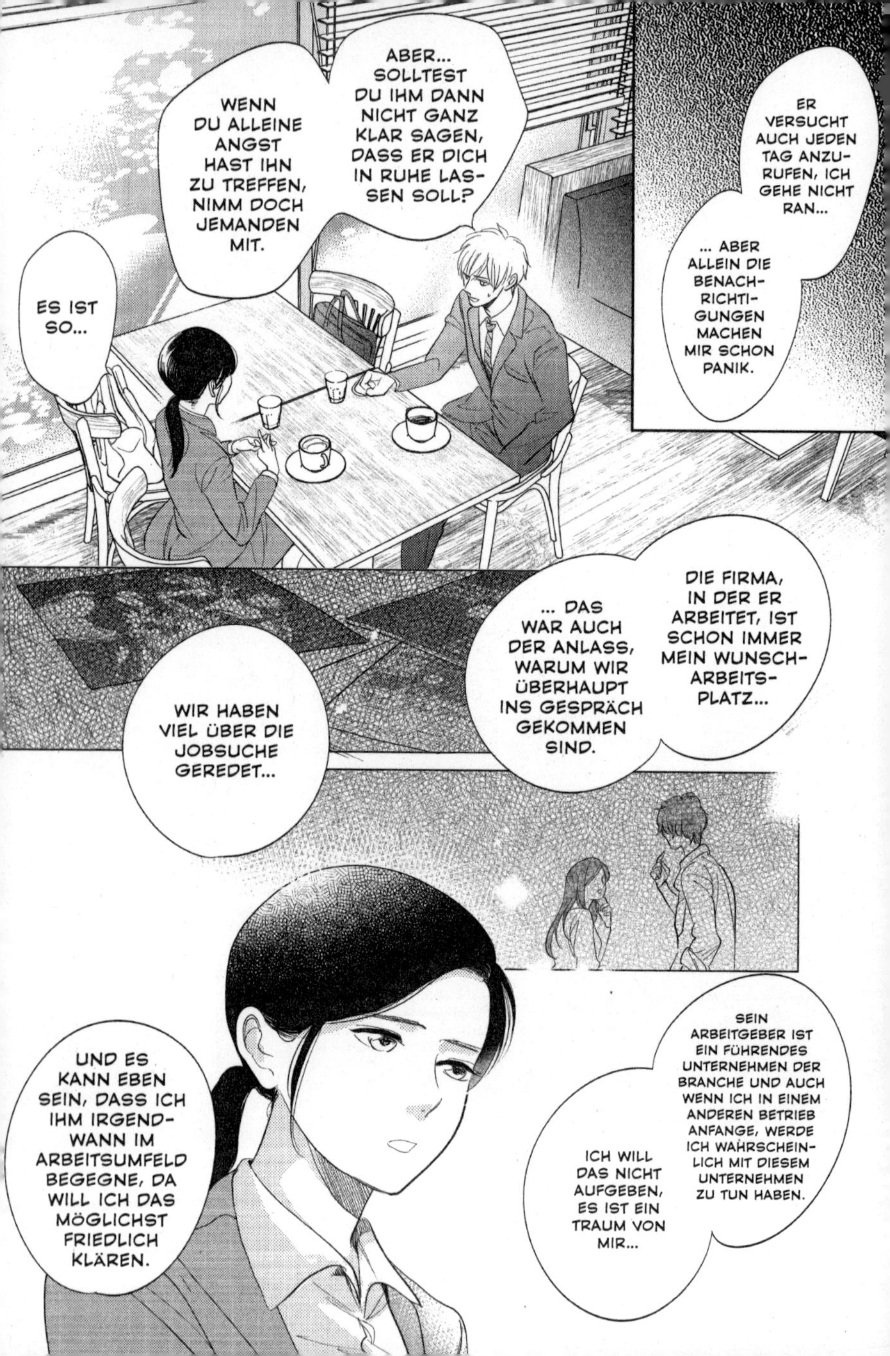

ER VERSUCHT AUCH JEDEN TAG ANZURUFEN, ICH GEHE NICHT RAN...
... ABER ALLEIN DIE BENACHRICHTIGUNGEN MACHEN MIR SCHON PANIK.
ABER... SOLLTEST DU IHM DANN NICHT GANZ KLAR SAGEN, DASS ER DICH IN RUHE LASSEN SOLL?
WENN DU ALLEINE ANGST HAST IHN ZU TREFFEN, NIMM DOCH JEMANDEN MIT.
ES IST SO...
DIE FIRMA, IN DER ER ARBEITET, IST SCHON IMMER MEIN WUNSCHARBEITSPLATZ...
... DAS WAR AUCH DER ANLASS, WARUM WIR ÜBERHAUPT INS GESPRÄCH GEKOMMEN SIND.
WIR HABEN VIEL ÜBER DIE JOBSUCHE GEREDET...
SEIN ARBEITGEBER IST EIN FÜHRENDES UNTERNEHMEN DER BRANCHE UND AUCH WENN ICH IN EINEM ANDEREN BETRIEB ANFANGE, WERDE ICH WAHRSCHEINLICH MIT DIESEM UNTERNEHMEN ZU TUN HABEN.
ICH WILL DAS NICHT AUFGEBEN, ES IST EIN TRAUM VON MIR...
UND ES KANN EBEN SEIN, DASS ICH IHM IRGENDWANN IM ARBEITSUMFELD BEGEGNE, DA WILL ICH DAS MÖGLICHST FRIEDLICH KLÄREN.

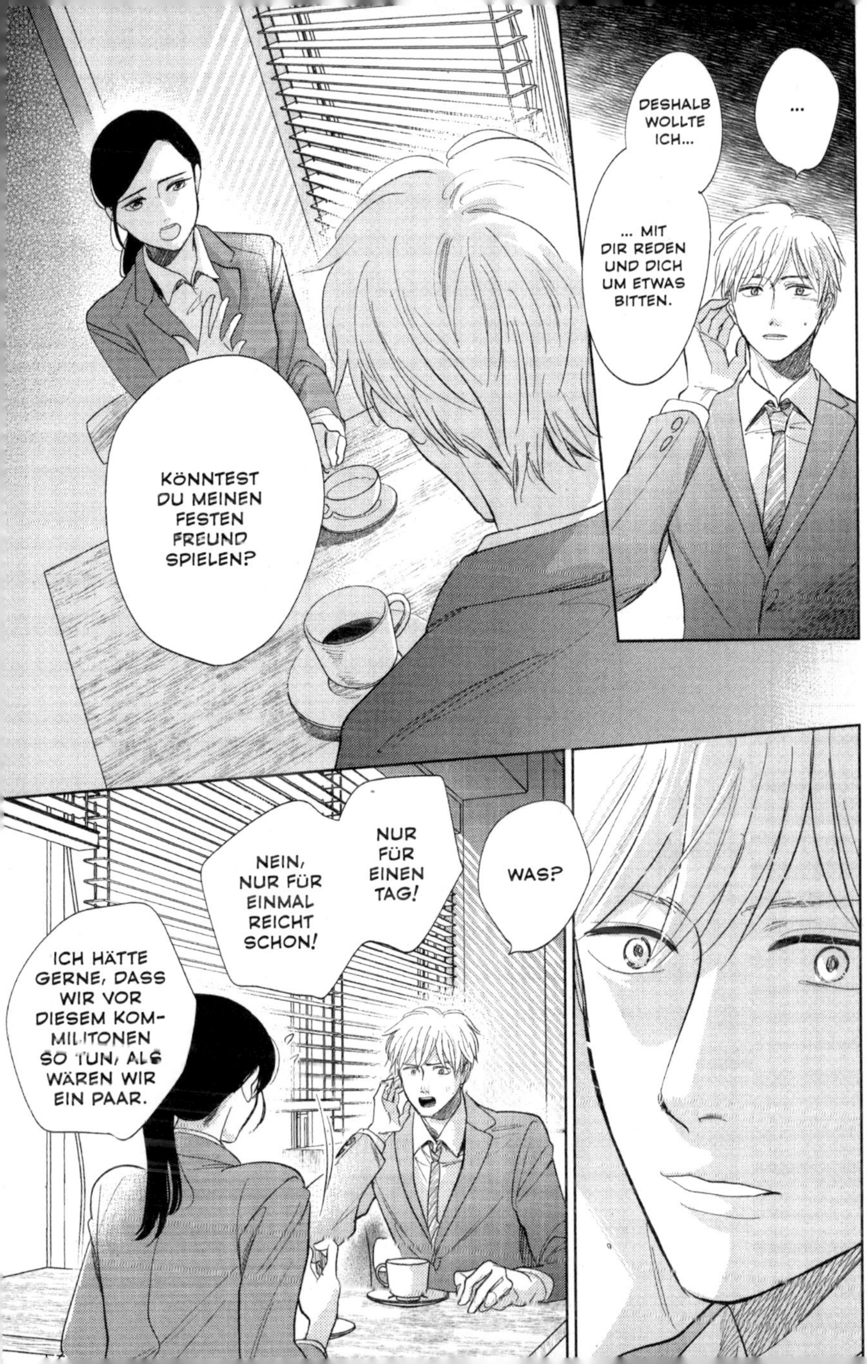
...
DESHALB WOLLTE ICH...
... MIT DIR REDEN UND DICH UM ETWAS BITTEN.
KÖNNTEST DU MEINEN FESTEN FREUND SPIELEN?
WAS?
NUR FÜR EINEN TAG!
NEIN, NUR FÜR EINMAL REICHT SCHON!
ICH HÄTTE GERNE, DASS WIR VOR DIESEM KOM-MILITONEN SO TUN, ALS WÄREN WIR EIN PAAR.

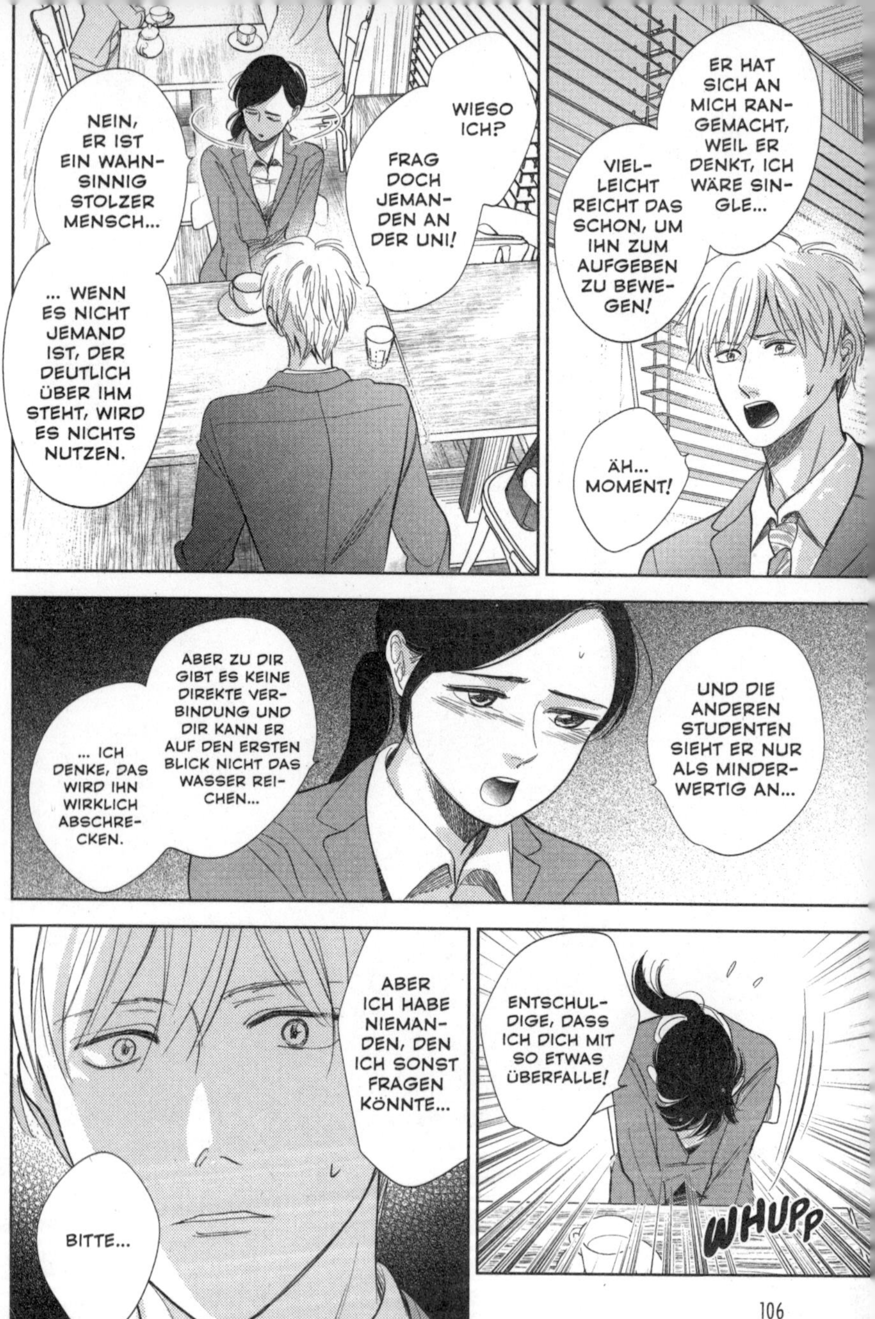

ER HAT SICH AN MICH RANGEMACHT, WEIL ER DENKT, ICH WÄRE SINGLE...
VIELLEICHT REICHT DAS SCHON, UM IHN ZUM AUFGEBEN ZU BEWEGEN!
ÄH... MOMENT!
WIESO ICH?
FRAG DOCH JEMANDEN AN DER UNI!
NEIN, ER IST EIN WAHNSINNIG STOLZER MENSCH...
... WENN ES NICHT JEMAND IST, DER DEUTLICH ÜBER IHM STEHT, WIRD ES NICHTS NUTZEN.
UND DIE ANDEREN STUDENTEN SIEHT ER NUR ALS MINDERWERTIG AN...
ABER ZU DIR GIBT ES KEINE DIREKTE VERBINDUNG UND DIR KANN ER AUF DEN ERSTEN BLICK NICHT DAS WASSER REICHEN...
... ICH DENKE, DAS WIRD IHN WIRKLICH ABSCHRECKEN.
ENTSCHULDIGE, DASS ICH DICH MIT SO ETWAS ÜBERFALLE!
WHUPP
ABER ICH HABE NIEMANDEN, DEN ICH SONST FRAGEN KÖNNTE...
BITTE...

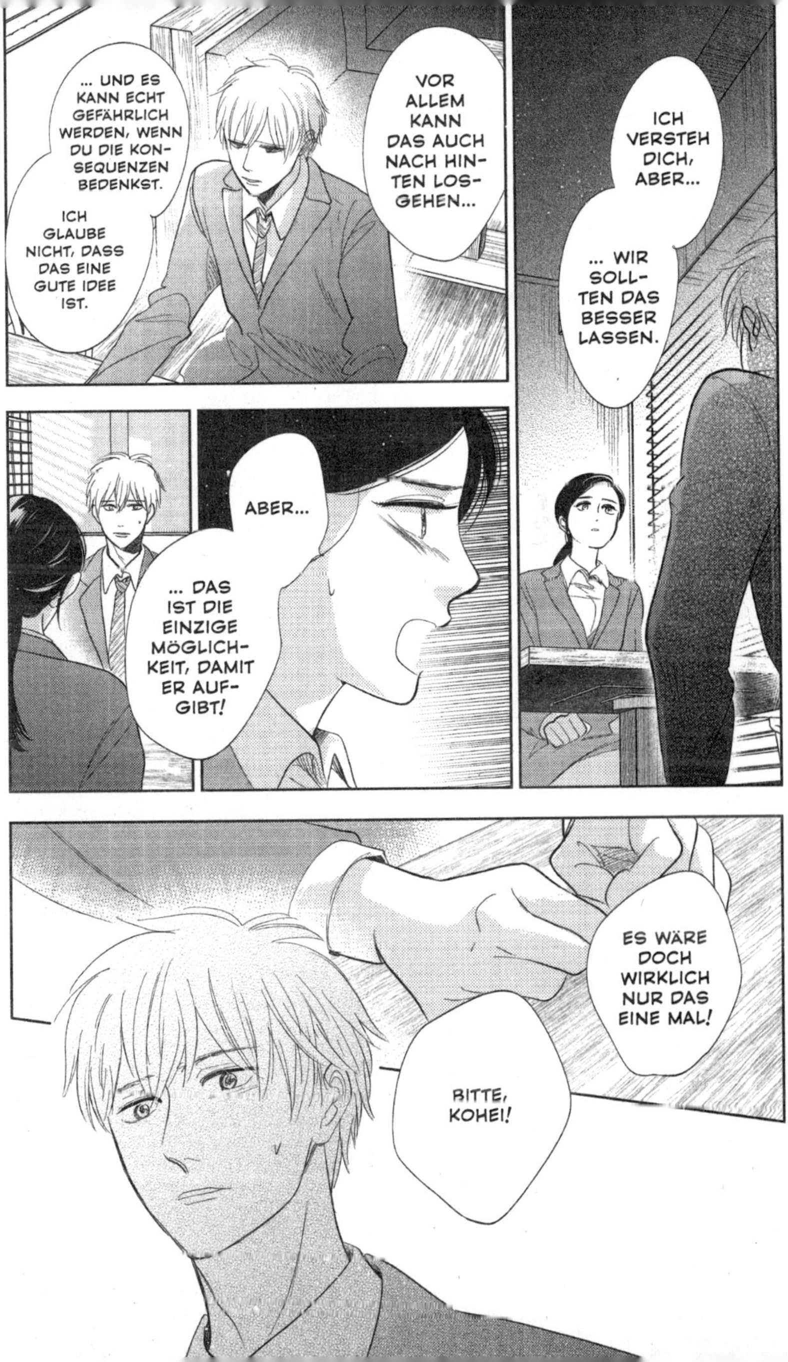

ICH VERSTEH DICH, ABER...
... WIR SOLLTEN DAS BESSER LASSEN.
VOR ALLEM KANN DAS AUCH NACH HINTEN LOSGEHEN...
ICH GLAUBE NICHT, DASS DAS EINE GUTE IDEE IST.
... UND ES KANN ECHT GEFÄHRLICH WERDEN, WENN DU DIE KONSEQUENZEN BEDENKST.
ABER...
... DAS IST DIE EINZIGE MÖGLICHKEIT, DAMIT ER AUFGIBT!
ES WÄRE DOCH WIRKLICH NUR DAS EINE MAL!
BITTE, KOHEI!

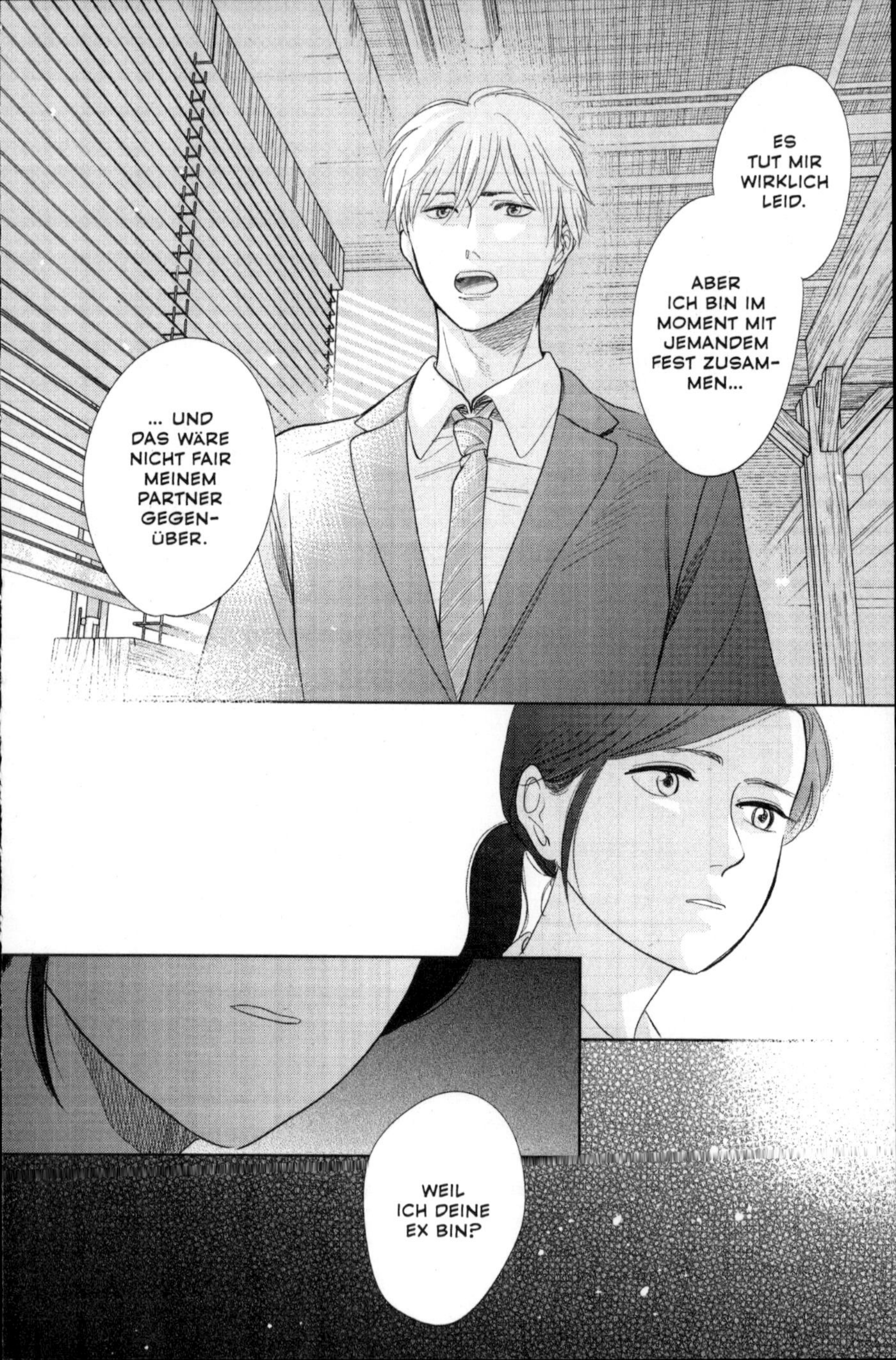
ES TUT MIR WIRKLICH LEID.
ABER ICH BIN IM MOMENT MIT JEMANDEM FEST ZUSAM-MEN...
... UND DAS WÄRE NICHT FAIR MEINEM PARTNER GEGEN-ÜBER.
WEIL ICH DEINE EX BIN?

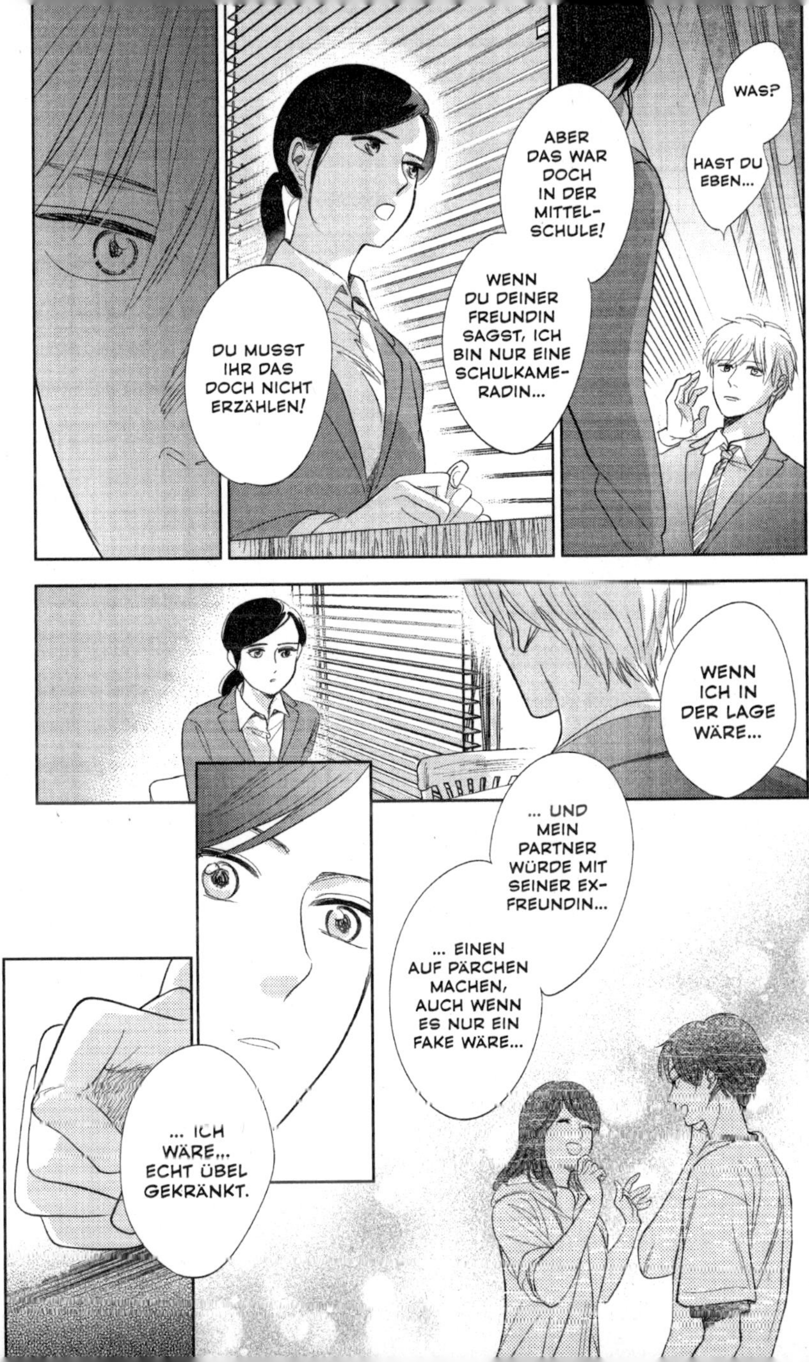
WAS?
HAST DU EBEN...
ABER DAS WAR DOCH IN DER MITTEL-SCHULE!
WENN DU DEINER FREUNDIN SAGST, ICH BIN NUR EINE SCHULKAME-RADIN...
DU MUSST IHR DAS DOCH NICHT ERZÄHLEN!
WENN ICH IN DER LAGE WÄRE...
... UND MEIN PARTNER WÜRDE MIT SEINER EX-FREUNDIN...
... EINEN AUF PÄRCHEN MACHEN, AUCH WENN ES NUR EIN FAKE WÄRE...
... ICH WÄRE... ECHT ÜBEL GEKRÄNKT.

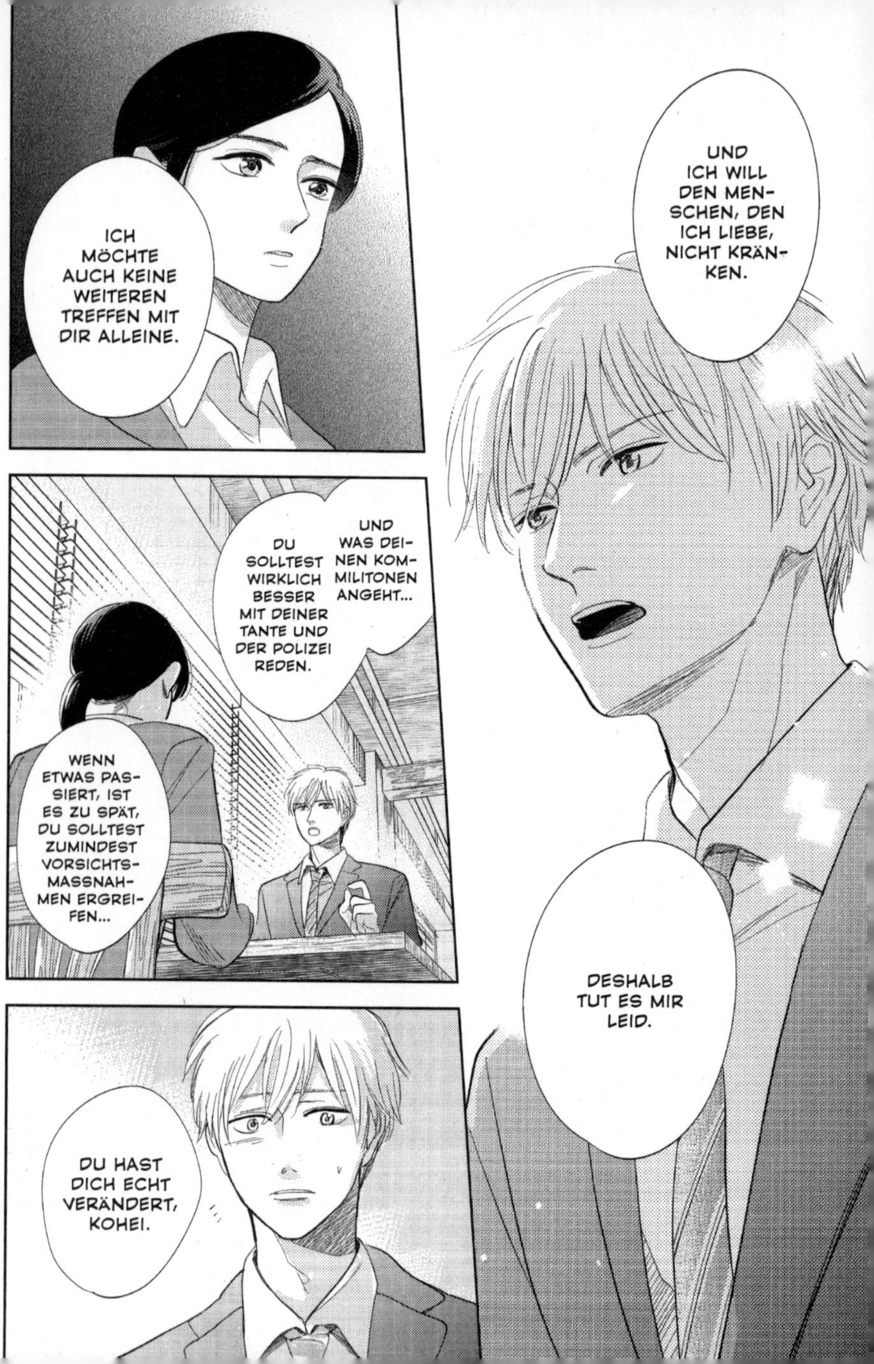
ICH MÖCHTE AUCH KEINE WEITEREN TREFFEN MIT DIR ALLEINE.
UND WAS DEINEN KOMMILITONEN ANGEHT...
DU SOLLTEST WIRKLICH BESSER MIT DEINER TANTE UND DER POLIZEI REDEN.
WENN ETWAS PASSIERT, IST ES ZU SPÄT, DU SOLLTEST ZUMINDEST VORSICHTSMASSNAHMEN ERGREIFEN...
UND ICH WILL DEN MENSCHEN, DEN ICH LIEBE, NICHT KRÄNKEN.
DESHALB TUT ES MIR LEID.
DU HAST DICH ECHT VERÄNDERT, KOHEI.

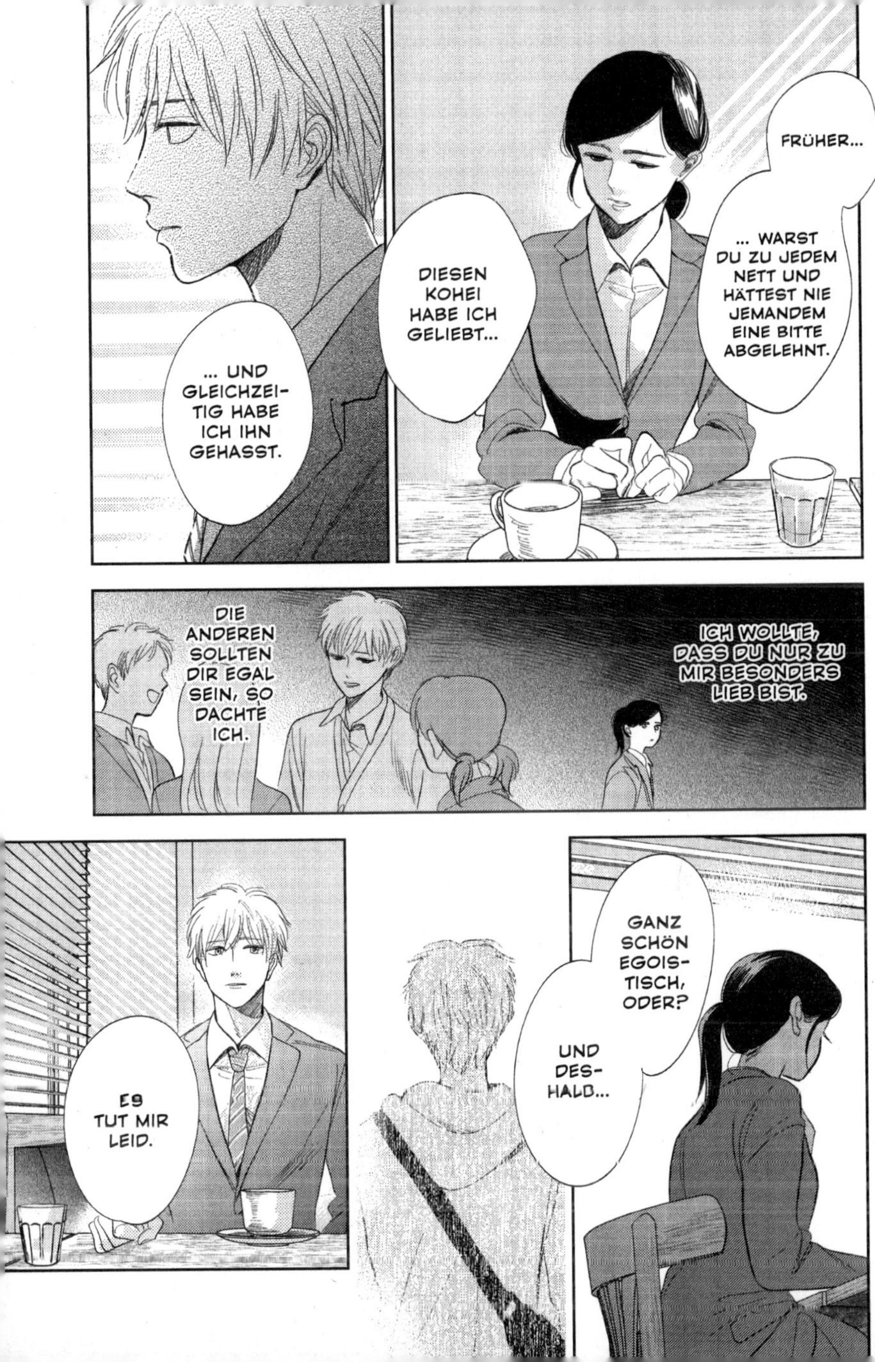
FRÜHER...
... WARST DU ZU JEDEM NETT UND HÄTTEST NIE JEMANDEM EINE BITTE ABGELEHNT.
DIESEN KOHEI HABE ICH GELIEBT...
... UND GLEICHZEI-TIG HABE ICH IHN GEHASST.
ICH WOLLTE, DASS DU NUR ZU MIR BESONDERS LIEB BIST.
DIE ANDEREN SOLLTEN DIR EGAL SEIN, SO DACHTE ICH.
GANZ SCHÖN EGOIS-TISCH, ODER?
UND DES-HALB...
ES TUT MIR LEID.

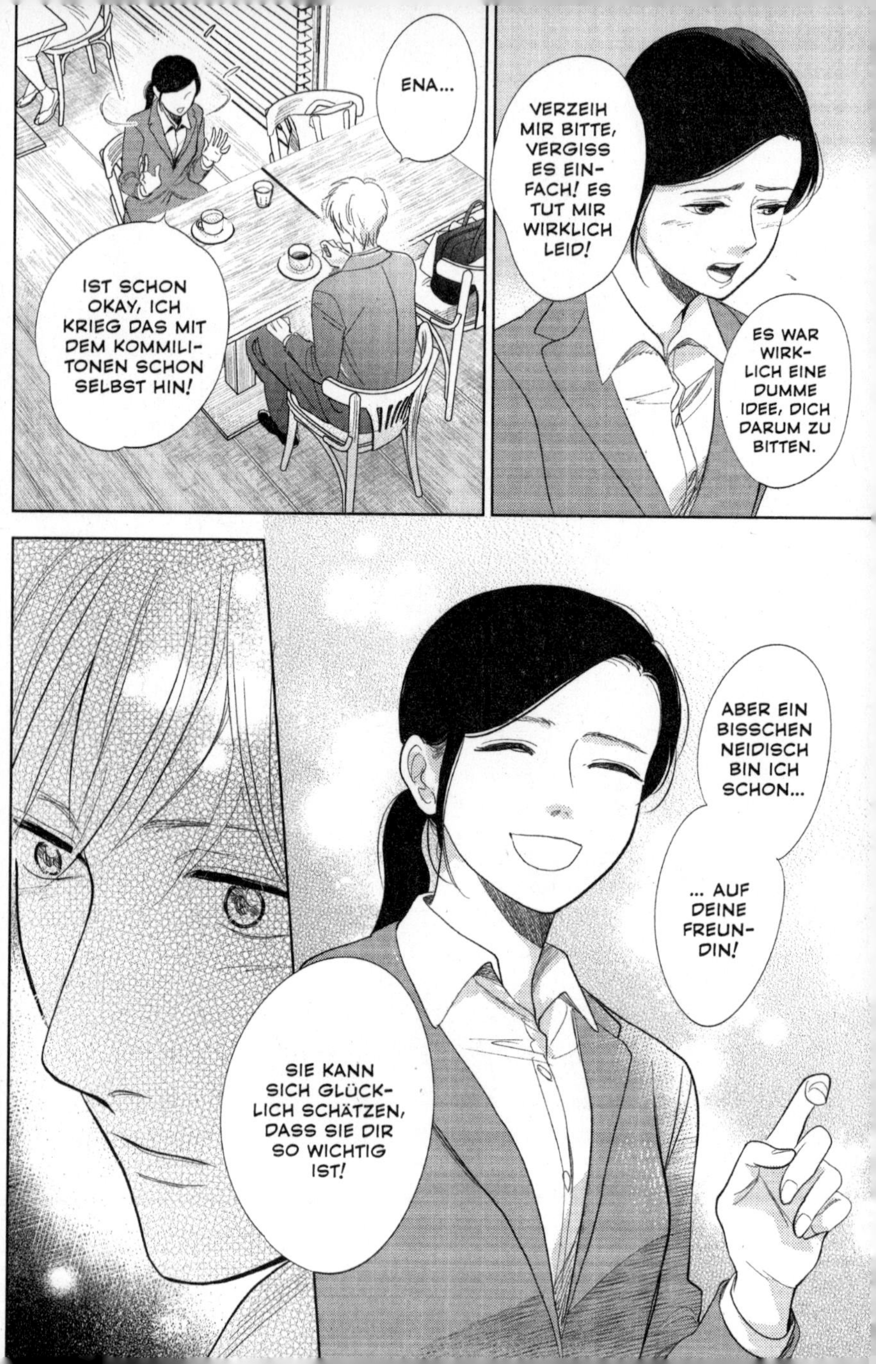
VERZEIH MIR BITTE, VERGISS ES EIN-FACH! ES TUT MIR WIRKLICH LEID!
ES WAR WIRK-LICH EINE DUMME IDEE, DICH DARUM ZU BITTEN.
ENA...
IST SCHON OKAY, ICH KRIEG DAS MIT DEM KOMMILI-TONEN SCHON SELBST HIN!
ABER EIN BISSCHEN NEIDISCH BIN ICH SCHON...
... AUF DEINE FREUN-DIN!
SIE KANN SICH GLÜCK-LICH SCHÄTZEN, DASS SIE DIR SO WICHTIG IST!

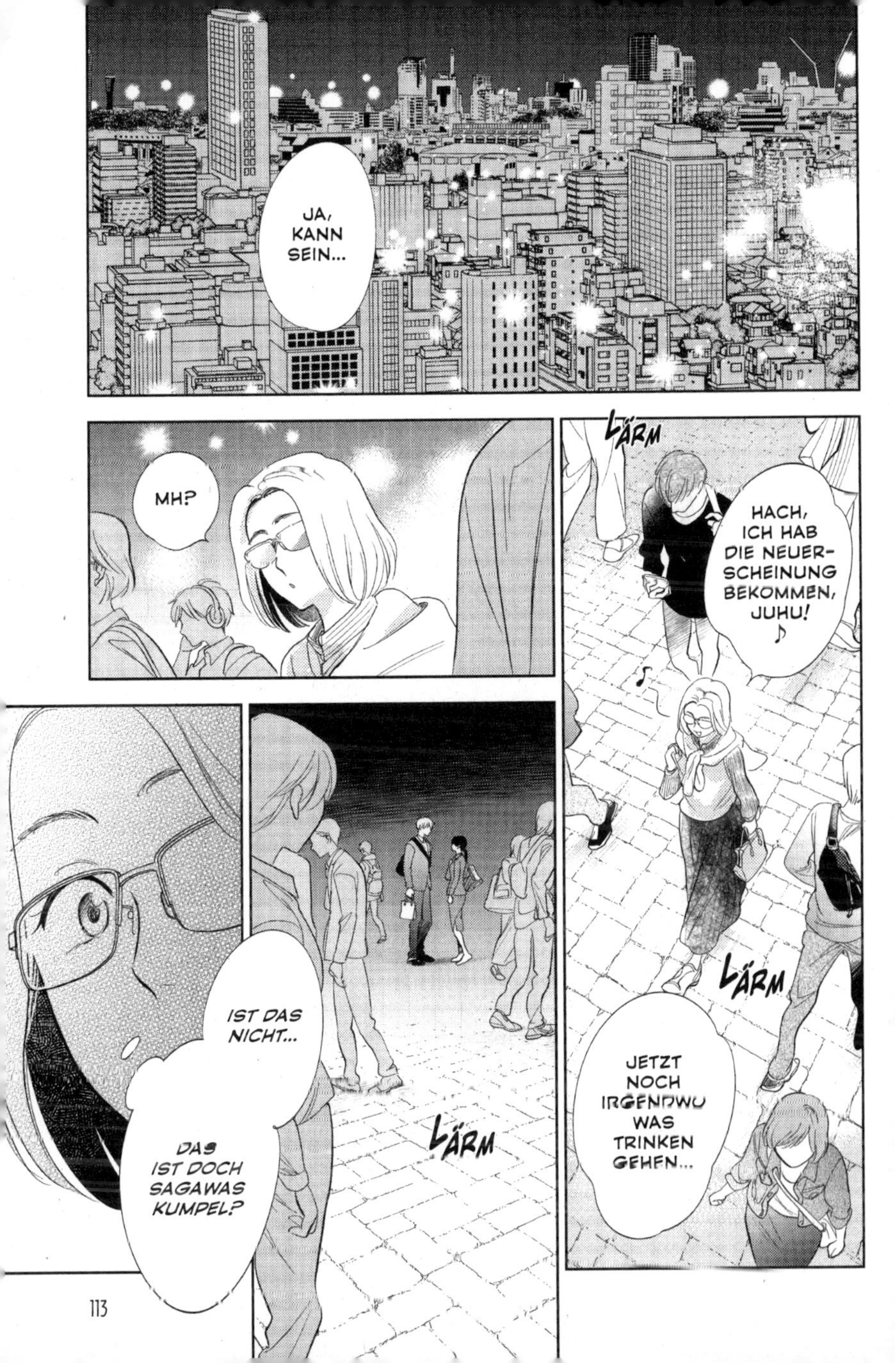
JA, KANN SEIN...
LÄRM
HACH, ICH HAB DIE NEUERSCHEINUNG BEKOMMEN, JUHU! ♪
MH?
LÄRM
JETZT NOCH IRGENDWO WAS TRINKEN GEHEN...
LÄRM
IST DAS NICHT...
DAS IST DOCH SAGAWAS KUMPEL?

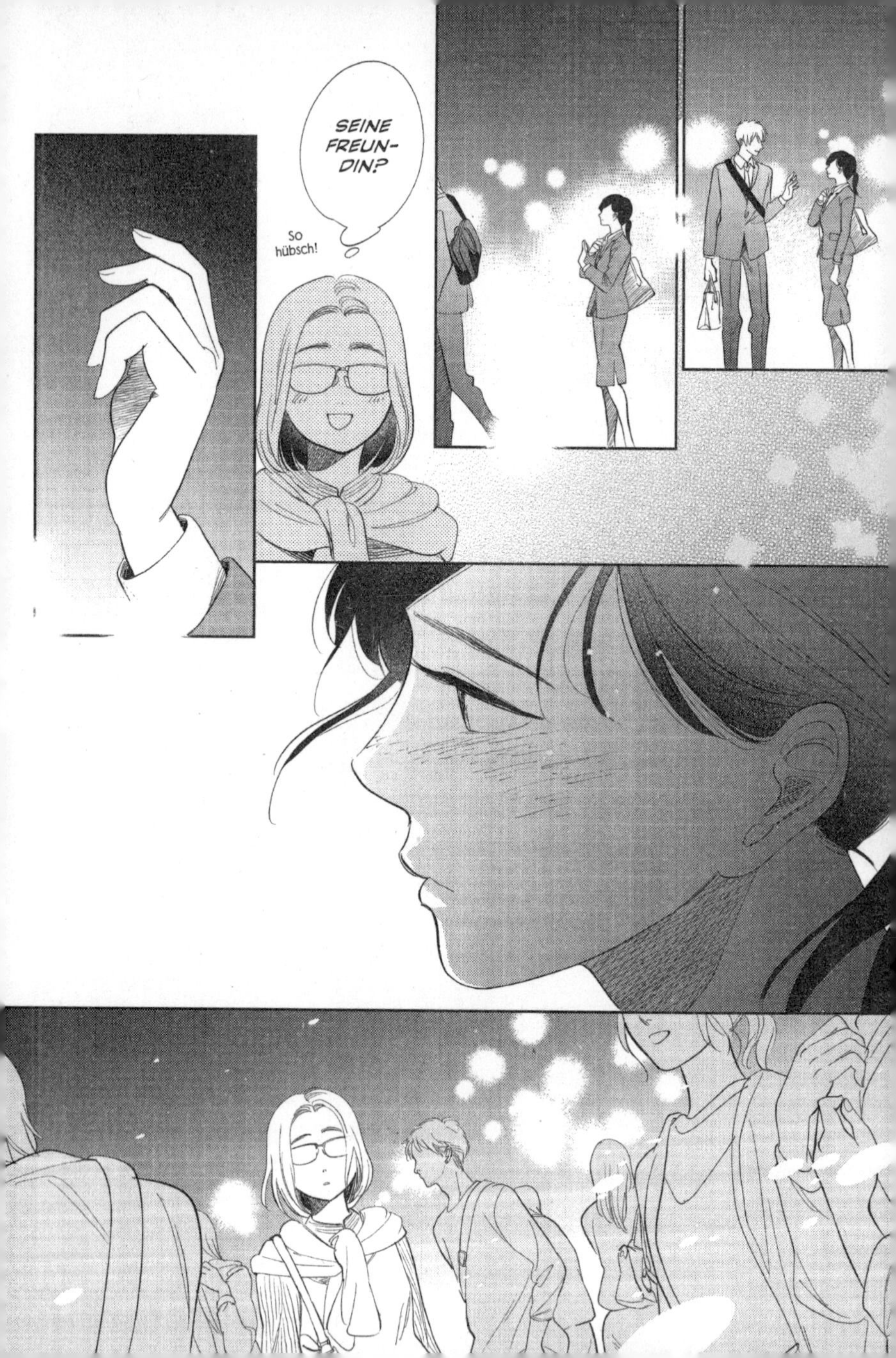
SEINE FREUN-DIN?
So hübsch!

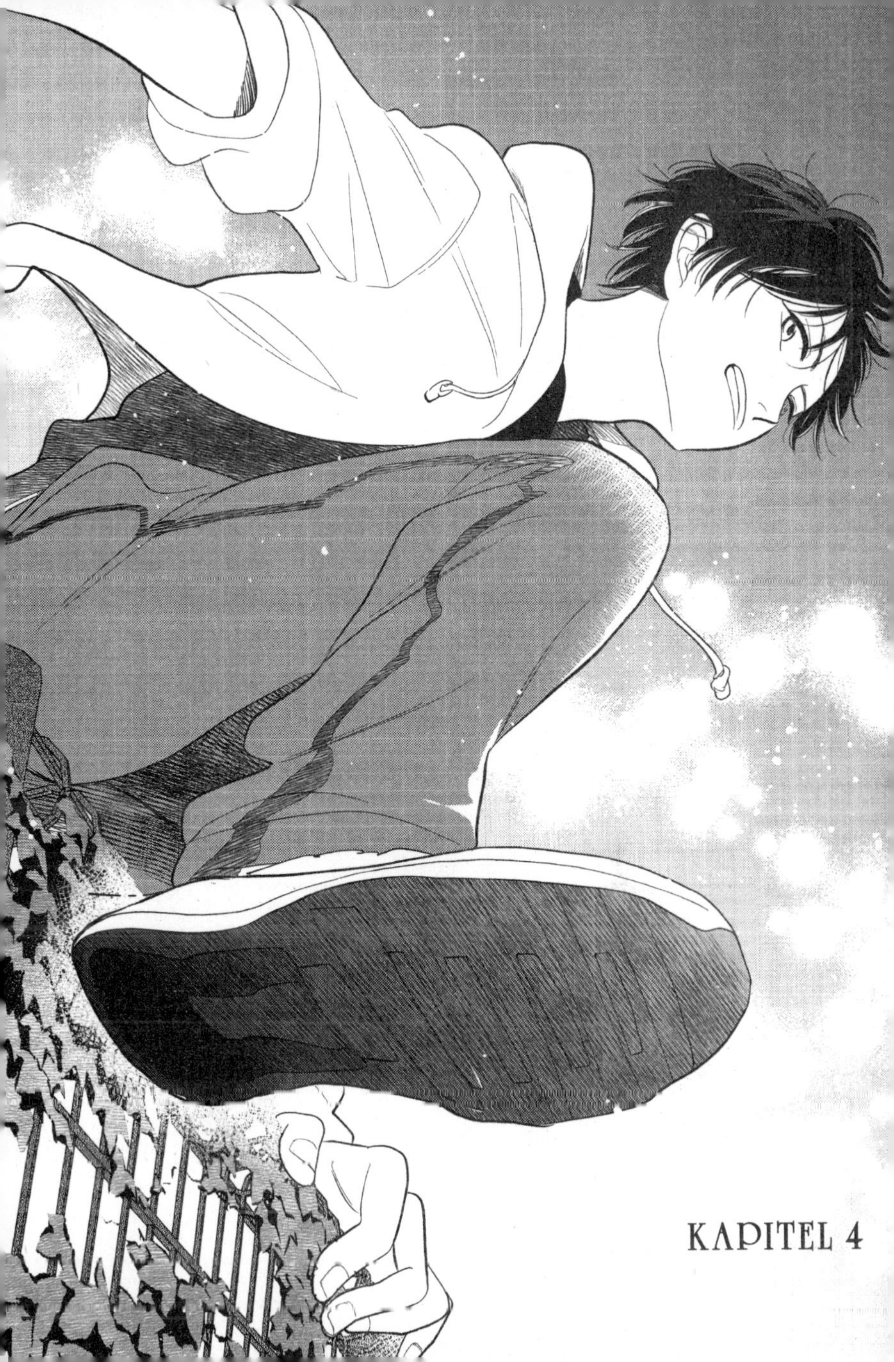

KAPITEL 4

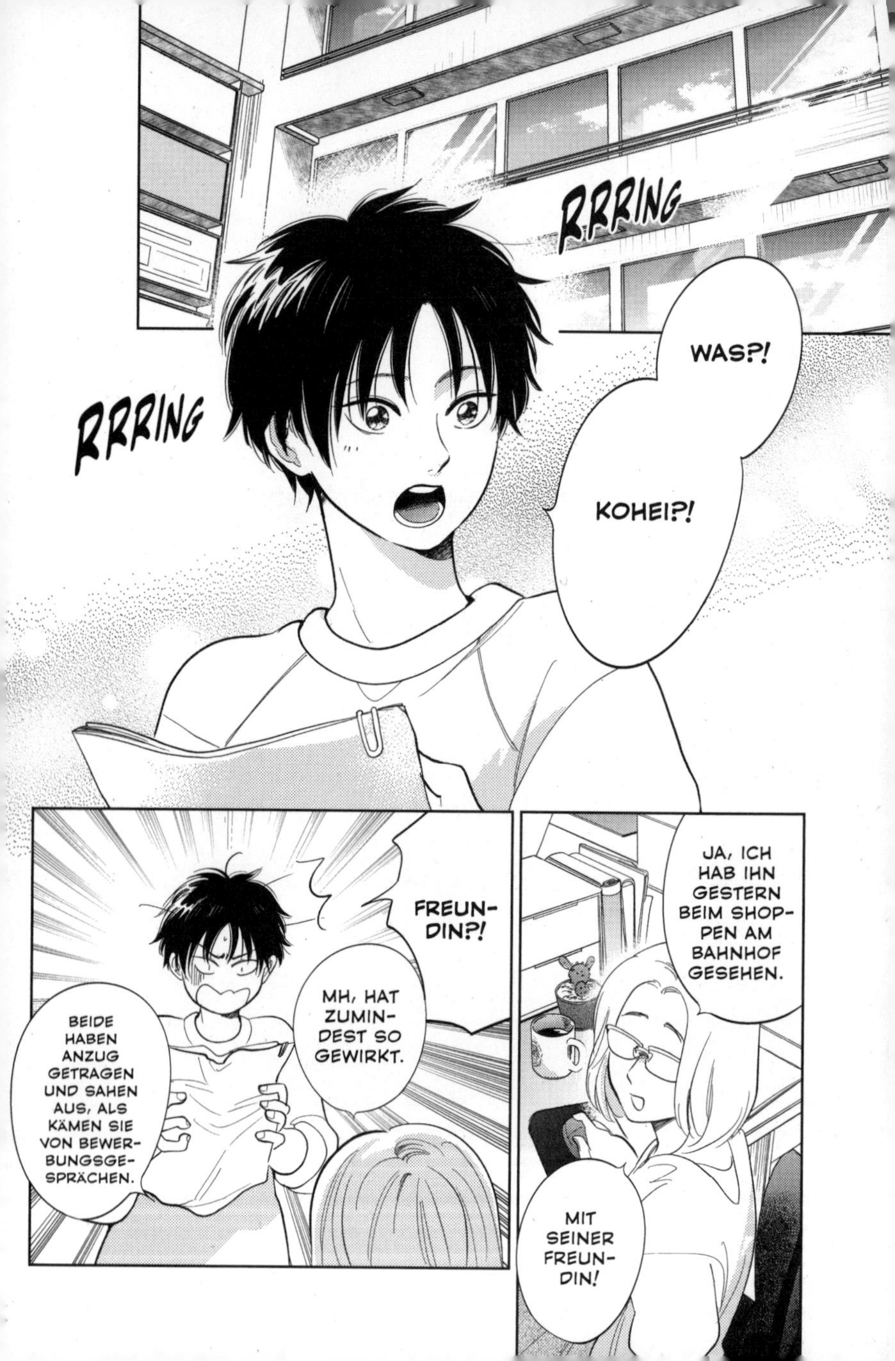
RRRING
RRRING
WAS?!
KOHEI?!
JA, ICH HAB IHN GESTERN BEIM SHOP-PEN AM BAHNHOF GESEHEN.
MIT SEINER FREUN-DIN!
FREUN-DIN?!
MH, HAT ZUMIN-DEST SO GEWIRKT.
BEIDE HABEN ANZUG GETRAGEN UND SAHEN AUS, ALS KÄMEN SIE VON BEWER-BUNGSGE-SPRÄCHEN.

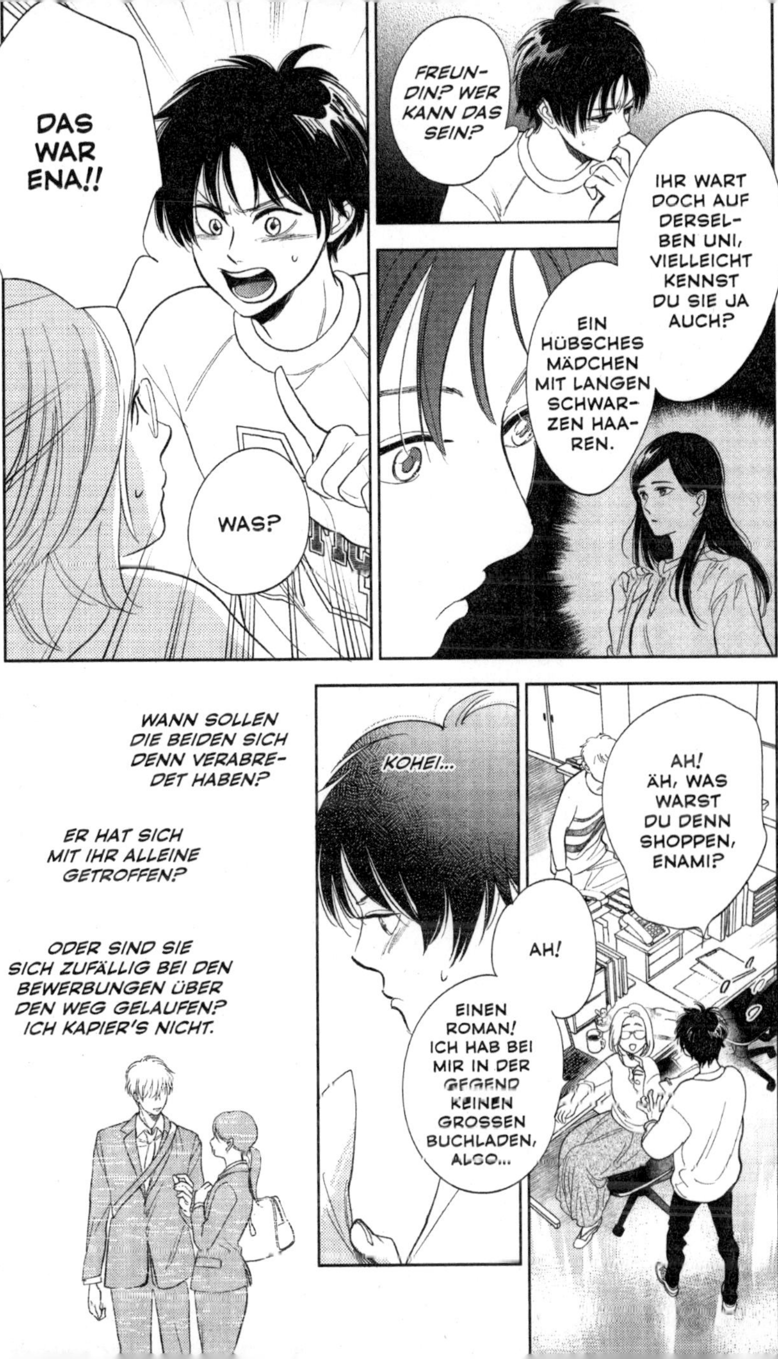
FREUNDIN? WER KANN DAS SEIN?
IHR WART DOCH AUF DERSELBEN UNI, VIELLEICHT KENNST DU SIE JA AUCH?
EIN HÜBSCHES MÄDCHEN MIT LANGEN SCHWARZEN HAAREN.
DAS WAR ENA!!
WAS?
AH! ÄH, WAS WARST DU DENN SHOPPEN, ENAMI?
AH!
EINEN ROMAN! ICH HAB BEI MIR IN DER GEGEND KEINEN GROSSEN BUCHLADEN, ALSO...
KOHEI...
WANN SOLLEN DIE BEIDEN SICH DENN VERABREDET HABEN?
ER HAT SICH MIT IHR ALLEINE GETROFFEN?
ODER SIND SIE SICH ZUFÄLLIG BEI DEN BEWERBUNGEN ÜBER DEN WEG GELAUFEN? ICH KAPIER'S NICHT.

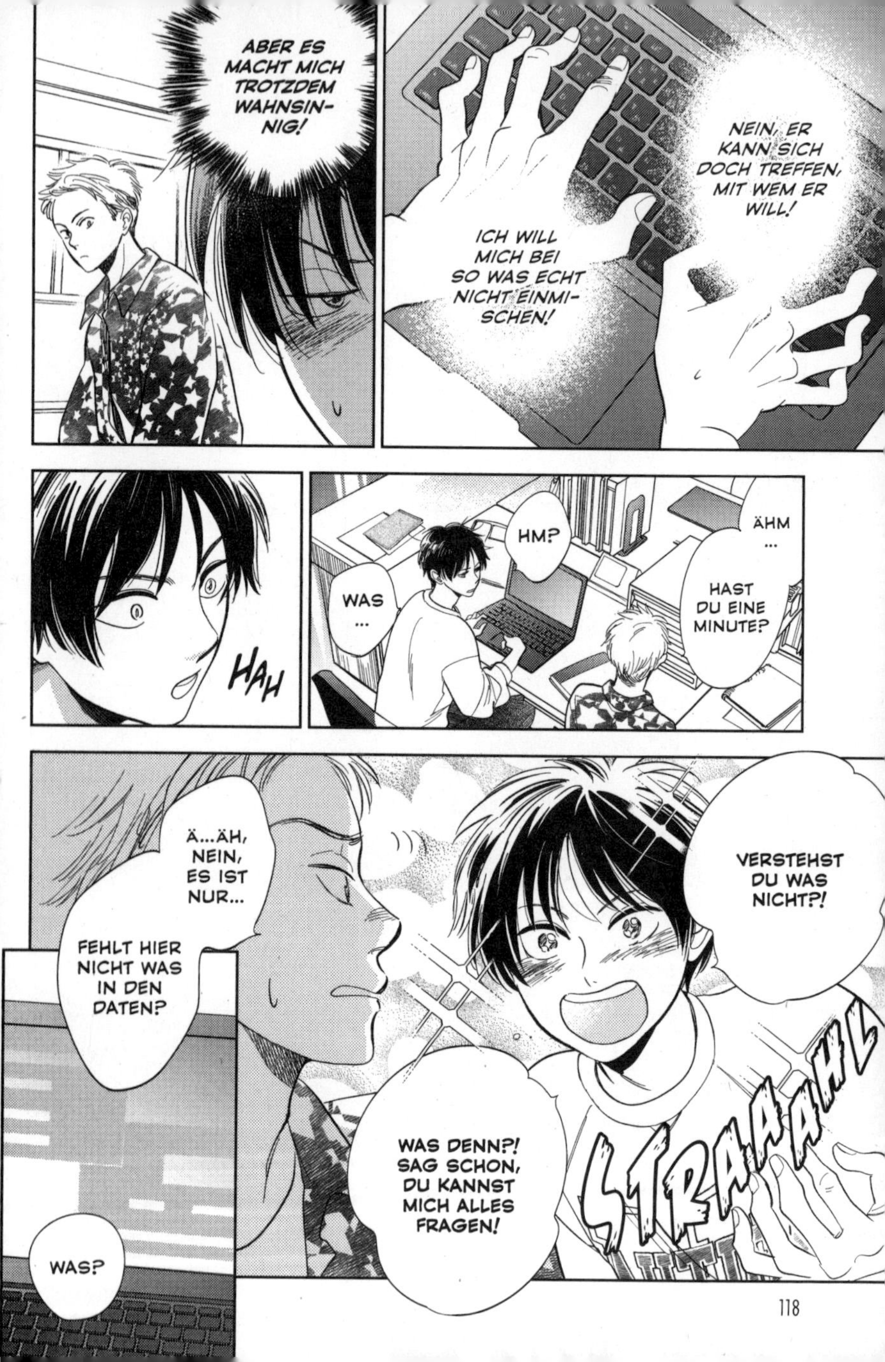
NEIN, ER KANN SICH DOCH TREFFEN, MIT WEM ER WILL!
ICH WILL MICH BEI SO WAS ECHT NICHT EINMISCHEN!
ABER ES MACHT MICH TROTZDEM WAHNSIN-NIG!
ÄHM ...
HAST DU EINE MINUTE?
HM?
WAS ...
HAH
VERSTEHST DU WAS NICHT?!
STRAAAHL
WAS DENN?! SAG SCHON, DU KANNST MICH ALLES FRAGEN!
Ä...ÄH, NEIN, ES IST NUR...
FEHLT HIER NICHT WAS IN DEN DATEN?
WAS?

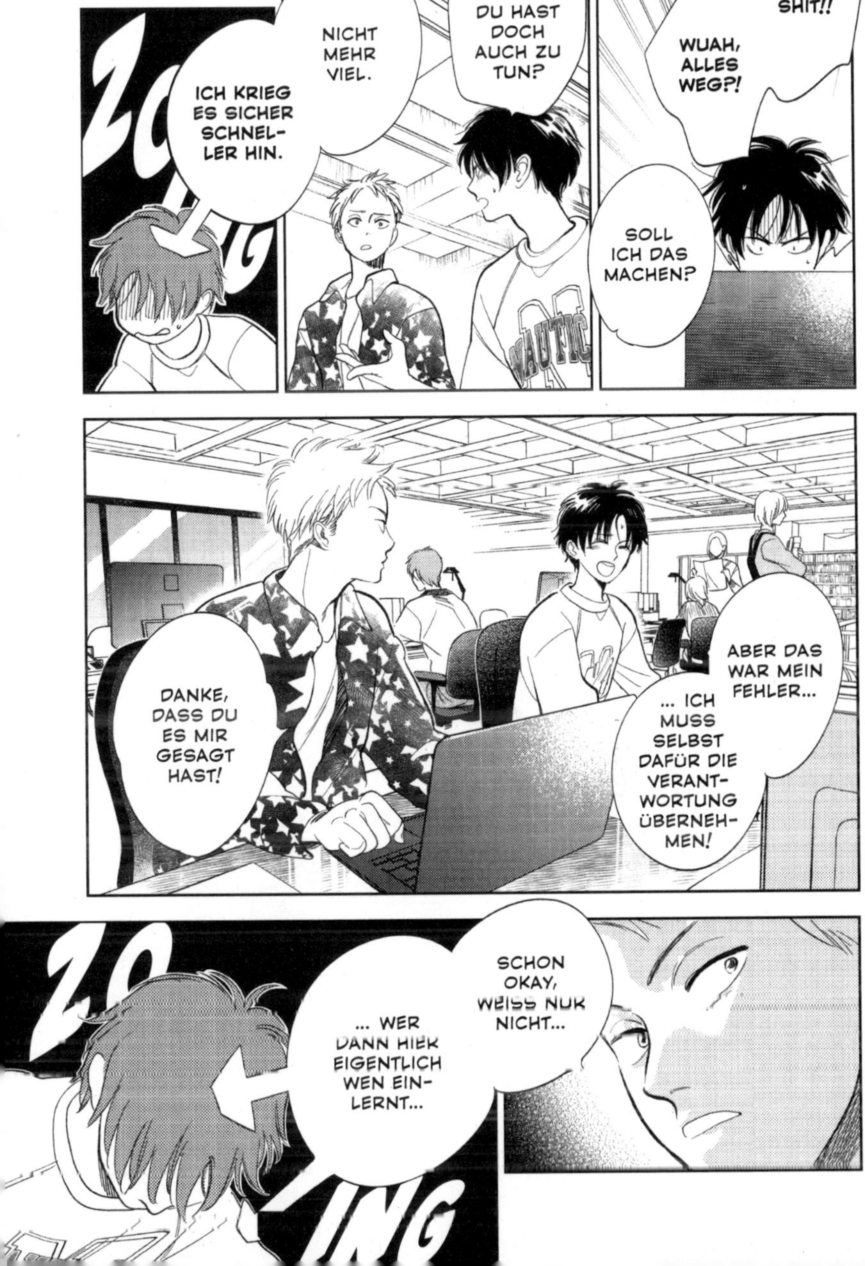
WAH?! SHIT!!
WUAH, ALLES WEG?!
SOLL ICH DAS MACHEN?
WAS? ABER DU HAST DOCH AUCH ZU TUN?
NICHT MEHR VIEL.
ICH KRIEG ES SICHER SCHNELLER HIN.
ABER DAS WAR MEIN FEHLER...
... ICH MUSS SELBST DAFÜR DIE VERANTWORTUNG ÜBERNEHMEN!
DANKE, DASS DU ES MIR GESAGT HAST!
SCHON OKAY, WEISS NUR NICHT...
... WER DANN HIER EIGENTLICH WEN EINLERNT...

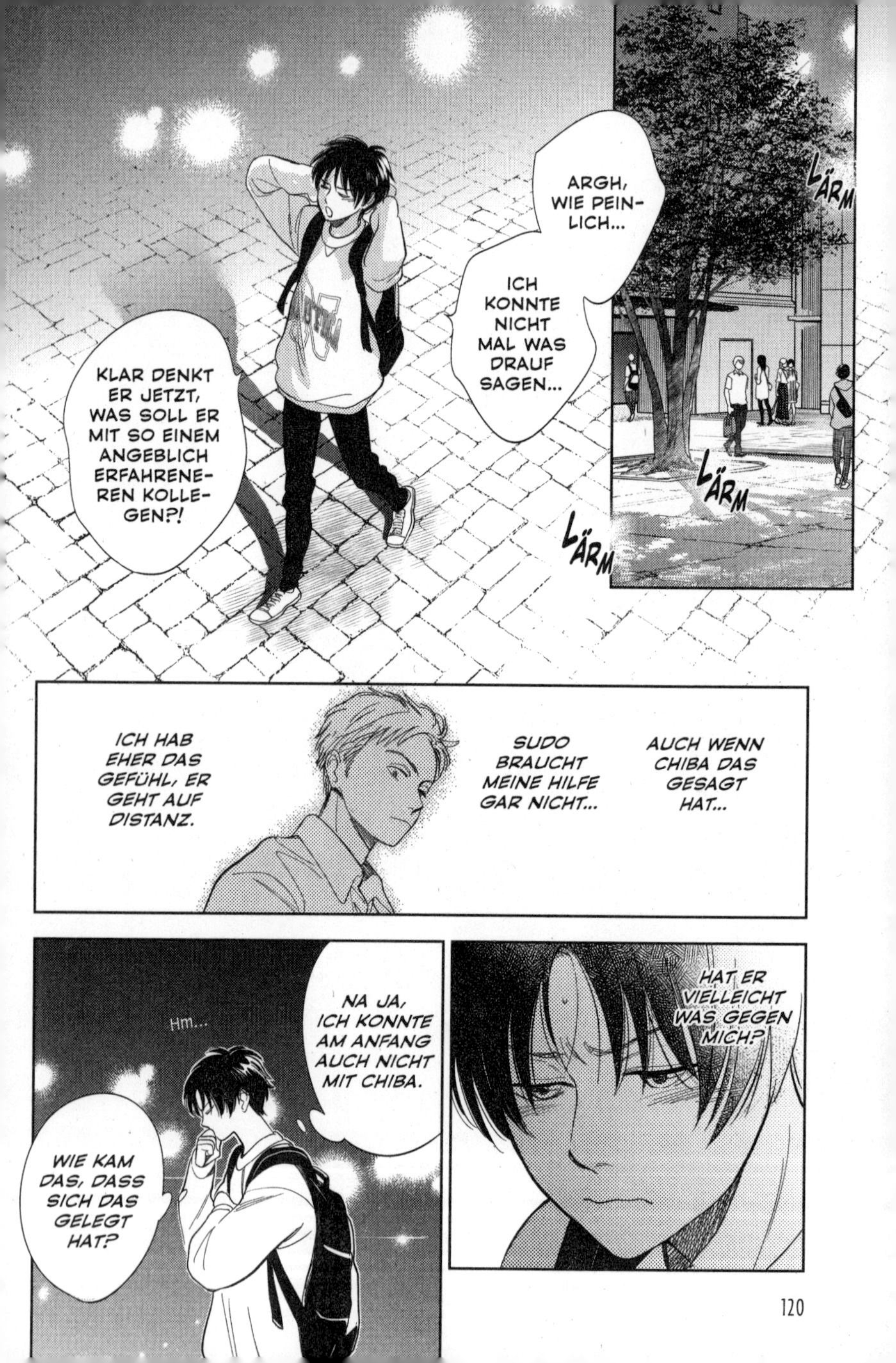
ARGH, WIE PEINLICH...
ICH KONNTE NICHT MAL WAS DRAUF SAGEN...
LÄRM
LÄRM
LÄRM
KLAR DENKT ER JETZT, WAS SOLL ER MIT SO EINEM ANGEBLICH ERFAHRENEREN KOLLEGEN?!
AUCH WENN CHIBA DAS GESAGT HAT...
SUDO BRAUCHT MEINE HILFE GAR NICHT...
ICH HAB EHER DAS GEFÜHL, ER GEHT AUF DISTANZ.
HAT ER VIELLEICHT WAS GEGEN MICH?
NA JA, ICH KONNTE AM ANFANG AUCH NICHT MIT CHIBA.
Hm...
WIE KAM DAS, DASS SICH DAS GELEGT HAT?

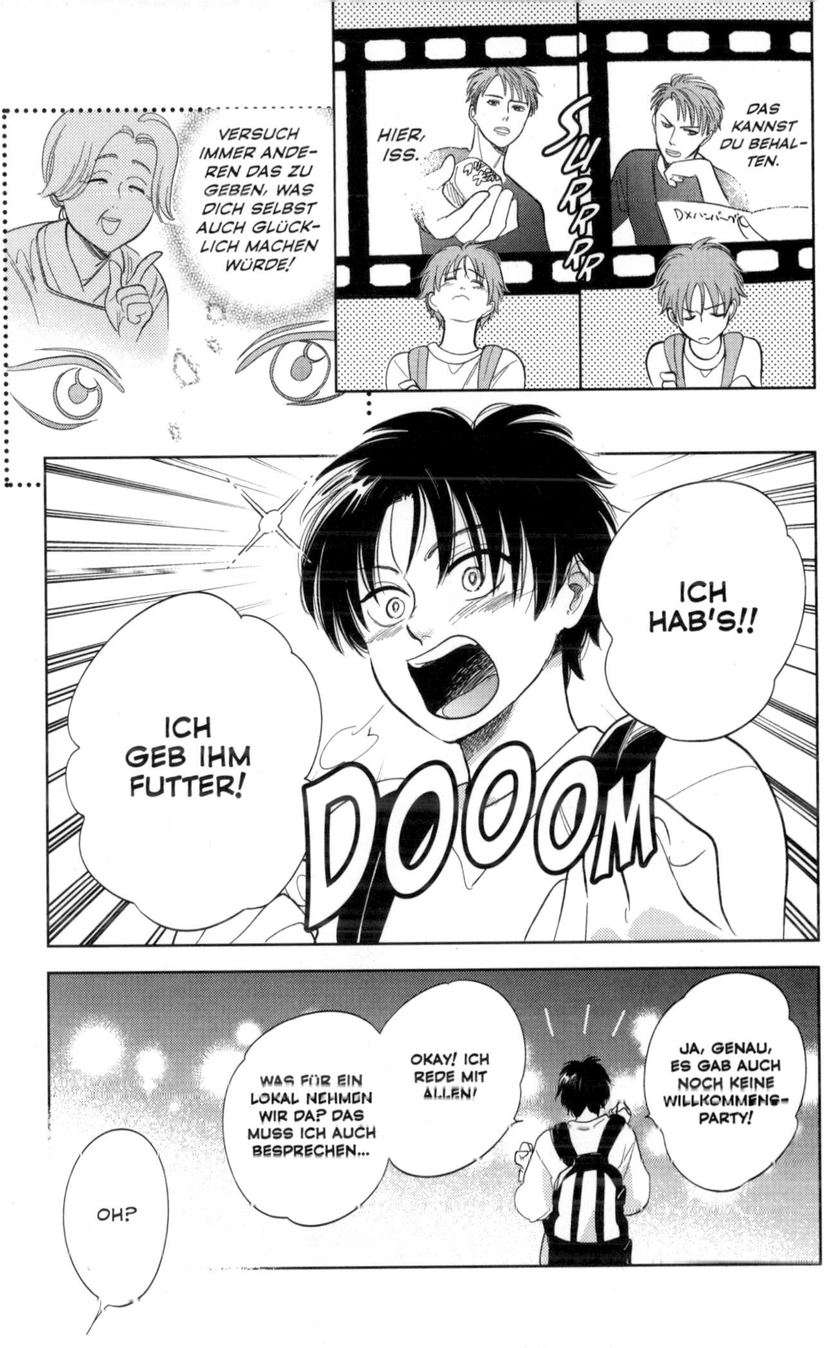

DAS KANNST DU BEHAL-TEN.
SURRRR
HIER, ISS.
VERSUCH IMMER ANDE-REN DAS ZU GEBEN, WAS DICH SELBST AUCH GLÜCK-LICH MACHEN WÜRDE!
ICH HAB'S!!
DOOOM
ICH GEB IHM FUTTER!
JA, GENAU, ES GAB AUCH NOCH KEINE WILLKOMMENS-PARTY!
OKAY! ICH REDE MIT ALLEN!
WAS FÜR EIN LOKAL NEHMEN WIR DA? DAS MUSS ICH AUCH BESPRECHEN...
OH?

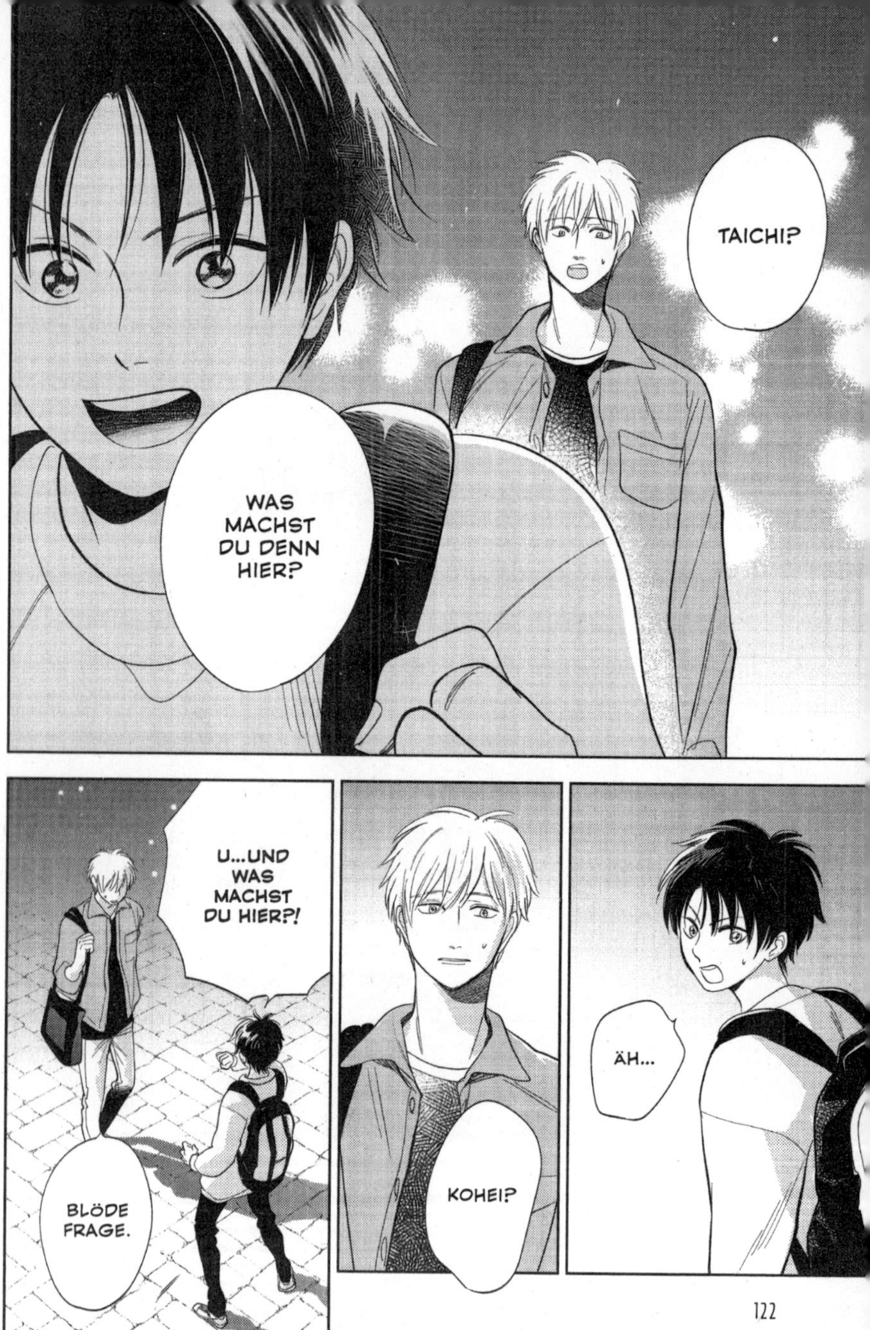
TAICHI?
WAS MACHST DU DENN HIER?
ÄH...
KOHEI?
U...UND WAS MACHST DU HIER?!
BLÖDE FRAGE.

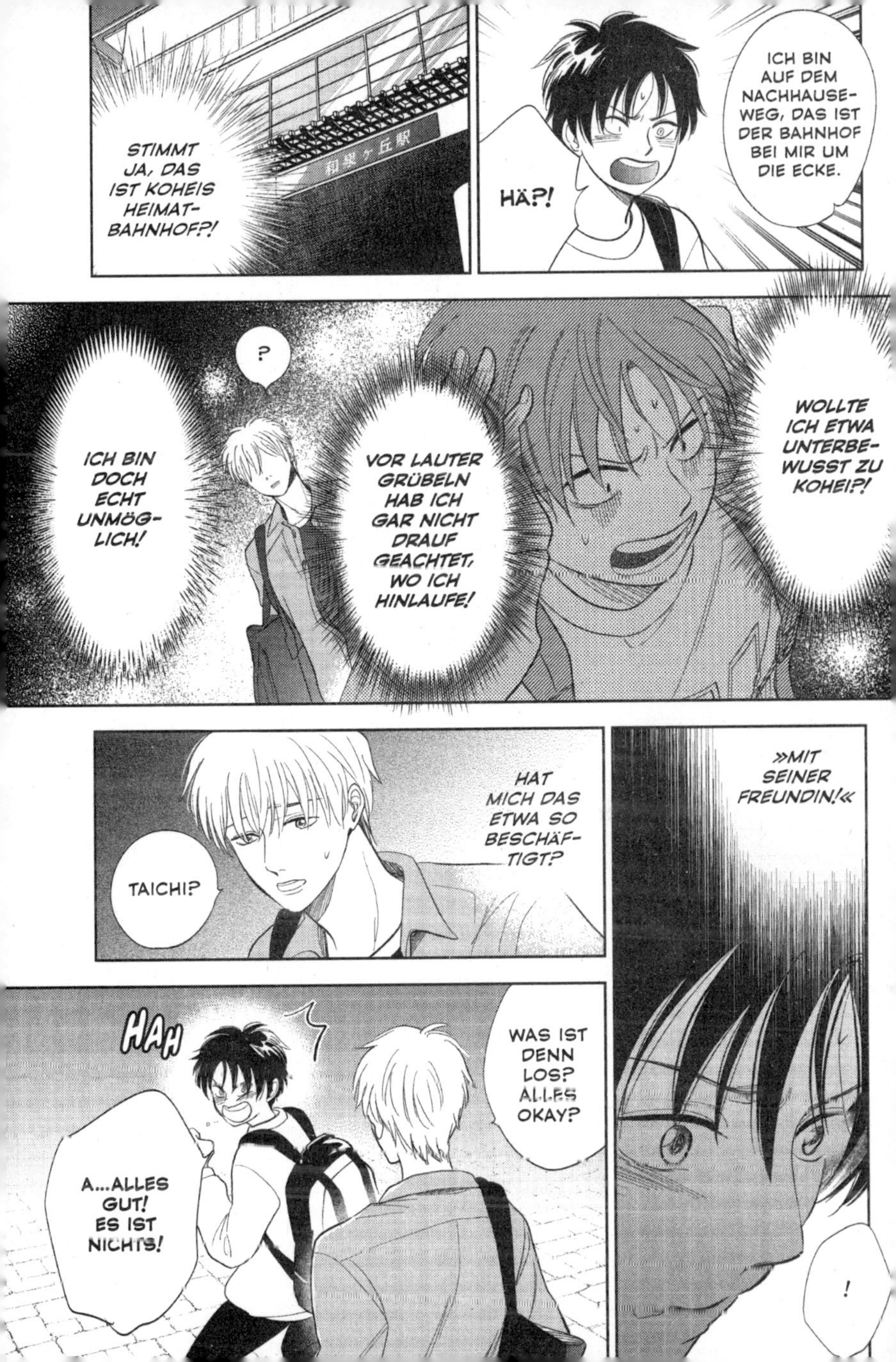
ICH BIN AUF DEM NACHHAUSEWEG, DAS IST DER BAHNHOF BEI MIR UM DIE ECKE.
HÄ?!
和泉ヶ丘駅
STIMMT JA, DAS IST KOHEIS HEIMATBAHNHOF?!
WOLLTE ICH ETWA UNTERBEWUSST ZU KOHEI?!
VOR LAUTER GRÜBELN HAB ICH GAR NICHT DRAUF GEACHTET, WO ICH HINLAUFE!
?
ICH BIN DOCH ECHT UNMÖGLICH!
»MIT SEINER FREUNDIN!«
!
HAT MICH DAS ETWA SO BESCHÄFTIGT?
TAICHI?
WAS IST DENN LOS? ALLES OKAY?
HAH
A...ALLES GUT! ES IST NICHTS!

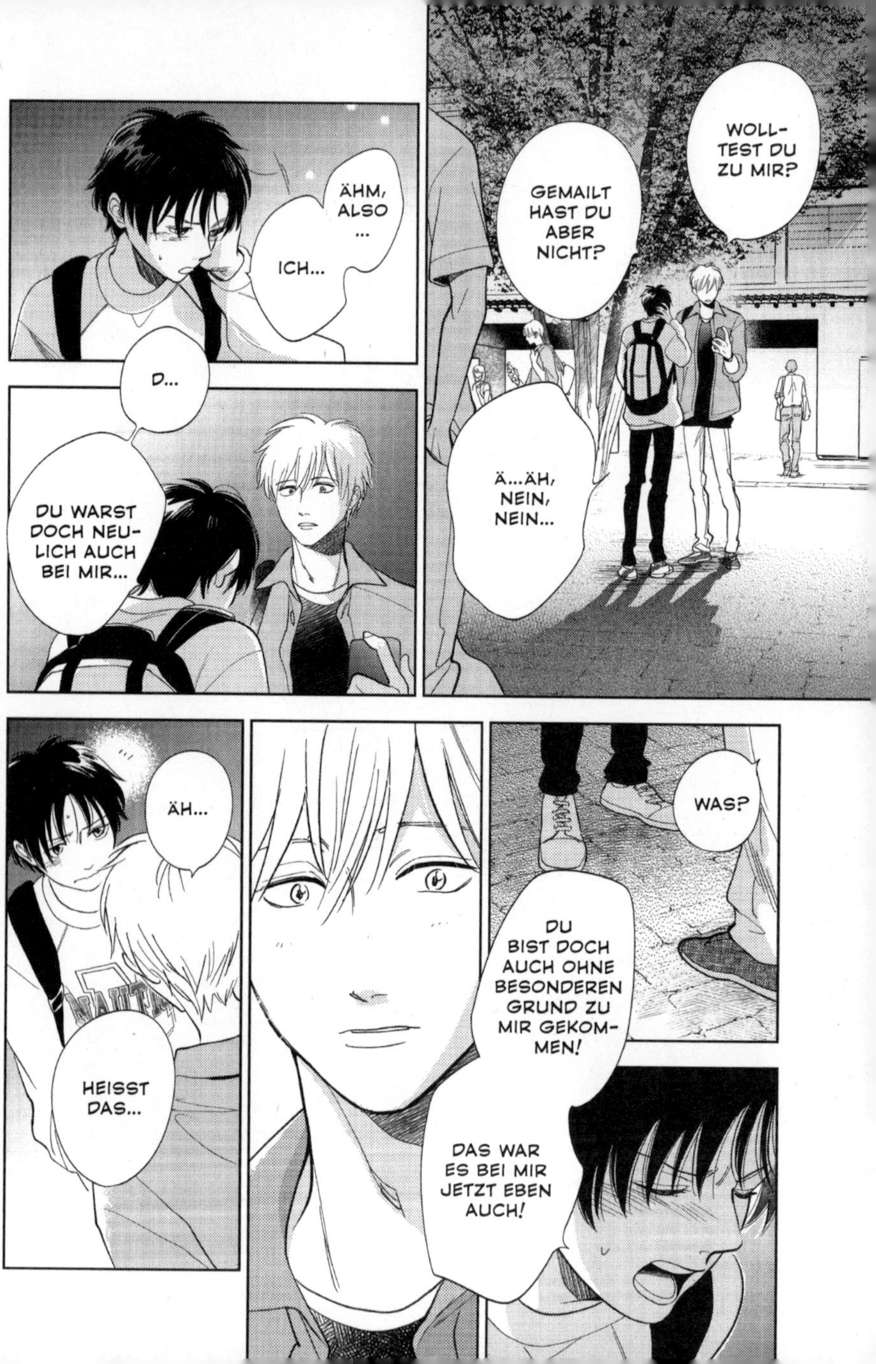
WOLLTEST DU ZU MIR?
GEMAILT HAST DU ABER NICHT?
Ä...ÄH, NEIN, NEIN...
ÄHM, ALSO ...
ICH...
D...
DU WARST DOCH NEULICH AUCH BEI MIR...
WAS?
DU BIST DOCH AUCH OHNE BESONDEREN GRUND ZU MIR GEKOMMEN!
ÄH...
HEISST DAS...
DAS WAR ES BEI MIR JETZT EBEN AUCH!

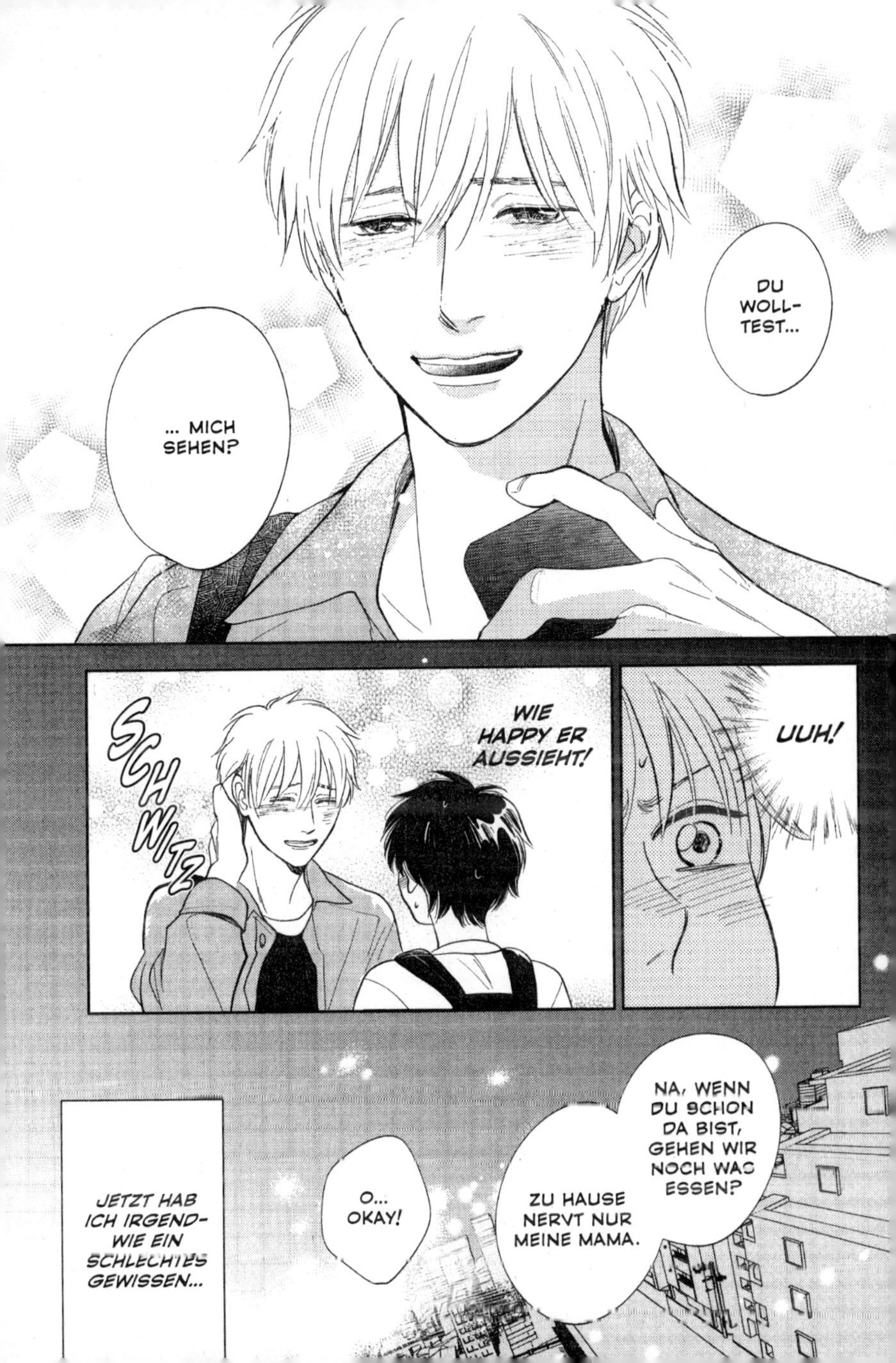
DU WOLL-TEST...
... MICH SEHEN?
UUH!
WIE HAPPY ER AUSSIEHT!
SCHWITZ
NA, WENN DU SCHON DA BIST, GEHEN WIR NOCH WAS ESSEN?
ZU HAUSE NERVT NUR MEINE MAMA.
O... OKAY!
JETZT HAB ICH IRGEND-WIE EIN SCHLECHTES GEWISSEN...

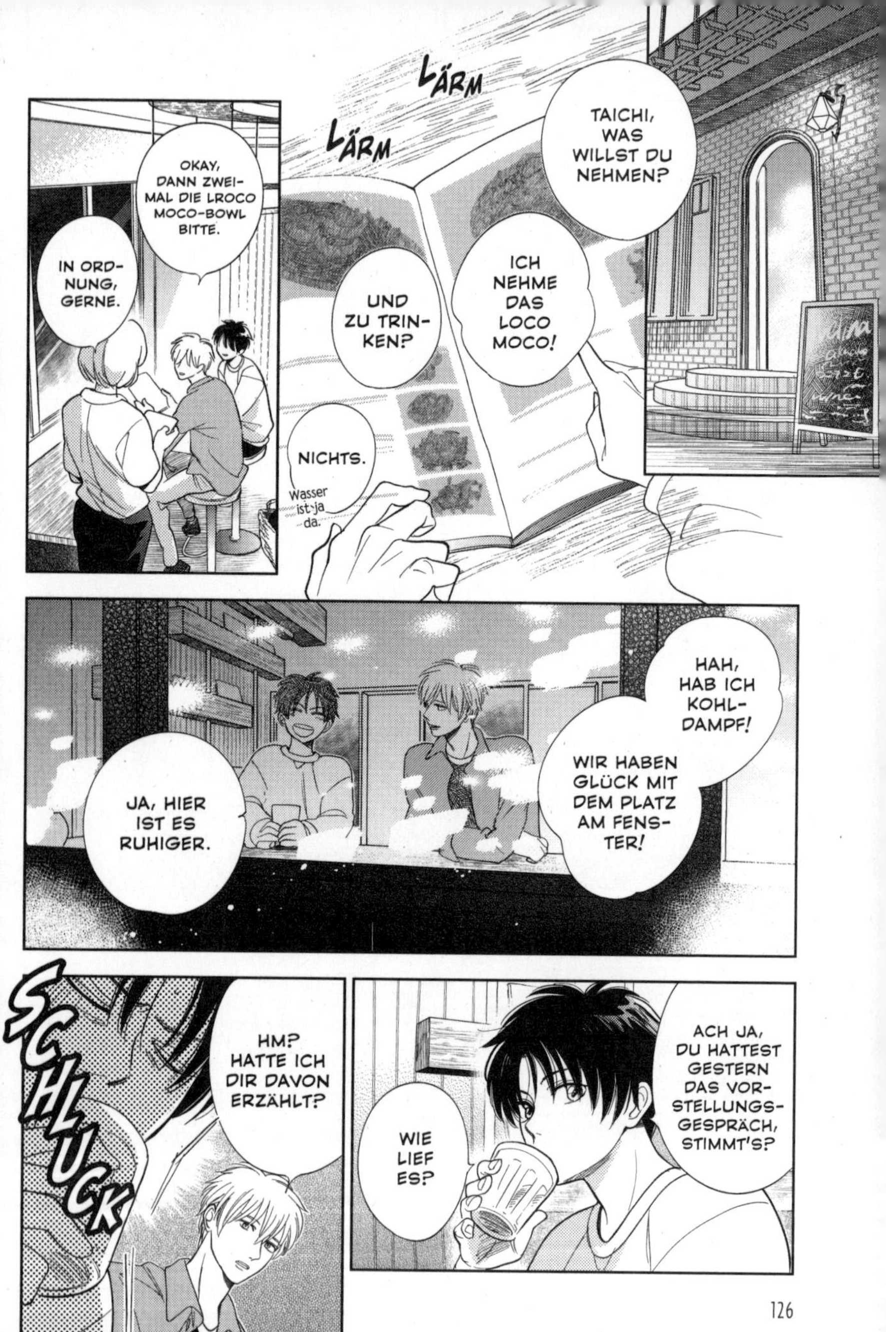
LÄRM
LÄRM
TAICHI, WAS WILLST DU NEHMEN?
ICH NEHME DAS LOCO MOCO!
UND ZU TRINKEN?
NICHTS.
Wasser ist ja da.
OKAY, DANN ZWEIMAL DIE LROCO MOCO-BOWL BITTE.
IN ORDNUNG, GERNE.
HAH, HAB ICH KOHLDAMPF!
WIR HABEN GLÜCK MIT DEM PLATZ AM FENSTER!
JA, HIER IST ES RUHIGER.
ACH JA, DU HATTEST GESTERN DAS VORSTELLUNGSGESPRÄCH, STIMMT'S?
WIE LIEF ES?
SCHLUCK
HM? HATTE ICH DIR DAVON ERZÄHLT?

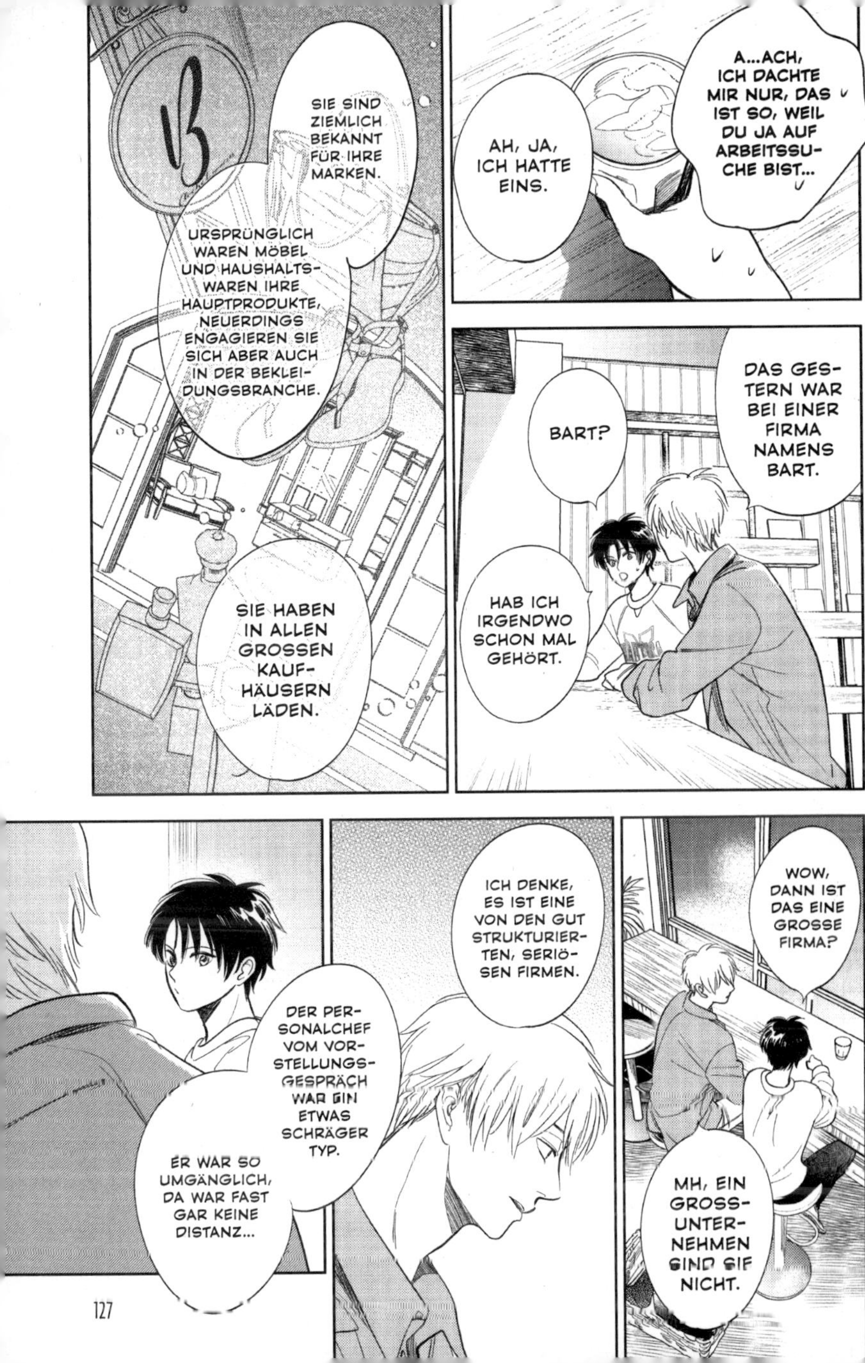
A...ACH, ICH DACHTE MIR NUR, DAS IST SO, WEIL DU JA AUF ARBEITSSUCHE BIST...
AH, JA, ICH HATTE EINS.
DAS GESTERN WAR BEI EINER FIRMA NAMENS BART.
BART?
HAB ICH IRGENDWO SCHON MAL GEHÖRT.
SIE SIND ZIEMLICH BEKANNT FÜR IHRE MARKEN.
URSPRÜNGLICH WAREN MÖBEL UND HAUSHALTSWAREN IHRE HAUPTPRODUKTE, NEUERDINGS ENGAGIEREN SIE SICH ABER AUCH IN DER BEKLEIDUNGSBRANCHE.
SIE HABEN IN ALLEN GROSSEN KAUFHÄUSERN LÄDEN.
WOW, DANN IST DAS EINE GROSSE FIRMA?
MH, EIN GROSSUNTERNEHMEN SIND SIE NICHT.
ICH DENKE, ES IST EINE VON DEN GUT STRUKTURIERTEN, SERIÖSEN FIRMEN.
DER PERSONALCHEF VOM VORSTELLUNGSGESPRÄCH WAR EIN ETWAS SCHRÄGER TYP.
ER WAR SO UMGÄNGLICH, DA WAR FAST GAR KEINE DISTANZ...

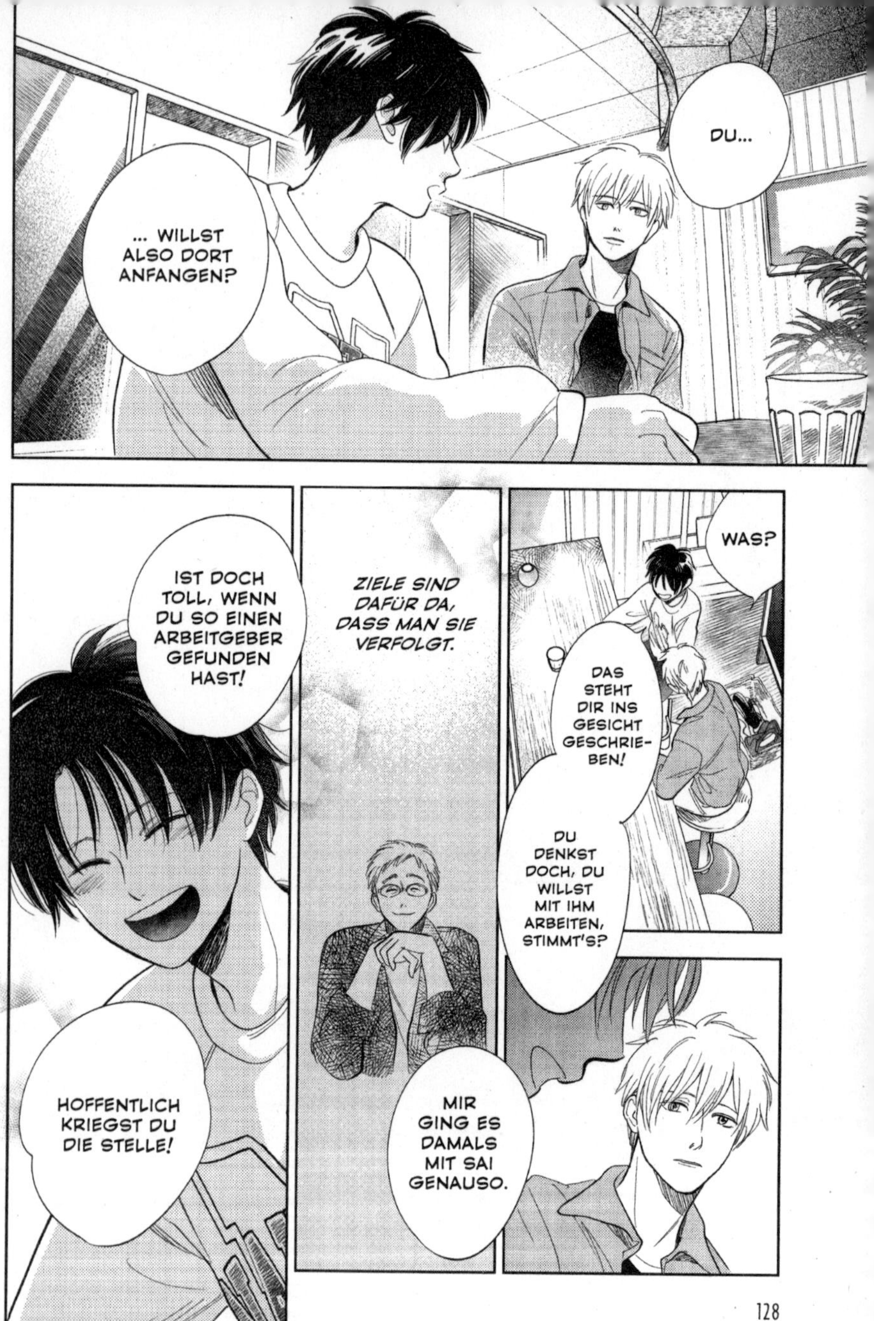
DU...
... WILLST ALSO DORT ANFANGEN?
WAS?
DAS STEHT DIR INS GESICHT GESCHRIE-BEN!
DU DENKST DOCH, DU WILLST MIT IHM ARBEITEN, STIMMT'S?
MIR GING ES DAMALS MIT SAI GENAUSO.
ZIELE SIND DAFÜR DA, DASS MAN SIE VERFOLGT.
IST DOCH TOLL, WENN DU SO EINEN ARBEITGEBER GEFUNDEN HAST!
HOFFENTLICH KRIEGST DU DIE STELLE!

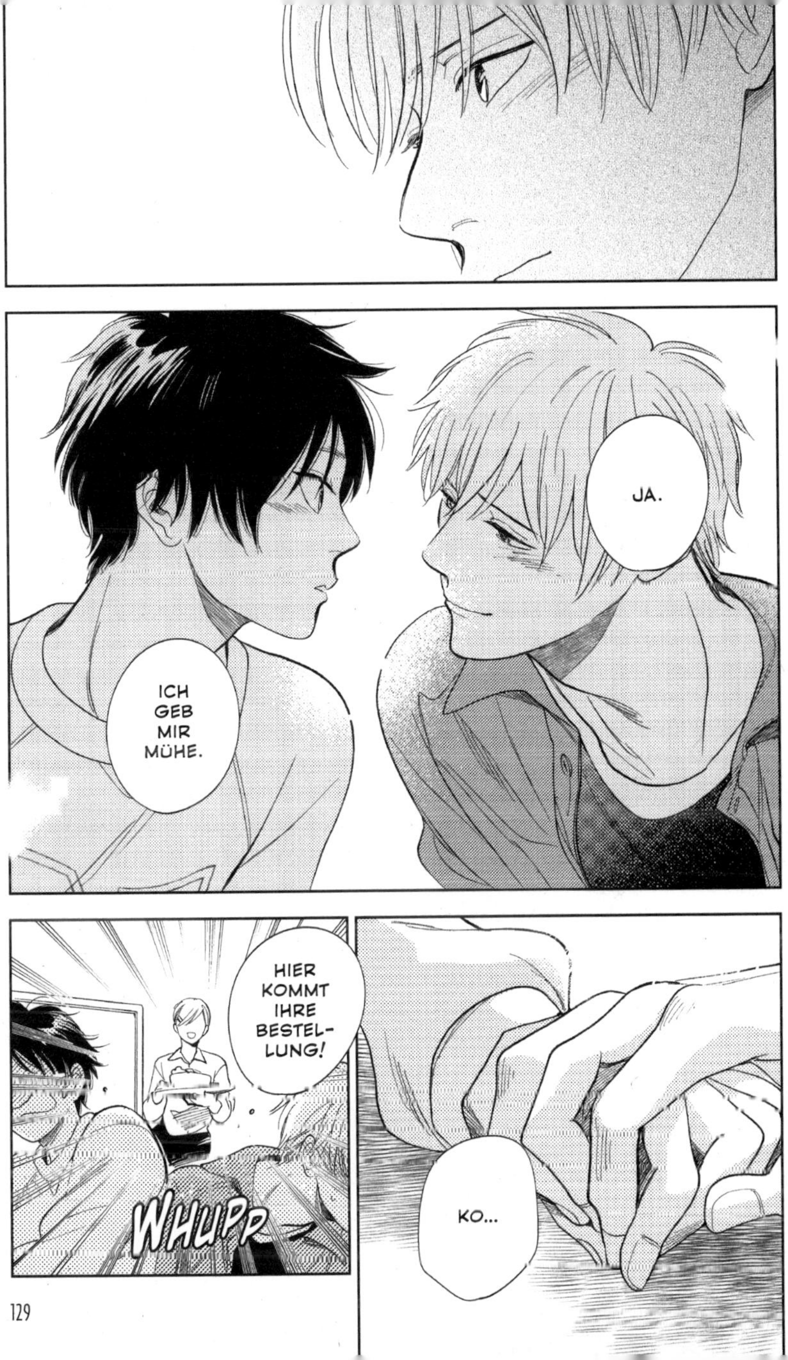
JA.
ICH GEB MIR MÜHE.
KO...
HIER KOMMT IHRE BESTEL-LUNG!
WHUPP

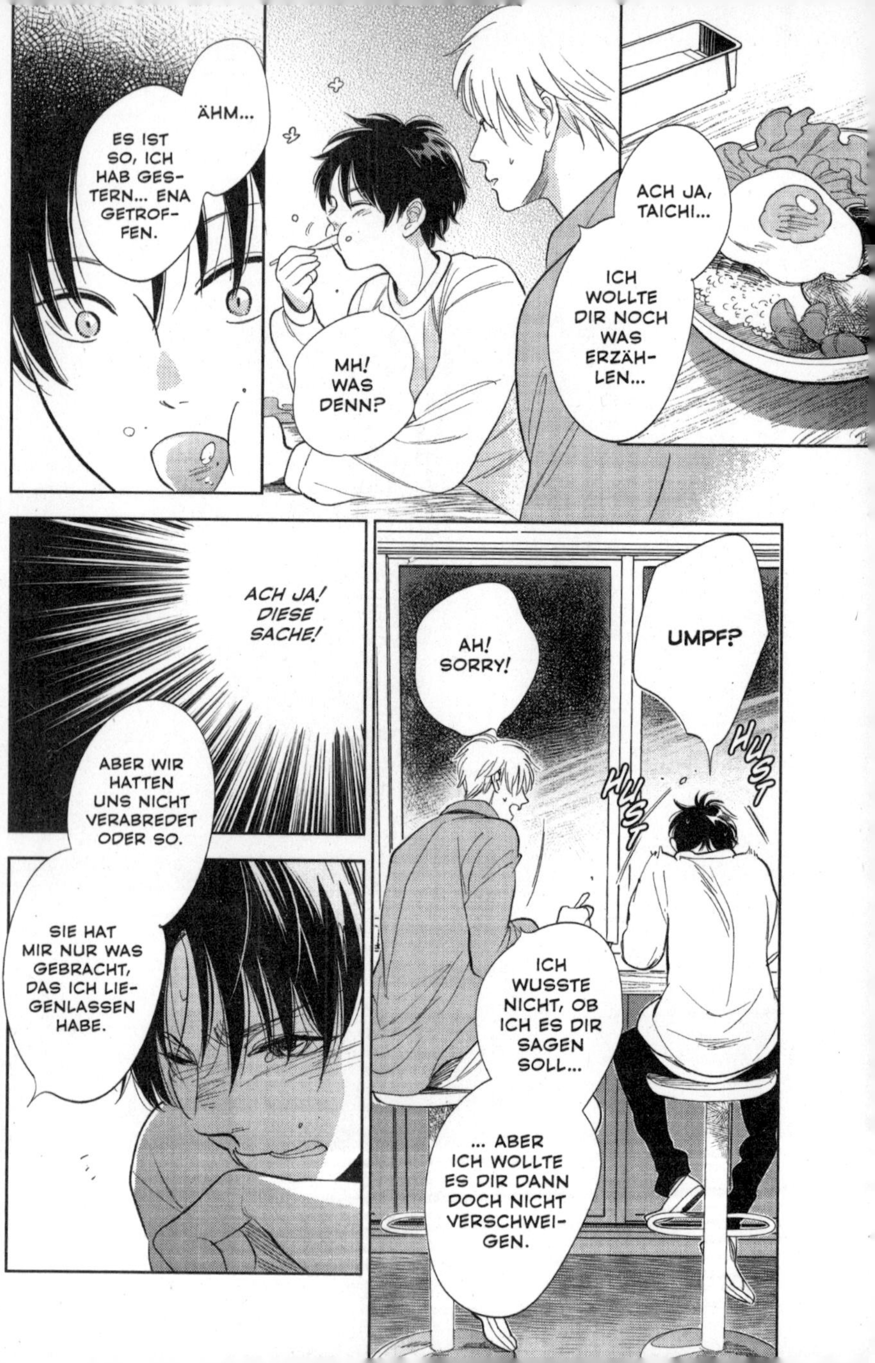
ACH JA, TAICHI...
ICH WOLLTE DIR NOCH WAS ERZÄHLEN...
MH! WAS DENN?
ÄHM...
ES IST SO, ICH HAB GESTERN... ENA GETROFFEN.
UMPF?
HUST
HUST
AH! SORRY!
ICH WUSSTE NICHT, OB ICH ES DIR SAGEN SOLL...
... ABER ICH WOLLTE ES DIR DANN DOCH NICHT VERSCHWEIGEN.
ACH JA! DIESE SACHE!
ABER WIR HATTEN UNS NICHT VERABREDET ODER SO.
SIE HAT MIR NUR WAS GEBRACHT, DAS ICH LIEGENLASSEN HABE.

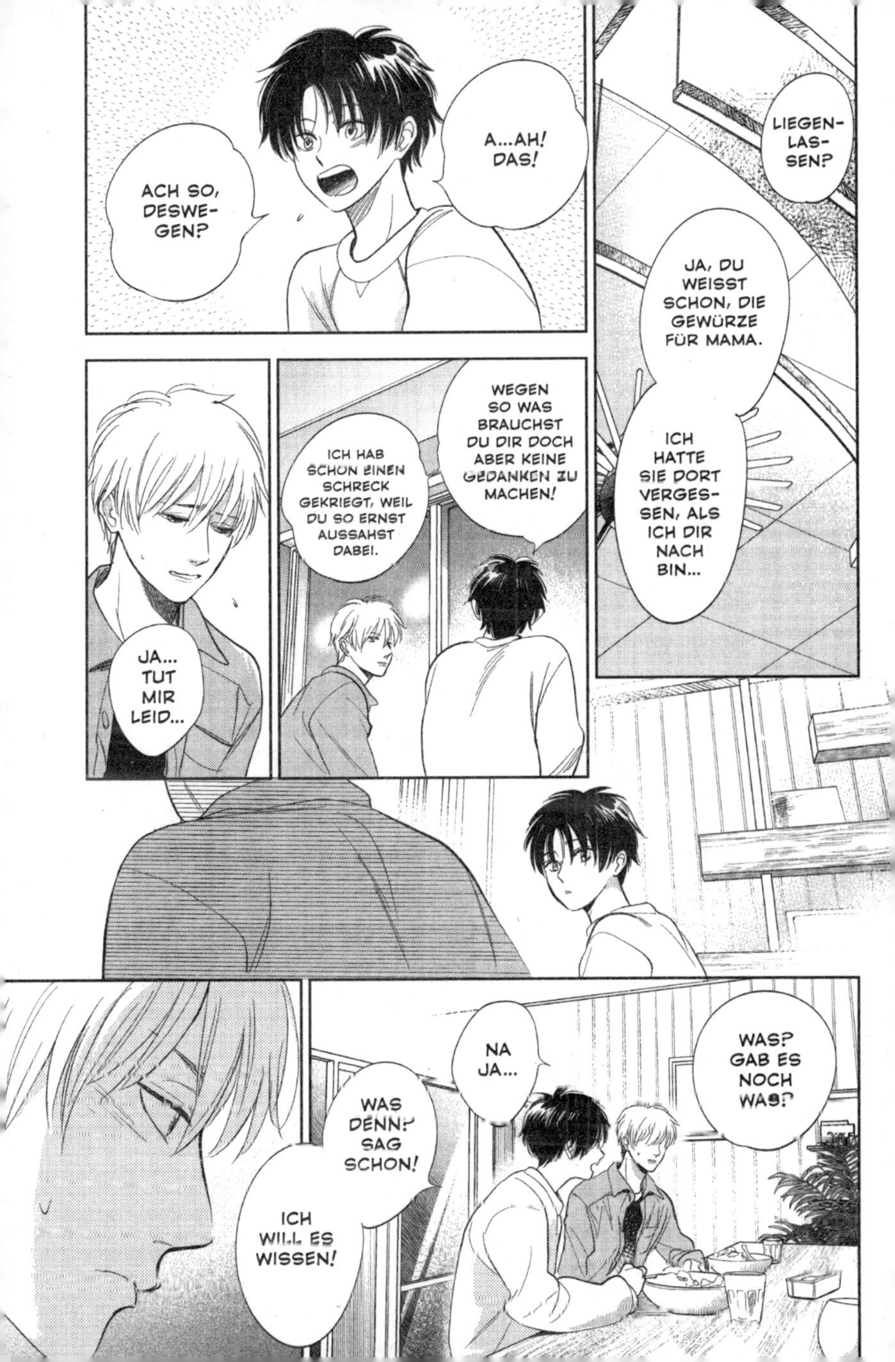

LIEGEN-LASSEN?
JA, DU WEISST SCHON, DIE GEWÜRZE FÜR MAMA.
ICH HATTE SIE DORT VERGESSEN, ALS ICH DIR NACH BIN...
A...AH! DAS!
ACH SO, DESWEGEN?
WEGEN SO WAS BRAUCHST DU DIR DOCH ABER KEINE GEDANKEN ZU MACHEN!
ICH HAB SCHON EINEN SCHRECK GEKRIEGT, WEIL DU SO ERNST AUSSAHST DABEI.
JA... TUT MIR LEID...
WAS? GAB ES NOCH WAS?
NA JA...
WAS DENN? SAG SCHON!
ICH WILL ES WISSEN!

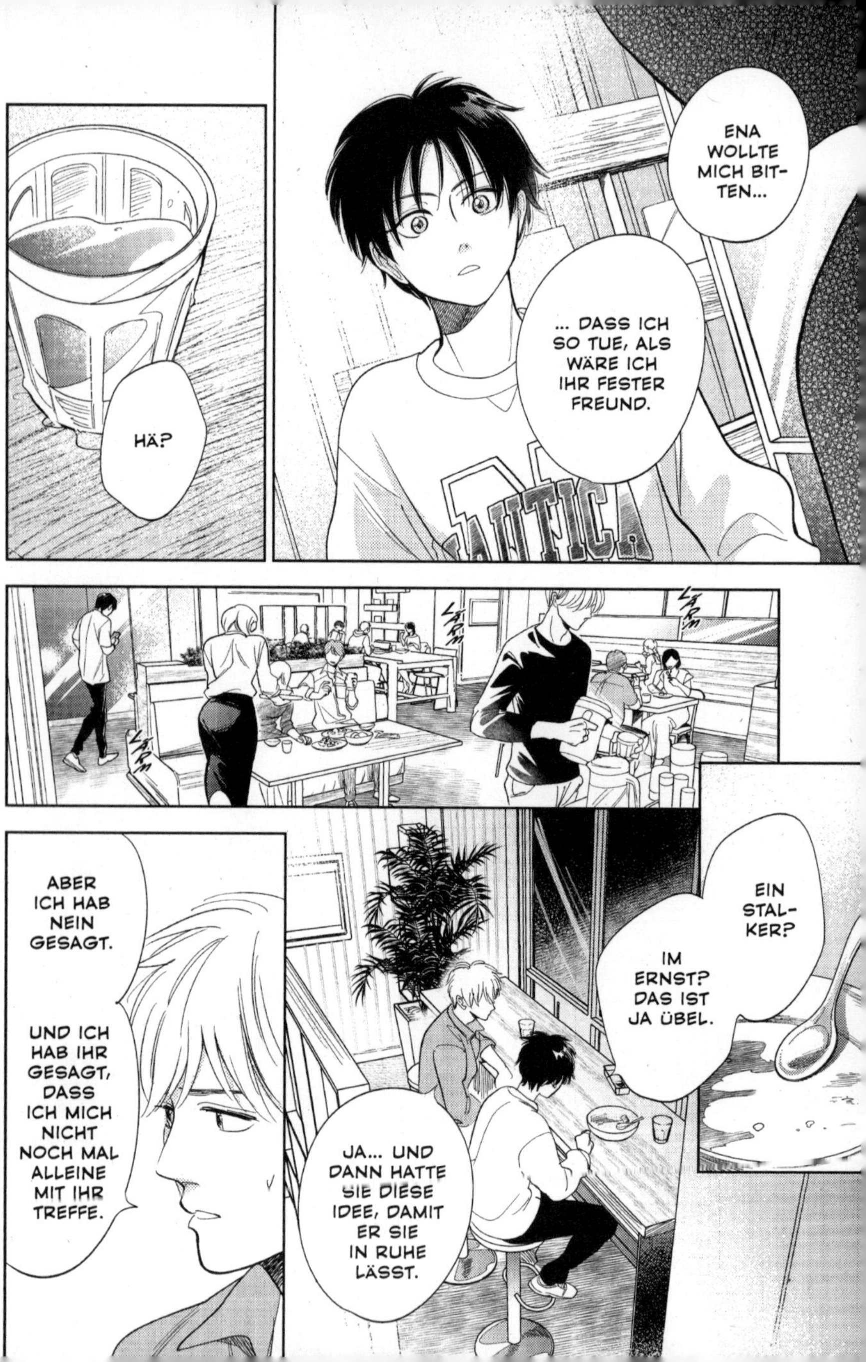

ENA WOLLTE MICH BITTEN...
... DASS ICH SO TUE, ALS WÄRE ICH IHR FESTER FREUND.
HÄ?
EIN STALKER?
IM ERNST? DAS IST JA ÜBEL.
JA... UND DANN HATTE SIE DIESE IDEE, DAMIT ER SIE IN RUHE LÄSST.
ABER ICH HAB NEIN GESAGT.
UND ICH HAB IHR GESAGT, DASS ICH MICH NICHT NOCH MAL ALLEINE MIT IHR TREFFE.

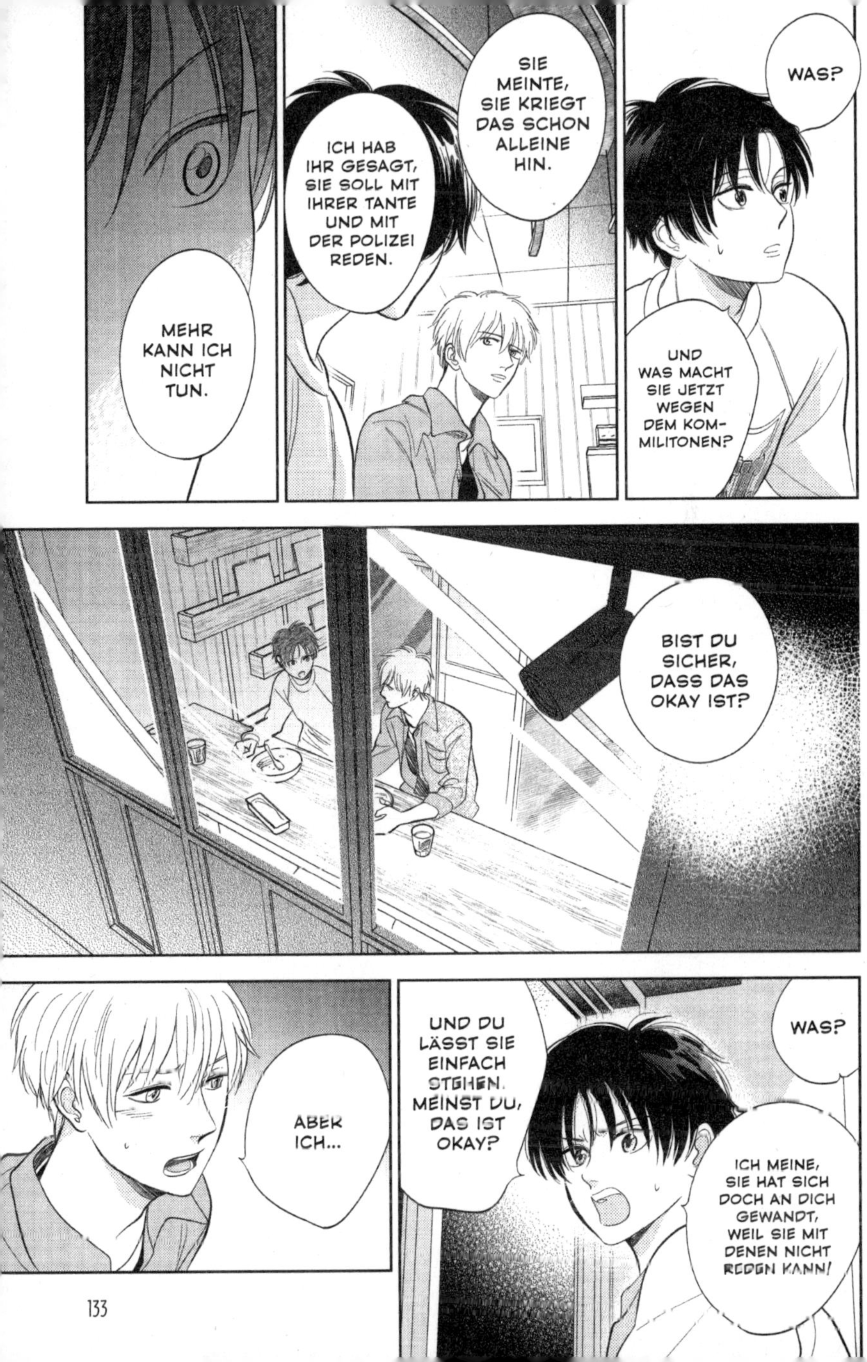
WAS?
UND WAS MACHT SIE JETZT WEGEN DEM KOMMILITONEN?
SIE MEINTE, SIE KRIEGT DAS SCHON ALLEINE HIN.
ICH HAB IHR GESAGT, SIE SOLL MIT IHRER TANTE UND MIT DER POLIZEI REDEN.
MEHR KANN ICH NICHT TUN.
BIST DU SICHER, DASS DAS OKAY IST?
WAS?
UND DU LÄSST SIE EINFACH STEHEN. MEINST DU, DAS IST OKAY?
ICH MEINE, SIE HAT SICH DOCH AN DICH GEWANDT, WEIL SIE MIT DENEN NICHT REDEN KANN!
ABER ICH...

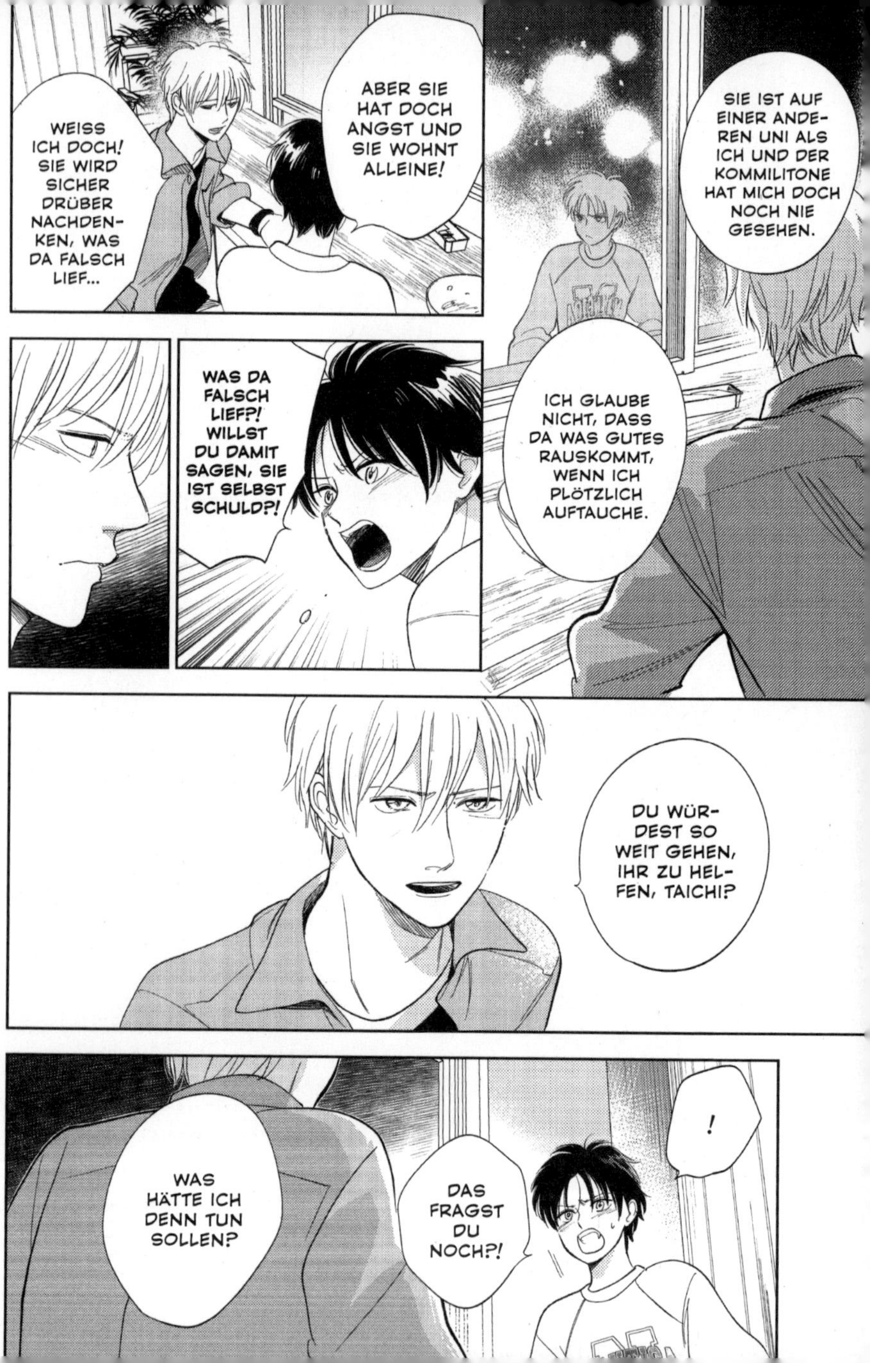
SIE IST AUF EINER ANDEREN UNI ALS ICH UND DER KOMMILITONE HAT MICH DOCH NOCH NIE GESEHEN.
ICH GLAUBE NICHT, DASS DA WAS GUTES RAUSKOMMT, WENN ICH PLÖTZLICH AUFTAUCHE.
ABER SIE HAT DOCH ANGST UND SIE WOHNT ALLEINE!
WEISS ICH DOCH! SIE WIRD SICHER DRÜBER NACHDENKEN, WAS DA FALSCH LIEF...
WAS DA FALSCH LIEF?! WILLST DU DAMIT SAGEN, SIE IST SELBST SCHULD?!
DU WÜRDEST SO WEIT GEHEN, IHR ZU HELFEN, TAICHI?
!
DAS FRAGST DU NOCH?!
WAS HÄTTE ICH DENN TUN SOLLEN?

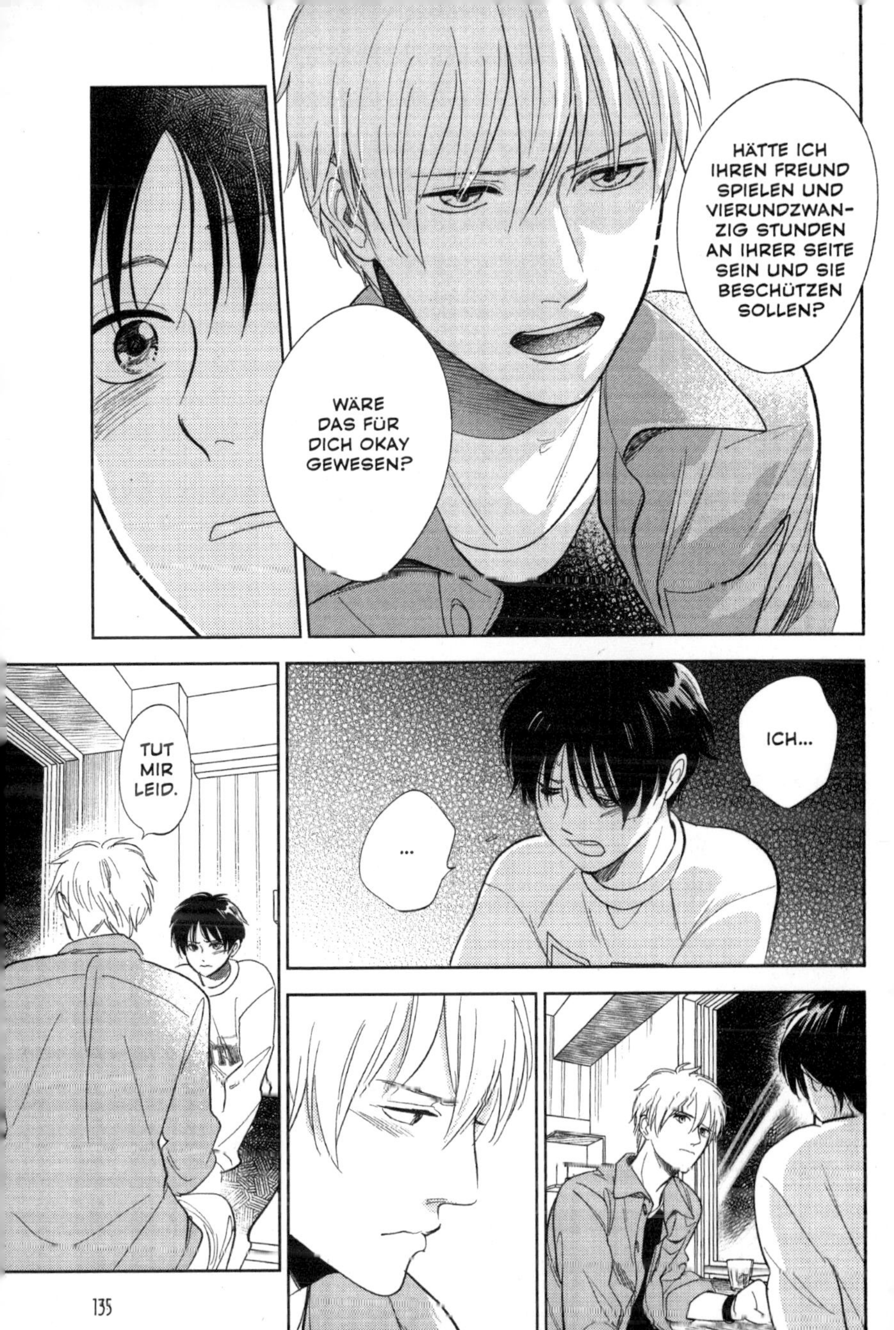
HÄTTE ICH IHREN FREUND SPIELEN UND VIERUNDZWANZIG STUNDEN AN IHRER SEITE SEIN UND SIE BESCHÜTZEN SOLLEN?
WÄRE DAS FÜR DICH OKAY GEWESEN?
ICH...
...
TUT MIR LEID.

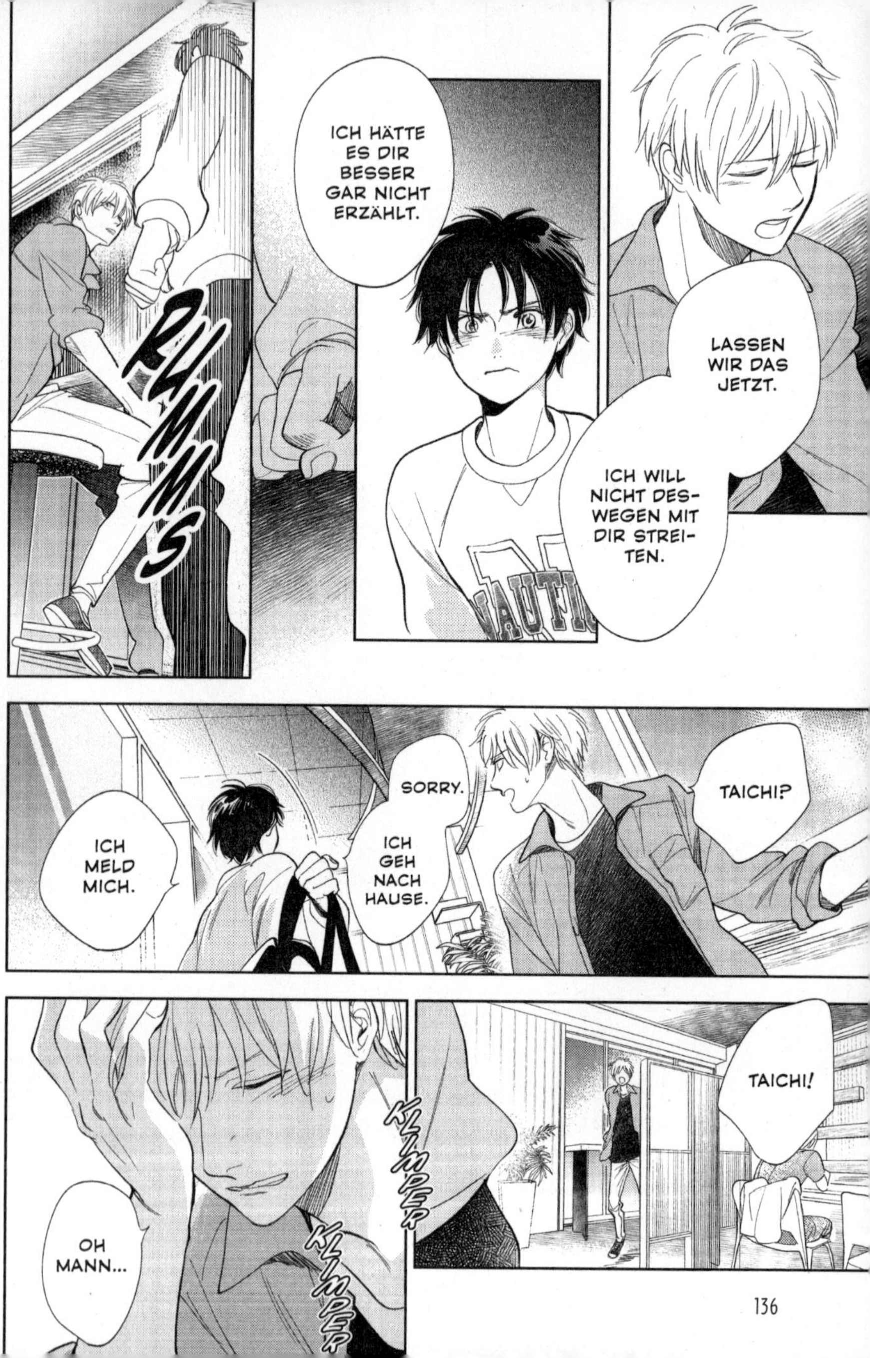
LASSEN WIR DAS JETZT.
ICH WILL NICHT DES-WEGEN MIT DIR STREI-TEN.
ICH HÄTTE ES DIR BESSER GAR NICHT ERZÄHLT.
RUMMS
TAICHI?
SORRY.
ICH GEH NACH HAUSE.
ICH MELD MICH.
TAICHI!
KLIMPER KLIMPER
OH MANN...

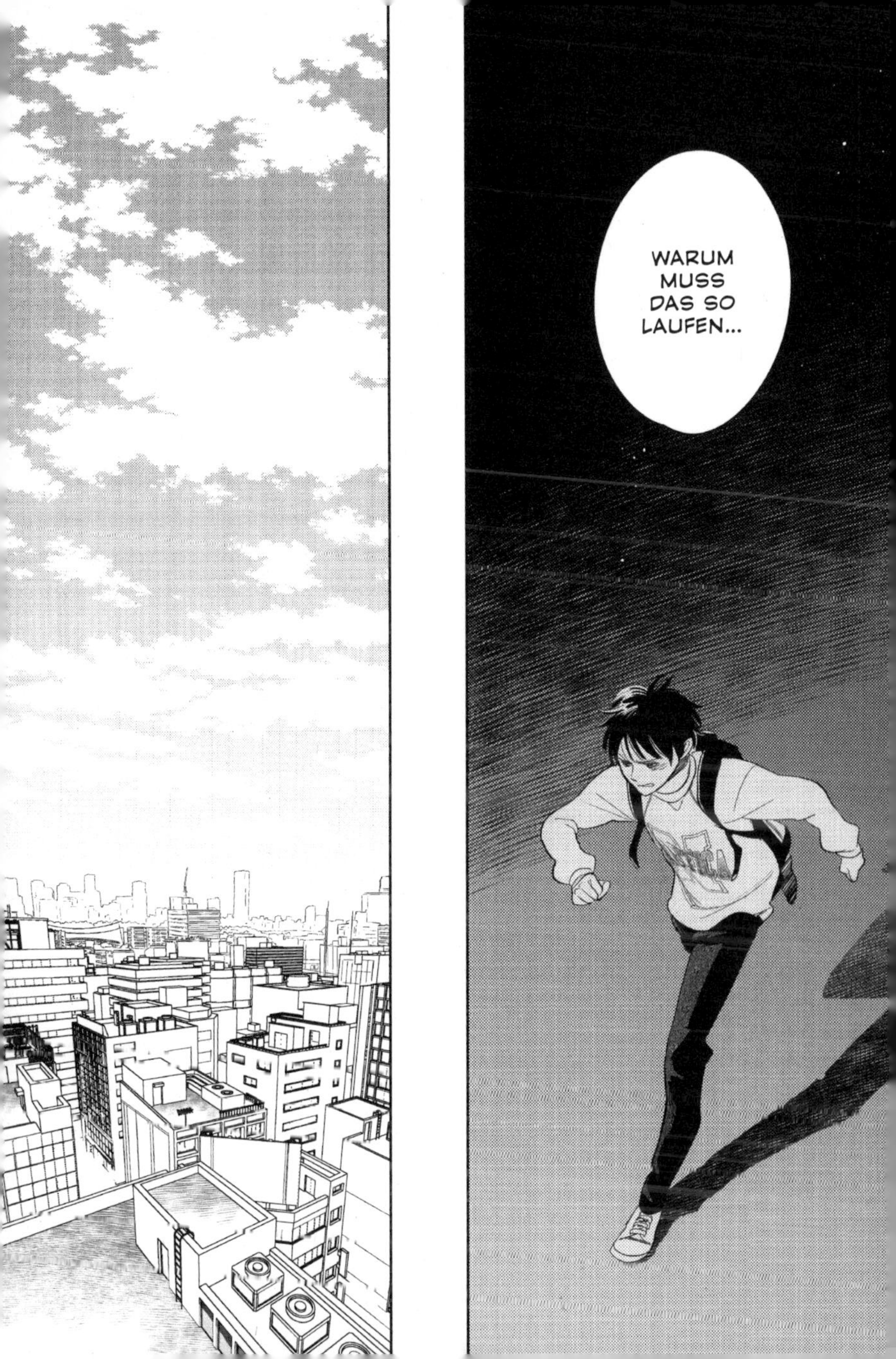
WARUM MUSS DAS SO LAUFEN...

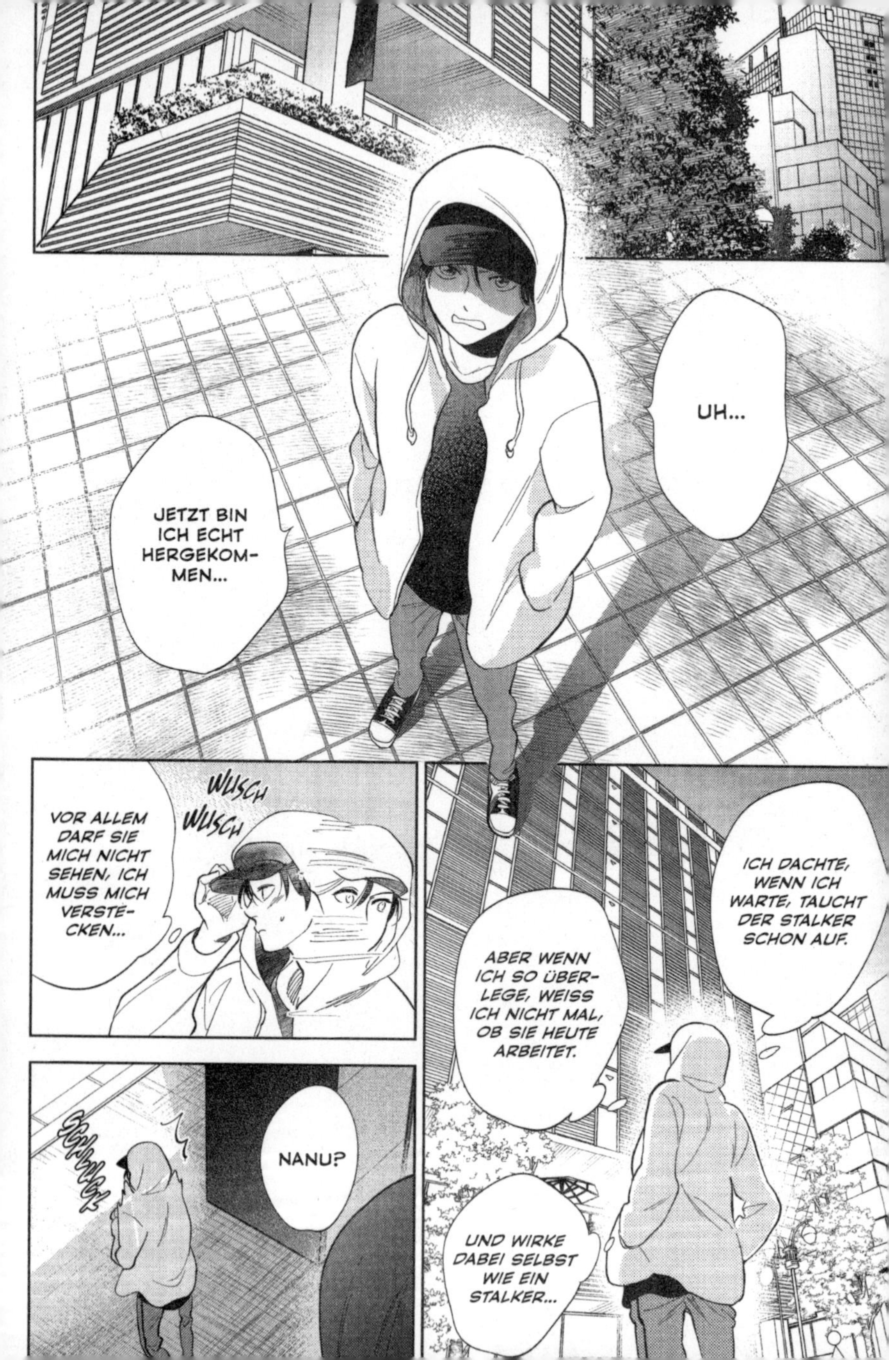
UH...
JETZT BIN ICH ECHT HERGEKOMMEN...
ICH DACHTE, WENN ICH WARTE, TAUCHT DER STALKER SCHON AUF.
ABER WENN ICH SO ÜBERLEGE, WEISS ICH NICHT MAL, OB SIE HEUTE ARBEITET.
UND WIRKE DABEI SELBST WIE EIN STALKER...
WUSCH
WUSCH
VOR ALLEM DARF SIE MICH NICHT SEHEN, ICH MUSS MICH VERSTECKEN...
NANU?

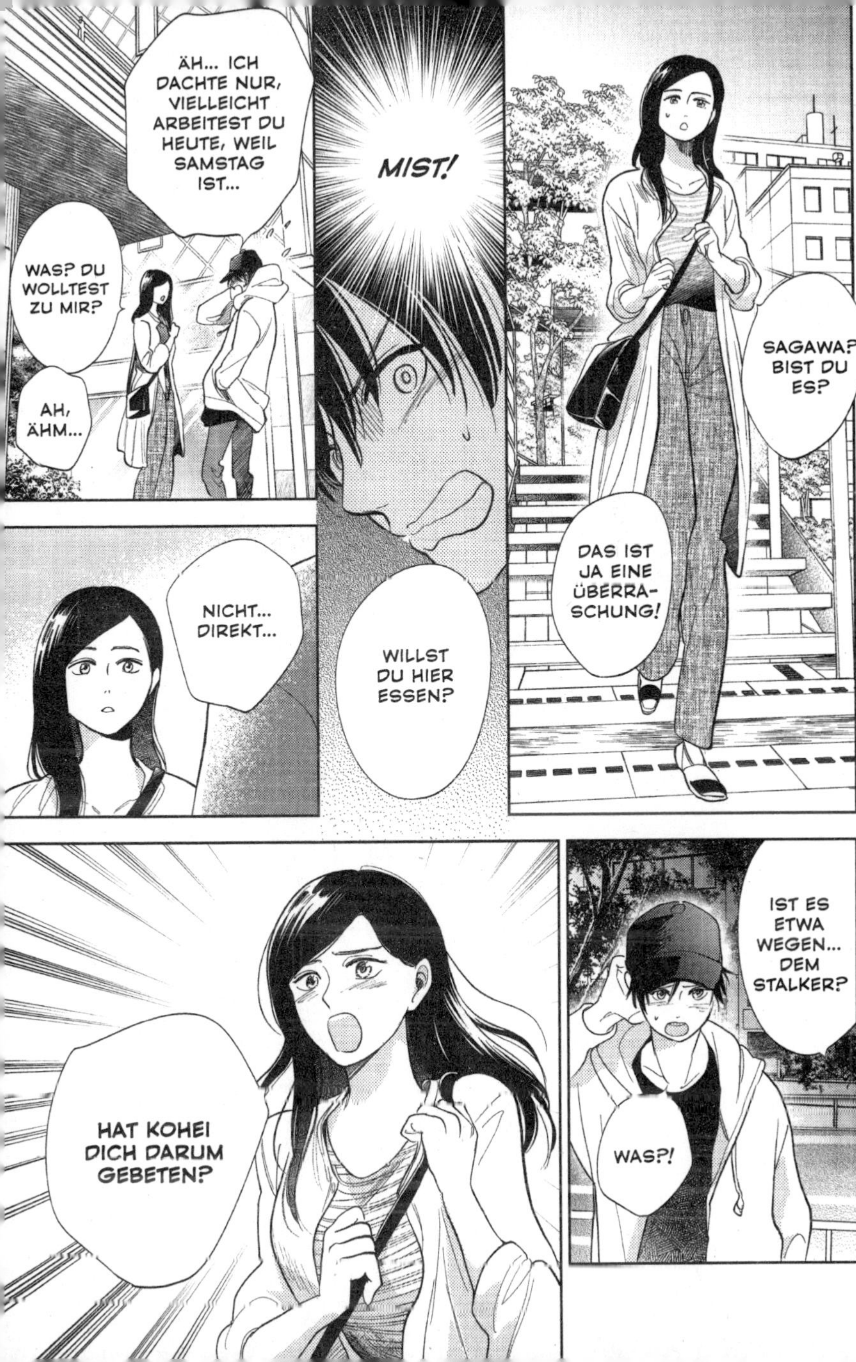
SAGAWA? BIST DU ES?
DAS IST JA EINE ÜBERRA-SCHUNG!
MIST!
WILLST DU HIER ESSEN?
WAS? DU WOLLTEST ZU MIR?
AH, ÄHM...
ÄH... ICH DACHTE NUR, VIELLEICHT ARBEITEST DU HEUTE, WEIL SAMSTAG IST...
NICHT... DIREKT...
IST ES ETWA WEGEN... DEM STALKER?
WAS?!
HAT KOHEI DICH DARUM GEBETEN?

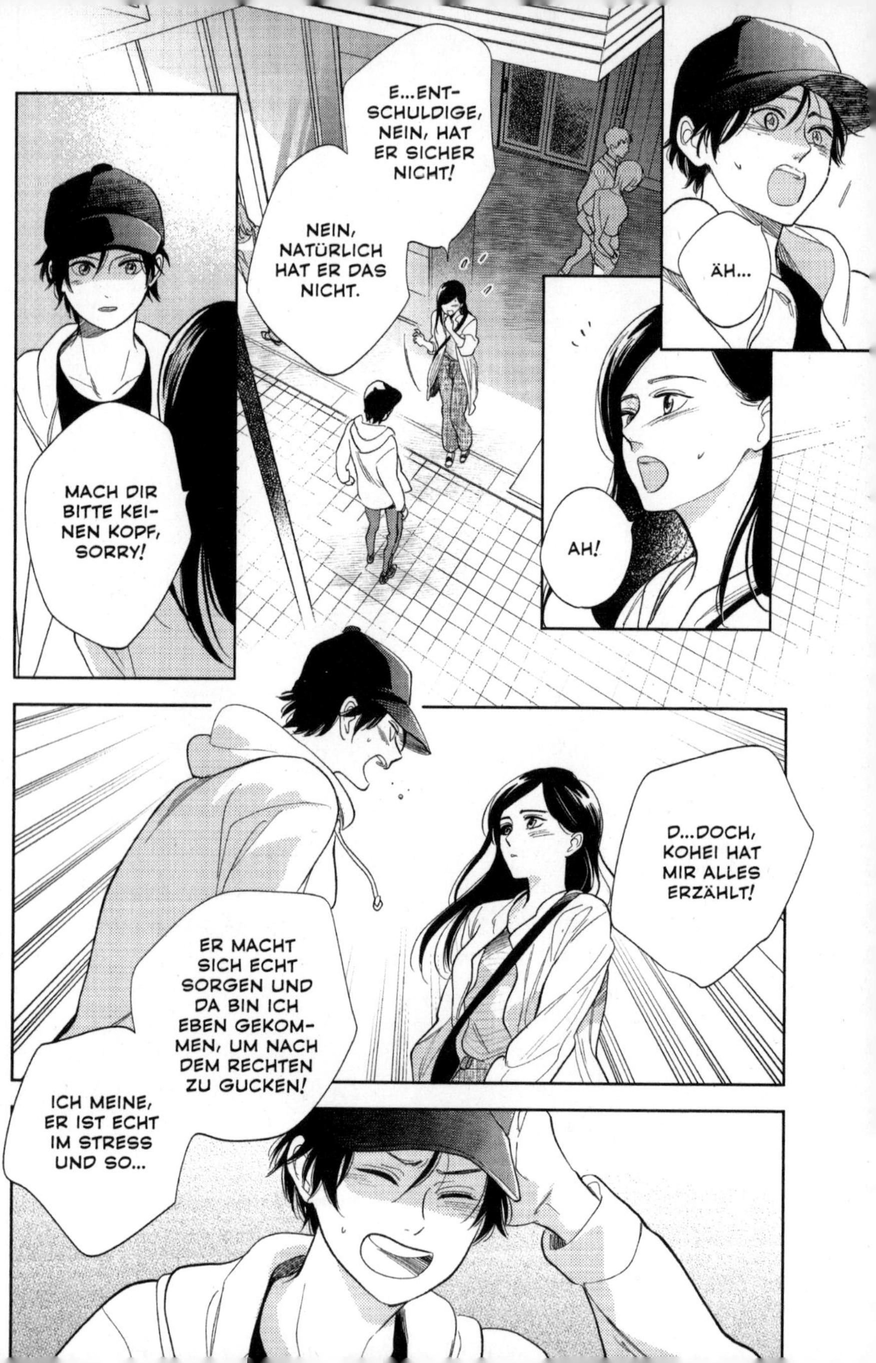
ÄH...
AH!
E...ENT-SCHULDIGE, NEIN, HAT ER SICHER NICHT!
NEIN, NATÜRLICH HAT ER DAS NICHT.
MACH DIR BITTE KEI-NEN KOPF, SORRY!
D...DOCH, KOHEI HAT MIR ALLES ERZÄHLT!
ER MACHT SICH ECHT SORGEN UND DA BIN ICH EBEN GEKOM-MEN, UM NACH DEM RECHTEN ZU GUCKEN!
ICH MEINE, ER IST ECHT IM STRESS UND SO...

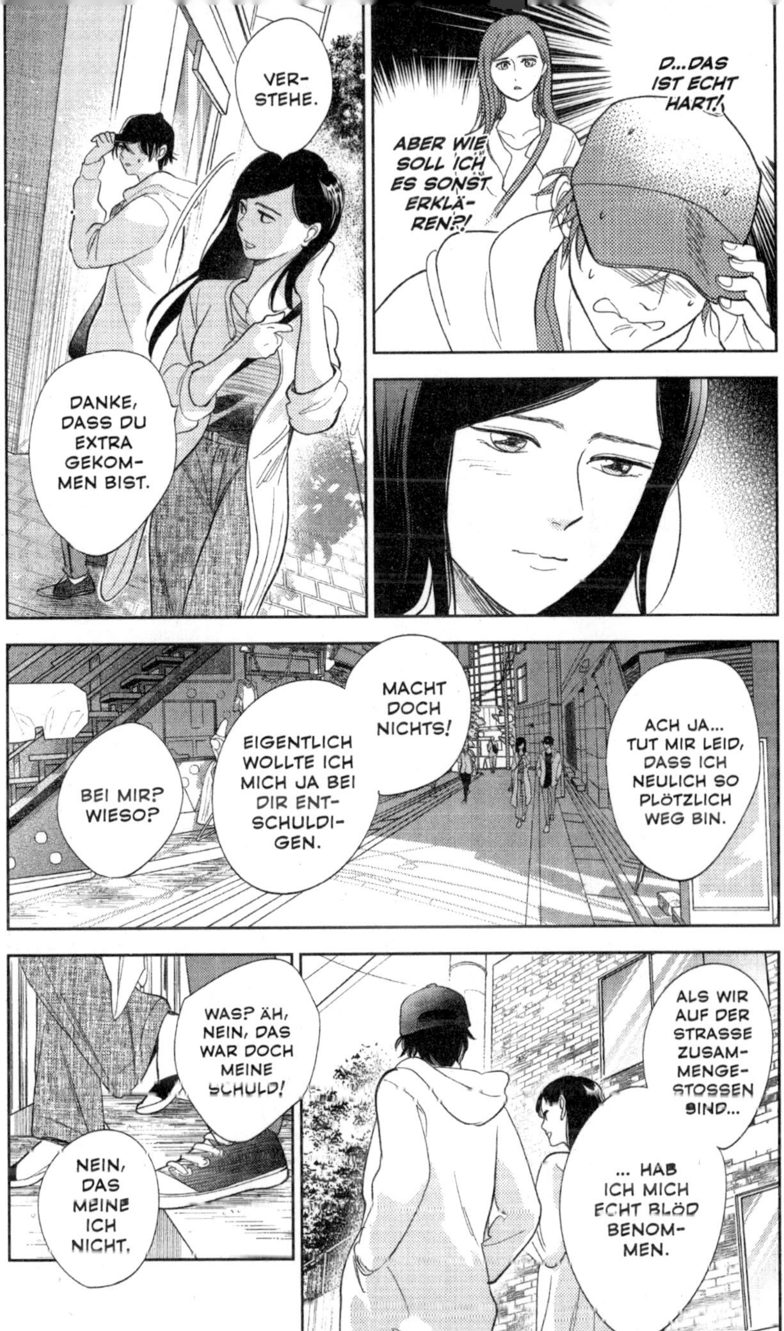
D...DAS IST ECHT HART!
ABER WIE SOLL ICH ES SONST ERKLÄREN?!
VER-STEHE.
DANKE, DASS DU EXTRA GEKOM-MEN BIST.
ACH JA... TUT MIR LEID, DASS ICH NEULICH SO PLÖTZLICH WEG BIN.
MACHT DOCH NICHTS!
EIGENTLICH WOLLTE ICH MICH JA BEI DIR ENT-SCHULDI-GEN.
BEI MIR? WIESO?
ALS WIR AUF DER STRASSE ZUSAM-MENGE-STOSSEN SIND...
... HAB ICH MICH ECHT BLÖD BENOM-MEN.
WAS? ÄH, NEIN, DAS WAR DOCH MEINE SCHULD!
NEIN, DAS MEINE ICH NICHT.

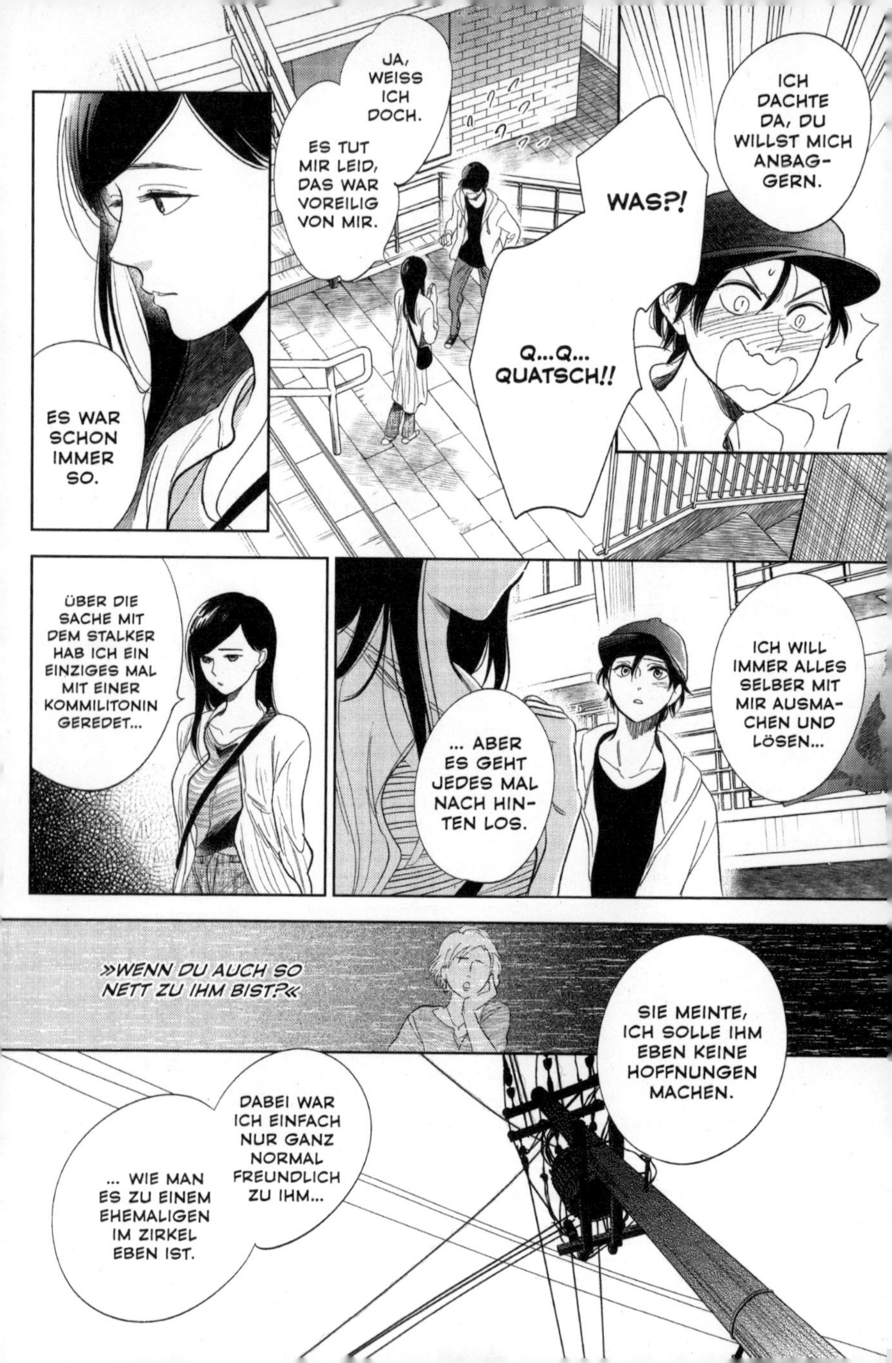
ICH DACHTE DA, DU WILLST MICH ANBAG-GERN.
WAS?!
Q...Q... QUATSCH!!
JA, WEISS ICH DOCH.
ES TUT MIR LEID, DAS WAR VOREILIG VON MIR.
ES WAR SCHON IMMER SO.
ICH WILL IMMER ALLES SELBER MIT MIR AUSMA-CHEN UND LÖSEN...
... ABER ES GEHT JEDES MAL NACH HIN-TEN LOS.
ÜBER DIE SACHE MIT DEM STALKER HAB ICH EIN EINZIGES MAL MIT EINER KOMMILITONIN GEREDET...
»WENN DU AUCH SO NETT ZU IHM BIST?«
SIE MEINTE, ICH SOLLE IHM EBEN KEINE HOFFNUNGEN MACHEN.
DABEI WAR ICH EINFACH NUR GANZ NORMAL FREUNDLICH ZU IHM...
... WIE MAN ES ZU EINEM EHEMALIGEN IM ZIRKEL EBEN IST.

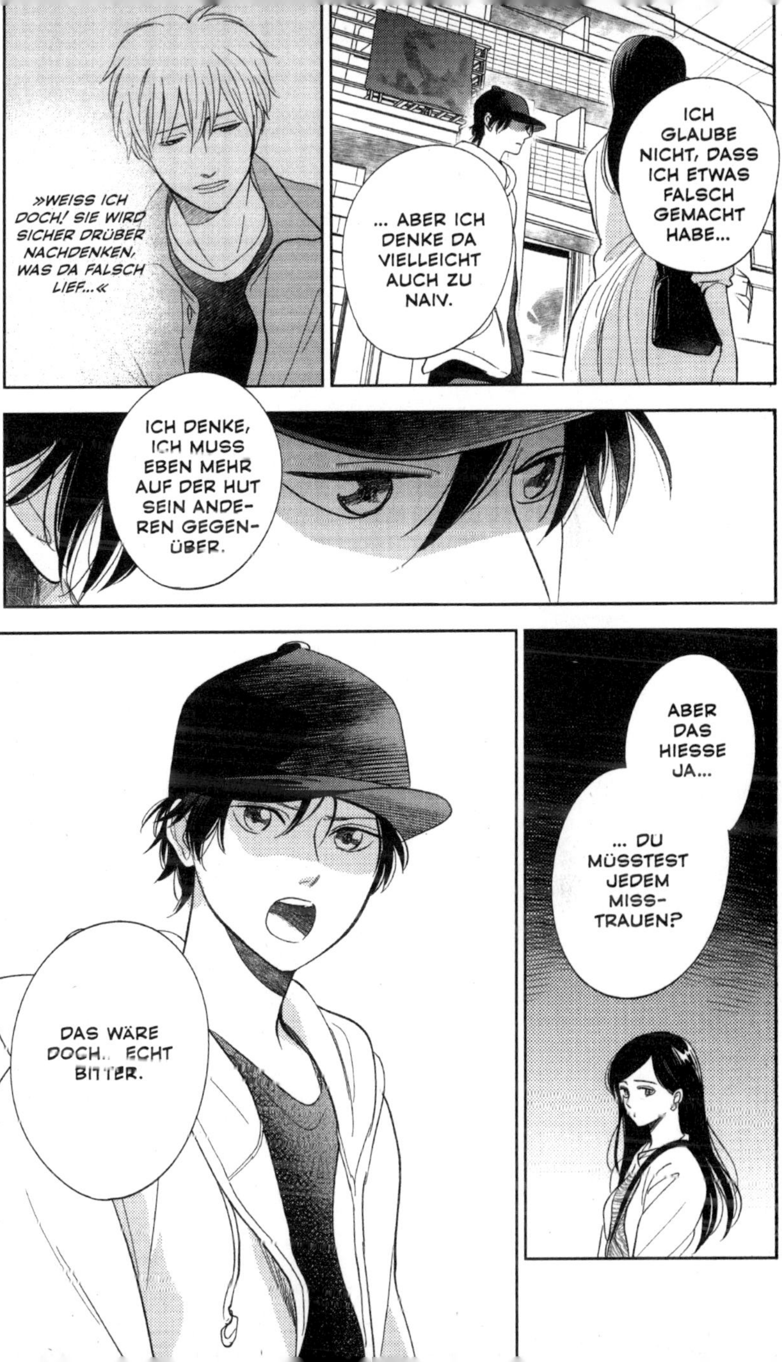
ICH GLAUBE NICHT, DASS ICH ETWAS FALSCH GEMACHT HABE...
... ABER ICH DENKE DA VIELLEICHT AUCH ZU NAIV.
»WEISS ICH DOCH! SIE WIRD SICHER DRÜBER NACHDENKEN, WAS DA FALSCH LIEF...«
ICH DENKE, ICH MUSS EBEN MEHR AUF DER HUT SEIN ANDEREN GEGENÜBER.
ABER DAS HIESSE JA...
... DU MÜSSTEST JEDEM MISSTRAUEN?
DAS WÄRE DOCH.. ECHT BITTER.

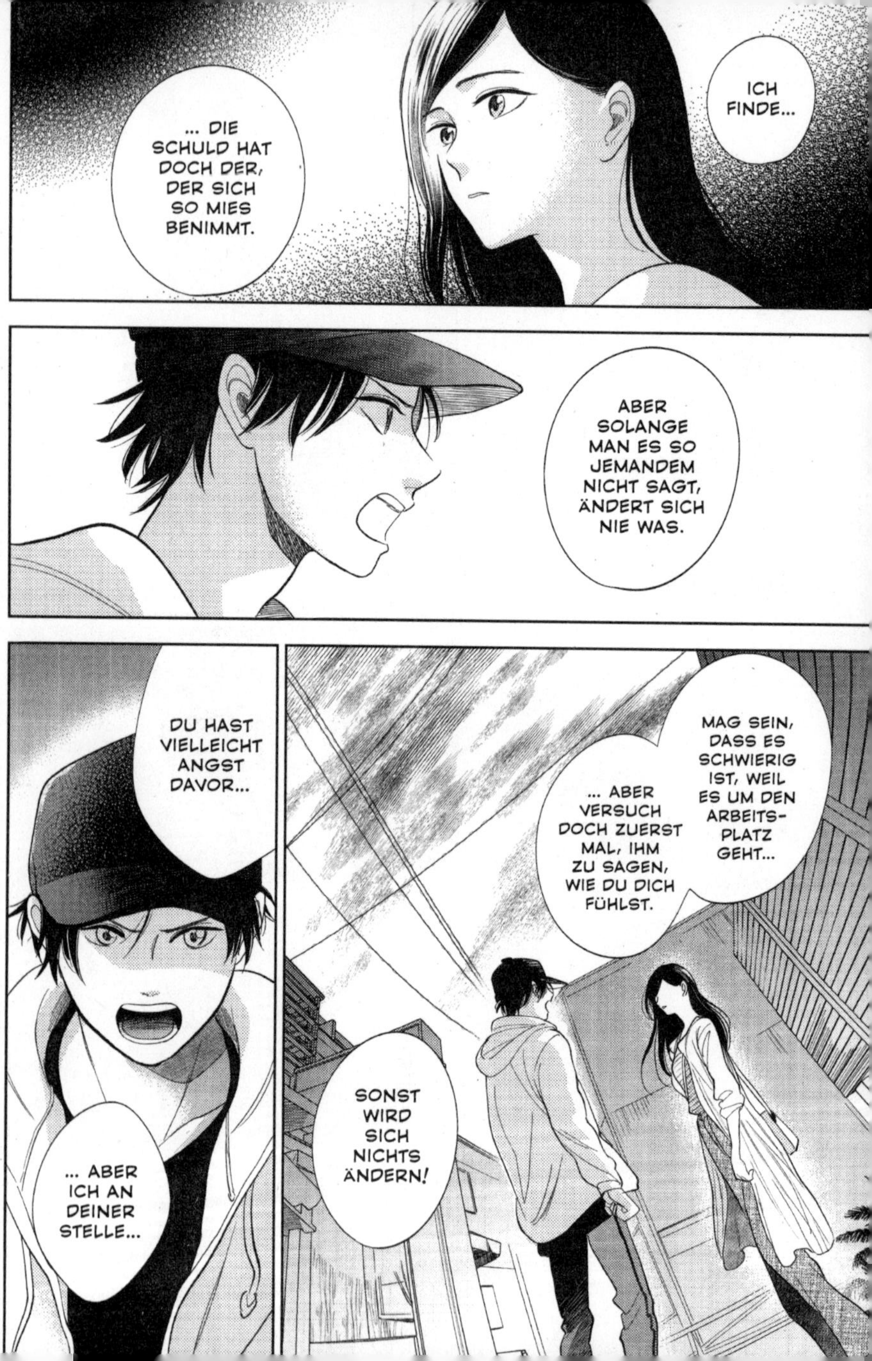
ICH FINDE...
... DIE SCHULD HAT DOCH DER, DER SICH SO MIES BENIMMT.
ABER SOLANGE MAN ES SO JEMANDEM NICHT SAGT, ÄNDERT SICH NIE WAS.
MAG SEIN, DASS ES SCHWIERIG IST, WEIL ES UM DEN ARBEITS-PLATZ GEHT...
... ABER VERSUCH DOCH ZUERST MAL, IHM ZU SAGEN, WIE DU DICH FÜHLST.
SONST WIRD SICH NICHTS ÄNDERN!
DU HAST VIELLEICHT ANGST DAVOR...
... ABER ICH AN DEINER STELLE...

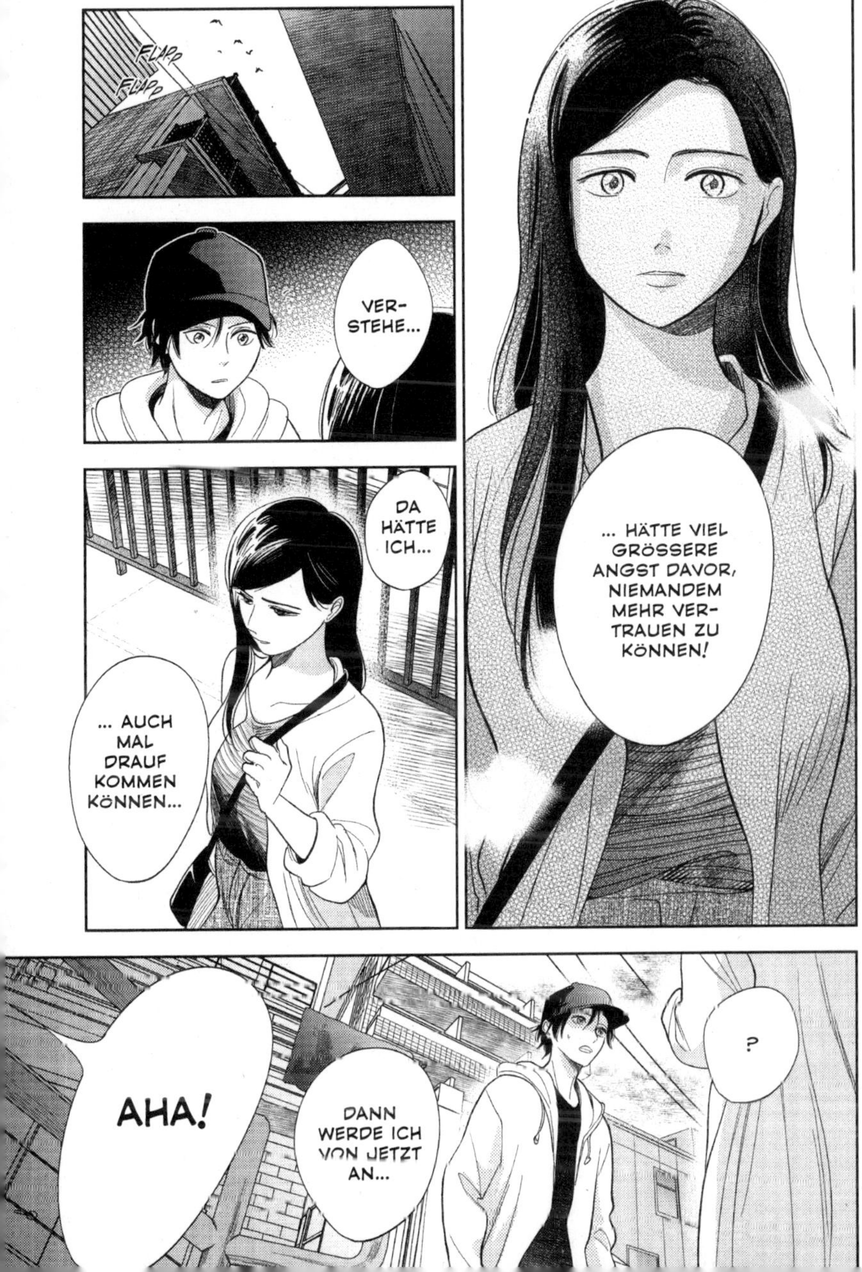
FLAPP
FLAPP
VER-
STEHE...
DA
HÄTTE
ICH...
... AUCH
MAL
DRAUF
KOMMEN
KÖNNEN...
... HÄTTE VIEL
GRÖSSERE
ANGST DAVOR,
NIEMANDEM
MEHR VER-
TRAUEN ZU
KÖNNEN!
?
AHA!
DANN
WERDE ICH
VON JETZT
AN...

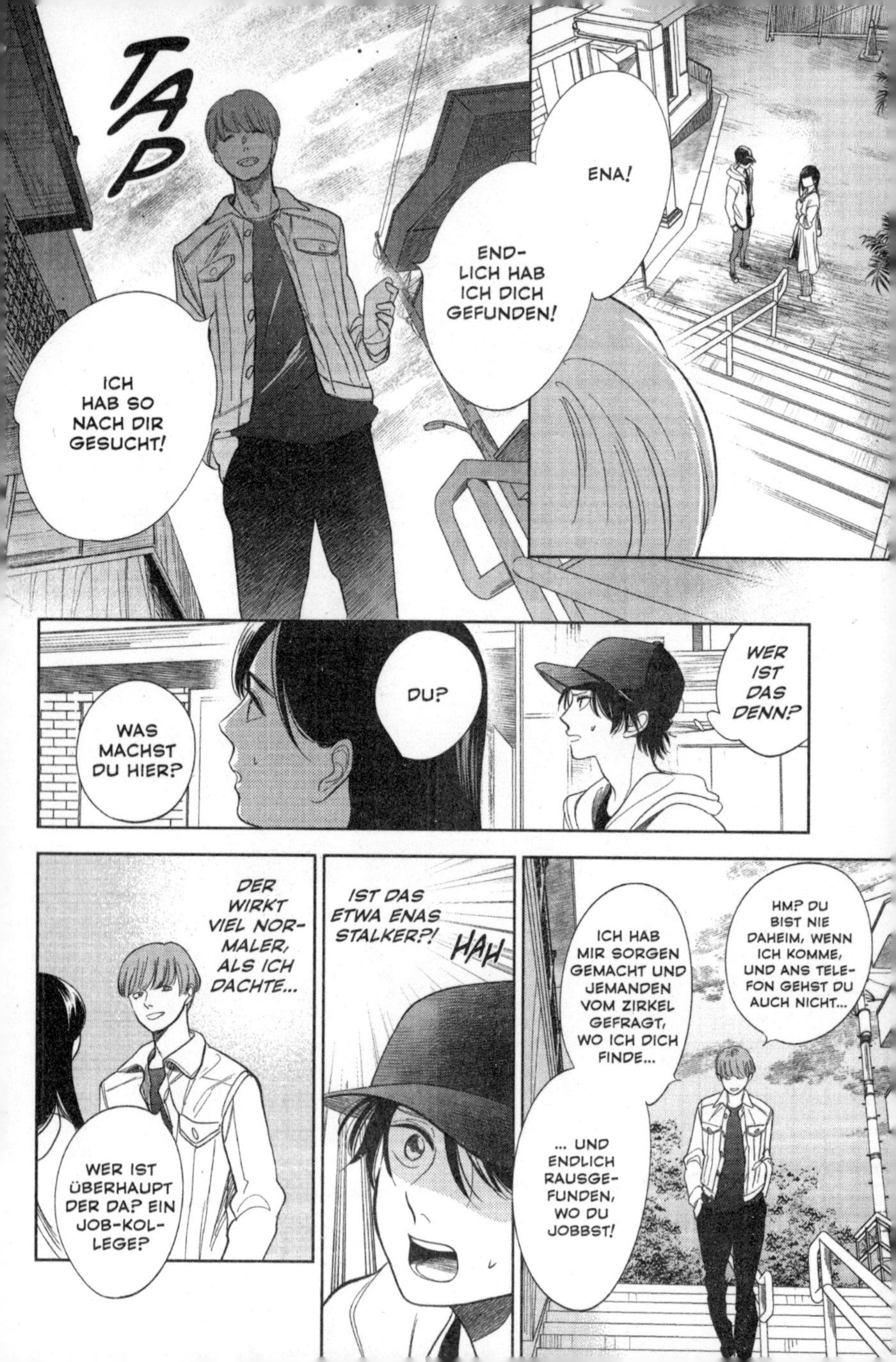
ENA!
ENDLICH HAB ICH DICH GEFUNDEN!
TAP
ICH HAB SO NACH DIR GESUCHT!
WER IST DAS DENN?
DU?
WAS MACHST DU HIER?
HM? DU BIST NIE DAHEIM, WENN ICH KOMME, UND ANS TELEFON GEHST DU AUCH NICHT...
ICH HAB MIR SORGEN GEMACHT UND JEMANDEN VOM ZIRKEL GEFRAGT, WO ICH DICH FINDE...
... UND ENDLICH RAUSGEFUNDEN, WO DU JOBBST!
IST DAS ETWA ENAS STALKER?!
HAH
DER WIRKT VIEL NORMALER, ALS ICH DACHTE...
WER IST ÜBERHAUPT DER DA? EIN JOB-KOLLEGE?

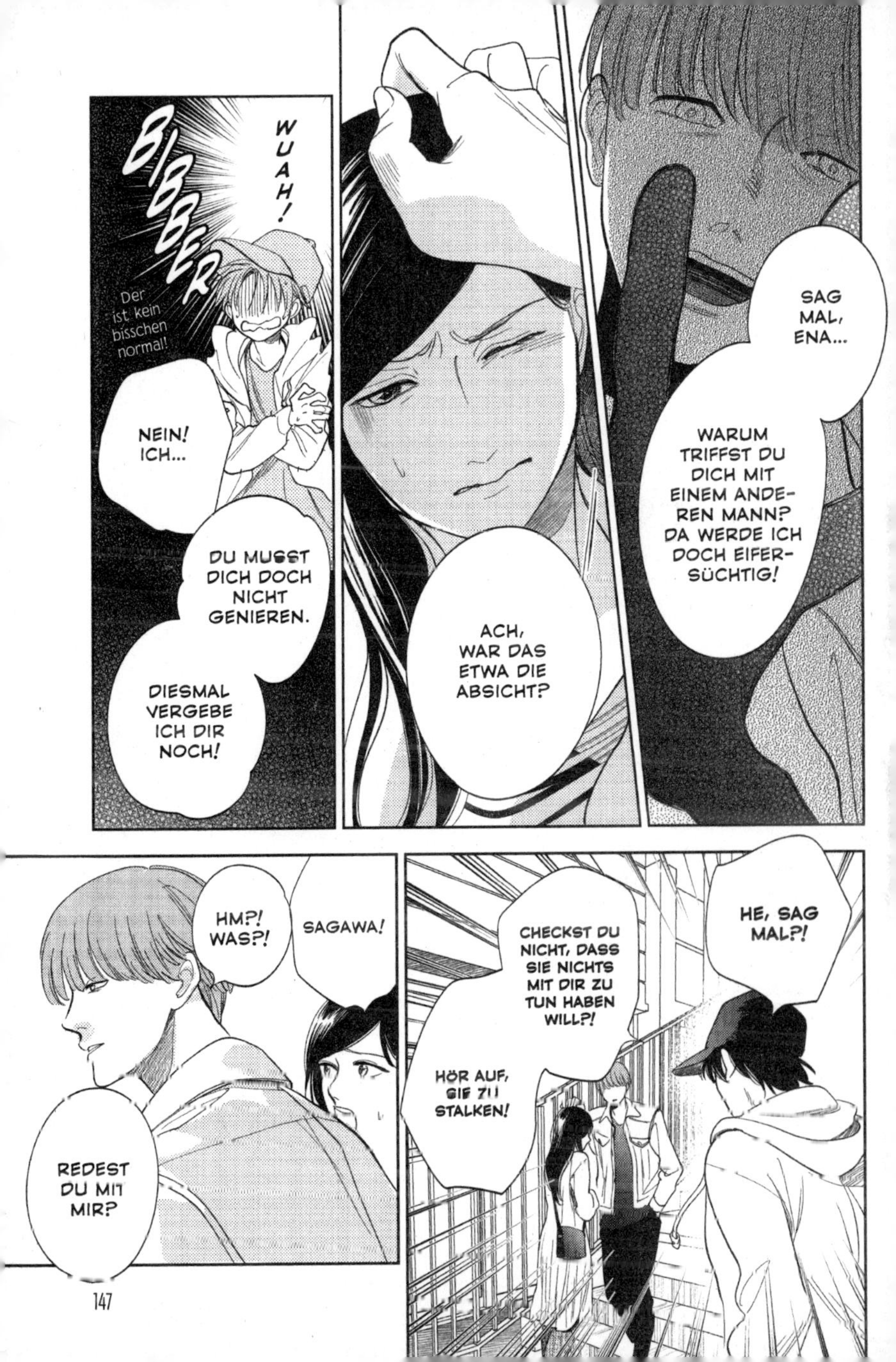
SAG MAL, ENA...
WARUM TRIFFST DU DICH MIT EINEM ANDEREN MANN? DA WERDE ICH DOCH EIFERSÜCHTIG!
ACH, WAR DAS ETWA DIE ABSICHT?
WUAH!
BIBBER
Der ist kein bisschen normal!
NEIN! ICH...
DU MUSST DICH DOCH NICHT GENIEREN.
DIESMAL VERGEBE ICH DIR NOCH!
HE, SAG MAL?!
CHECKST DU NICHT, DASS SIE NICHTS MIT DIR ZU TUN HABEN WILL?!
HÖR AUF, SIE ZU STALKEN!
SAGAWA!
HM?! WAS?!
REDEST DU MIT MIR?

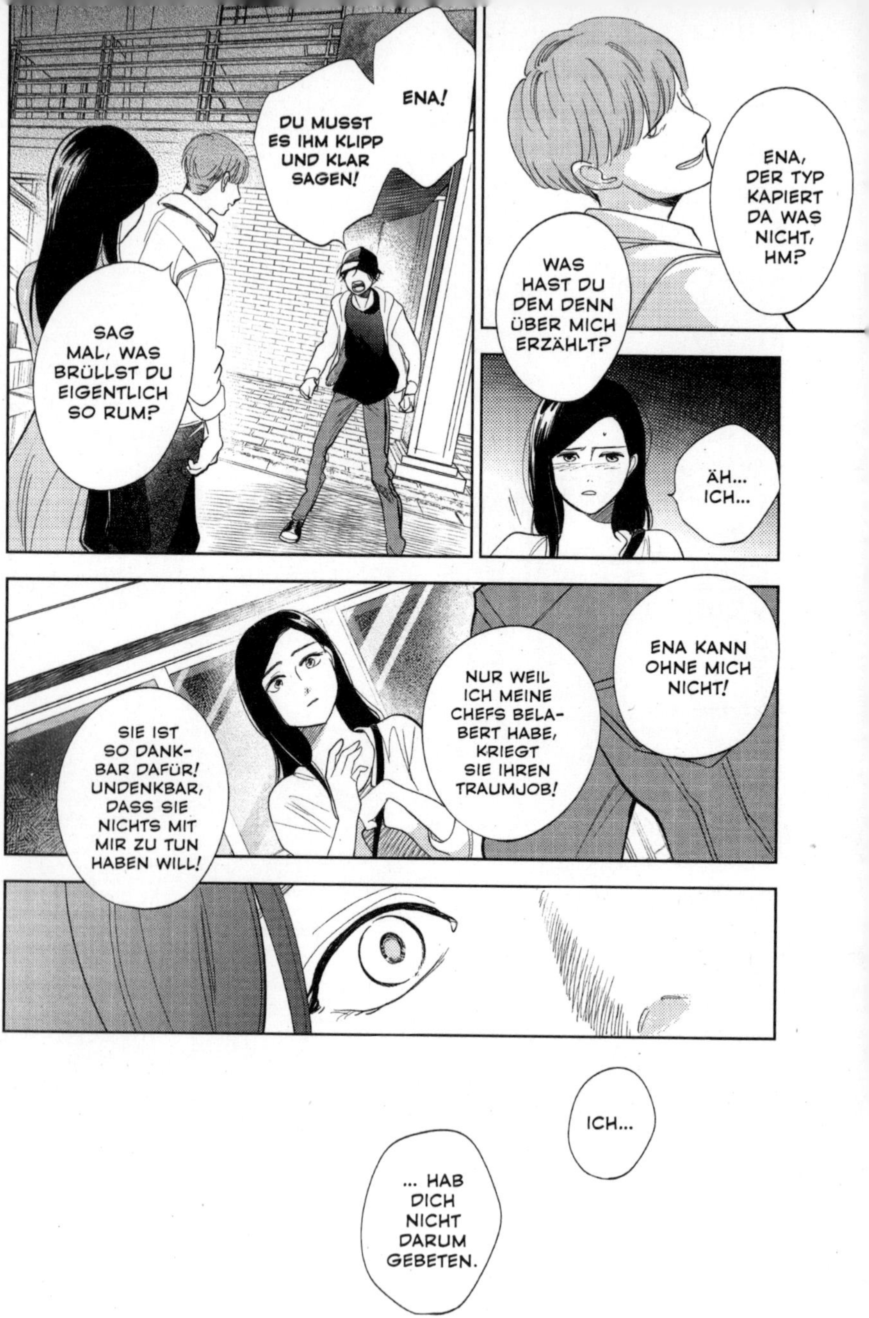
ENA, DER TYP KAPIERT DA WAS NICHT, HM?
WAS HAST DU DEM DENN ÜBER MICH ERZÄHLT?
ENA!
DU MUSST ES IHM KLIPP UND KLAR SAGEN!
SAG MAL, WAS BRÜLLST DU EIGENTLICH SO RUM?
ÄH... ICH...
ENA KANN OHNE MICH NICHT!
NUR WEIL ICH MEINE CHEFS BELA-BERT HABE, KRIEGT SIE IHREN TRAUMJOB!
SIE IST SO DANK-BAR DAFÜR! UNDENKBAR, DASS SIE NICHTS MIT MIR ZU TUN HABEN WILL!
ICH...
... HAB DICH NICHT DARUM GEBETEN.

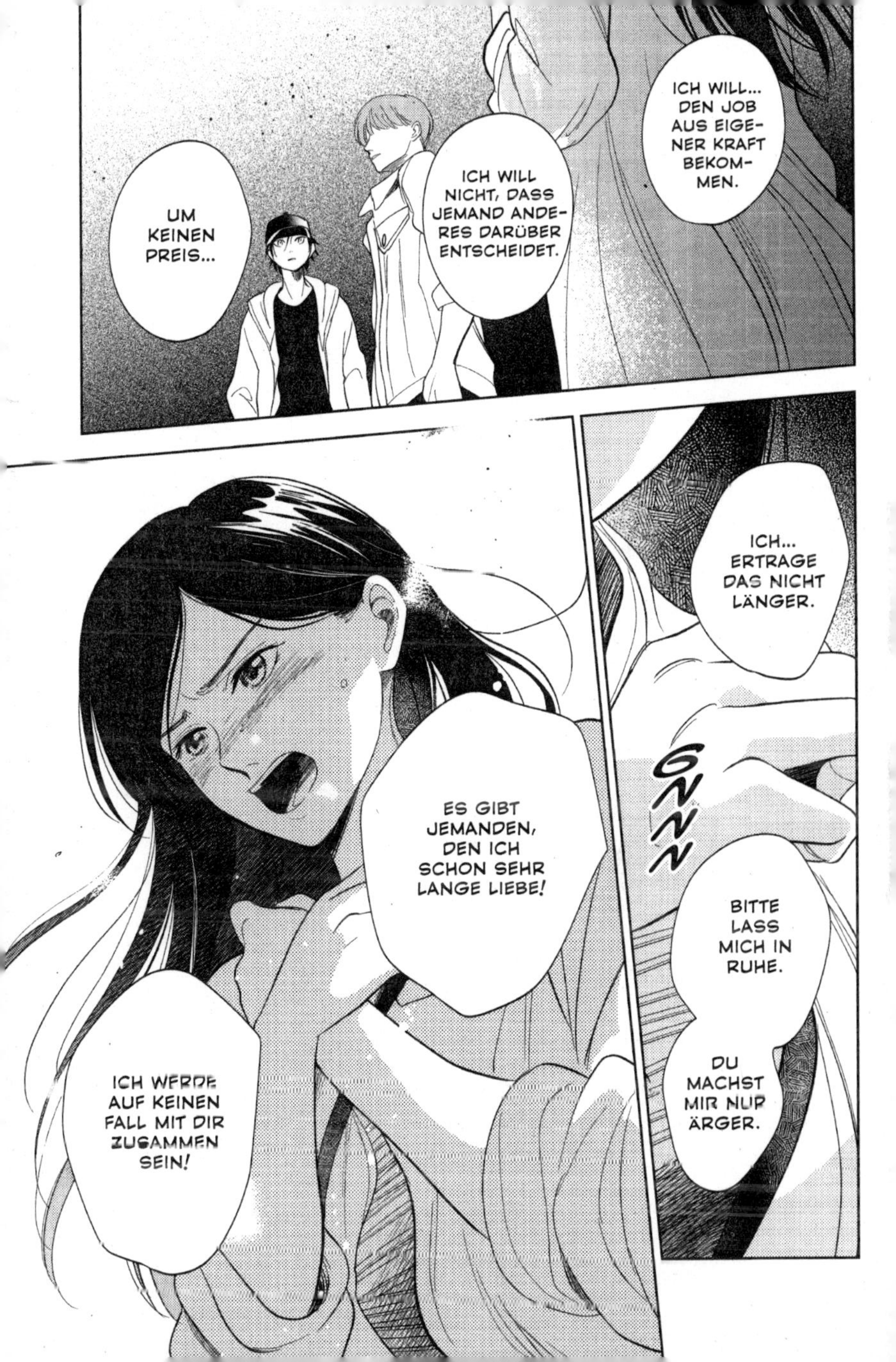
ICH WILL... DEN JOB AUS EIGENER KRAFT BEKOMMEN.
ICH WILL NICHT, DASS JEMAND ANDERES DARÜBER ENTSCHEIDET.
UM KEINEN PREIS...
ICH... ERTRAGE DAS NICHT LÄNGER.
GNNN
BITTE LASS MICH IN RUHE.
DU MACHST MIR NUR ÄRGER.
ES GIBT JEMANDEN, DEN ICH SCHON SEHR LANGE LIEBE!
ICH WERDE AUF KEINEN FALL MIT DIR ZUSAMMEN SEIN!

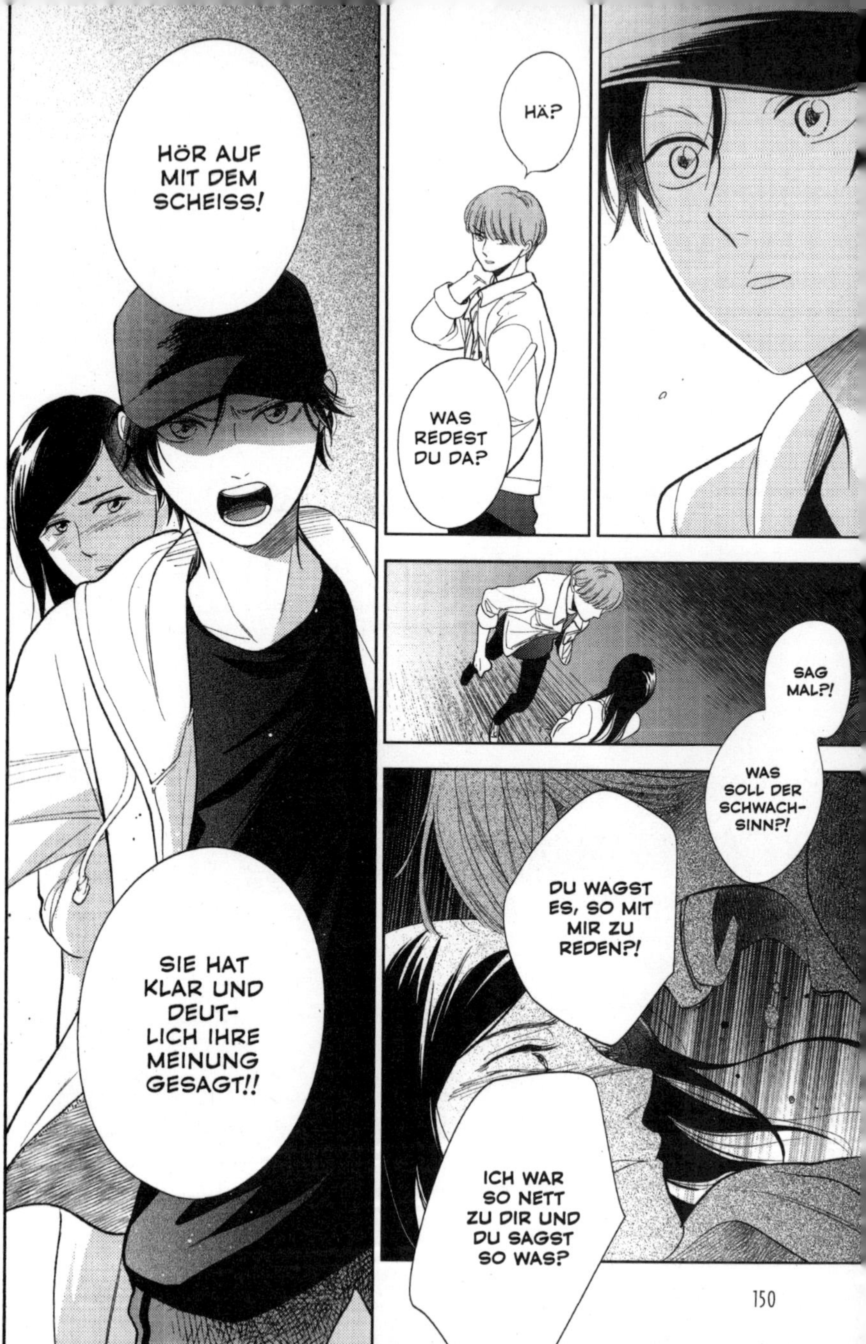
HÄ?
WAS REDEST DU DA?
SAG MAL?!
WAS SOLL DER SCHWACH-SINN?!
DU WAGST ES, SO MIT MIR ZU REDEN?!
ICH WAR SO NETT ZU DIR UND DU SAGST SO WAS?
HÖR AUF MIT DEM SCHEISS!
SIE HAT KLAR UND DEUT-LICH IHRE MEINUNG GESAGT!!

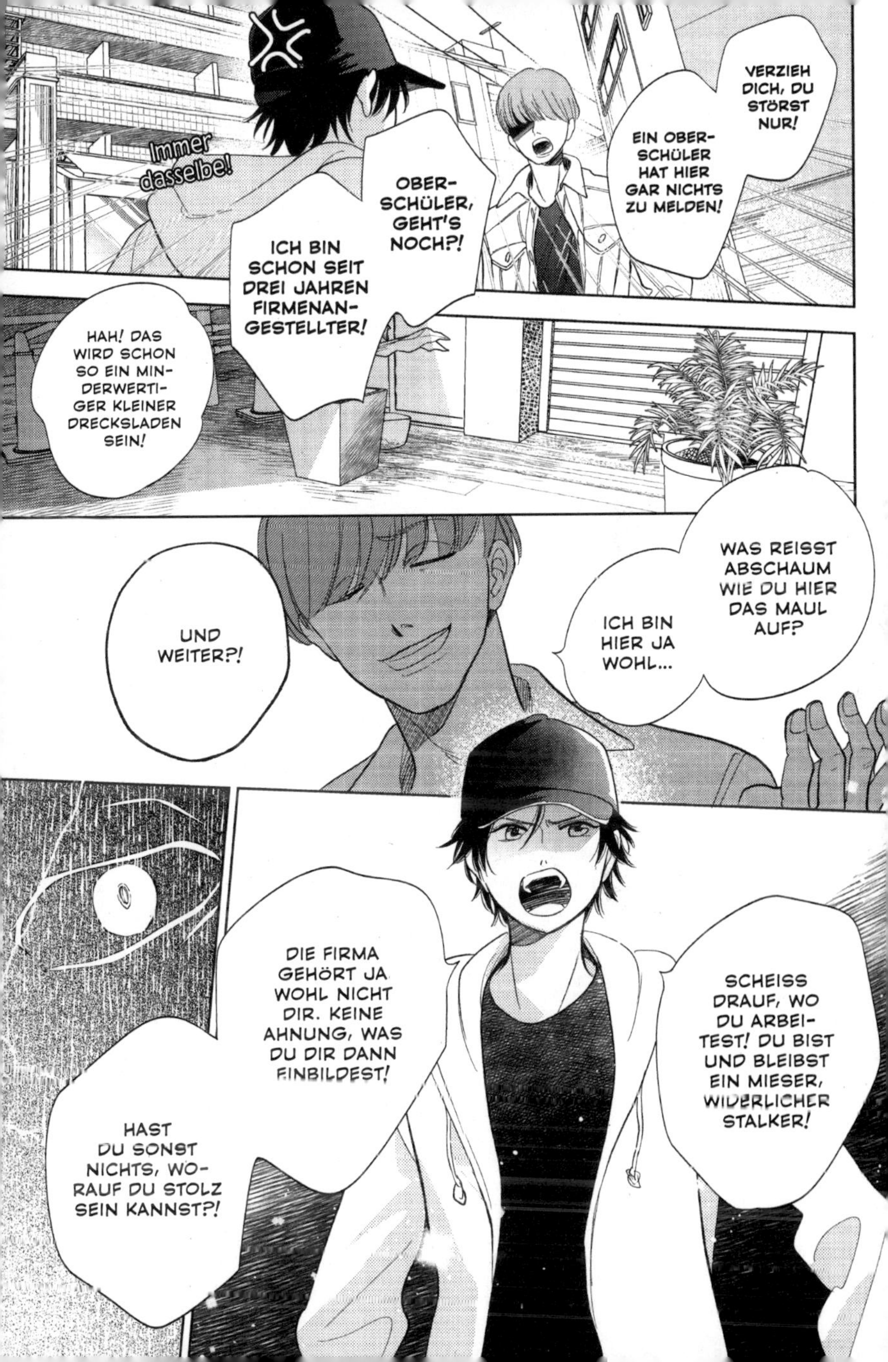
VERZIEH DICH, DU STÖRST NUR!
EIN OBERSCHÜLER HAT HIER GAR NICHTS ZU MELDEN!
OBERSCHÜLER, GEHT'S NOCH?!
ICH BIN SCHON SEIT DREI JAHREN FIRMENANGESTELLTER!
Immer dasselbe!
HAH! DAS WIRD SCHON SO EIN MINDERWERTIGER KLEINER DRECKSLADEN SEIN!
WAS REISST ABSCHAUM WIE DU HIER DAS MAUL AUF?
ICH BIN HIER JA WOHL...
UND WEITER?!
SCHEISS DRAUF, WO DU ARBEITEST! DU BIST UND BLEIBST EIN MIESER, WIDERLICHER STALKER!
DIE FIRMA GEHÖRT JA WOHL NICHT DIR. KEINE AHNUNG, WAS DU DIR DANN EINBILDEST!
HAST DU SONST NICHTS, WORAUF DU STOLZ SEIN KANNST?!

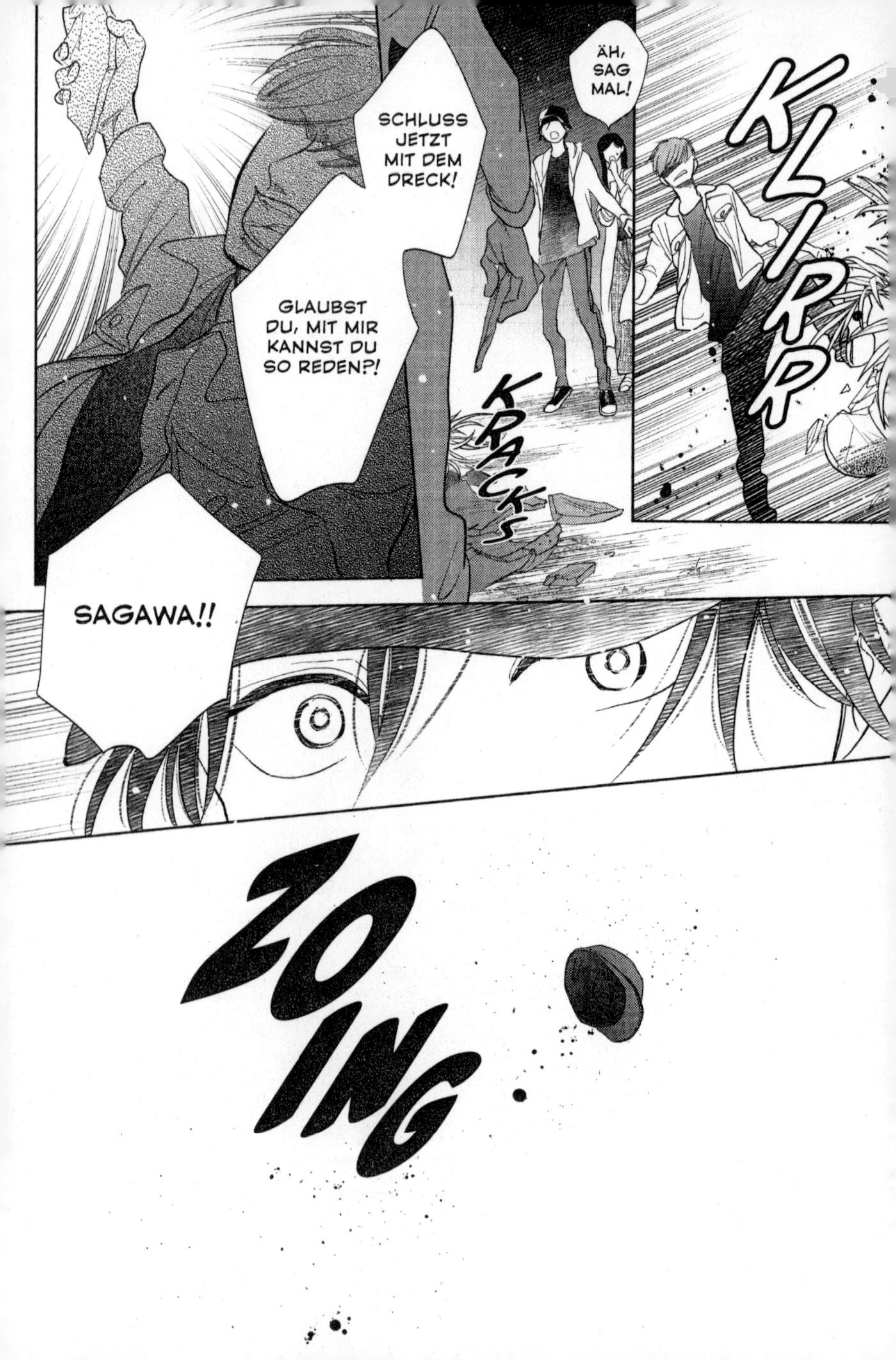
ÄH, SAG MAL!
KLIRR
KRACKS
SCHLUSS JETZT MIT DEM DRECK!
GLAUBST DU, MIT MIR KANNST DU SO REDEN?!
SAGAWA!!
ZOING

i hear the sunspot

i hear the sunspot

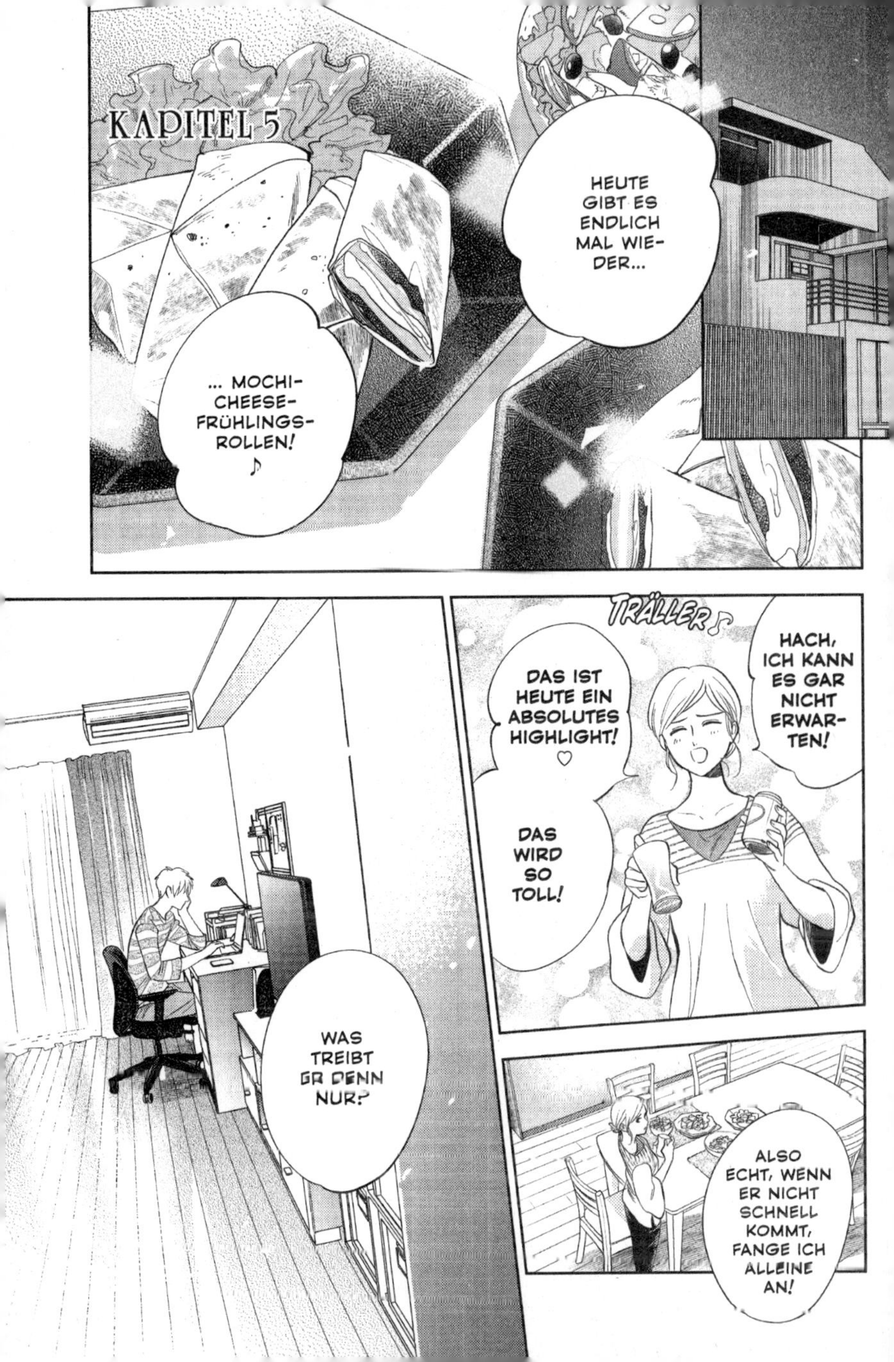
KAPITEL 5
HEUTE GIBT ES ENDLICH MAL WIEDER...
... MOCHI-CHEESE-FRÜHLINGSROLLEN! ♪
TRÄLLER ♫
HACH, ICH KANN ES GAR NICHT ERWARTEN!
DAS IST HEUTE EIN ABSOLUTES HIGHLIGHT! ♡
DAS WIRD SO TOLL!
ALSO ECHT, WENN ER NICHT SCHNELL KOMMT, FANGE ICH ALLEINE AN!
WAS TREIBT ER DENN NUR?

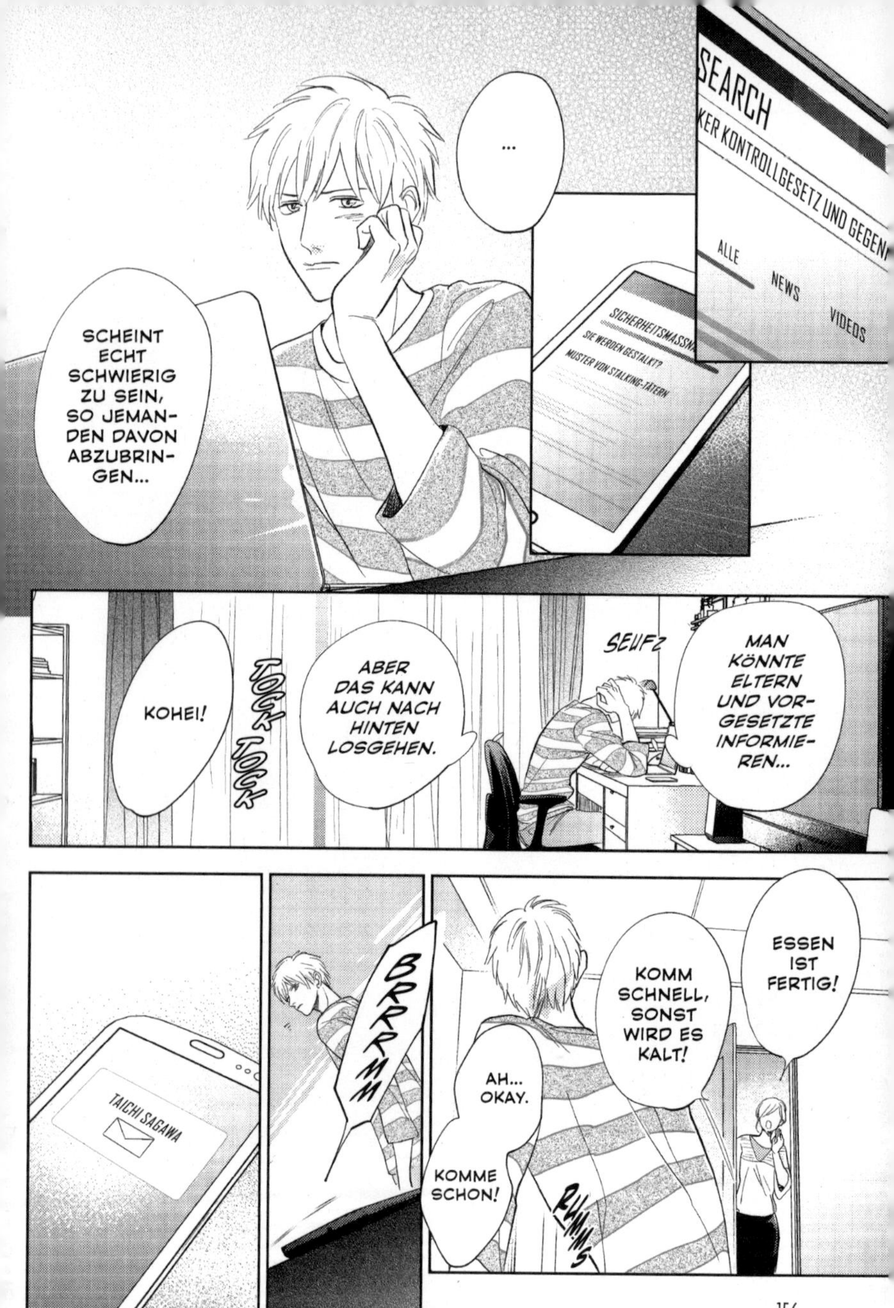
SEARCH
KER KONTROLLGESETZ UND GEGEN
ALLE
NEWS
VIDEOS
SICHERHEITSMASSN
SIE WERDEN GESTALKT?
MUSTER VON STALKING-TÄTERN
...
SCHEINT ECHT SCHWIERIG ZU SEIN, SO JEMANDEN DAVON ABZUBRINGEN...
MAN KÖNNTE ELTERN UND VORGESETZTE INFORMIEREN...
SEUFZ
ABER DAS KANN AUCH NACH HINTEN LOSGEHEN.
TOCK TOCK
KOHEI!
ESSEN IST FERTIG!
KOMM SCHNELL, SONST WIRD ES KALT!
AH... OKAY.
KOMME SCHON!
RUMMS
BRRRMM
TAICHI SAGAWA

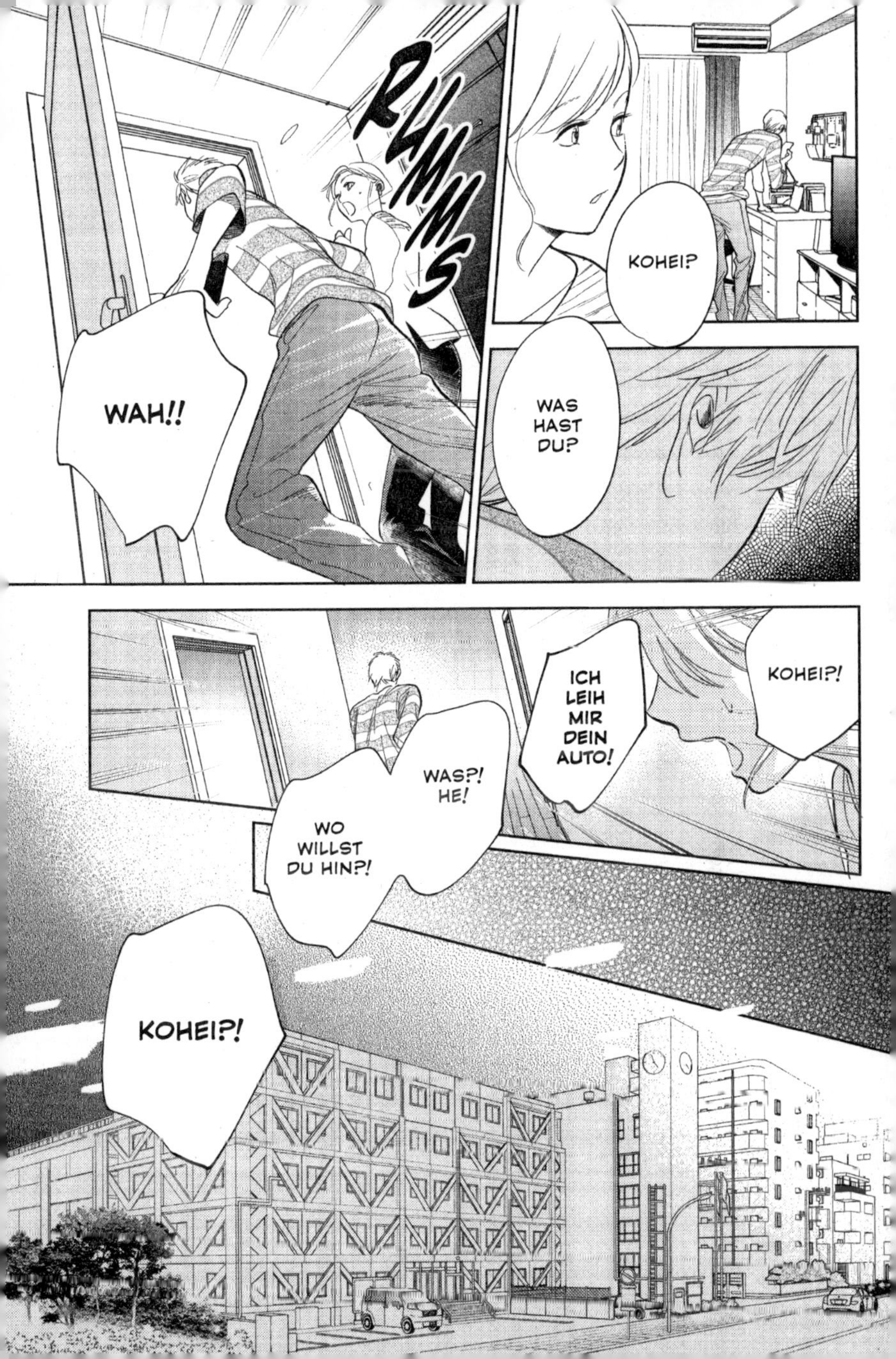
KOHEI?
WAS HAST DU?
RUMMS
WAH!!
KOHEI?!
ICH LEIH MIR DEIN AUTO!
WAS?! HE!
WO WILLST DU HIN?!
KOHEI?!

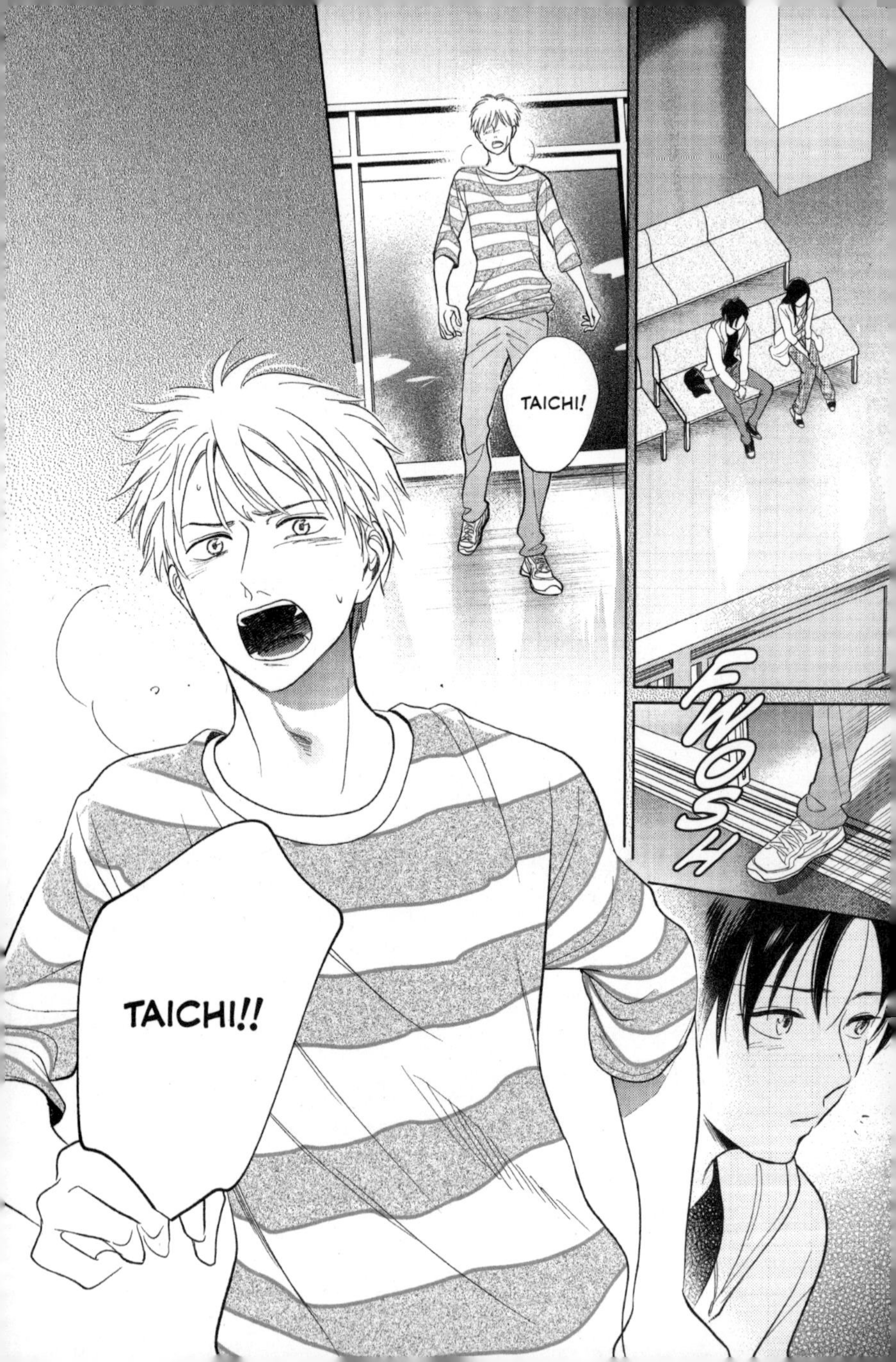
FWOSH
TAICHI!
TAICHI!!

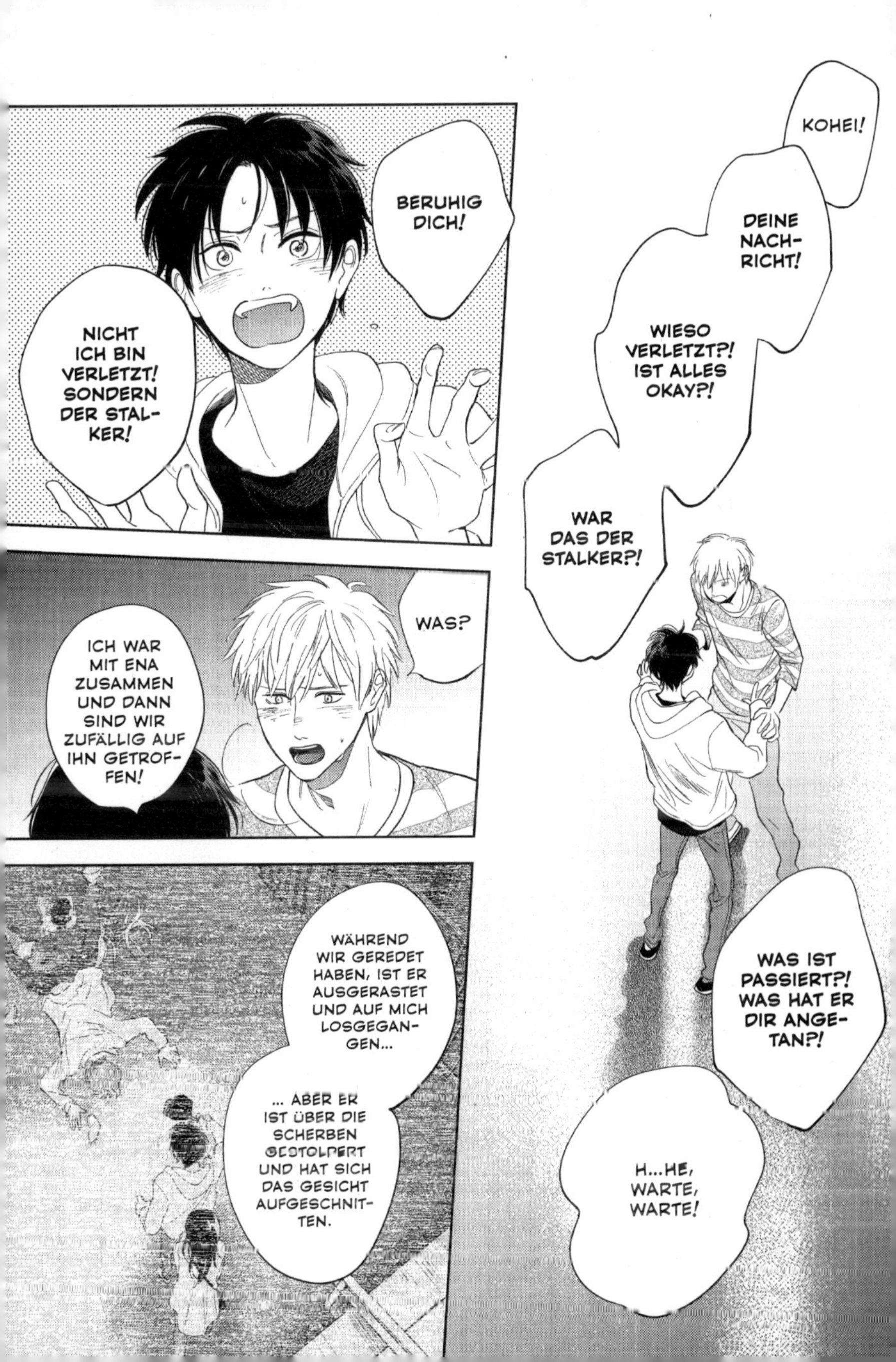
KOHEI!
DEINE NACHRICHT!
WIESO VERLETZT?! IST ALLES OKAY?!
WAR DAS DER STALKER?!
WAS IST PASSIERT?! WAS HAT ER DIR ANGETAN?!
H...HE, WARTE, WARTE!
BERUHIG DICH!
NICHT ICH BIN VERLETZT! SONDERN DER STALKER!
WAS?
ICH WAR MIT ENA ZUSAMMEN UND DANN SIND WIR ZUFÄLLIG AUF IHN GETROFFEN!
WÄHREND WIR GEREDET HABEN, IST ER AUSGERASTET UND AUF MICH LOSGEGANGEN...
... ABER ER IST ÜBER DIE SCHERBEN GESTOLPERT UND HAT SICH DAS GESICHT AUFGESCHNITTEN.

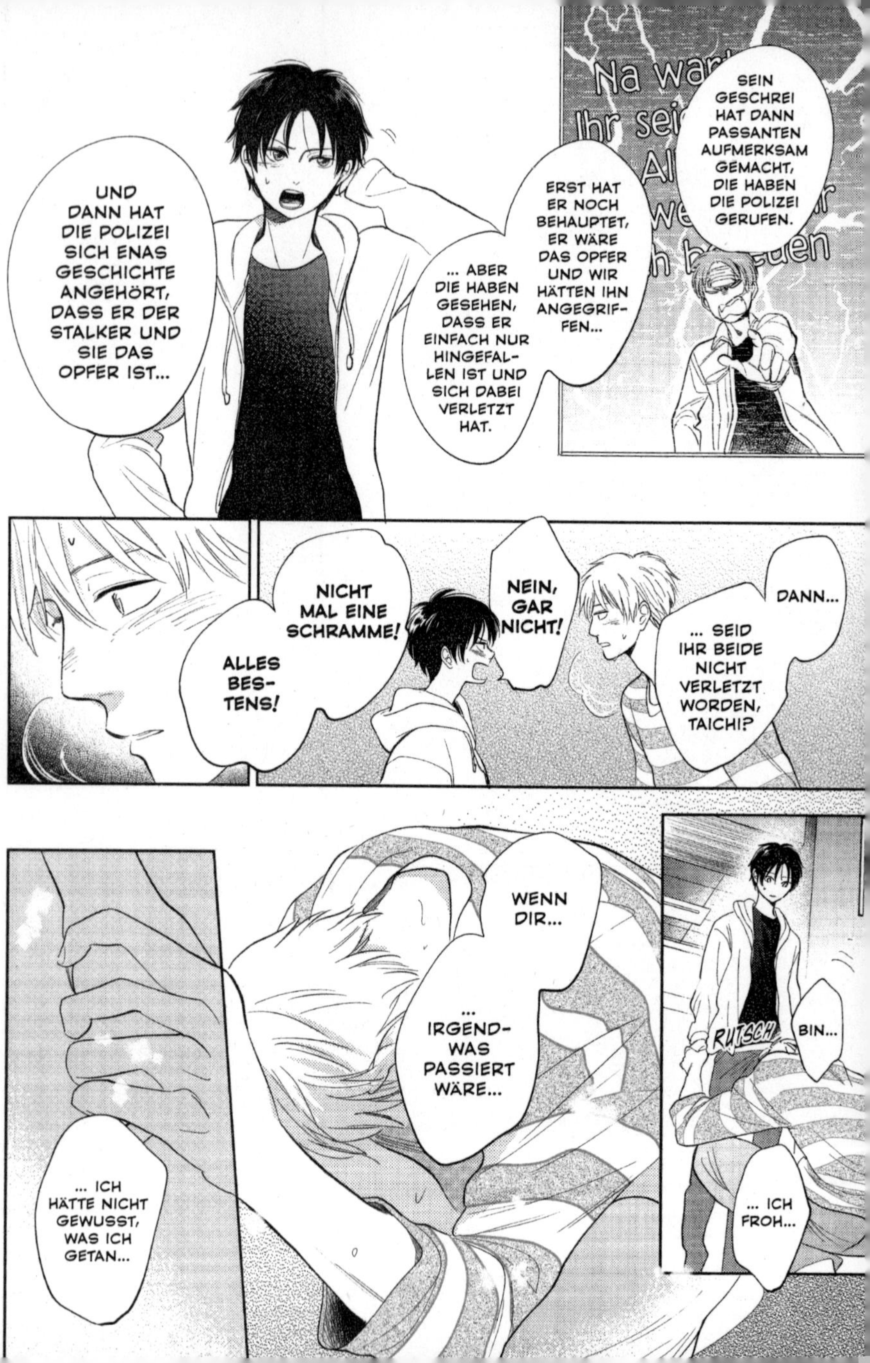
SEIN GESCHREI HAT DANN PASSANTEN AUFMERKSAM GEMACHT, DIE HABEN DIE POLIZEI GERUFEN.
ERST HAT ER NOCH BEHAUPTET, ER WÄRE DAS OPFER UND WIR HÄTTEN IHN ANGEGRIFFEN...
... ABER DIE HABEN GESEHEN, DASS ER EINFACH NUR HINGEFALLEN IST UND SICH DABEI VERLETZT HAT.
UND DANN HAT DIE POLIZEI SICH ENAS GESCHICHTE ANGEHÖRT, DASS ER DER STALKER UND SIE DAS OPFER IST...
DANN...
... SEID IHR BEIDE NICHT VERLETZT WORDEN, TAICHI?
NEIN, GAR NICHT!
NICHT MAL EINE SCHRAMME!
ALLES BESTENS!
RUTSCH
BIN...
... ICH FROH...
WENN DIR...
... IRGENDWAS PASSIERT WÄRE...
... ICH HÄTTE NICHT GEWUSST, WAS ICH GETAN...

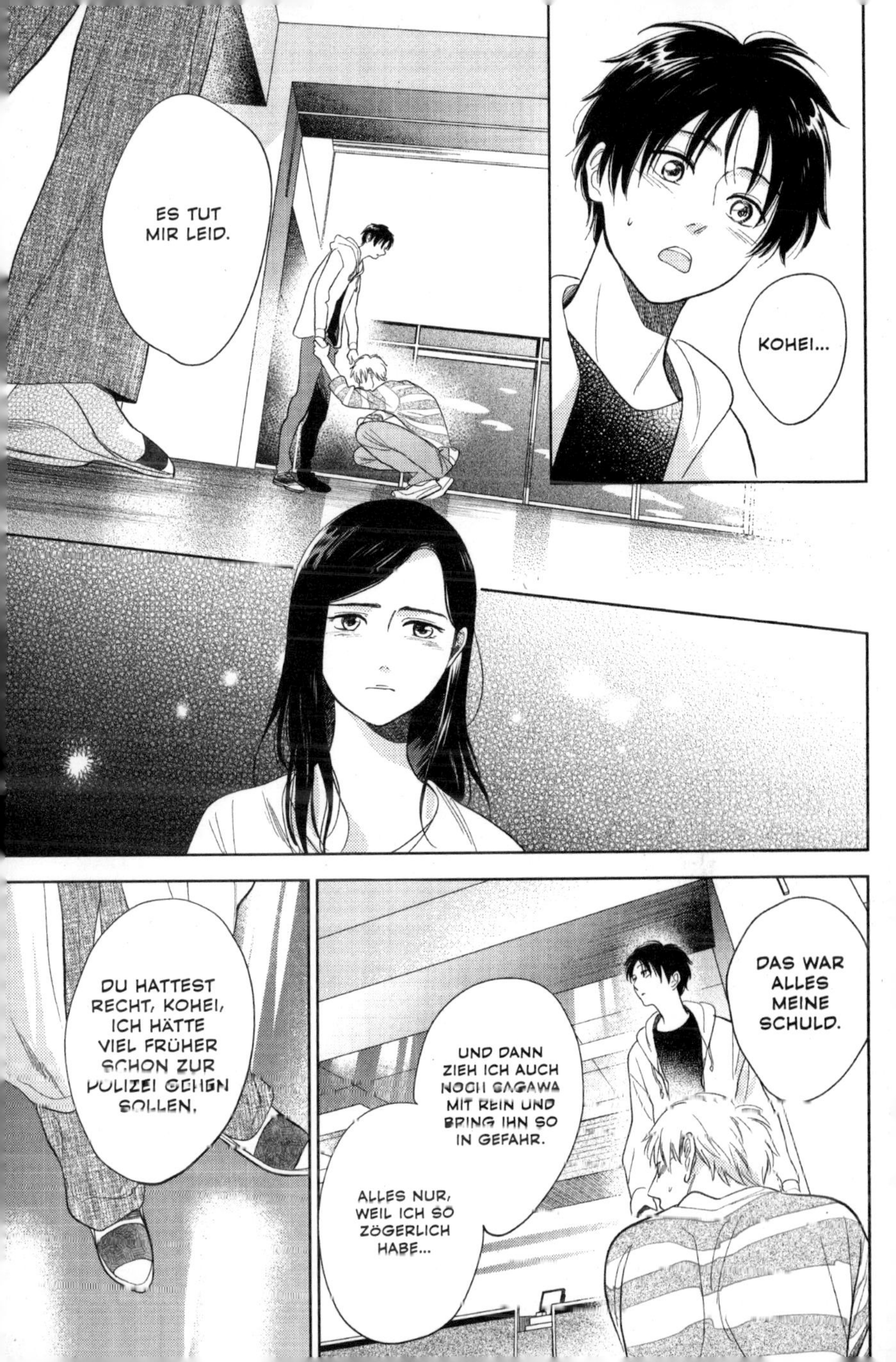
KOHEI...
ES TUT MIR LEID.
DAS WAR ALLES MEINE SCHULD.
UND DANN ZIEH ICH AUCH NOCH SAGAWA MIT REIN UND BRING IHN SO IN GEFAHR.
ALLES NUR, WEIL ICH SO ZÖGERLICH HABE...
DU HATTEST RECHT, KOHEI, ICH HÄTTE VIEL FRÜHER SCHON ZUR POLIZEI GEHEN SOLLEN.

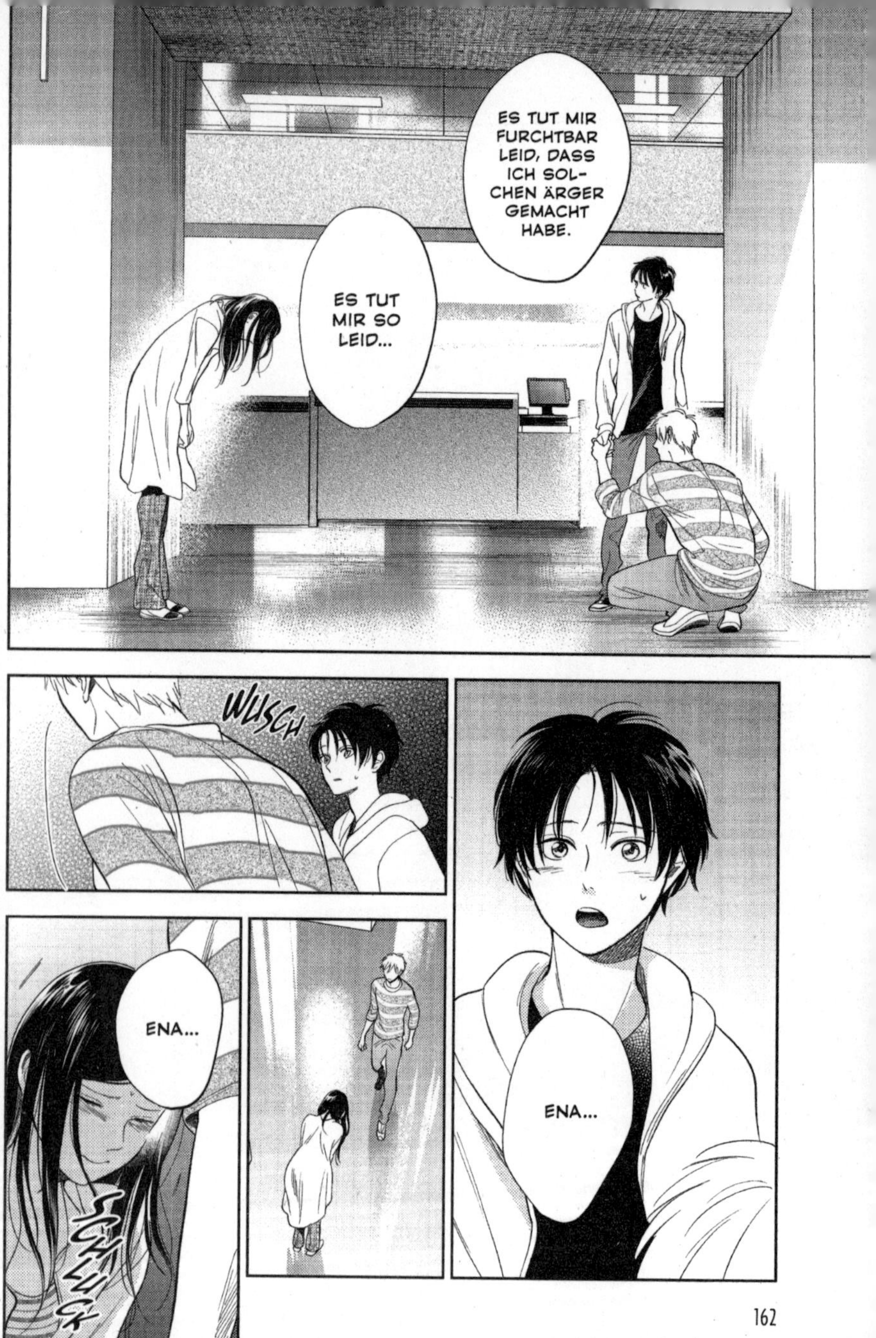
ES TUT MIR FURCHTBAR LEID, DASS ICH SOL-CHEN ÄRGER GEMACHT HABE.
ES TUT MIR SO LEID...
WUSCH
ENA...
ENA...
SCHLUCK

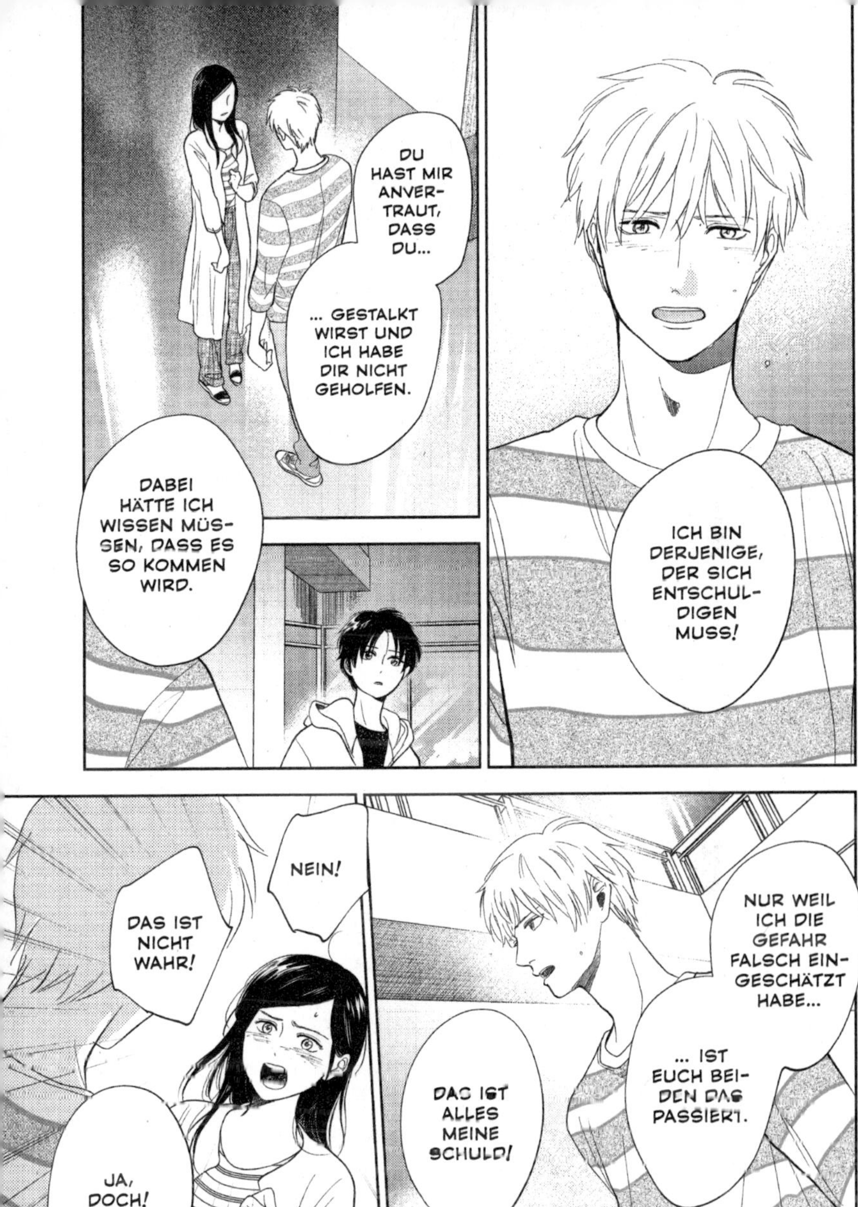
ICH BIN DERJENIGE, DER SICH ENTSCHUL-DIGEN MUSS!
DU HAST MIR ANVER-TRAUT, DASS DU...
... GESTALKT WIRST UND ICH HABE DIR NICHT GEHOLFEN.
DABEI HÄTTE ICH WISSEN MÜS-SEN, DASS ES SO KOMMEN WIRD.
NUR WEIL ICH DIE GEFAHR FALSCH EIN-GESCHÄTZT HABE...
... IST EUCH BEI-DEN DAS PASSIERT.
DAS IST ALLES MEINE SCHULD!
NEIN!
DAS IST NICHT WAHR!
JA, DOCH!

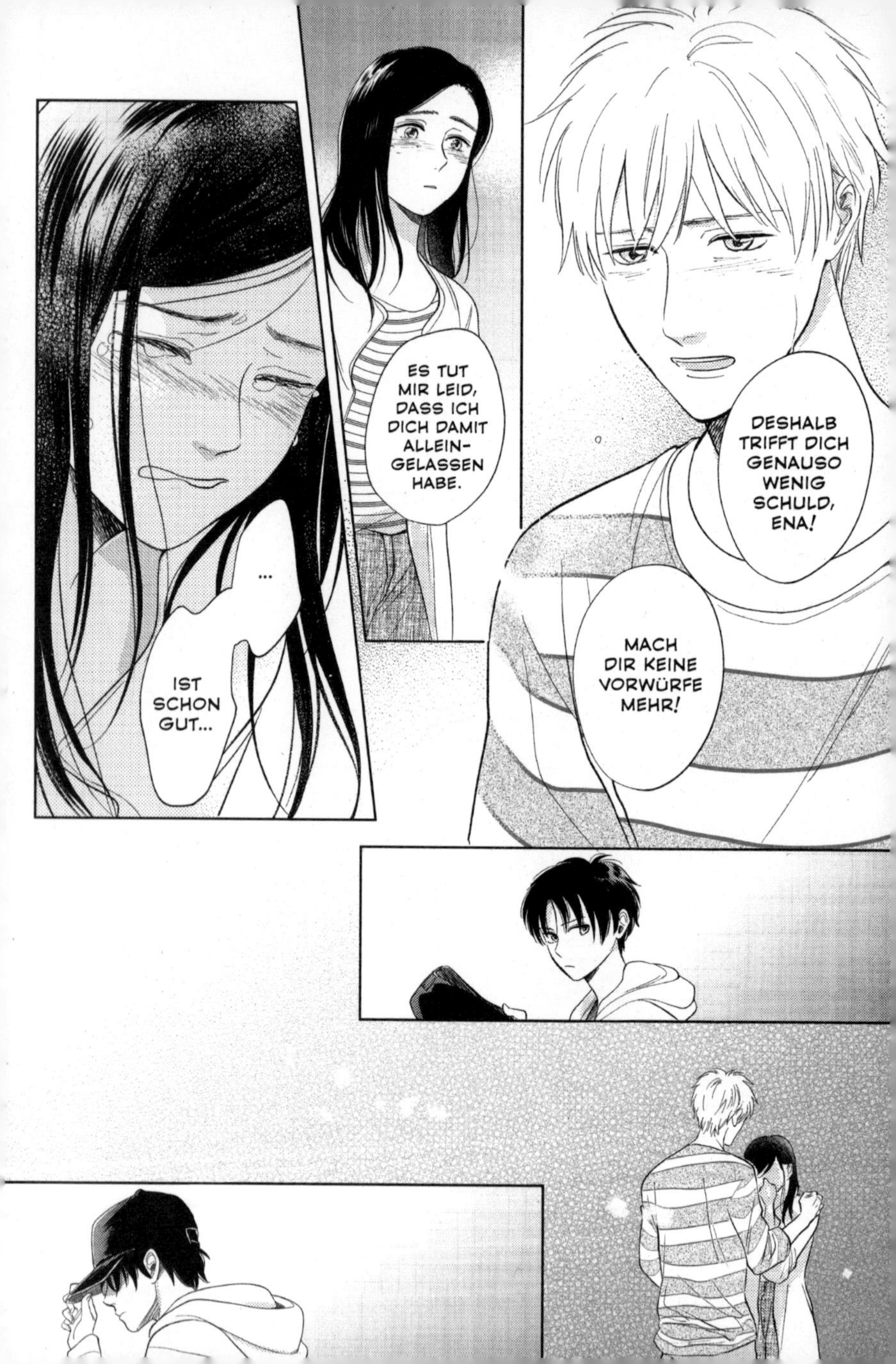

DESHALB TRIFFT DICH GENAUSO WENIG SCHULD, ENA!
MACH DIR KEINE VORWÜRFE MEHR!
ES TUT MIR LEID, DASS ICH DICH DAMIT ALLEIN-GELASSEN HABE.
...
IST SCHON GUT...

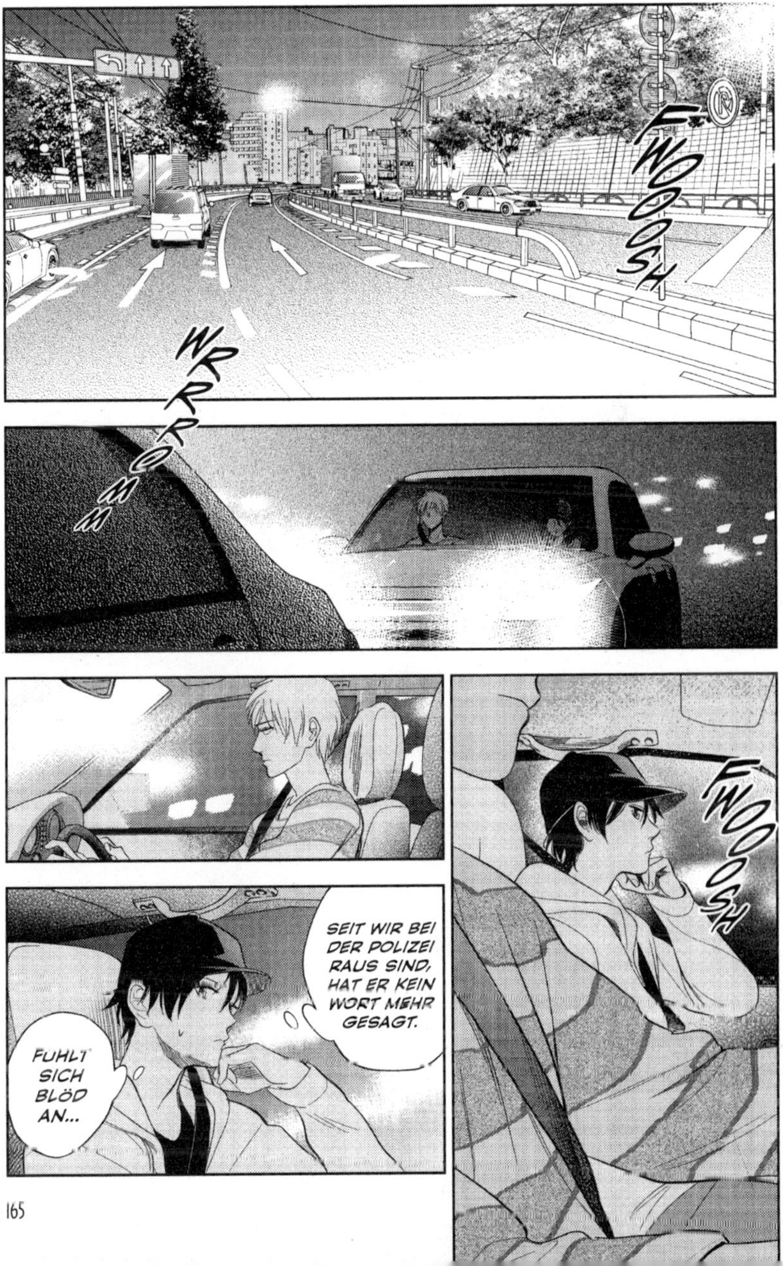
FWOOOSH
WRRROMM
FWOOOSH
SEIT WIR BEI DER POLIZEI RAUS SIND, HAT ER KEIN WORT MEHR GESAGT.
FÜHLT SICH BLÖD AN...

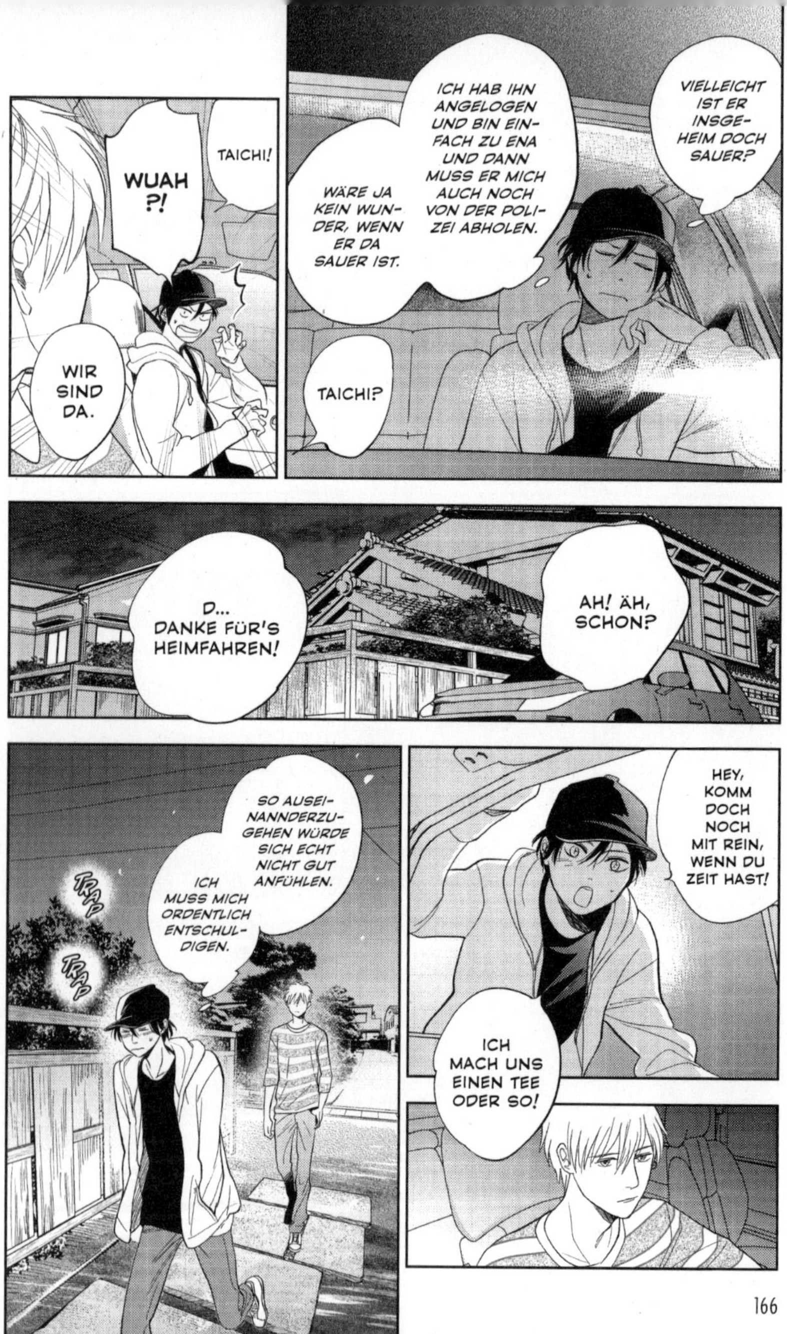
VIELLEICHT IST ER INSGE-HEIM DOCH SAUER?
ICH HAB IHN ANGELOGEN UND BIN EIN-FACH ZU ENA UND DANN MUSS ER MICH AUCH NOCH VON DER POLI-ZEI ABHOLEN.
WÄRE JA KEIN WUN-DER, WENN ER DA SAUER IST.
TAICHI?
TAICHI!
WUAH ?!
WIR SIND DA.
AH! ÄH, SCHON?
D... DANKE FÜR'S HEIMFAHREN!
HEY, KOMM DOCH NOCH MIT REIN, WENN DU ZEIT HAST!
ICH MACH UNS EINEN TEE ODER SO!
SO AUSEI-NANNDERZU-GEHEN WÜRDE SICH ECHT NICHT GUT ANFÜHLEN.
ICH MUSS MICH ORDENTLICH ENTSCHUL-DIGEN.
TRAP
TRAP

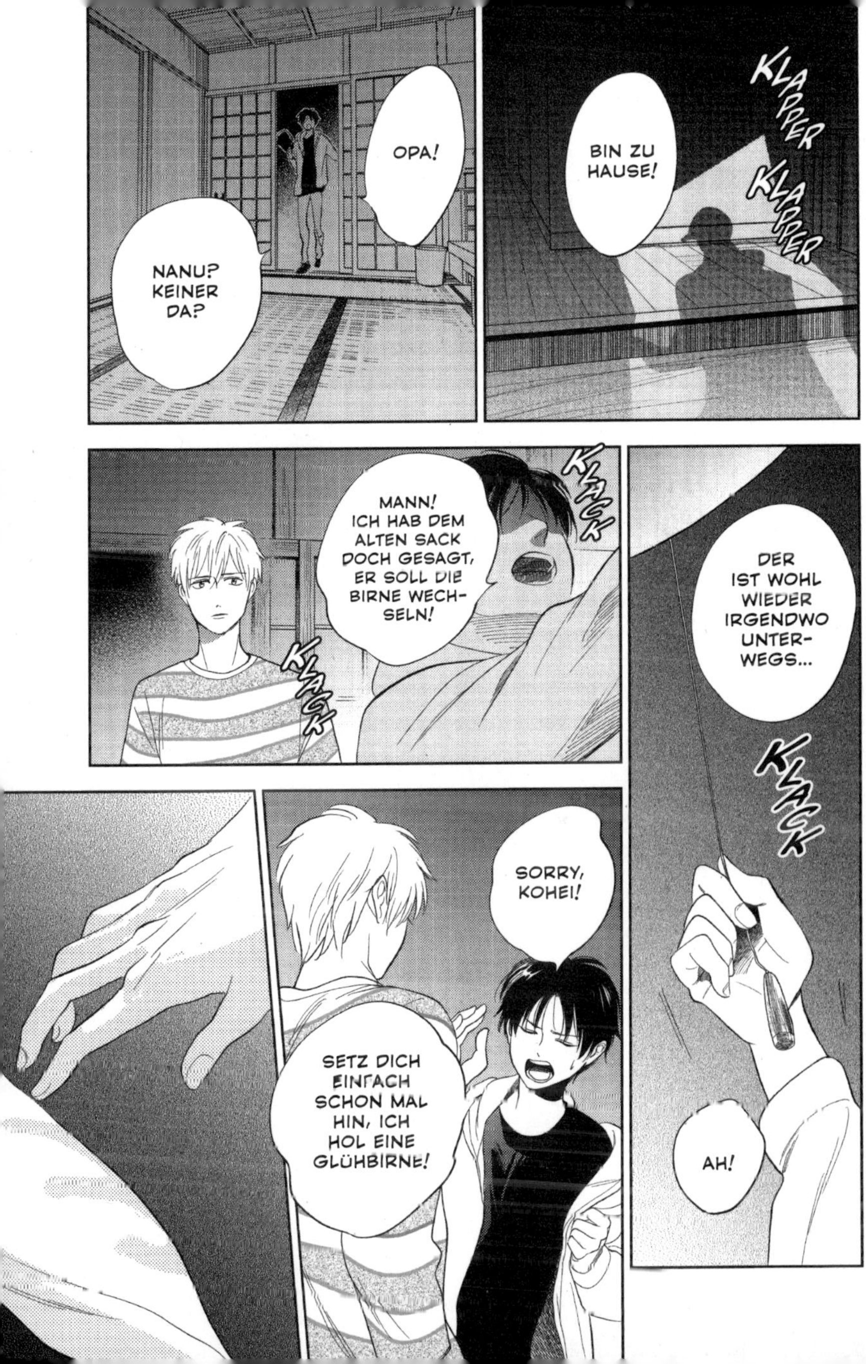
KLAPPER
KLAPPER
BIN ZU HAUSE!
OPA!
NANU? KEINER DA?
DER IST WOHL WIEDER IRGENDWO UNTERWEGS...
KLACK
MANN! ICH HAB DEM ALTEN SACK DOCH GESAGT, ER SOLL DIE BIRNE WECH-SELN!
KLACK
KLACK
AH!
SORRY, KOHEI!
SETZ DICH EINFACH SCHON MAL HIN, ICH HOL EINE GLÜHBIRNE!

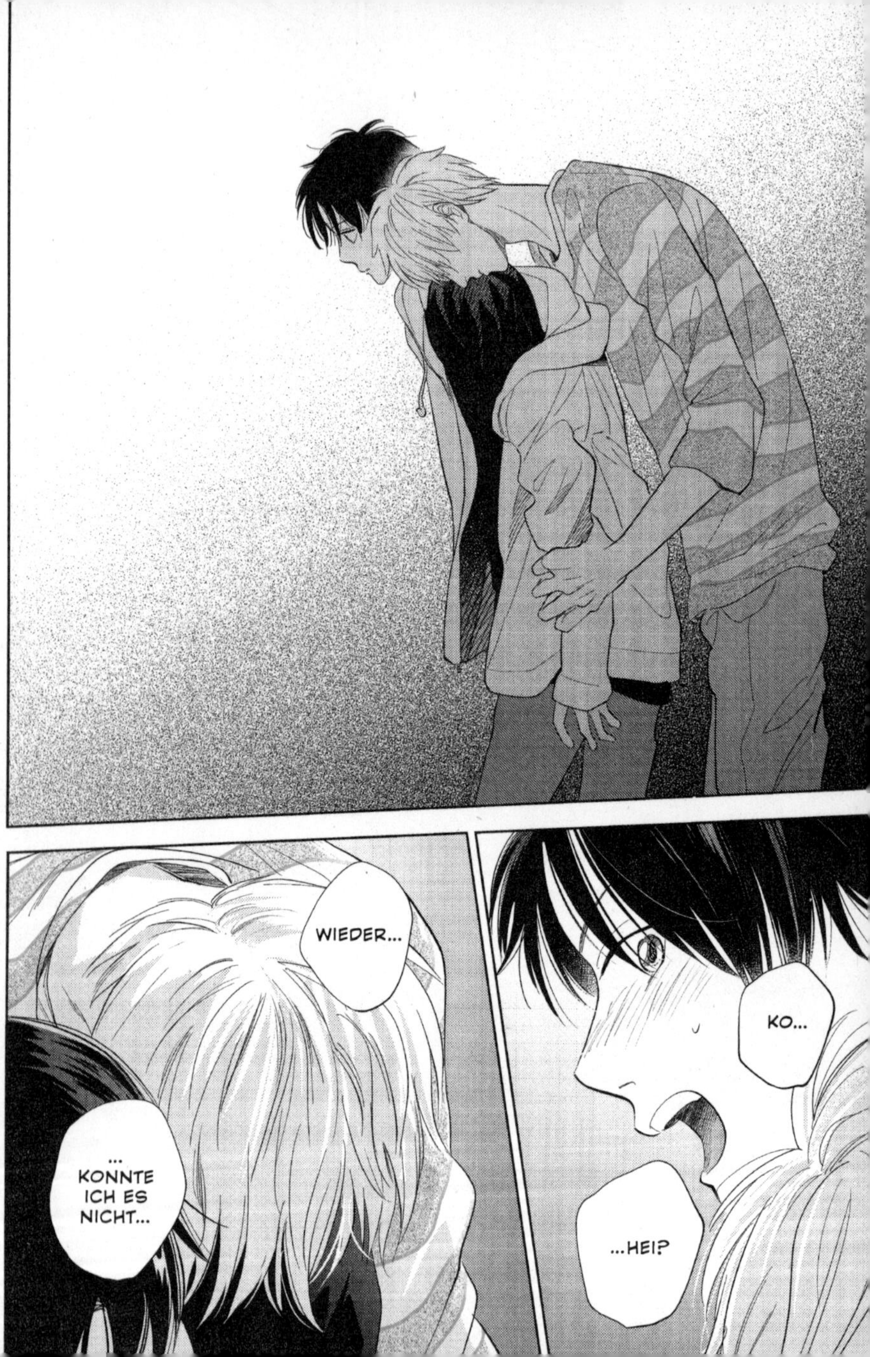
KO...
...HEI?
WIEDER...
... KONNTE ICH ES NICHT...

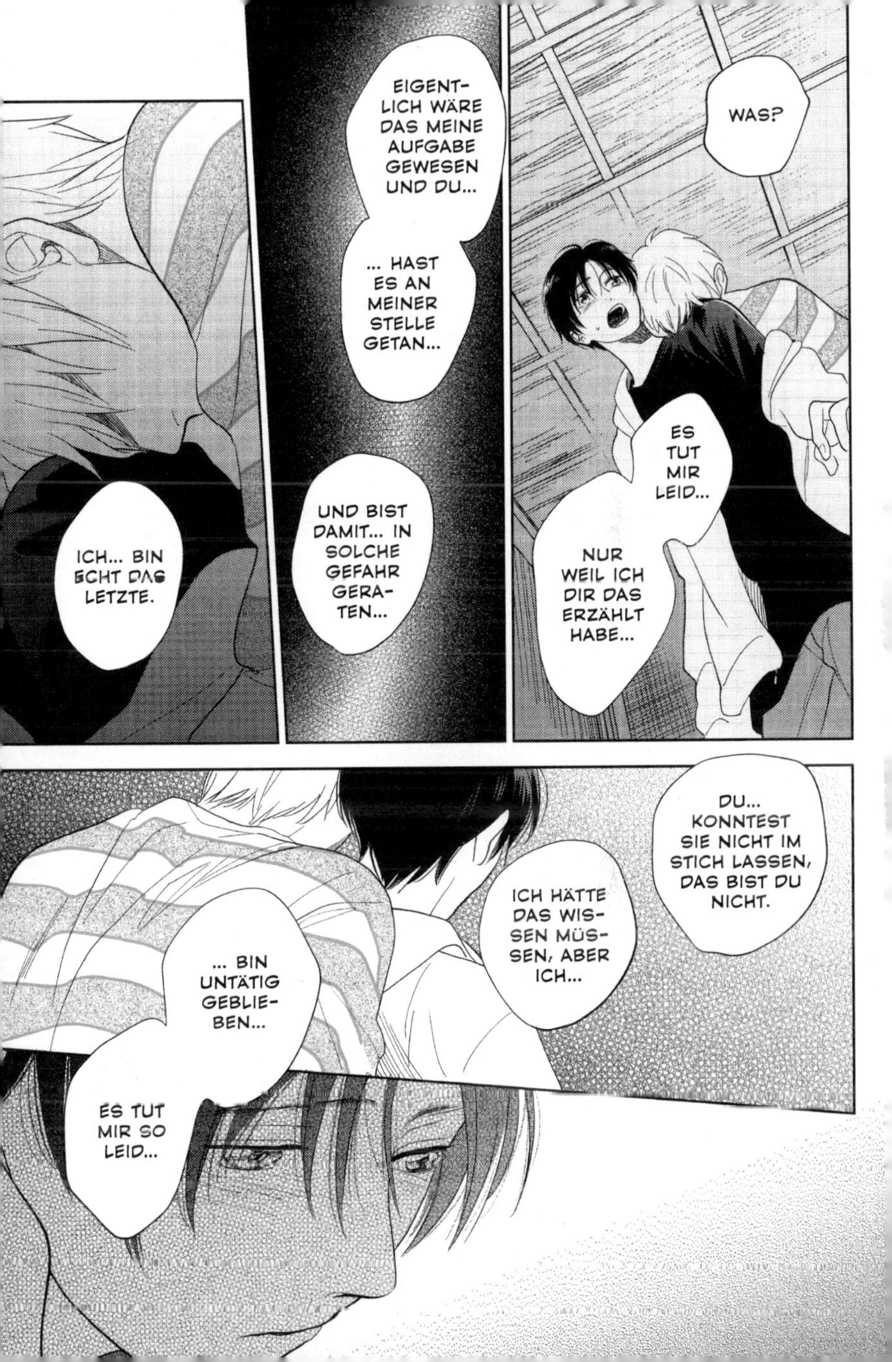
WAS?
ES TUT MIR LEID...
NUR WEIL ICH DIR DAS ERZÄHLT HABE...
EIGENTLICH WÄRE DAS MEINE AUFGABE GEWESEN UND DU...
... HAST ES AN MEINER STELLE GETAN...
UND BIST DAMIT... IN SOLCHE GEFAHR GERATEN...
ICH... BIN ECHT DAS LETZTE.
DU... KONNTEST SIE NICHT IM STICH LASSEN, DAS BIST DU NICHT.
ICH HÄTTE DAS WISSEN MÜSSEN, ABER ICH...
... BIN UNTÄTIG GEBLIEBEN...
ES TUT MIR SO LEID...

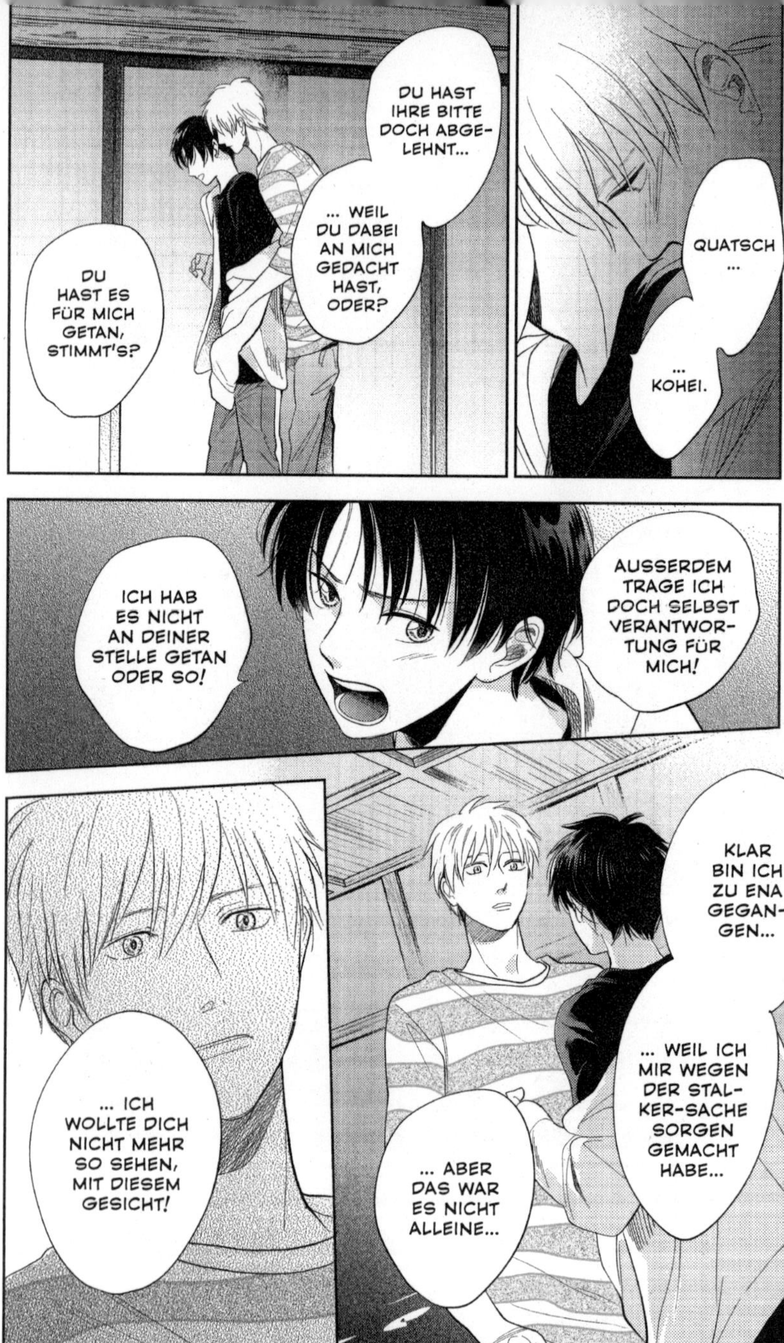
QUATSCH ...
... KOHEI.
DU HAST IHRE BITTE DOCH ABGE-LEHNT...
... WEIL DU DABEI AN MICH GEDACHT HAST, ODER?
DU HAST ES FÜR MICH GETAN, STIMMT'S?
AUSSERDEM TRAGE ICH DOCH SELBST VERANTWOR-TUNG FÜR MICH!
ICH HAB ES NICHT AN DEINER STELLE GETAN ODER SO!
KLAR BIN ICH ZU ENA GEGAN-GEN...
... WEIL ICH MIR WEGEN DER STAL-KER-SACHE SORGEN GEMACHT HABE...
... ABER DAS WAR ES NICHT ALLEINE...
... ICH WOLLTE DICH NICHT MEHR SO SEHEN, MIT DIESEM GESICHT!

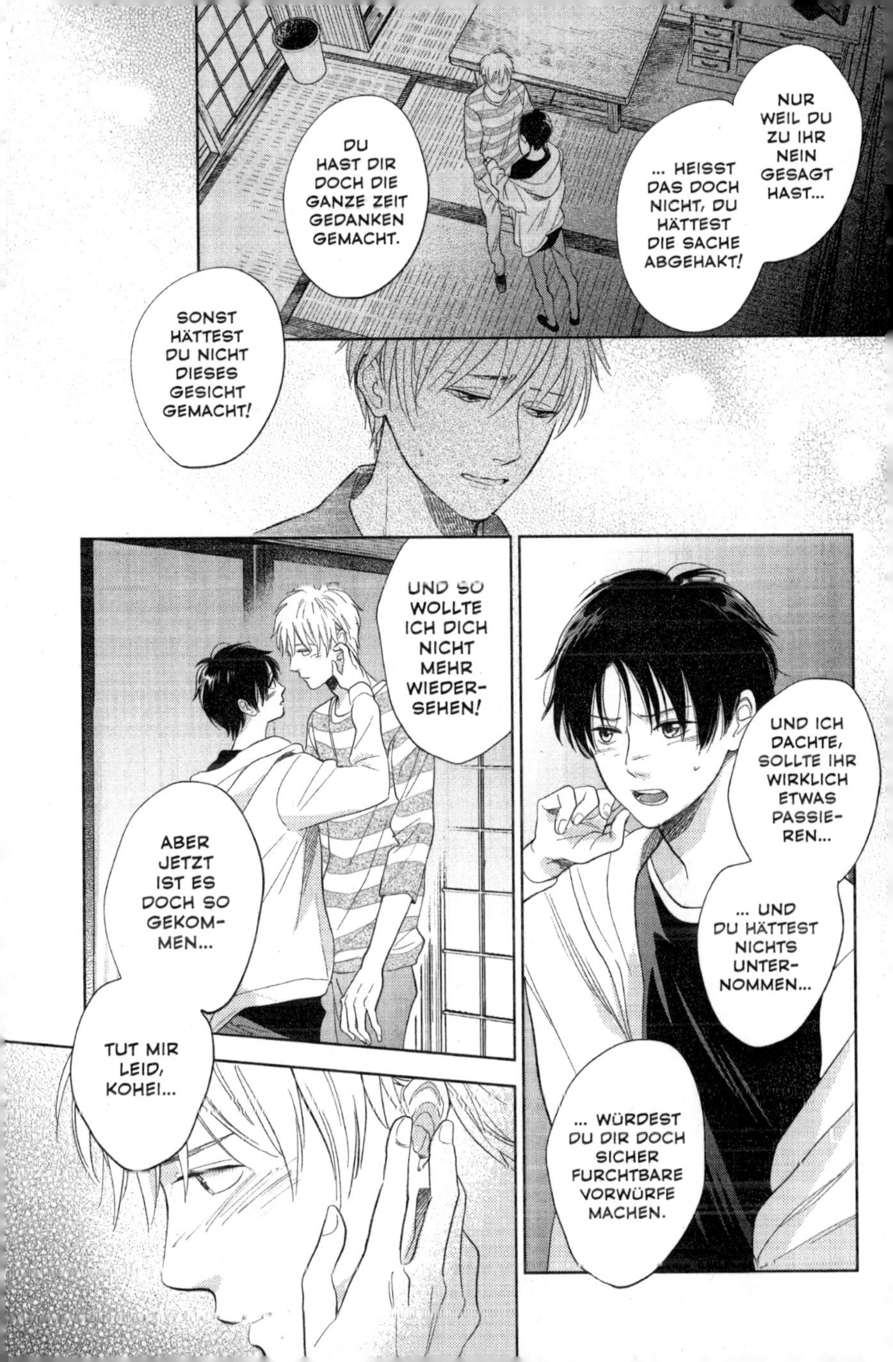
NUR WEIL DU ZU IHR NEIN GESAGT HAST...
... HEISST DAS DOCH NICHT, DU HÄTTEST DIE SACHE ABGEHAKT!
DU HAST DIR DOCH DIE GANZE ZEIT GEDANKEN GEMACHT.
SONST HÄTTEST DU NICHT DIESES GESICHT GEMACHT!
UND ICH DACHTE, SOLLTE IHR WIRKLICH ETWAS PASSIEREN...
... UND DU HÄTTEST NICHTS UNTERNOMMEN...
... WÜRDEST DU DIR DOCH SICHER FURCHTBARE VORWÜRFE MACHEN.
UND SO WOLLTE ICH DICH NICHT MEHR WIEDERSEHEN!
ABER JETZT IST ES DOCH SO GEKOMMEN...
TUT MIR LEID, KOHEI...

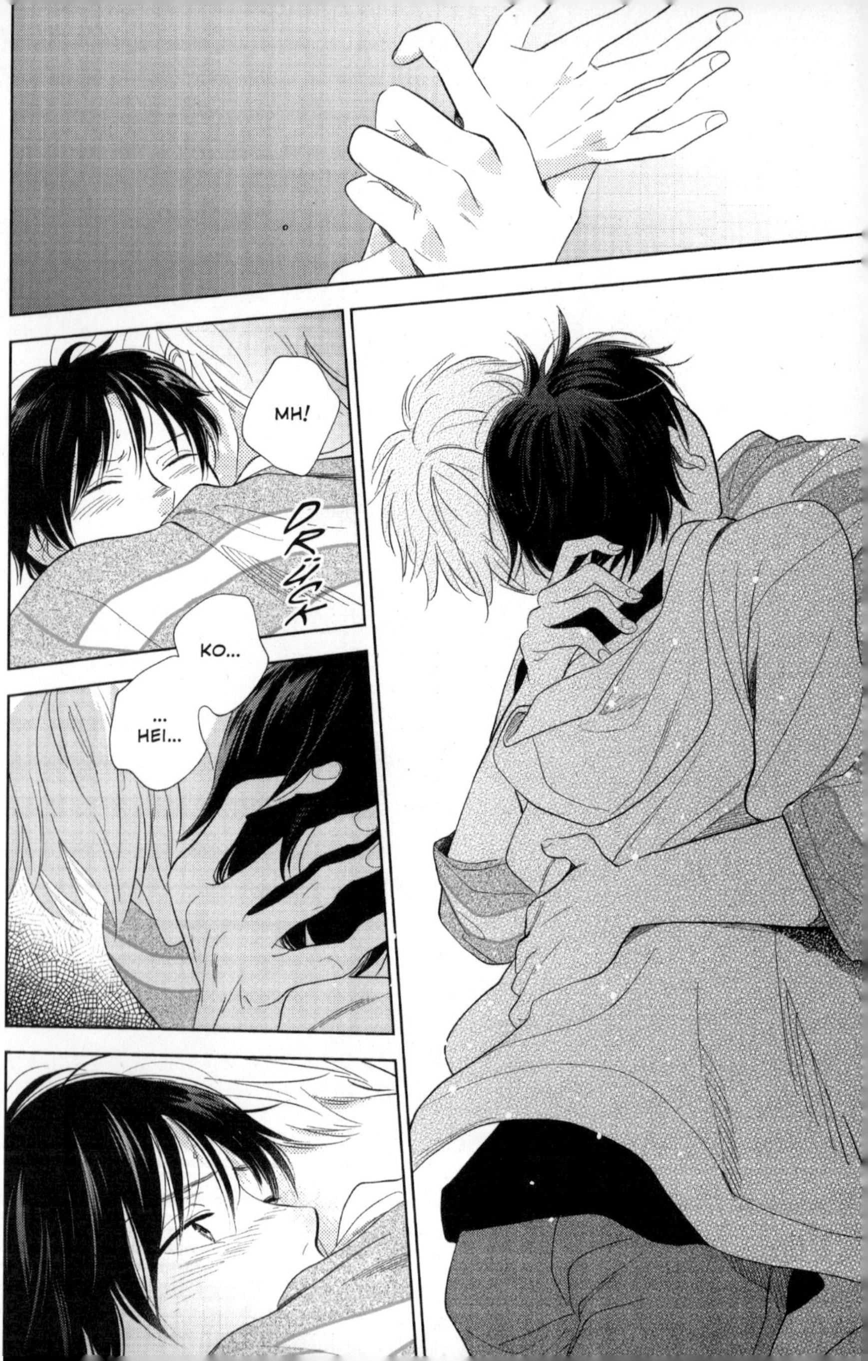
MH!
DRÜCK
KO...
...
HEI...

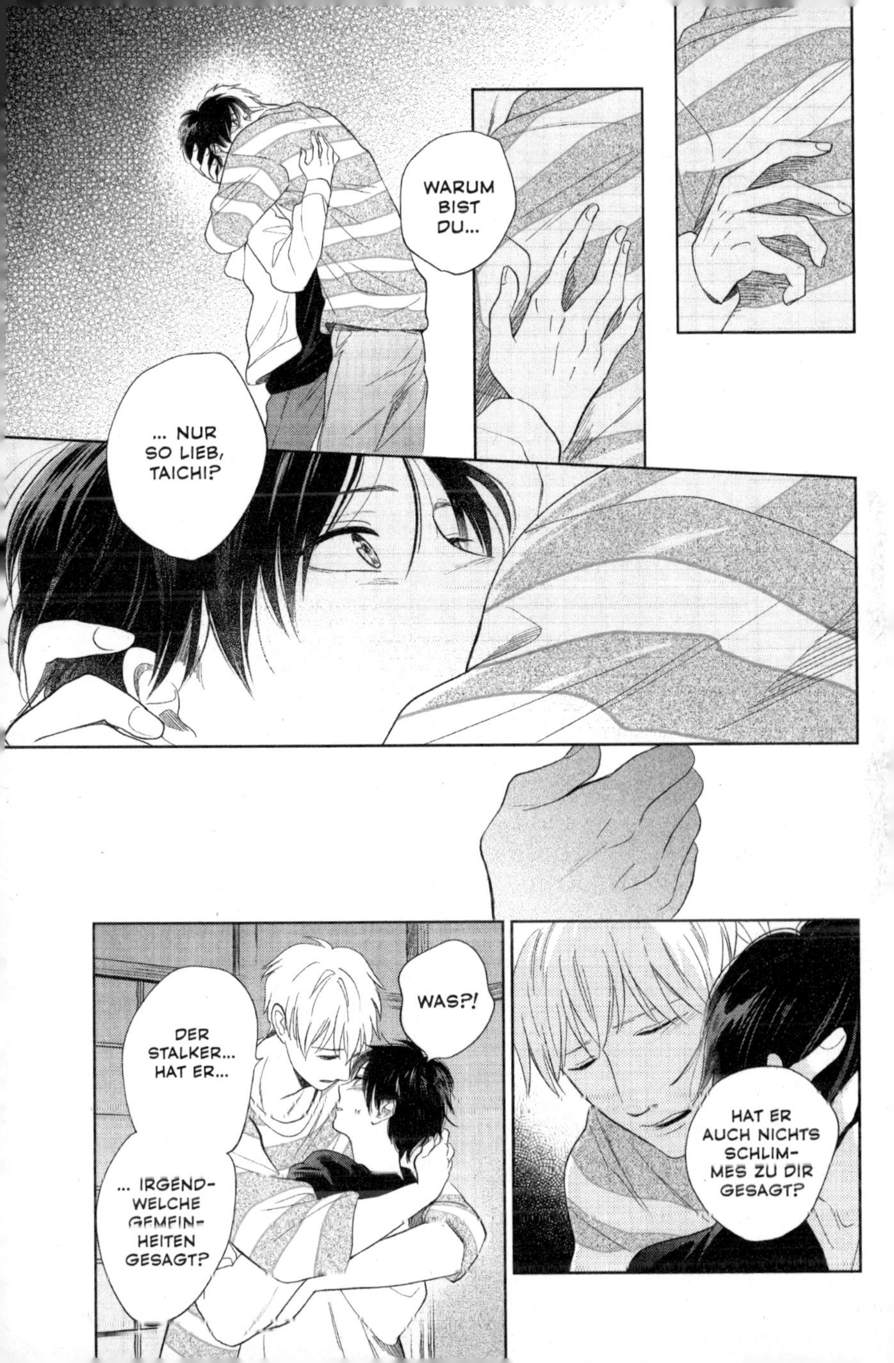
WARUM BIST DU...
... NUR SO LIEB, TAICHI?
HAT ER AUCH NICHTS SCHLIM-MES ZU DIR GESAGT?
WAS?!
DER STALKER... HAT ER...
... IRGEND-WELCHE GEMEIN-HEITEN GESAGT?

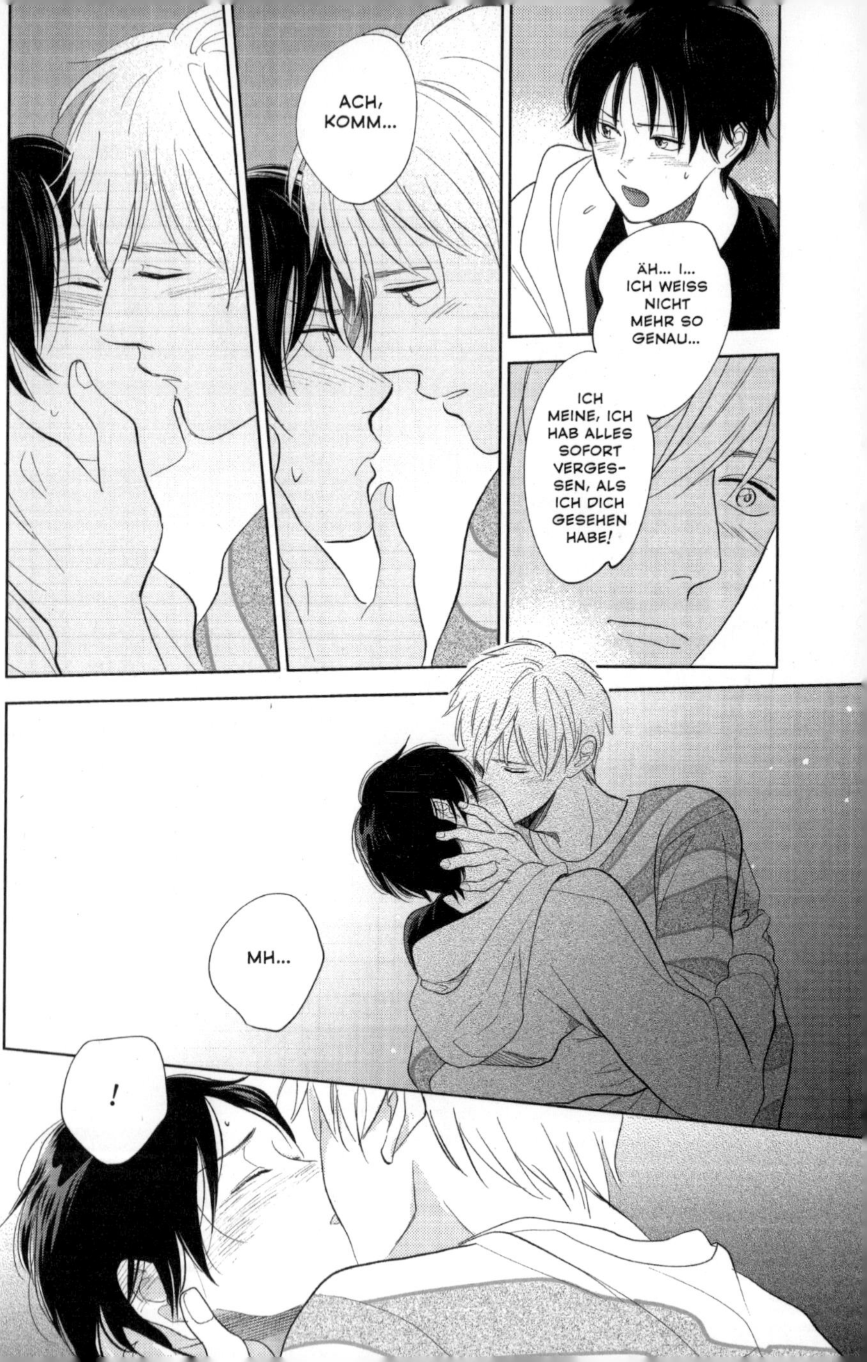
ÄH... I... ICH WEISS NICHT MEHR SO GENAU...
ICH MEINE, ICH HAB ALLES SOFORT VERGESSEN, ALS ICH DICH GESEHEN HABE!
ACH, KOMM...
MH...
!

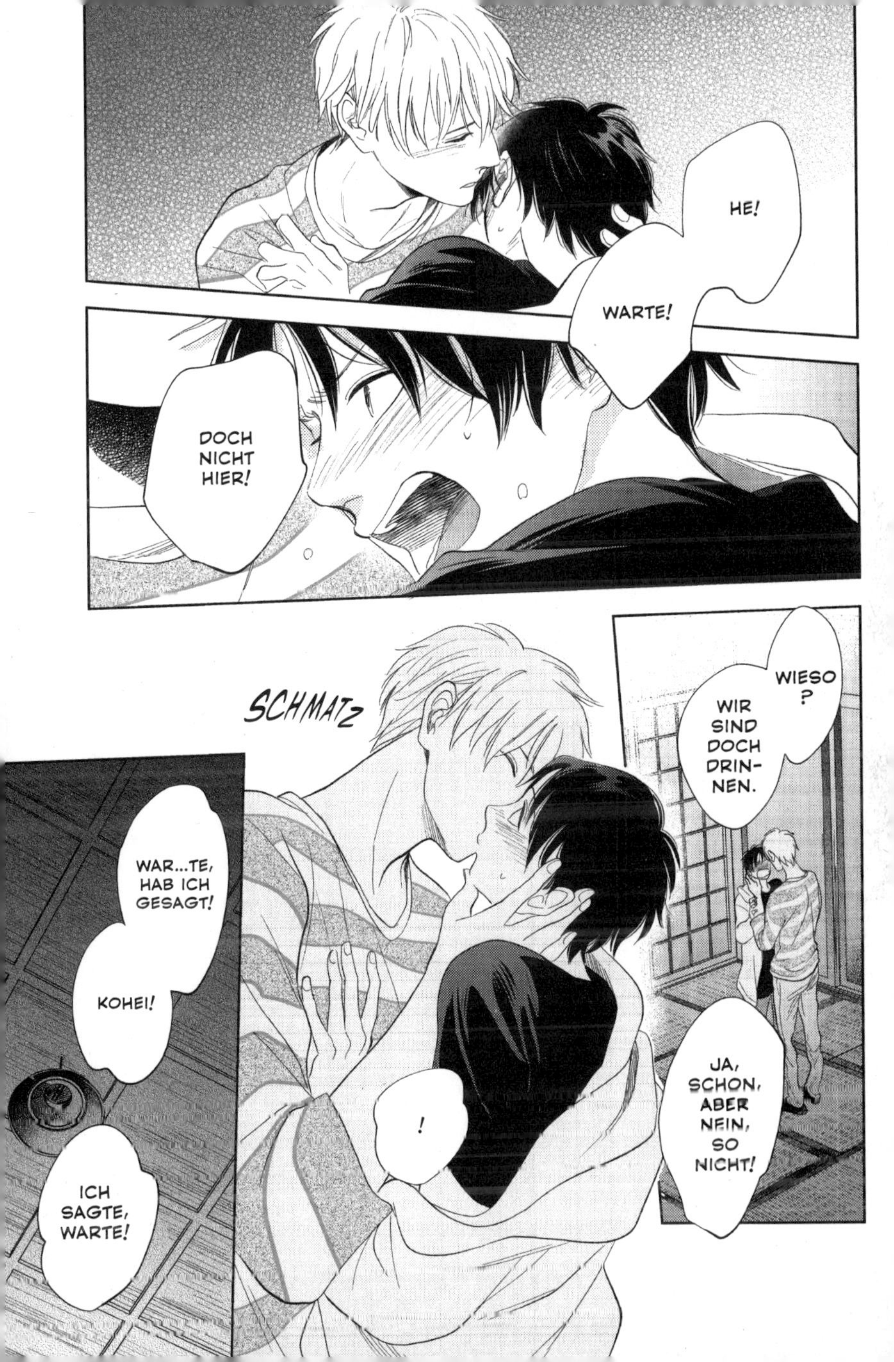
HE!
WARTE!
DOCH NICHT HIER!
WIESO?
WIR SIND DOCH DRINNEN.
SCHMATZ
JA, SCHON, ABER NEIN, SO NICHT!
!
WAR...TE, HAB ICH GESAGT!
KOHEI!
ICH SAGTE, WARTE!

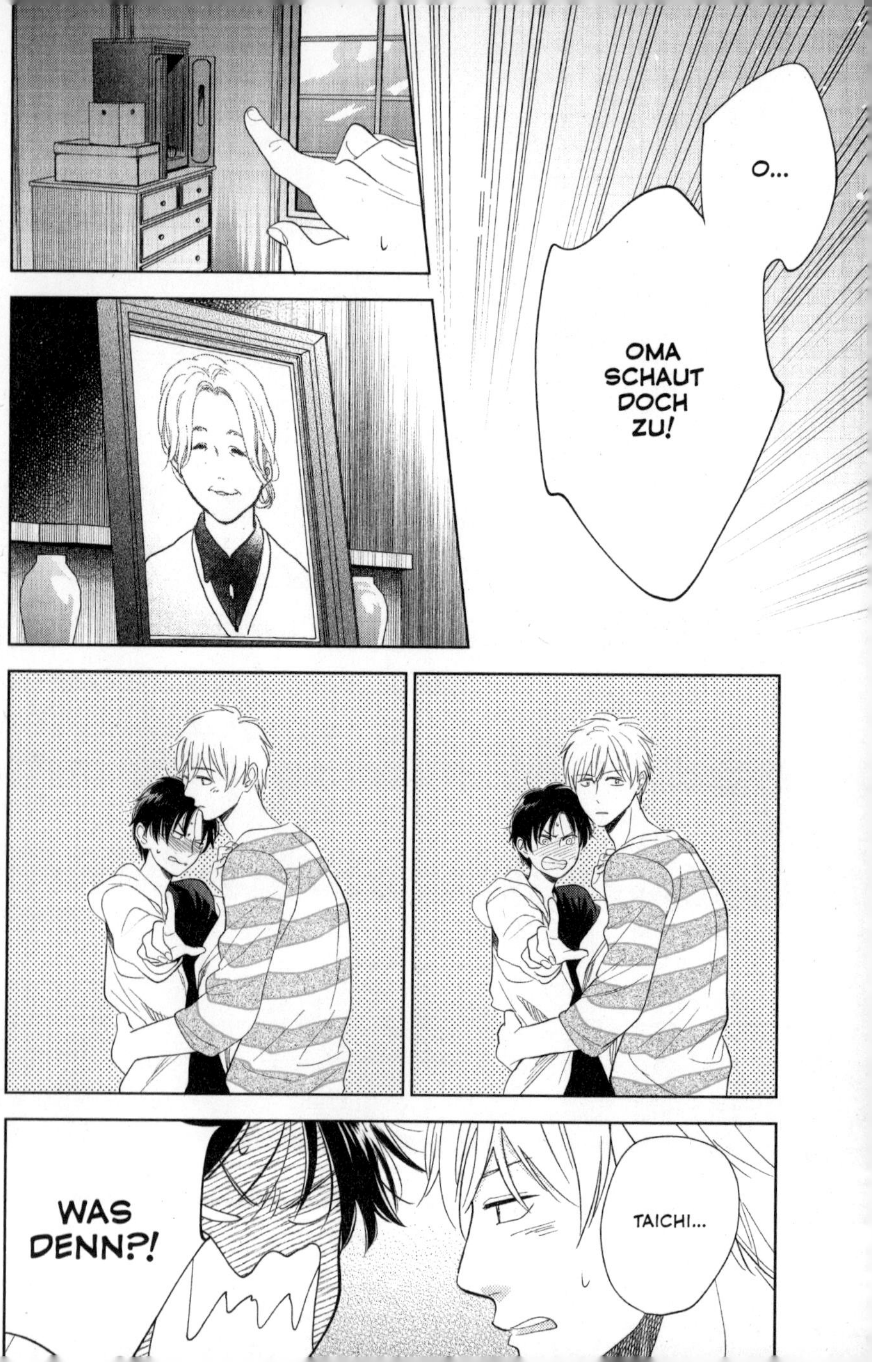
O...
OMA SCHAUT DOCH ZU!
TAICHI...
WAS DENN?!

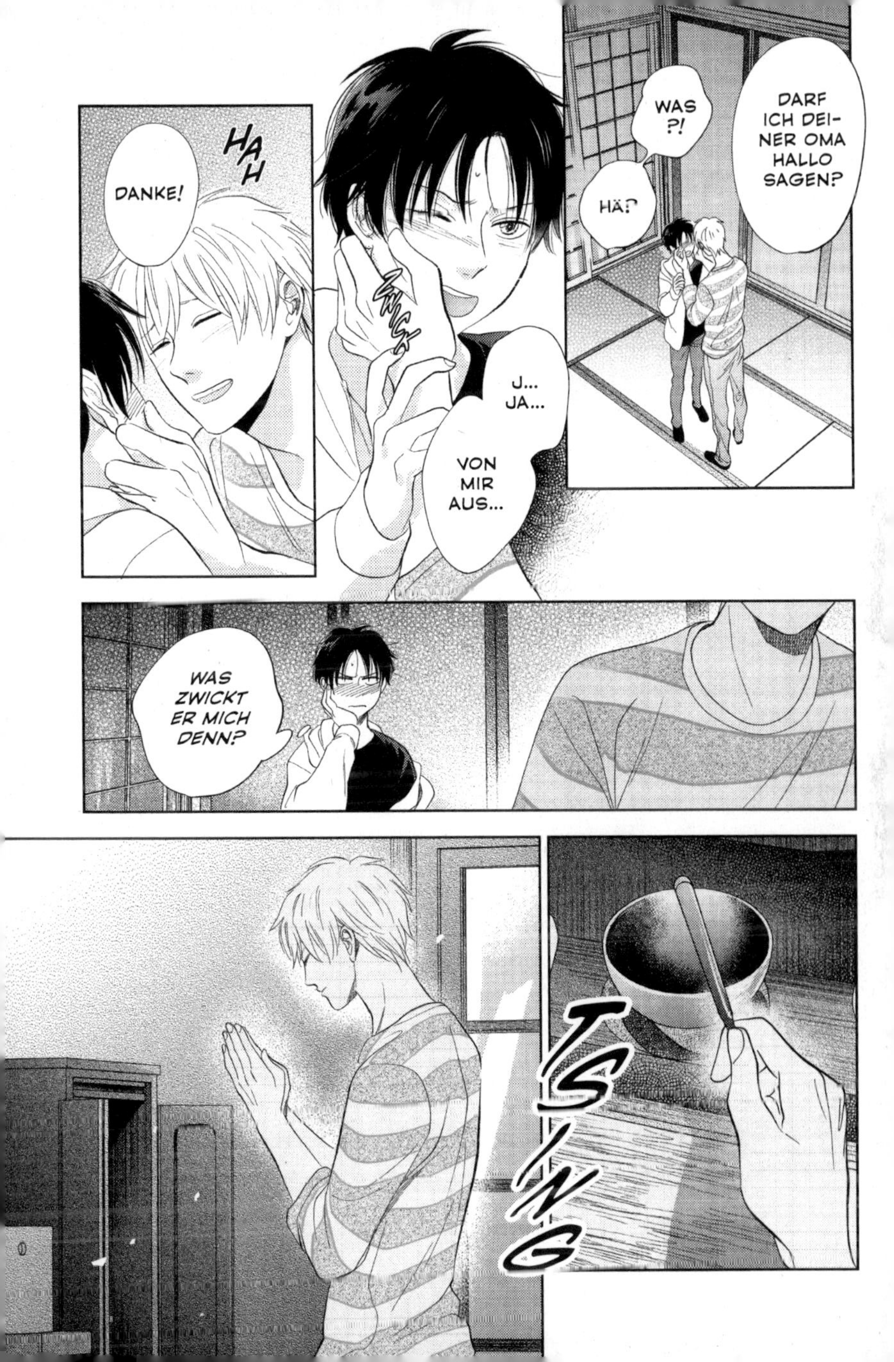
DARF ICH DEINER OMA HALLO SAGEN?
WAS ?!
HÄ?
J... JA...
VON MIR AUS...
ZWICK
HAH
DANKE!
WAS ZWICKT ER MICH DENN?
TSING

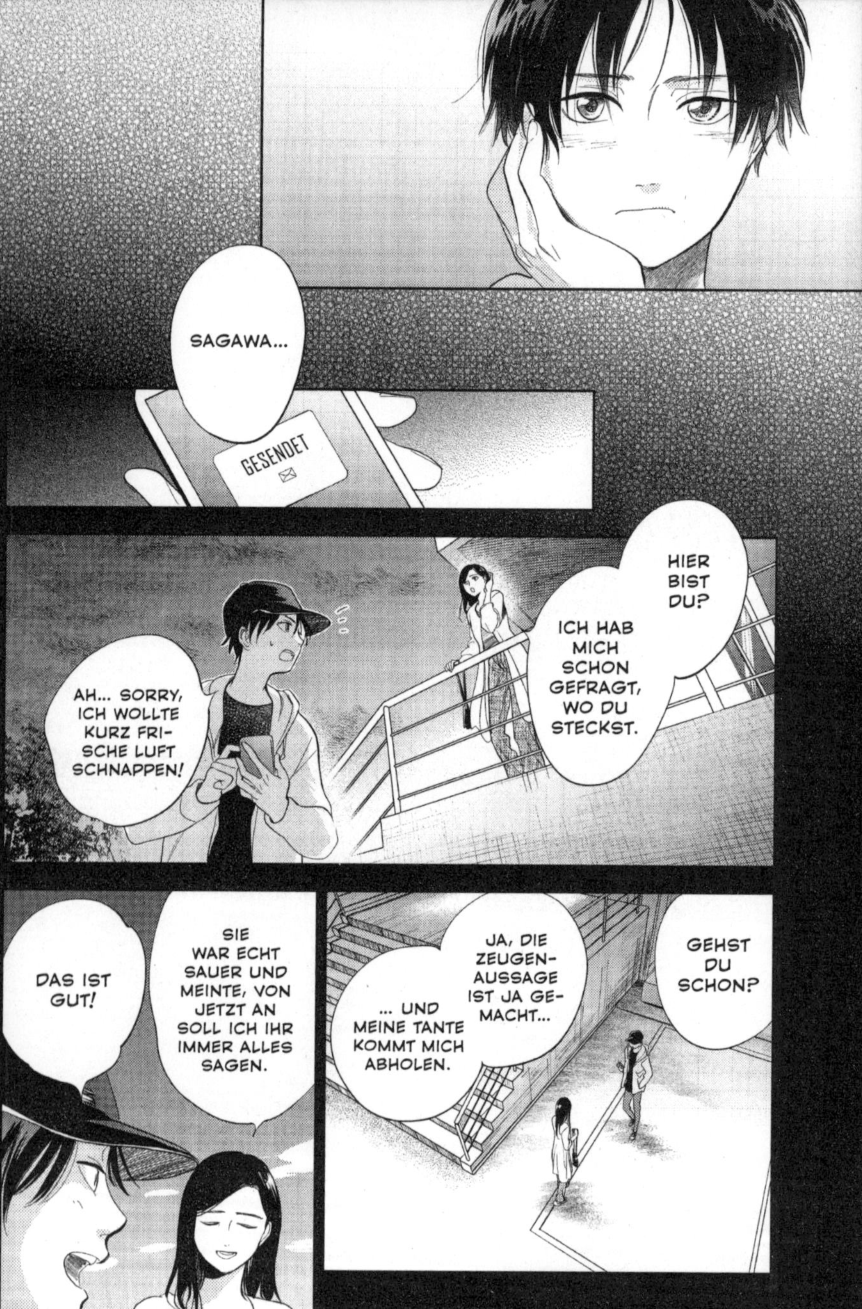
SAGAWA...
GESENDET
HIER BIST DU?
ICH HAB MICH SCHON GEFRAGT, WO DU STECKST.
AH... SORRY, ICH WOLLTE KURZ FRI-SCHE LUFT SCHNAPPEN!
GEHST DU SCHON?
JA, DIE ZEUGEN-AUSSAGE IST JA GE-MACHT...
... UND MEINE TANTE KOMMT MICH ABHOLEN.
SIE WAR ECHT SAUER UND MEINTE, VON JETZT AN SOLL ICH IHR IMMER ALLES SAGEN.
DAS IST GUT!

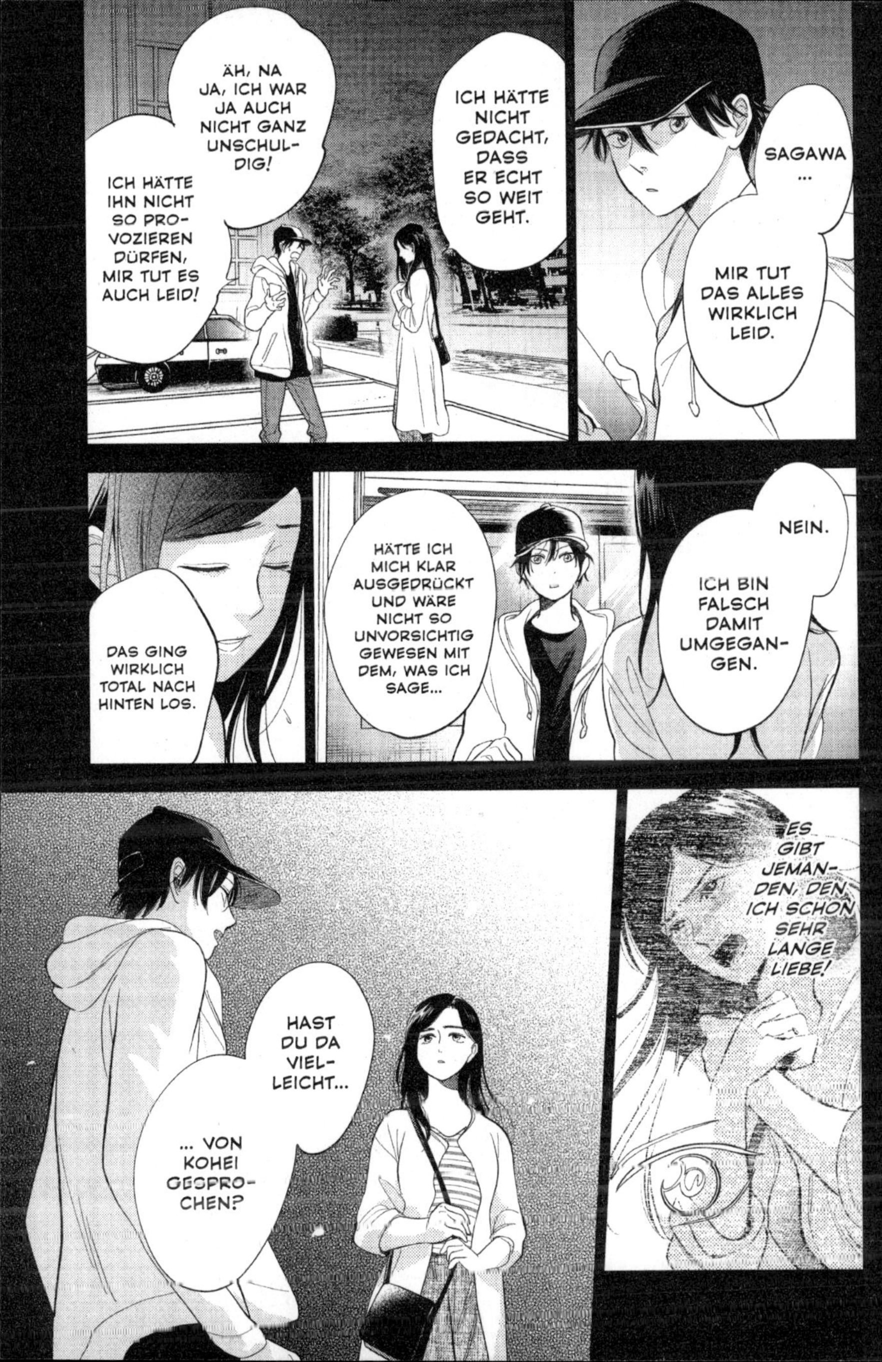
SAGAWA ...
MIR TUT DAS ALLES WIRKLICH LEID.
ICH HÄTTE NICHT GEDACHT, DASS ER ECHT SO WEIT GEHT.
ÄH, NA JA, ICH WAR JA AUCH NICHT GANZ UNSCHULDIG!
ICH HÄTTE IHN NICHT SO PROVOZIEREN DÜRFEN, MIR TUT ES AUCH LEID!
NEIN.
ICH BIN FALSCH DAMIT UMGEGANGEN.
HÄTTE ICH MICH KLAR AUSGEDRÜCKT UND WÄRE NICHT SO UNVORSICHTIG GEWESEN MIT DEM, WAS ICH SAGE...
DAS GING WIRKLICH TOTAL NACH HINTEN LOS.
ES GIBT JEMANDEN, DEN ICH SCHON SEHR LANGE LIEBE!
HAST DU DA VIELLEICHT...
... VON KOHEI GESPROCHEN?

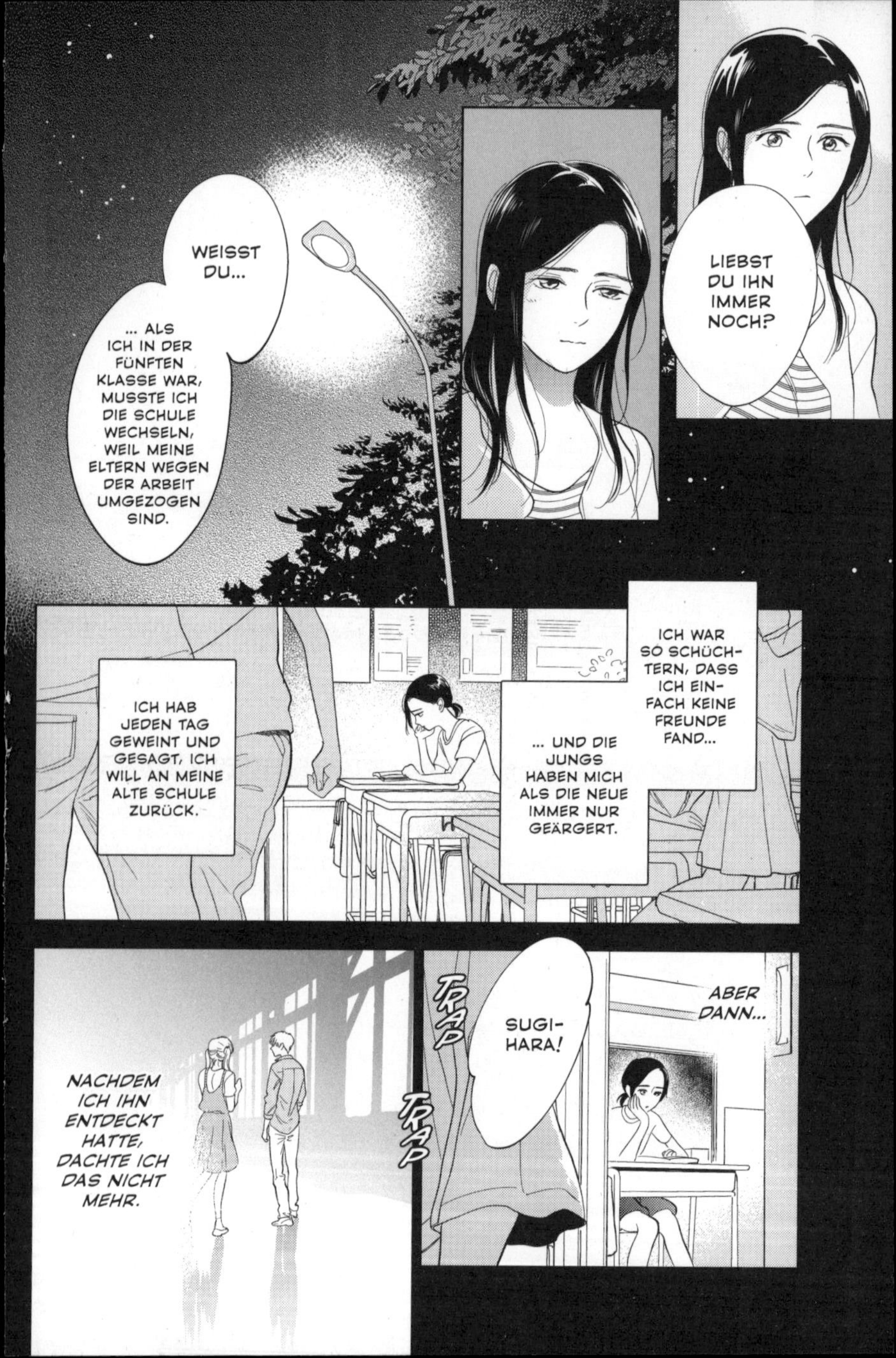
LIEBST DU IHN IMMER NOCH?
WEISST DU...
... ALS ICH IN DER FÜNFTEN KLASSE WAR, MUSSTE ICH DIE SCHULE WECHSELN, WEIL MEINE ELTERN WEGEN DER ARBEIT UMGEZOGEN SIND.
ICH WAR SO SCHÜCHTERN, DASS ICH EINFACH KEINE FREUNDE FAND...
... UND DIE JUNGS HABEN MICH ALS DIE NEUE IMMER NUR GEÄRGERT.
ICH HAB JEDEN TAG GEWEINT UND GESAGT, ICH WILL AN MEINE ALTE SCHULE ZURÜCK.
ABER DANN...
SUGIHARA!
TRAP
TRAP
NACHDEM ICH IHN ENTDECKT HATTE, DACHTE ICH DAS NICHT MEHR.

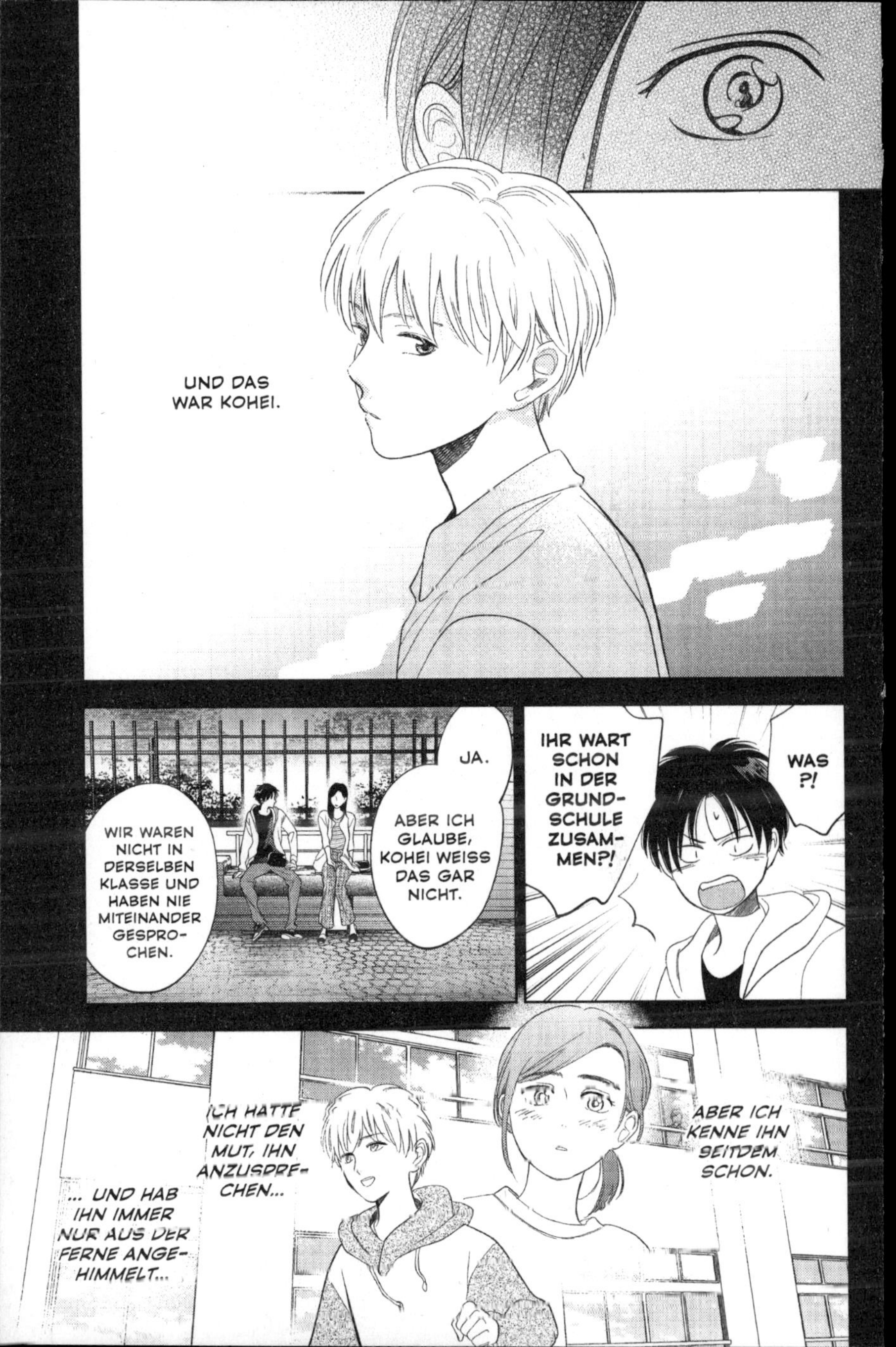
UND DAS WAR KOHEI.
WAS?!
IHR WART SCHON IN DER GRUND-SCHULE ZUSAM-MEN?!
JA.
ABER ICH GLAUBE, KOHEI WEISS DAS GAR NICHT.
WIR WAREN NICHT IN DERSELBEN KLASSE UND HABEN NIE MITEINANDER GESPRO-CHEN.
ABER ICH KENNE IHN SEITDEM SCHON.
ICH HATTE NICHT DEN MUT, IHN ANZUSPRE-CHEN...
... UND HAB IHN IMMER NUR AUS DER FERNE ANGE-HIMMELT...

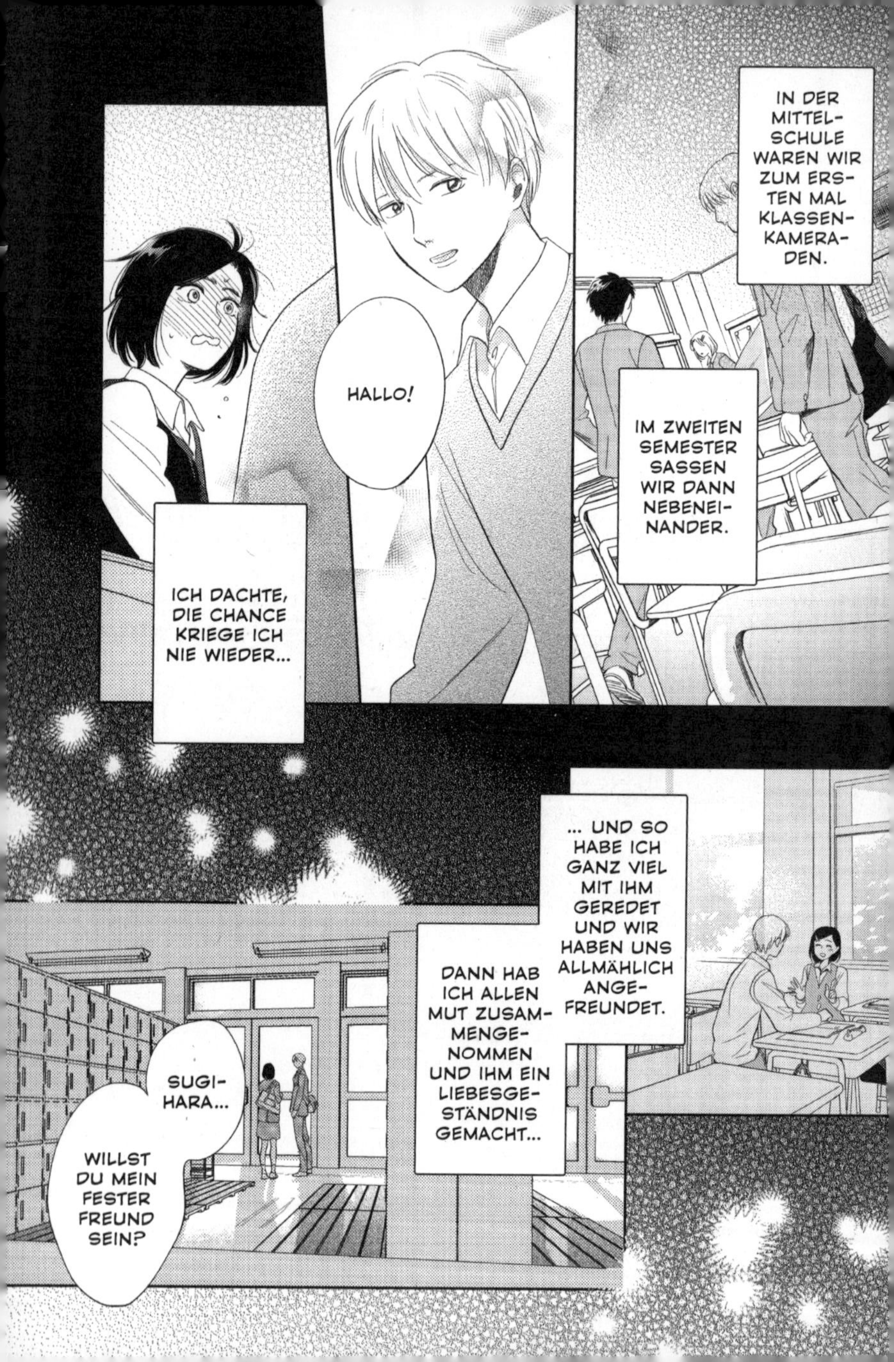
IN DER MITTEL-SCHULE WAREN WIR ZUM ERS-TEN MAL KLASSEN-KAMERA-DEN.
IM ZWEITEN SEMESTER SASSEN WIR DANN NEBENEI-NANDER.
HALLO!
ICH DACHTE, DIE CHANCE KRIEGE ICH NIE WIEDER...
... UND SO HABE ICH GANZ VIEL MIT IHM GEREDET UND WIR HABEN UNS ALLMÄHLICH ANGE-FREUNDET.
DANN HAB ICH ALLEN MUT ZUSAM-MENGE-NOMMEN UND IHM EIN LIEBESGE-STÄNDNIS GEMACHT...
SUGI-HARA...
WILLST DU MEIN FESTER FREUND SEIN?

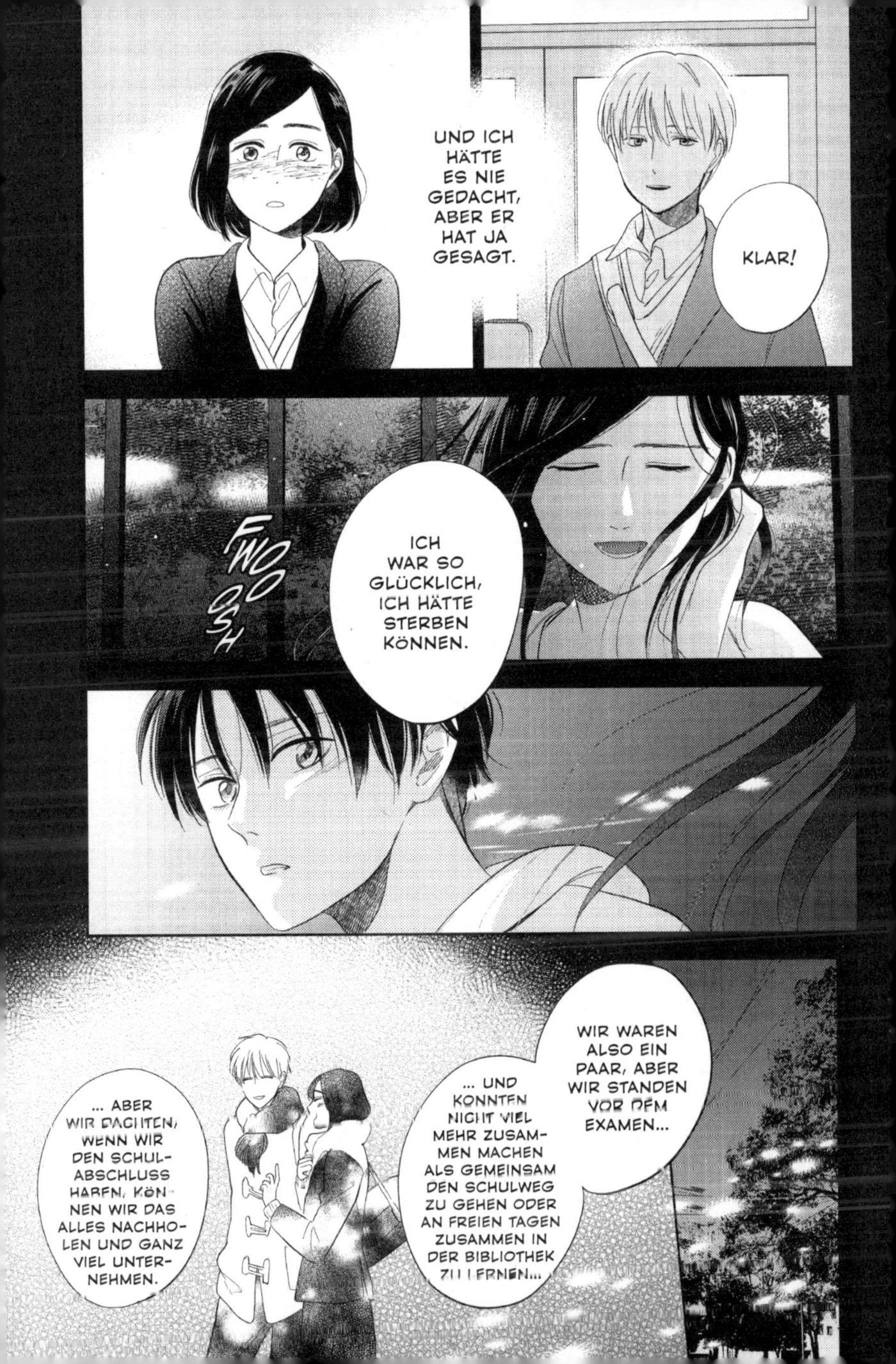
KLAR!
UND ICH HÄTTE ES NIE GEDACHT, ABER ER HAT JA GESAGT.
FWOOSH
ICH WAR SO GLÜCKLICH, ICH HÄTTE STERBEN KÖNNEN.
WIR WAREN ALSO EIN PAAR, ABER WIR STANDEN VOR DEM EXAMEN...
... UND KONNTEN NICHT VIEL MEHR ZUSAM-MEN MACHEN ALS GEMEINSAM DEN SCHULWEG ZU GEHEN ODER AN FREIEN TAGEN ZUSAMMEN IN DER BIBLIOTHEK ZU LERNEN...
... ABER WIR DACHTEN, WENN WIR DEN SCHUL-ABSCHLUSS HABEN, KÖN-NEN WIR DAS ALLES NACHHO-LEN UND GANZ VIEL UNTER-NEHMEN.

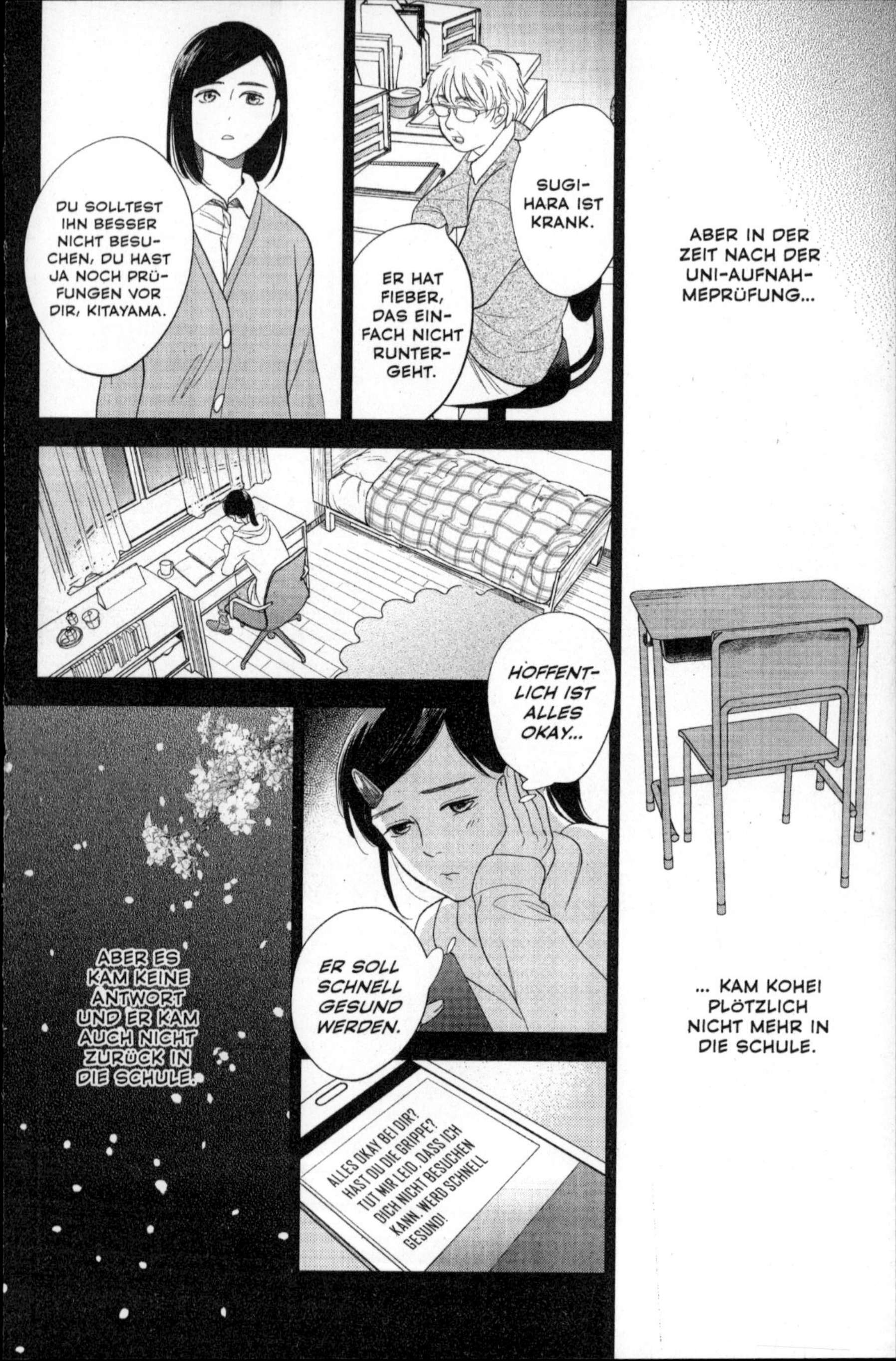
ABER IN DER ZEIT NACH DER UNI-AUFNAHMEPRÜFUNG...
... KAM KOHEI PLÖTZLICH NICHT MEHR IN DIE SCHULE.
SUGIHARA IST KRANK.
ER HAT FIEBER, DAS EINFACH NICHT RUNTERGEHT.
DU SOLLTEST IHN BESSER NICHT BESUCHEN, DU HAST JA NOCH PRÜFUNGEN VOR DIR, KITAYAMA.
HOFFENTLICH IST ALLES OKAY...
ER SOLL SCHNELL GESUND WERDEN.
ALLES OKAY BEI DIR? HAST DU DIE GRIPPE? TUT MIR LEID, DASS ICH DICH NICHT BESUCHEN KANN. WERD SCHNELL GESUND!
ABER ES KAM KEINE ANTWORT UND ER KAM AUCH NICHT ZURÜCK IN DIE SCHULE.

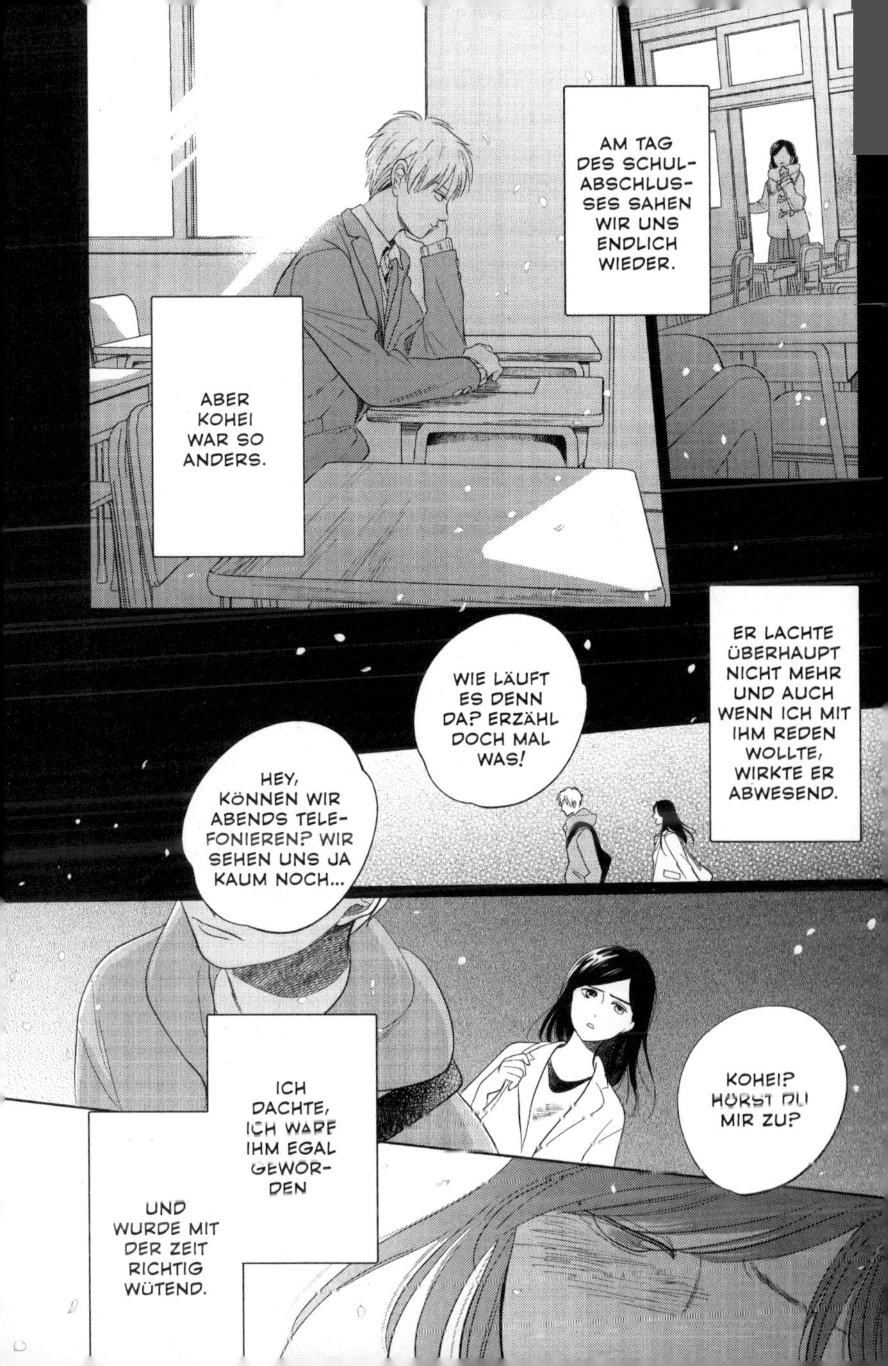
AM TAG DES SCHULABSCHLUSSES SAHEN WIR UNS ENDLICH WIEDER.
ABER KOHEI WAR SO ANDERS.
ER LACHTE ÜBERHAUPT NICHT MEHR UND AUCH WENN ICH MIT IHM REDEN WOLLTE, WIRKTE ER ABWESEND.
WIE LÄUFT ES DENN DA? ERZÄHL DOCH MAL WAS!
HEY, KÖNNEN WIR ABENDS TELEFONIEREN? WIR SEHEN UNS JA KAUM NOCH...
KOHEI? HÖRST DU MIR ZU?
ICH DACHTE, ICH WÄRE IHM EGAL GEWORDEN
UND WURDE MIT DER ZEIT RICHTIG WÜTEND.

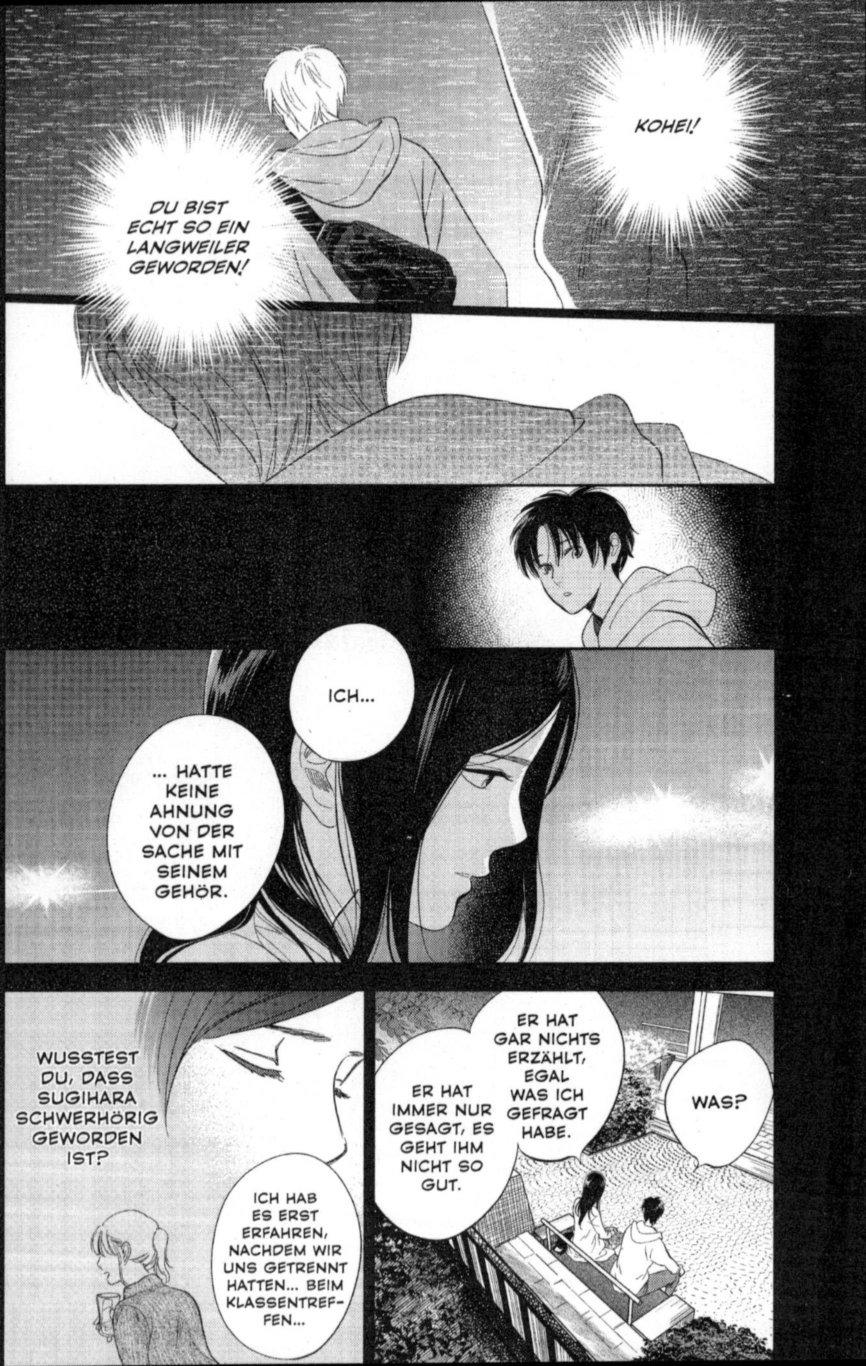
KOHEI!
DU BIST ECHT SO EIN LANGWEILER GEWORDEN!
ICH...
... HATTE KEINE AHNUNG VON DER SACHE MIT SEINEM GEHÖR.
WAS?
ER HAT GAR NICHTS ERZÄHLT, EGAL WAS ICH GEFRAGT HABE.
ER HAT IMMER NUR GESAGT, ES GEHT IHM NICHT SO GUT.
WUSSTEST DU, DASS SUGIHARA SCHWERHÖRIG GEWORDEN IST?
ICH HAB ES ERST ERFAHREN, NACHDEM WIR UNS GETRENNT HATTEN... BEIM KLASSENTREFFEN...

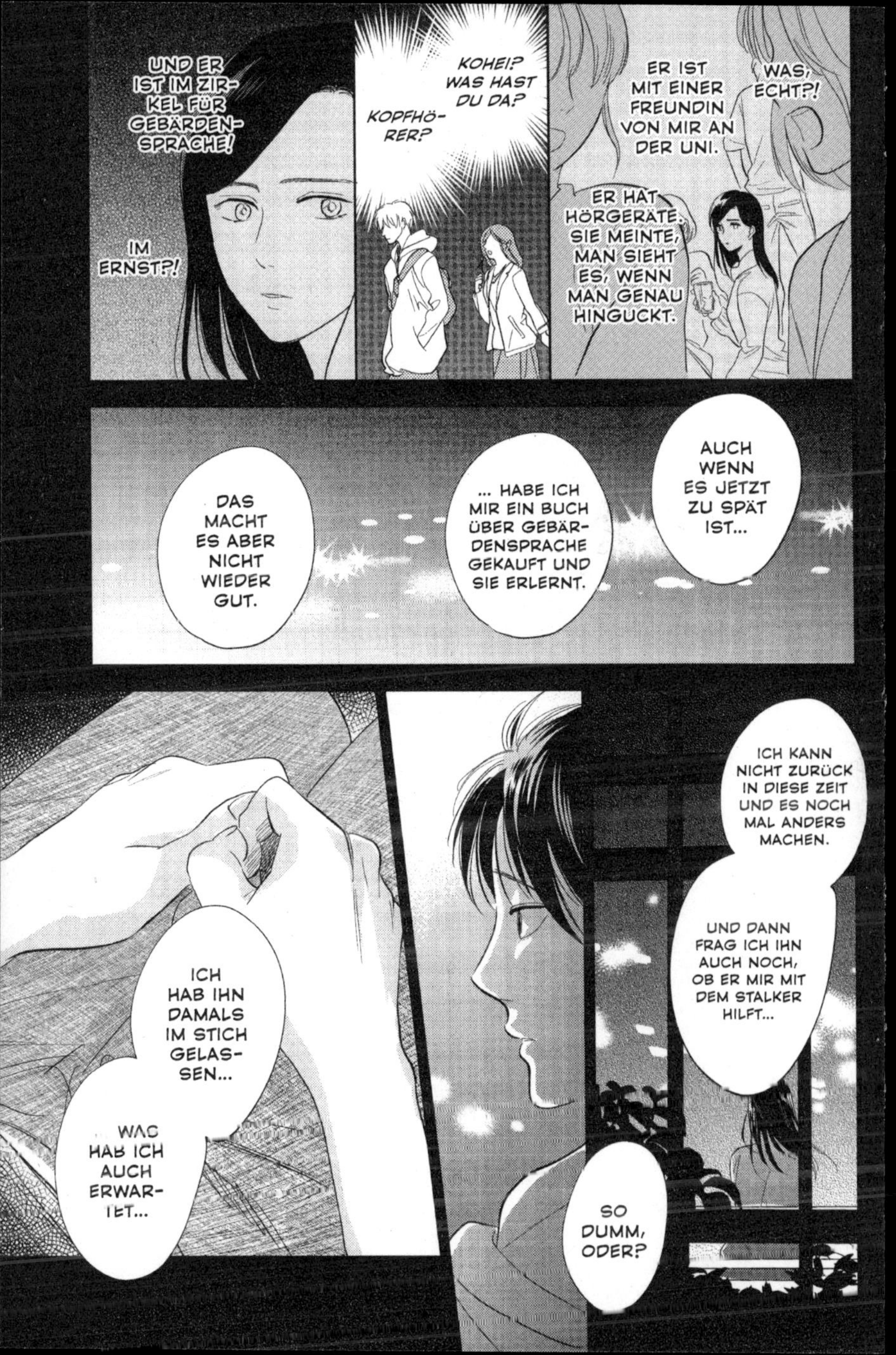
ER IST MIT EINER FREUNDIN VON MIR AN DER UNI.
WAS, ECHT?!
ER HAT HÖRGERÄTE. SIE MEINTE, MAN SIEHT ES, WENN MAN GENAU HINGUCKT.
KOHEI? WAS HAST DU DA?
KOPFHÖRER?
UND ER IST IM ZIRKEL FÜR GEBÄRDENSPRACHE!
IM ERNST?!
AUCH WENN ES JETZT ZU SPÄT IST...
... HABE ICH MIR EIN BUCH ÜBER GEBÄRDENSPRACHE GEKAUFT UND SIE ERLERNT.
DAS MACHT ES ABER NICHT WIEDER GUT.
ICH KANN NICHT ZURÜCK IN DIESE ZEIT UND ES NOCH MAL ANDERS MACHEN.
UND DANN FRAG ICH IHN AUCH NOCH, OB ER MIR MIT DEM STALKER HILFT...
SO DUMM, ODER?
ICH HAB IHN DAMALS IM STICH GELASSEN...
WAS HAB ICH AUCH ERWARTET...

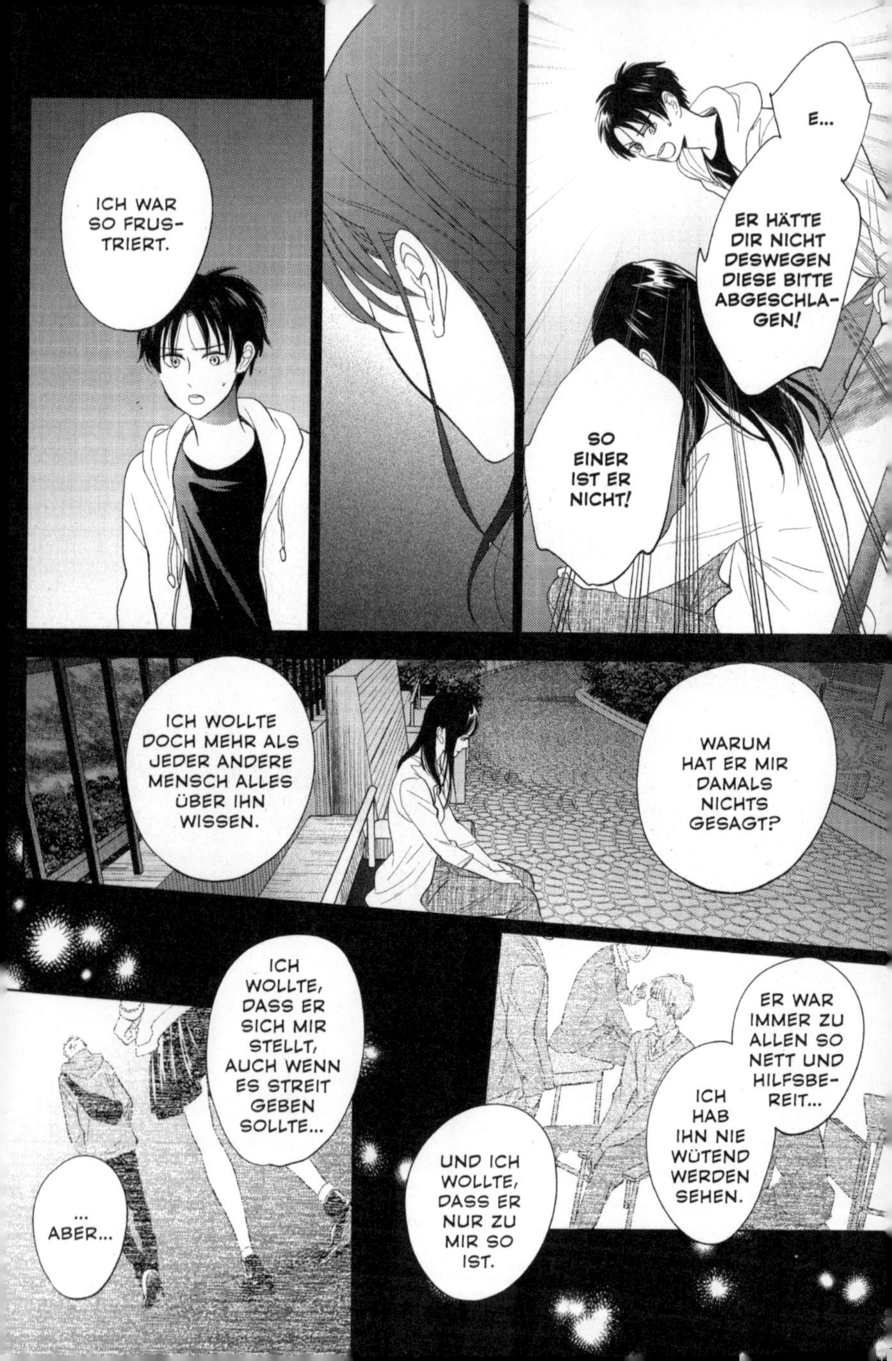
E...
ER HÄTTE DIR NICHT DESWEGEN DIESE BITTE ABGESCHLAGEN!
SO EINER IST ER NICHT!
ICH WAR SO FRUSTRIERT.
WARUM HAT ER MIR DAMALS NICHTS GESAGT?
ICH WOLLTE DOCH MEHR ALS JEDER ANDERE MENSCH ALLES ÜBER IHN WISSEN.
ER WAR IMMER ZU ALLEN SO NETT UND HILFSBEREIT...
ICH HAB IHN NIE WÜTEND WERDEN SEHEN.
UND ICH WOLLTE, DASS ER NUR ZU MIR SO IST.
ICH WOLLTE, DASS ER SICH MIR STELLT, AUCH WENN ES STREIT GEBEN SOLLTE...
... ABER...

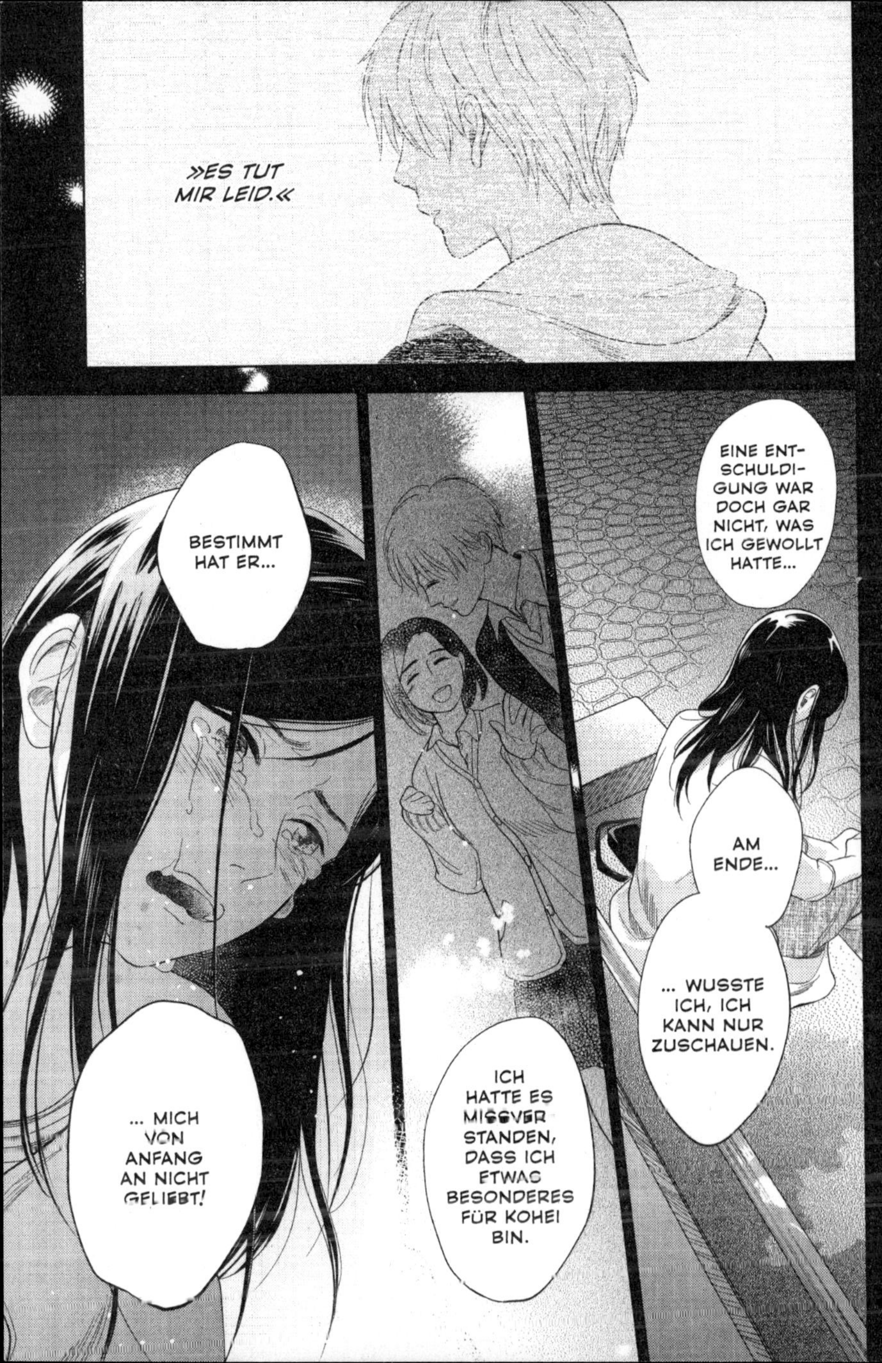
»ES TUT MIR LEID.«
EINE ENT-SCHULDI-GUNG WAR DOCH GAR NICHT, WAS ICH GEWOLLT HATTE...
BESTIMMT HAT ER...
AM ENDE...
... WUSSTE ICH, ICH KANN NUR ZUSCHAUEN.
ICH HATTE ES MISSVER STANDEN, DASS ICH ETWAS BESONDERES FÜR KOHEI BIN.
... MICH VON ANFANG AN NICHT GELIEBT!

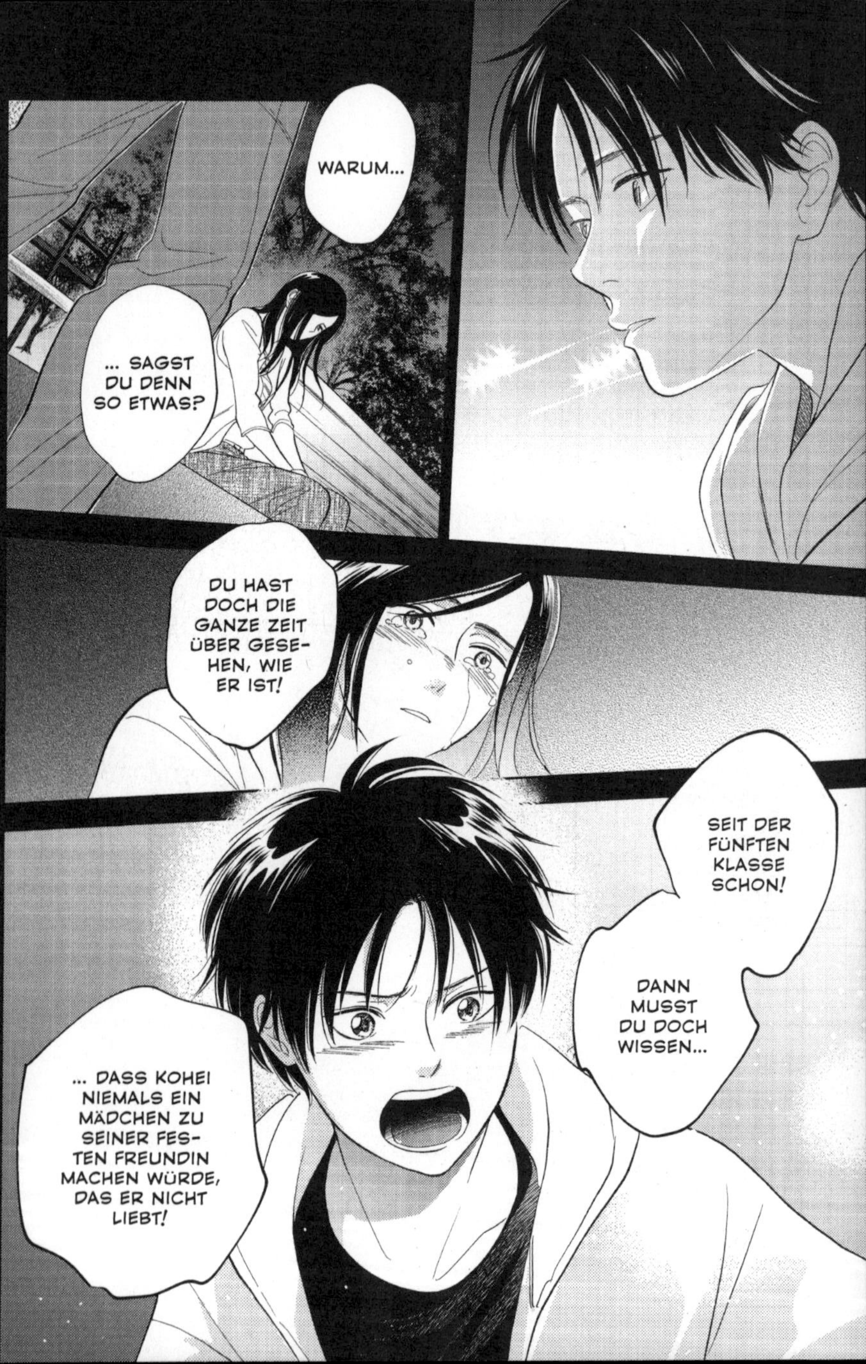
WARUM...
... SAGST DU DENN SO ETWAS?
DU HAST DOCH DIE GANZE ZEIT ÜBER GESE-HEN, WIE ER IST!
SEIT DER FÜNFTEN KLASSE SCHON!
DANN MUSST DU DOCH WISSEN...
... DASS KOHEI NIEMALS EIN MÄDCHEN ZU SEINER FES-TEN FREUNDIN MACHEN WÜRDE, DAS ER NICHT LIEBT!

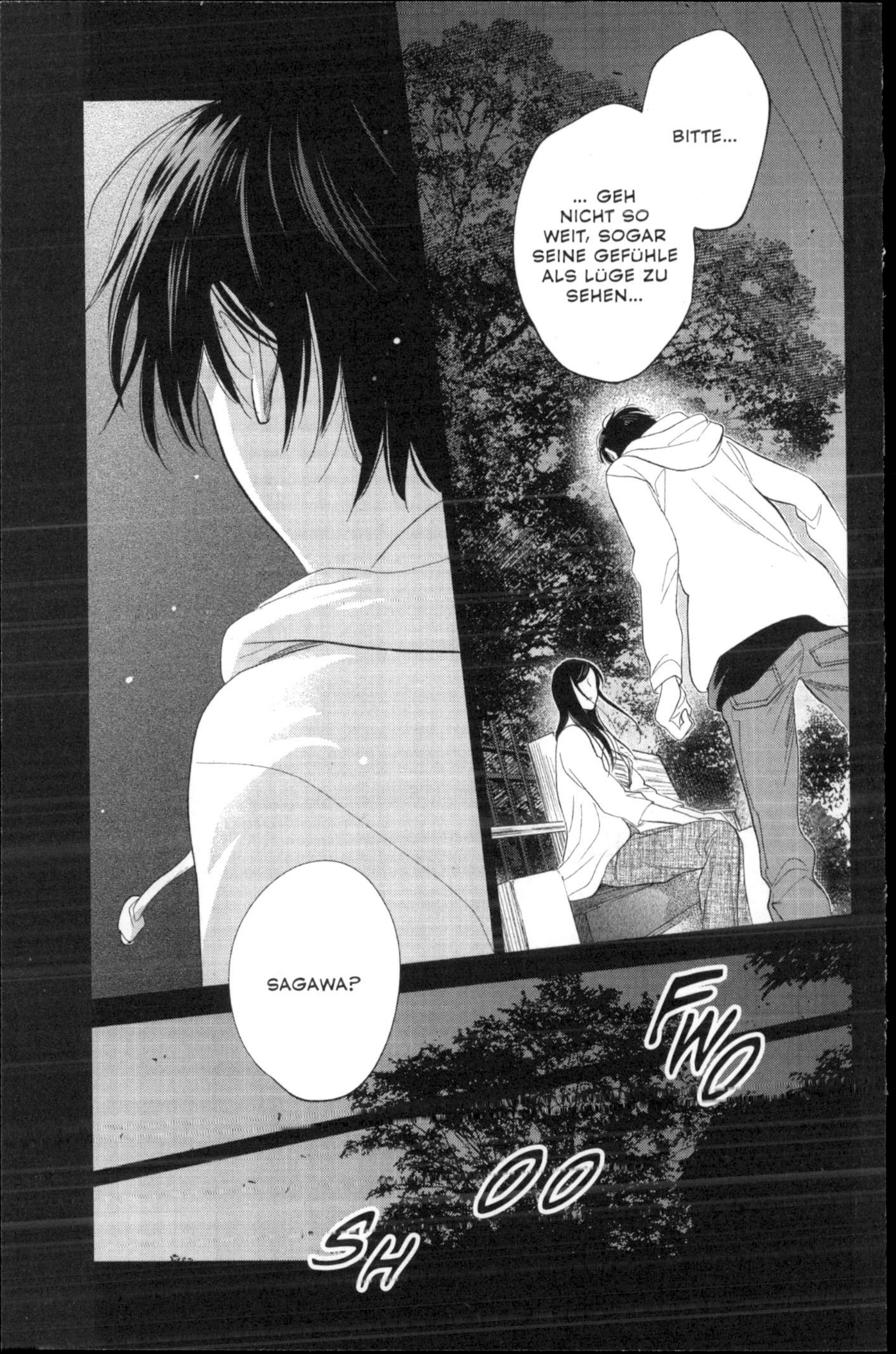
BITTE...
... GEH NICHT SO WEIT, SOGAR SEINE GEFÜHLE ALS LÜGE ZU SEHEN...
SAGAWA?
FWO
OO
SH

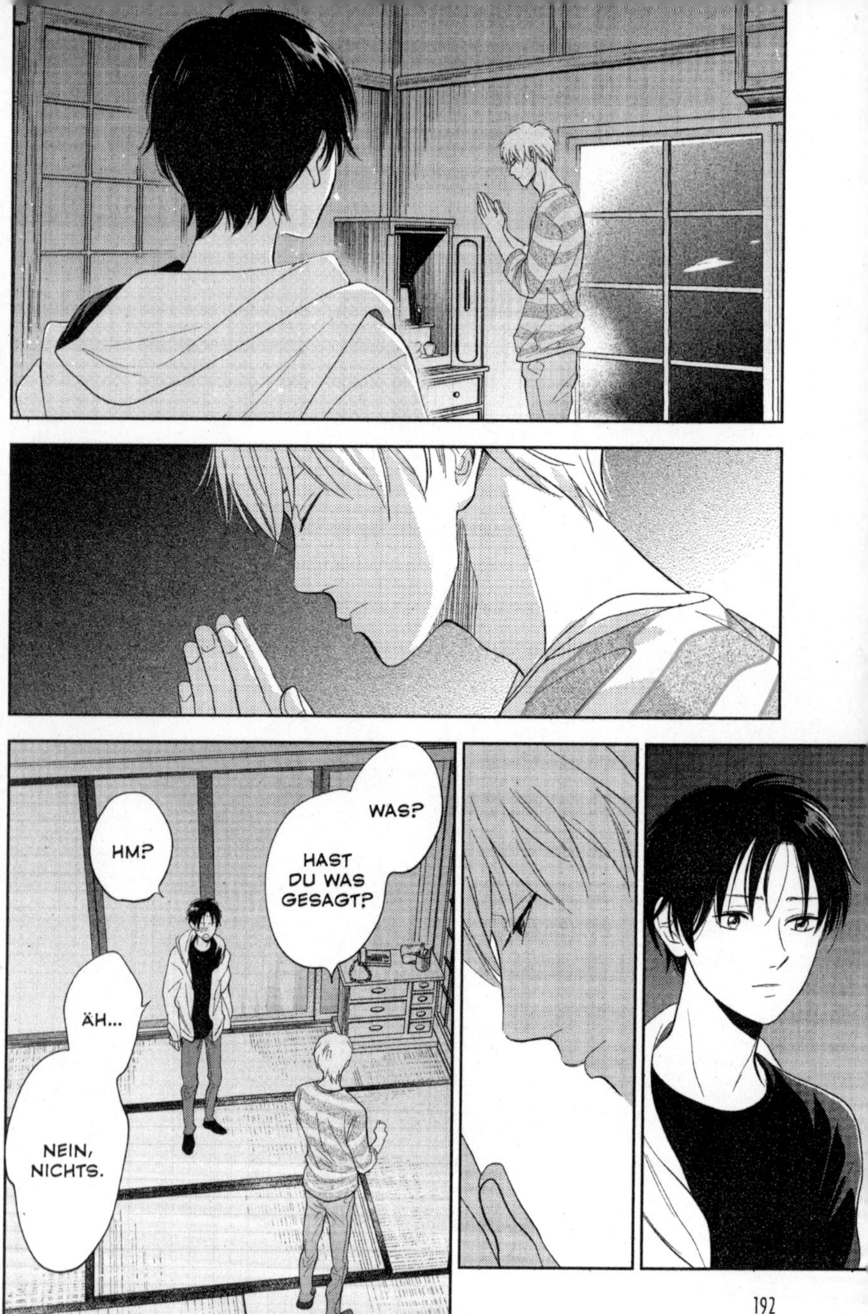
WAS?
HAST DU WAS GESAGT?
HM?
ÄH...
NEIN, NICHTS.

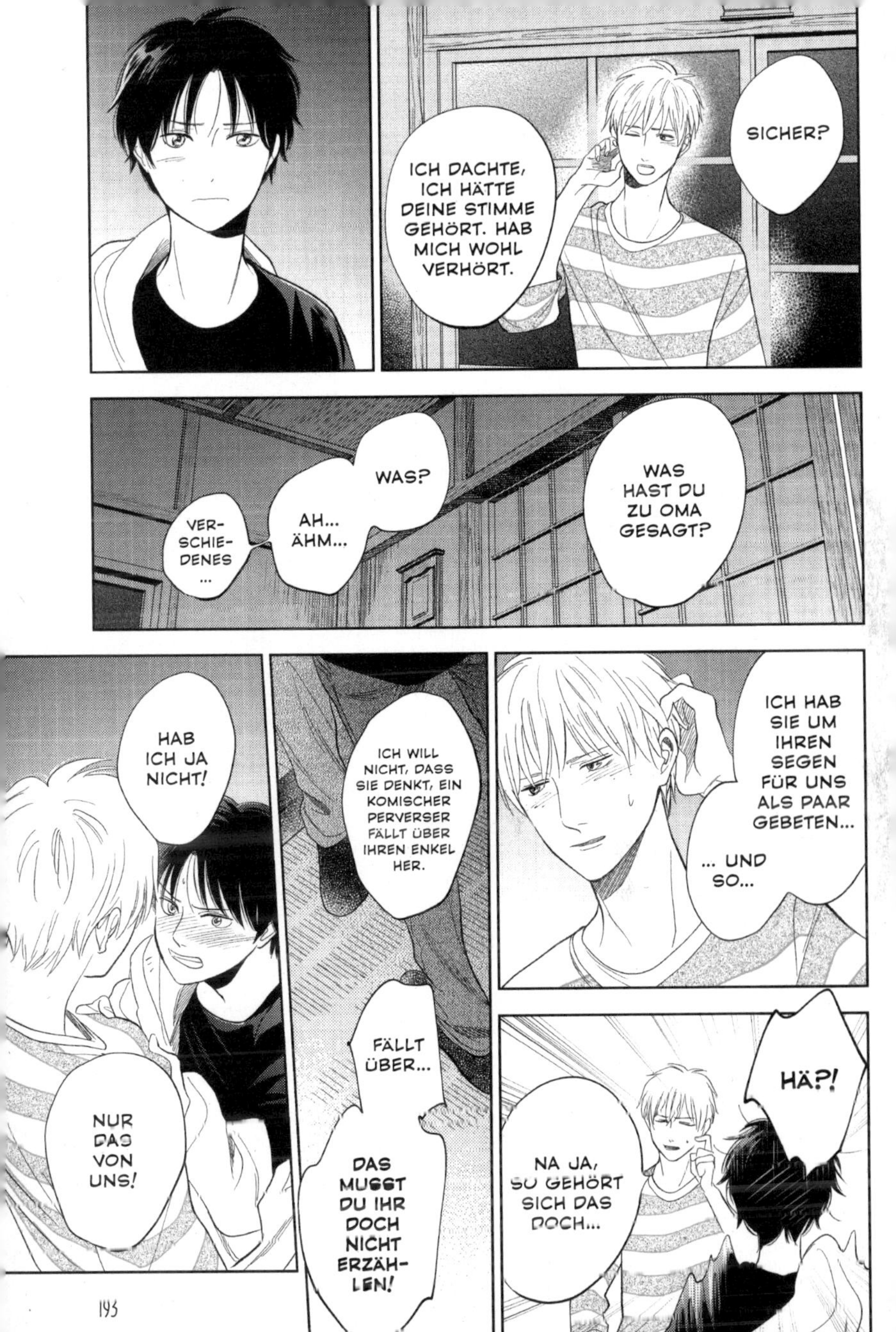
SICHER?
ICH DACHTE, ICH HÄTTE DEINE STIMME GEHÖRT. HAB MICH WOHL VERHÖRT.
WAS HAST DU ZU OMA GESAGT?
WAS?
AH... ÄHM...
VER-SCHIE-DENES ...
ICH HAB SIE UM IHREN SEGEN FÜR UNS ALS PAAR GEBETEN...
... UND SO...
HÄ?!
NA JA, SO GEHÖRT SICH DAS DOCH...
ICH WILL NICHT, DASS SIE DENKT, EIN KOMISCHER PERVERSER FÄLLT ÜBER IHREN ENKEL HER.
FÄLLT ÜBER...
DAS MUSST DU IHR DOCH NICHT ERZÄH-LEN!
HAB ICH JA NICHT!
NUR DAS VON UNS!

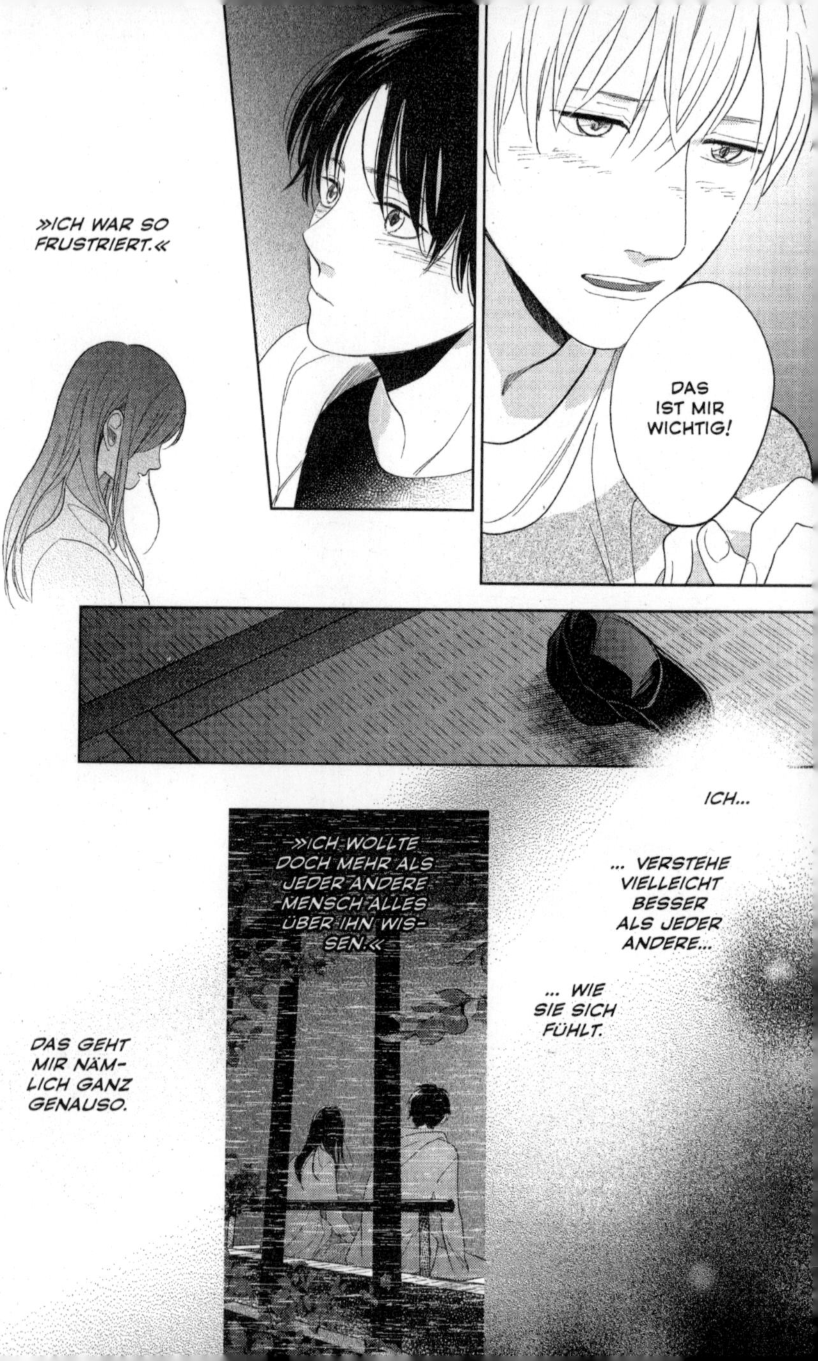
DAS IST MIR WICHTIG!
»ICH WAR SO FRUSTRIERT.«
ICH...
... VERSTEHE VIELLEICHT BESSER ALS JEDER ANDERE...
... WIE SIE SICH FÜHLT.
»ICH WOLLTE DOCH MEHR ALS JEDER ANDERE MENSCH ALLES ÜBER IHN WISSEN.«
DAS GEHT MIR NÄMLICH GANZ GENAUSO.

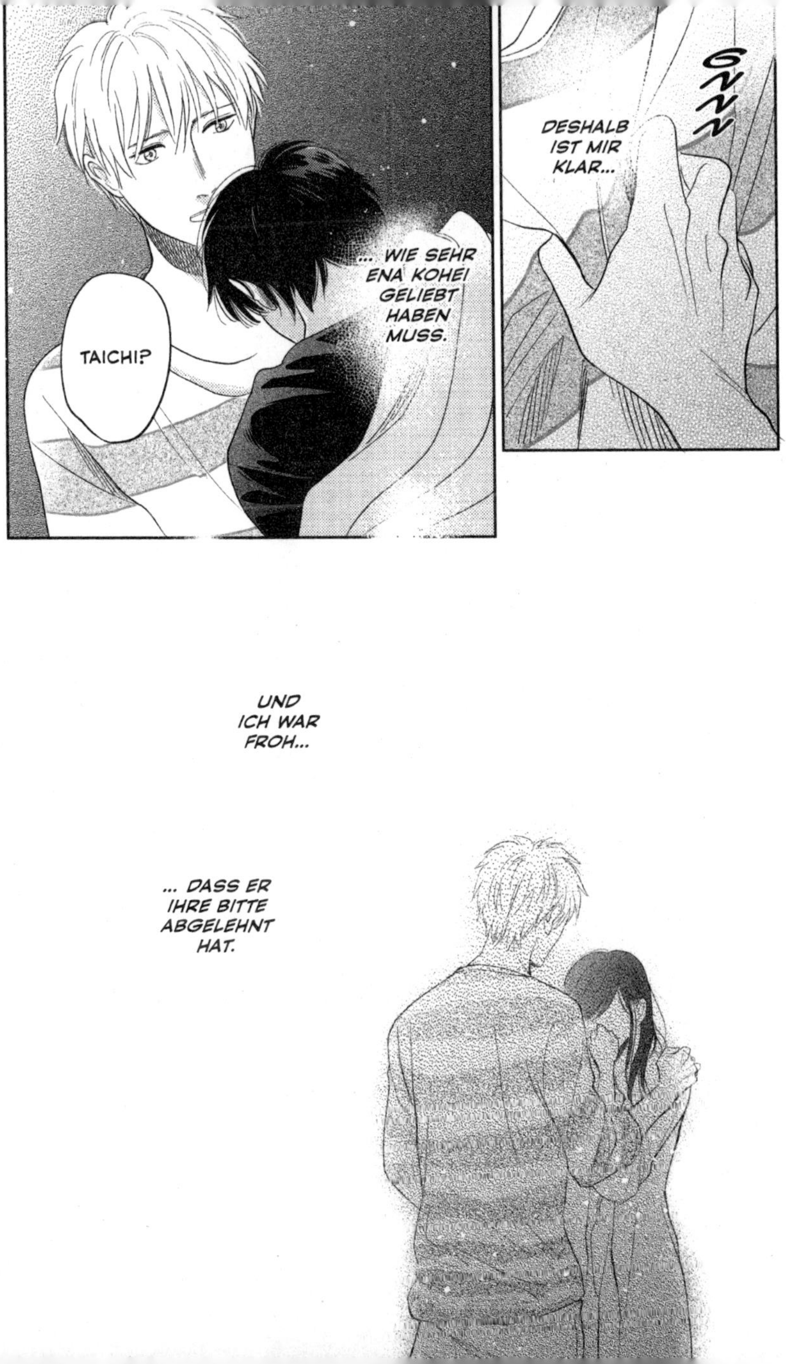
GNNN
DESHALB IST MIR KLAR...
... WIE SEHR ENA KOHEI GELIEBT HABEN MUSS.
TAICHI?
UND ICH WAR FROH...
... DASS ER IHRE BITTE ABGELEHNT HAT.

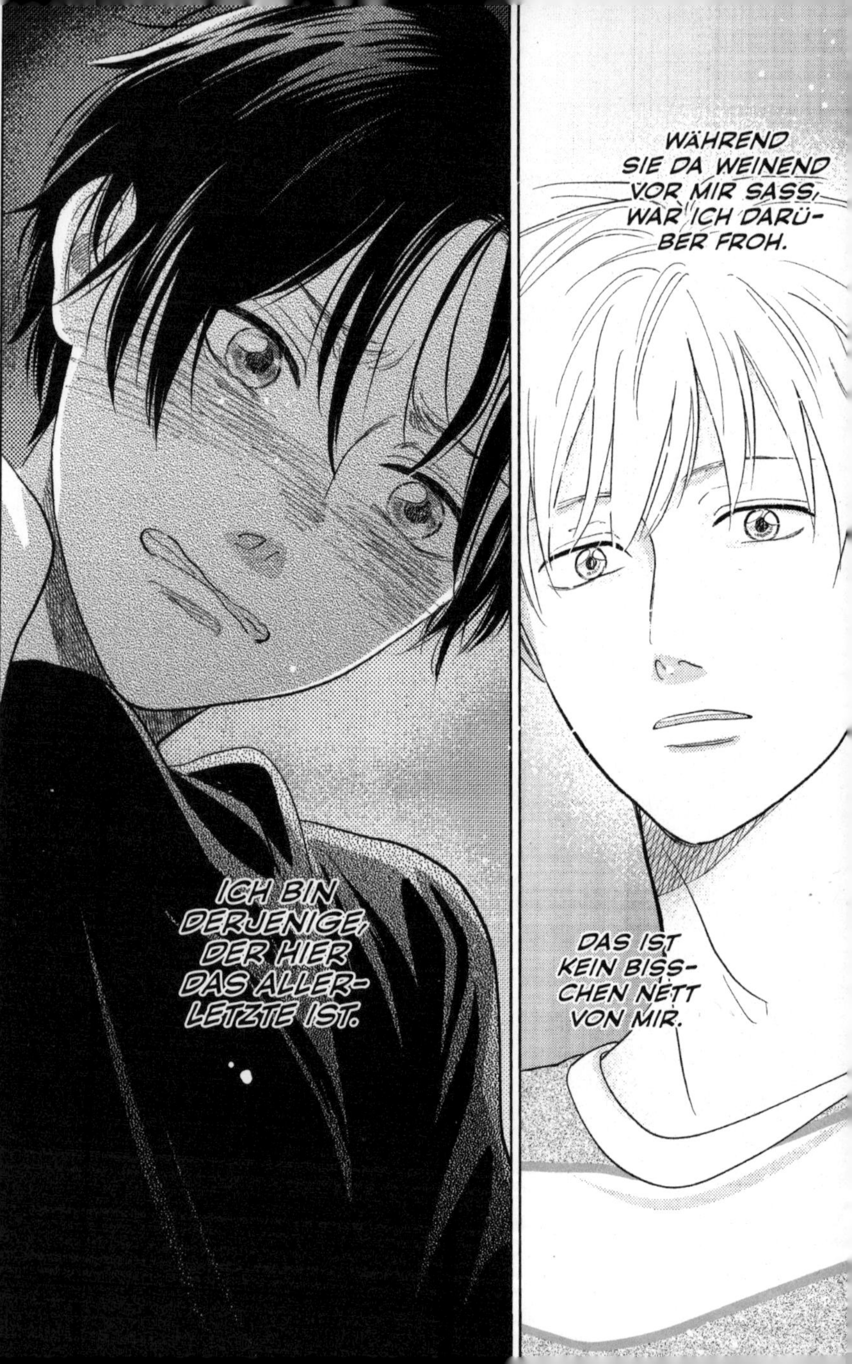
WÄHREND SIE DA WEINEND VOR MIR SASS, WAR ICH DARÜBER FROH.
DAS IST KEIN BISSCHEN NETT VON MIR.
ICH BIN DERJENIGE, DER HIER DAS ALLERLETZTE IST.

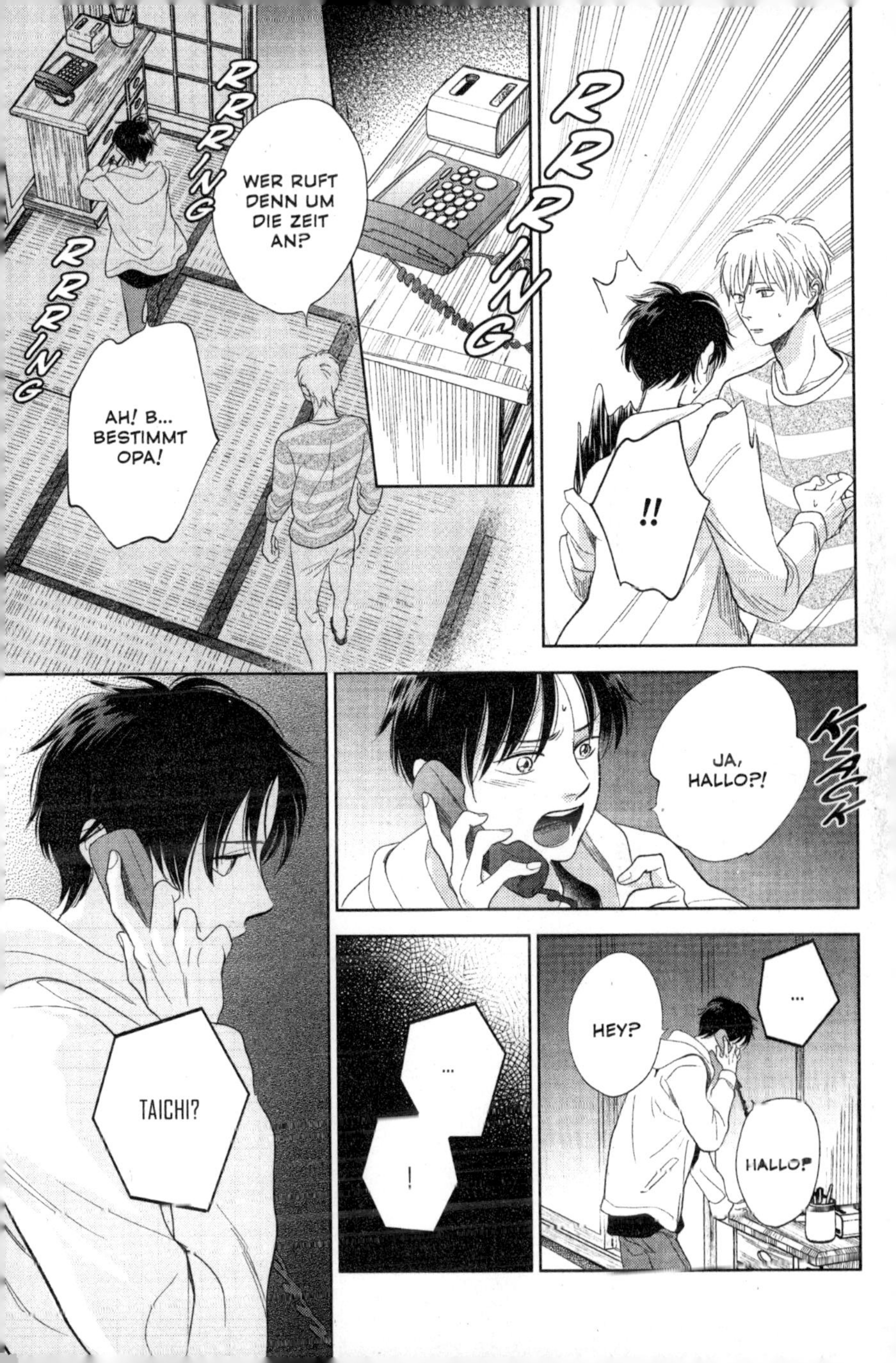
RRRING
WER RUFT DENN UM DIE ZEIT AN?
RRRING
RRRING
AH! B... BESTIMMT OPA!
!!
KLACK
JA, HALLO?!
TAICHI?
...
HEY?
HALLO?
...
!

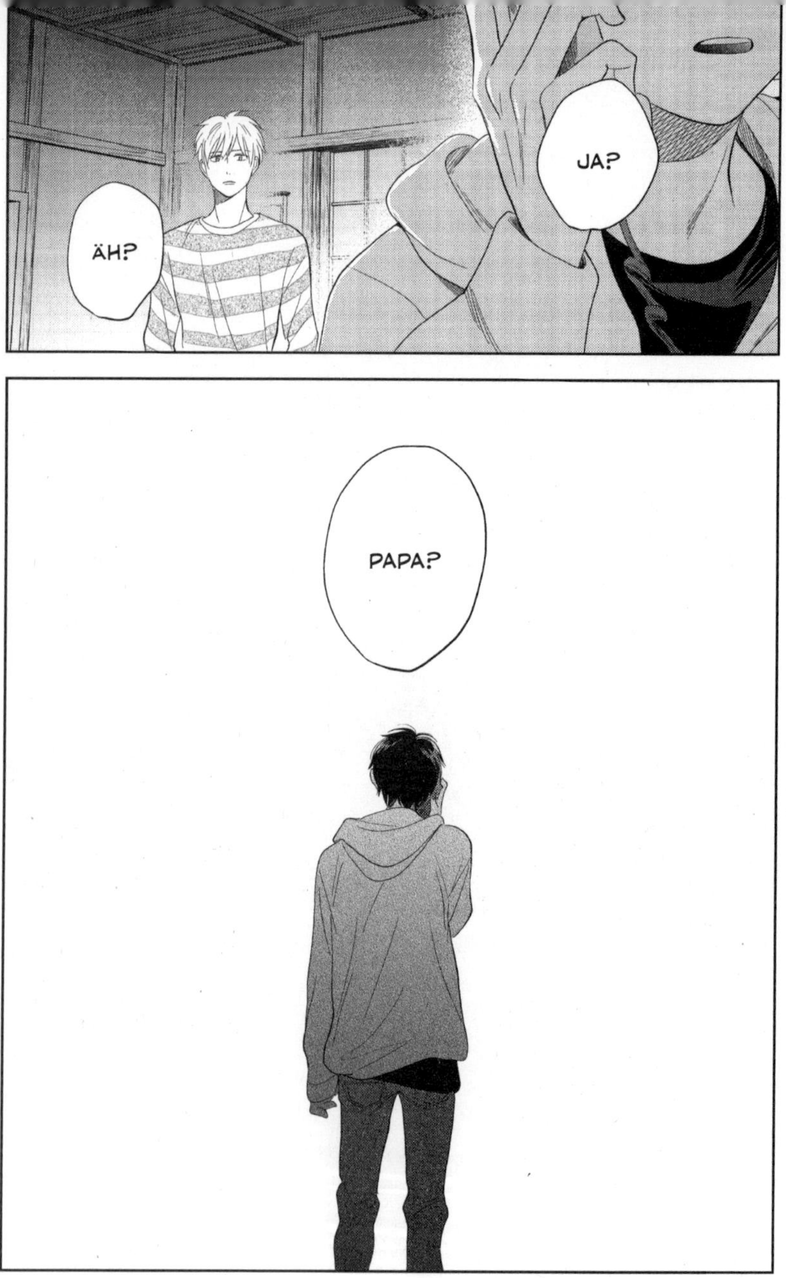
JA?
ÄH?
PAPA?

i hear the sunspot

i hear the sunspot

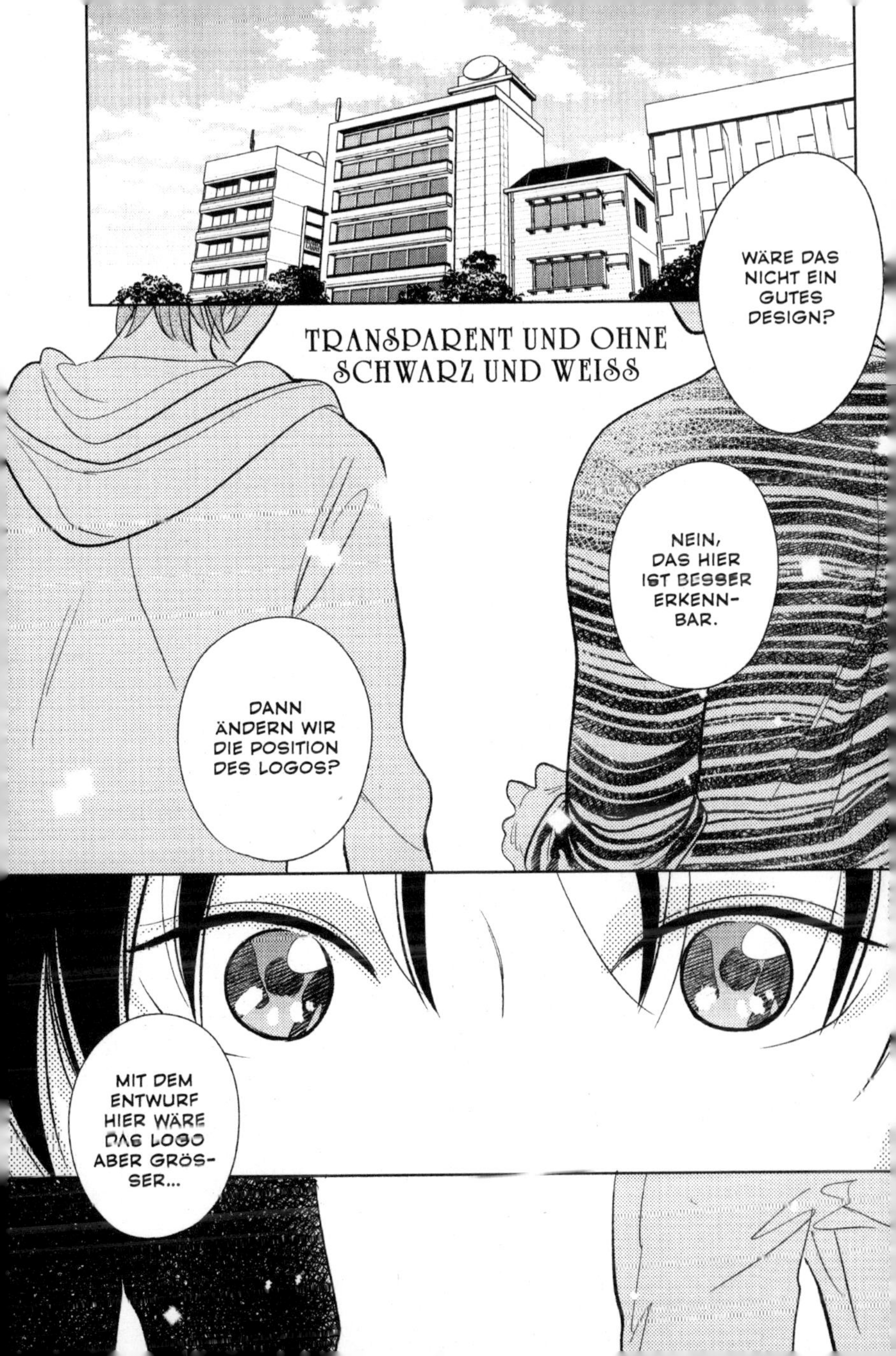
TRANSPARENT UND OHNE SCHWARZ UND WEISS
WÄRE DAS NICHT EIN GUTES DESIGN?
NEIN, DAS HIER IST BESSER ERKENNBAR.
DANN ÄNDERN WIR DIE POSITION DES LOGOS?
MIT DEM ENTWURF HIER WÄRE DAS LOGO ABER GRÖSSER...

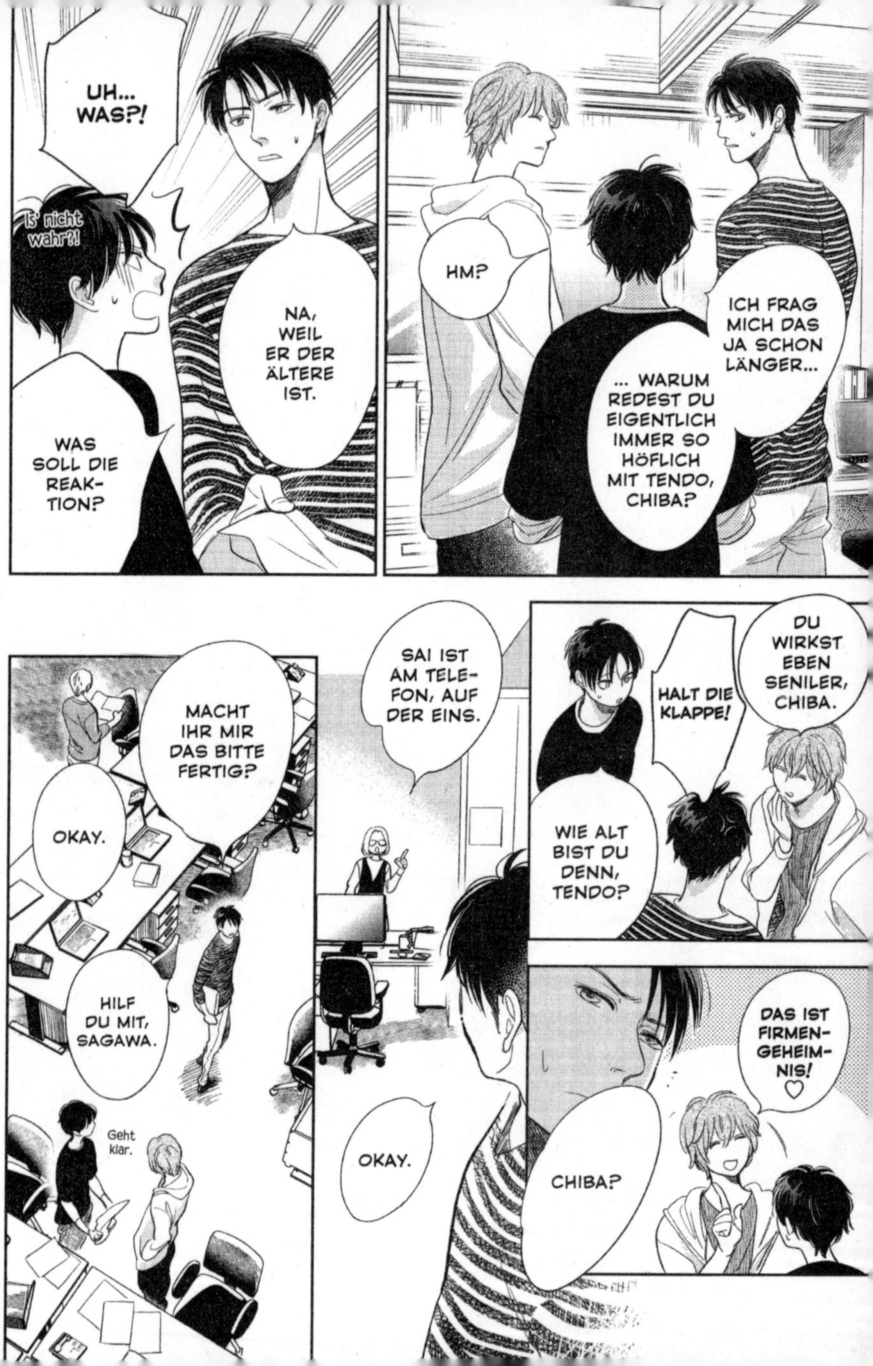
ICH FRAG MICH DAS JA SCHON LÄNGER...
... WARUM REDEST DU EIGENTLICH IMMER SO HÖFLICH MIT TENDO, CHIBA?
HM?
NA, WEIL ER DER ÄLTERE IST.
UH... WAS?!
Is' nicht wahr?!
WAS SOLL DIE REAKTION?
DU WIRKST EBEN SENILER, CHIBA.
HALT DIE KLAPPE!
WIE ALT BIST DU DENN, TENDO?
DAS IST FIRMENGEHEIMNIS! ♡
CHIBA?
SAI IST AM TELEFON, AUF DER EINS.
OKAY.
MACHT IHR MIR DAS BITTE FERTIG?
OKAY.
HILF DU MIT, SAGAWA.
Geht klar.

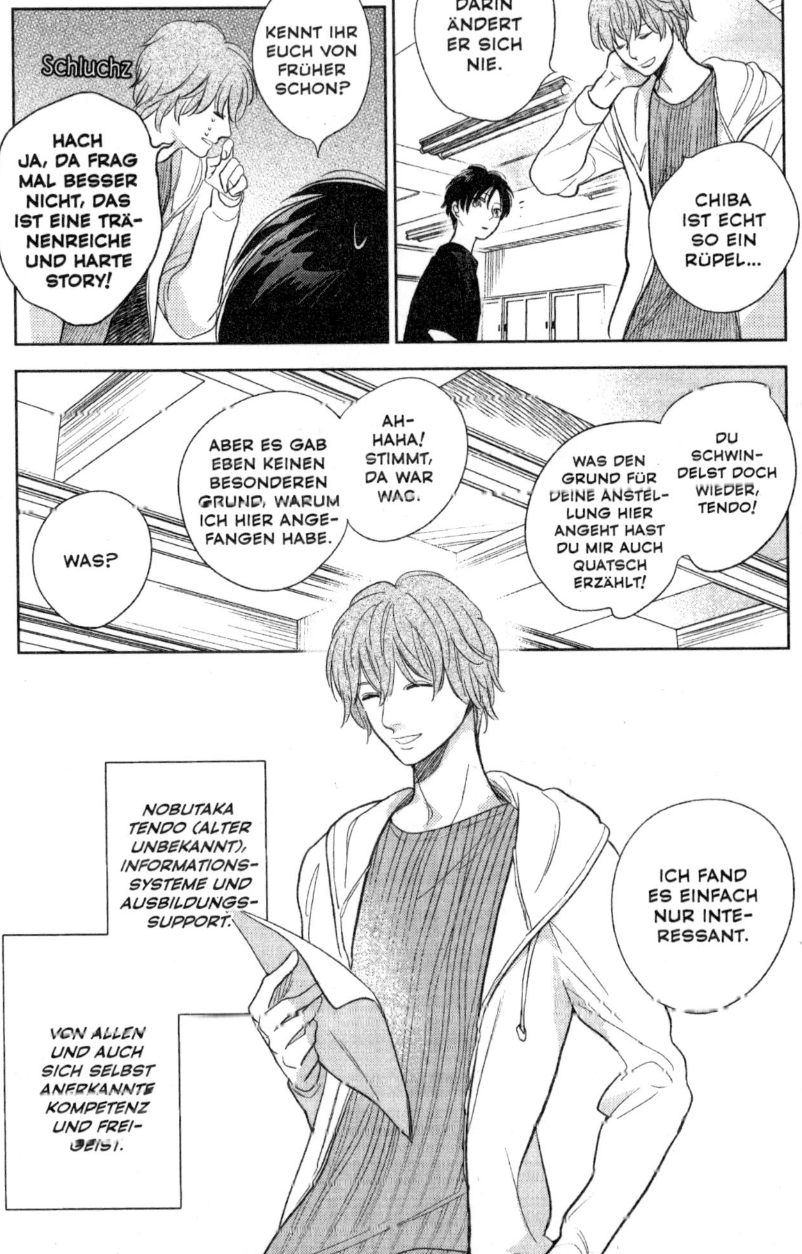

CHIBA IST ECHT SO EIN RÜPEL…
DARIN ÄNDERT ER SICH NIE.
KENNT IHR EUCH VON FRÜHER SCHON?
Schluchz
HACH JA, DA FRAG MAL BESSER NICHT, DAS IST EINE TRÄNENREICHE UND HARTE STORY!
DU SCHWINDELST DOCH WIEDER, TENDO!
WAS DEN GRUND FÜR DEINE ANSTELLUNG HIER ANGEHT HAST DU MIR AUCH QUATSCH ERZÄHLT!
AH-HAHA! STIMMT, DA WAR WAS.
ABER ES GAB EBEN KEINEN BESONDEREN GRUND, WARUM ICH HIER ANGEFANGEN HABE.
WAS?
ICH FAND ES EINFACH NUR INTERESSANT.
NOBUTAKA TENDO (ALTER UNBEKANNT), INFORMATIONSSYSTEME UND AUSBILDUNGSSUPPORT.
VON ALLEN UND AUCH SICH SELBST ANERKANNTE KOMPETENZ UND FREIGEIST.

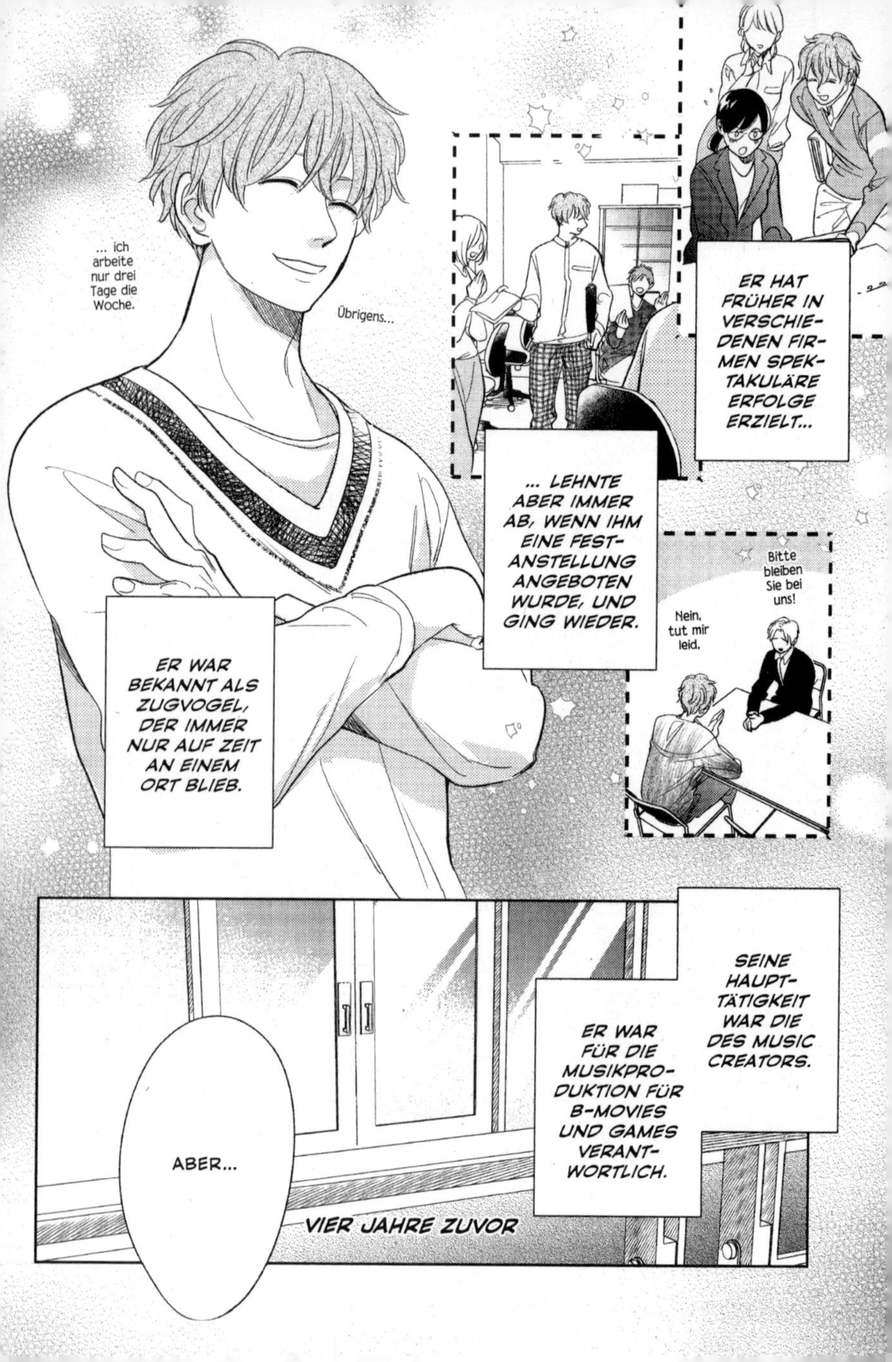
ER HAT FRÜHER IN VERSCHIEDENEN FIRMEN SPEKTAKULÄRE ERFOLGE ERZIELT...
... LEHNTE ABER IMMER AB, WENN IHM EINE FESTANSTELLUNG ANGEBOTEN WURDE, UND GING WIEDER.
Bitte bleiben Sie bei uns!
Nein, tut mir leid.
Übrigens...
... ich arbeite nur drei Tage die Woche.
ER WAR BEKANNT ALS ZUGVOGEL, DER IMMER NUR AUF ZEIT AN EINEM ORT BLIEB.
SEINE HAUPTTÄTIGKEIT WAR DIE DES MUSIC CREATORS.
ER WAR FÜR DIE MUSIKPRODUKTION FÜR B-MOVIES UND GAMES VERANTWORTLICH.
VIER JAHRE ZUVOR
ABER...

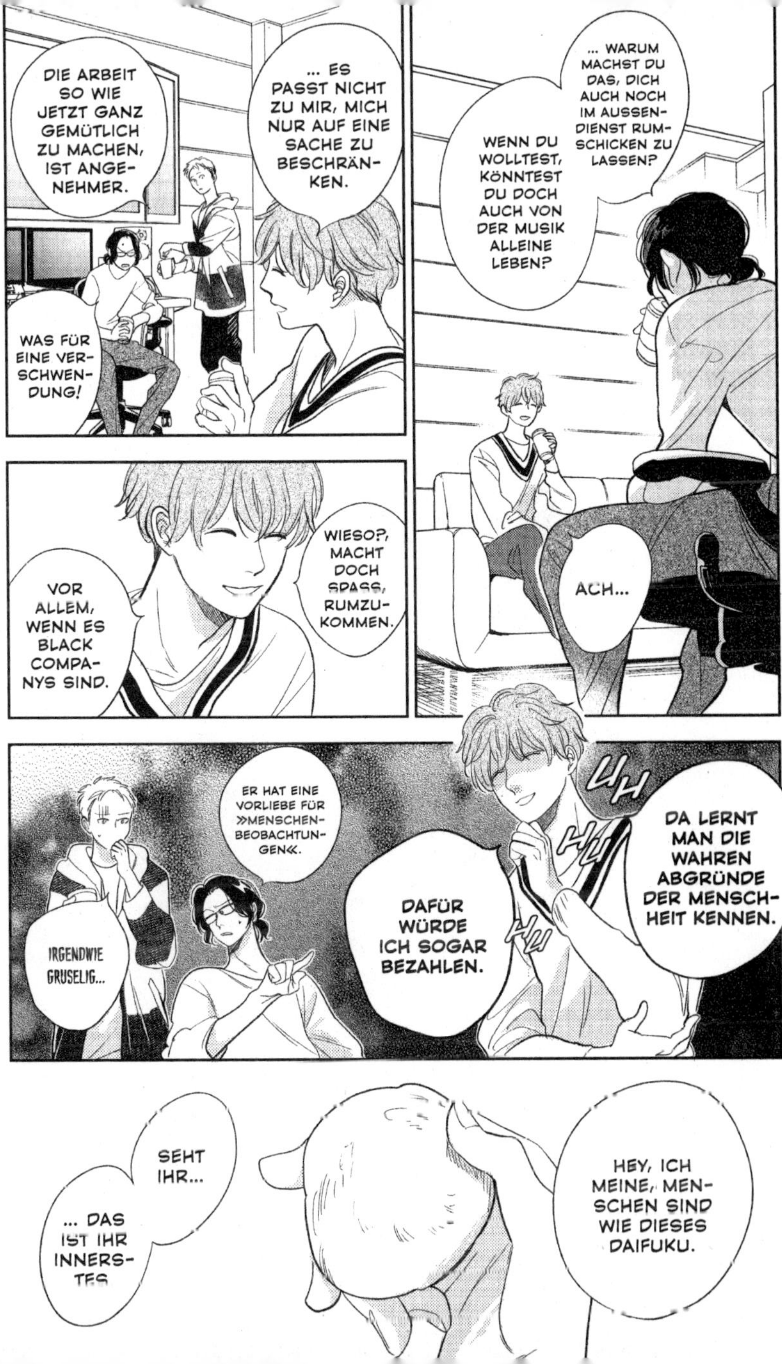

... WARUM MACHST DU DAS, DICH AUCH NOCH IM AUSSENDIENST RUMSCHICKEN ZU LASSEN?
WENN DU WOLLTEST, KÖNNTEST DU DOCH AUCH VON DER MUSIK ALLEINE LEBEN?
ACH...
... ES PASST NICHT ZU MIR, MICH NUR AUF EINE SACHE ZU BESCHRÄNKEN.
DIE ARBEIT SO WIE JETZT GANZ GEMÜTLICH ZU MACHEN, IST ANGENEHMER.
WAS FÜR EINE VERSCHWENDUNG!
WIESO?, MACHT DOCH SPASS, RUMZUKOMMEN.
VOR ALLEM, WENN ES BLACK COMPANYS SIND.
DA LERNT MAN DIE WAHREN ABGRÜNDE DER MENSCHHEIT KENNEN.
UH
HU
HU
DAFÜR WÜRDE ICH SOGAR BEZAHLEN.
ER HAT EINE VORLIEBE FÜR »MENSCHENBEOBACHTUNGEN«.
IRGENDWIE GRUSELIG...
HEY, ICH MEINE, MENSCHEN SIND WIE DIESES DAIFUKU.
SEHT IHR...
... DAS IST IHR INNERSTES

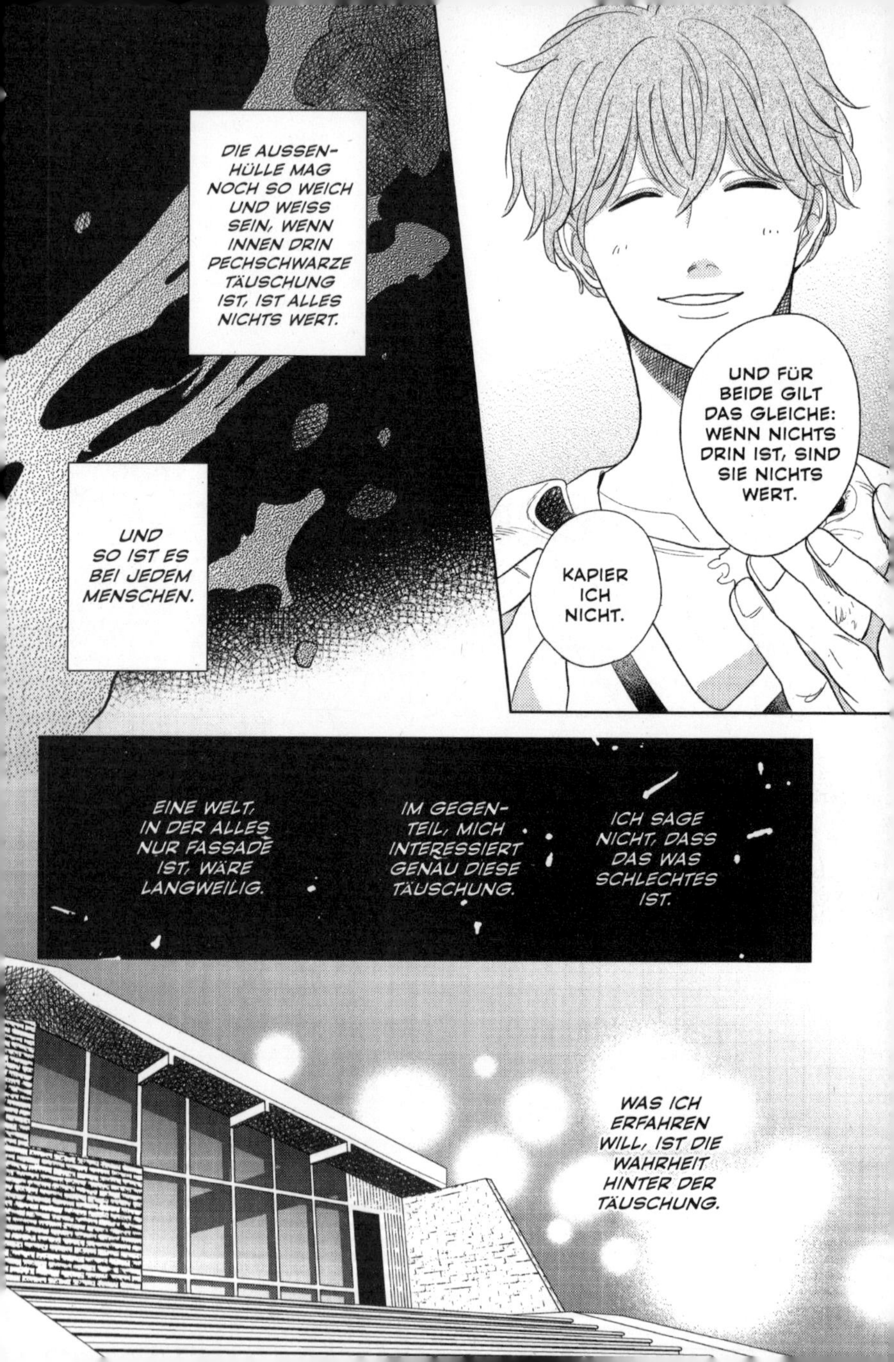
KAPIER ICH NICHT.
UND FÜR BEIDE GILT DAS GLEICHE: WENN NICHTS DRIN IST, SIND SIE NICHTS WERT.
DIE AUSSEN-HÜLLE MAG NOCH SO WEICH UND WEISS SEIN, WENN INNEN DRIN PECHSCHWARZE TÄUSCHUNG IST, IST ALLES NICHTS WERT.
UND SO IST ES BEI JEDEM MENSCHEN.
ICH SAGE NICHT, DASS DAS WAS SCHLECHTES IST.
IM GEGEN-TEIL, MICH INTERESSIERT GENAU DIESE TÄUSCHUNG.
EINE WELT, IN DER ALLES NUR FASSADE IST, WÄRE LANGWEILIG.
WAS ICH ERFAHREN WILL, IST DIE WAHRHEIT HINTER DER TÄUSCHUNG.

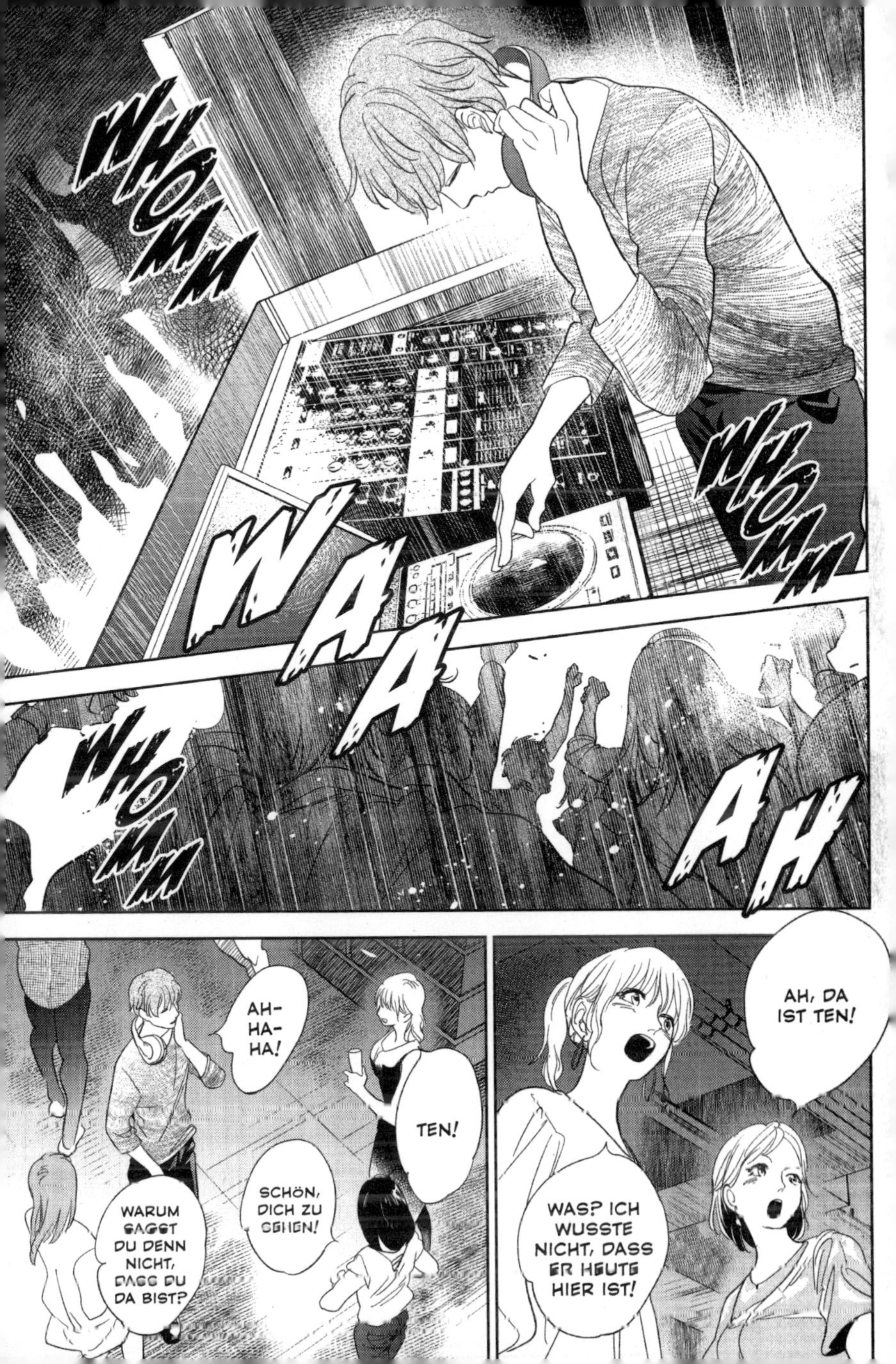
WHOMM
WHOMM
WAAA
WHOMM
AH
AH, DA IST TEN!
WAS? ICH WUSSTE NICHT, DASS ER HEUTE HIER IST!
AH-HA-HA!
TEN!
SCHÖN, DICH ZU SEHEN!
WARUM SAGST DU DENN NICHT, DASS DU DA BIST?

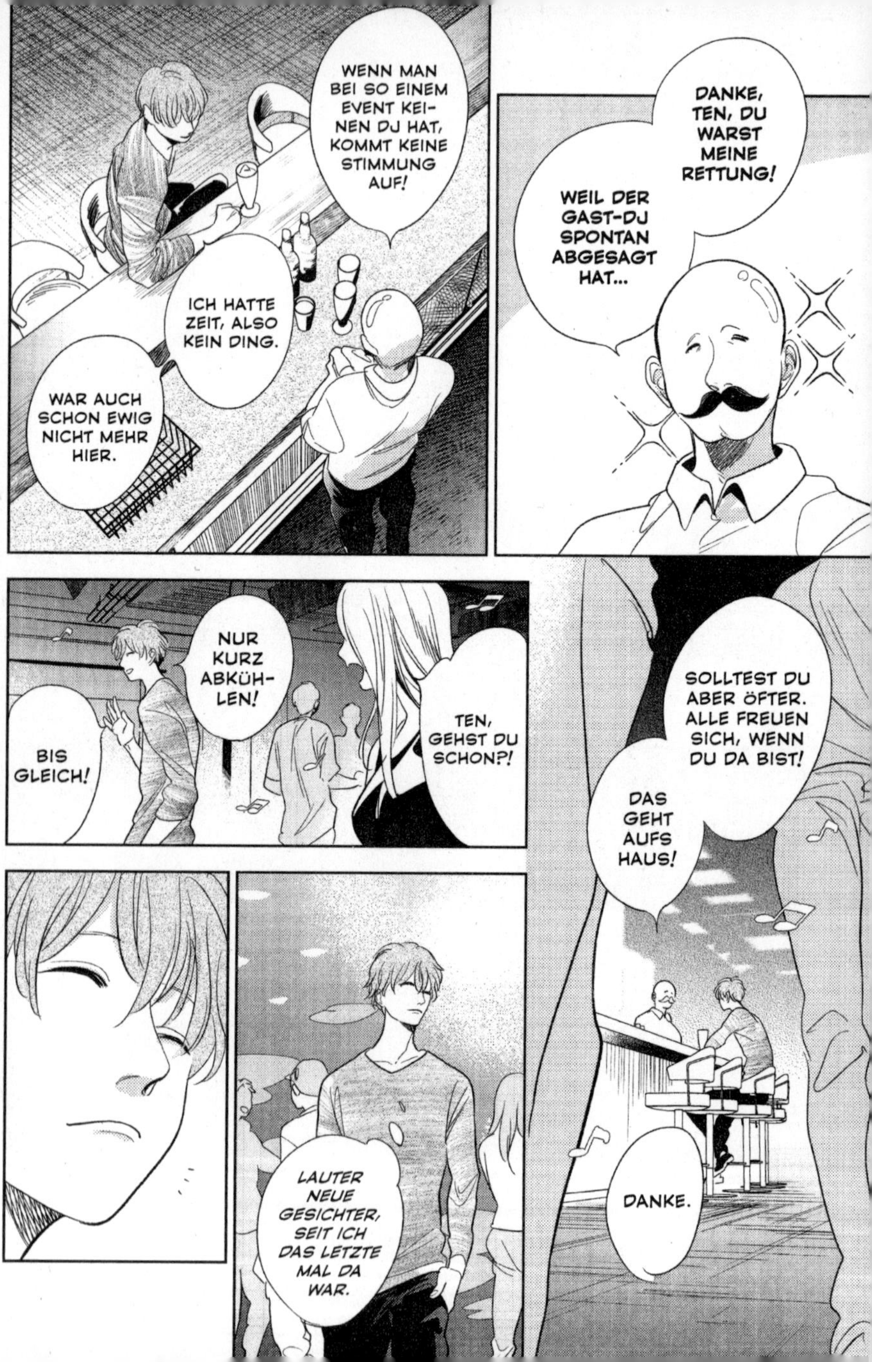
DANKE, TEN, DU WARST MEINE RETTUNG!
WEIL DER GAST-DJ SPONTAN ABGESAGT HAT...
WENN MAN BEI SO EINEM EVENT KEINEN DJ HAT, KOMMT KEINE STIMMUNG AUF!
ICH HATTE ZEIT, ALSO KEIN DING.
WAR AUCH SCHON EWIG NICHT MEHR HIER.
SOLLTEST DU ABER ÖFTER. ALLE FREUEN SICH, WENN DU DA BIST!
DAS GEHT AUFS HAUS!
DANKE.
TEN, GEHST DU SCHON?!
NUR KURZ ABKÜHLEN!
BIS GLEICH!
LAUTER NEUE GESICHTER, SEIT ICH DAS LETZTE MAL DA WAR.

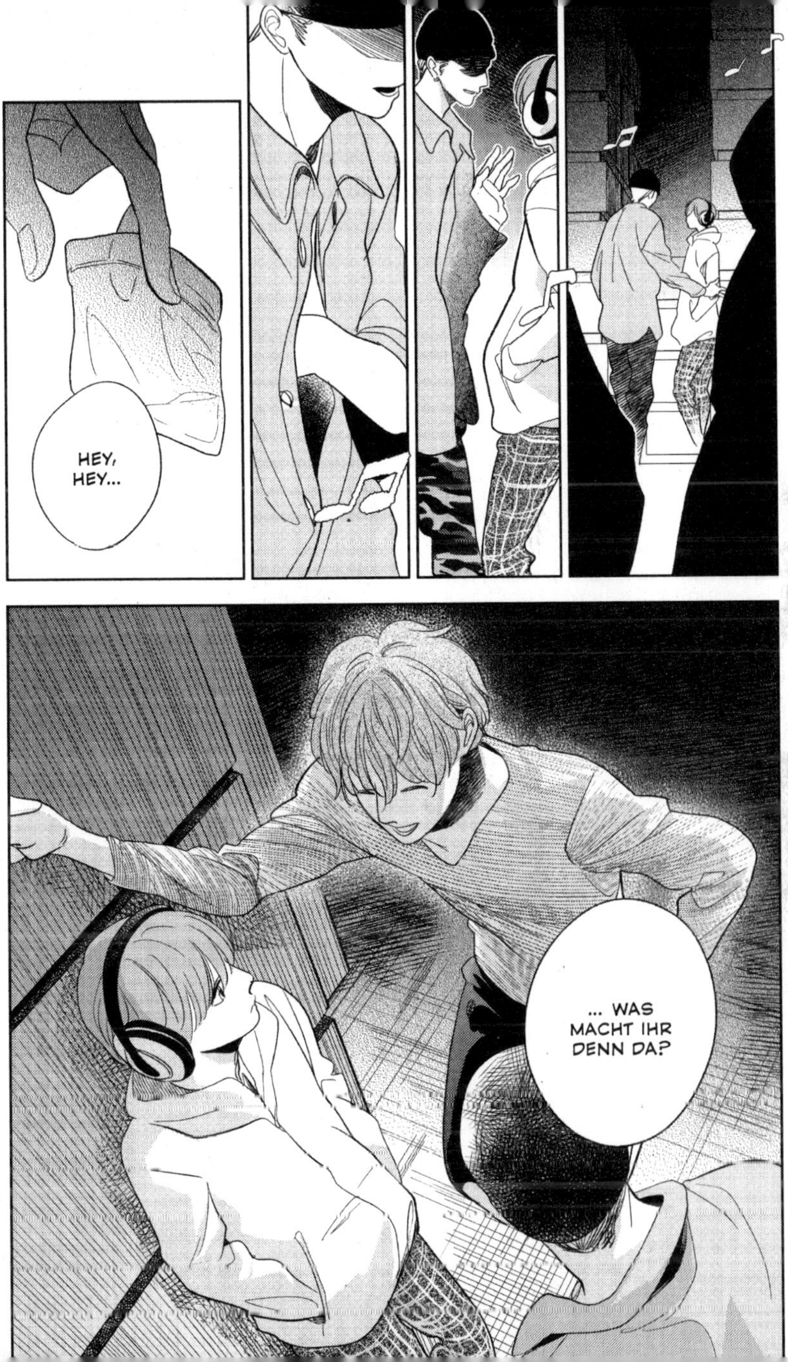
HEY,
HEY...
... WAS MACHT IHR DENN DA?

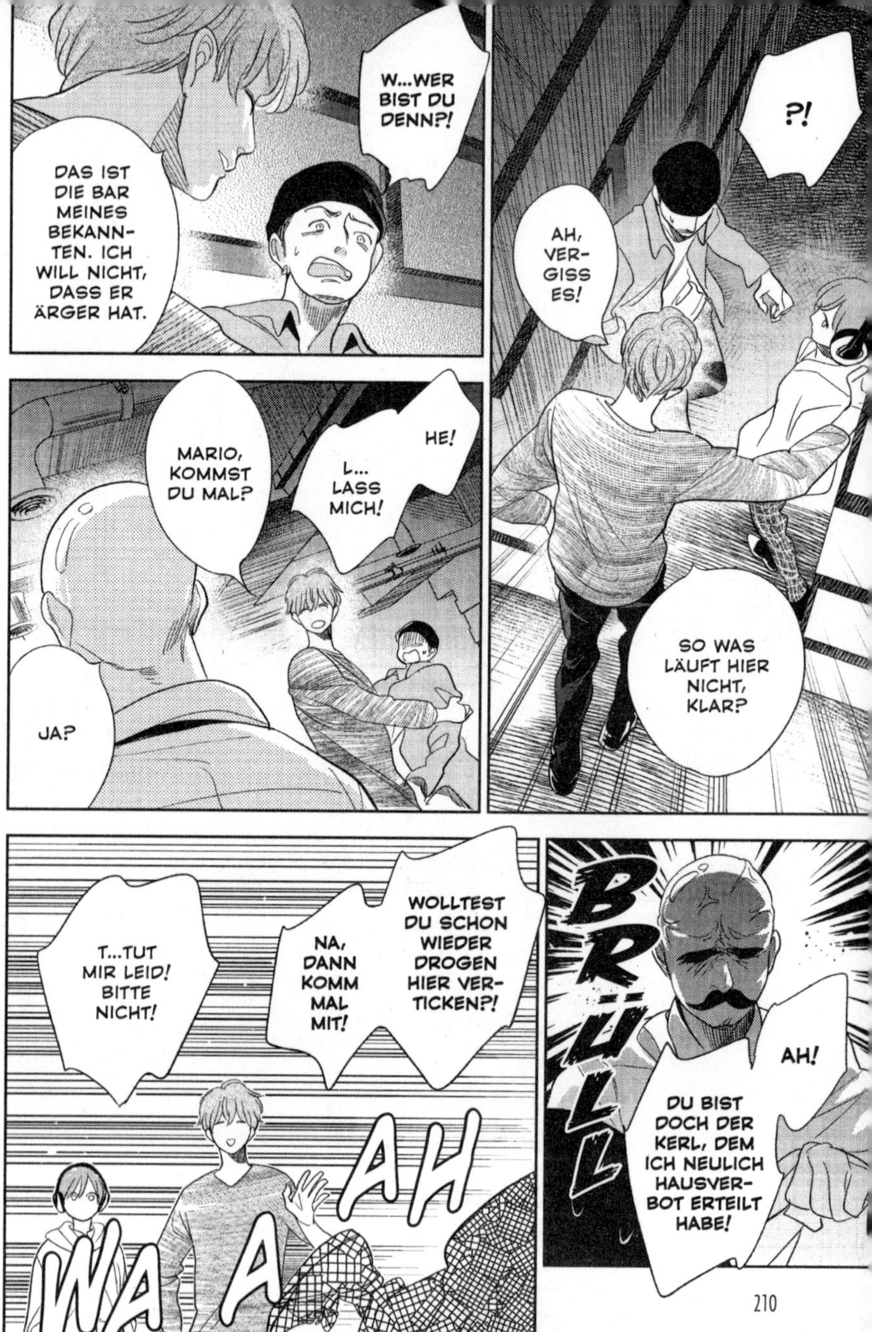
?!
AH, VERGISS ES!
SO WAS LÄUFT HIER NICHT, KLAR?
W...WER BIST DU DENN?!
DAS IST DIE BAR MEINES BEKANNTEN. ICH WILL NICHT, DASS ER ÄRGER HAT.
HE!
L... LASS MICH!
MARIO, KOMMST DU MAL?
JA?
BRÜLL
AH!
DU BIST DOCH DER KERL, DEM ICH NEULICH HAUSVERBOT ERTEILT HABE!
WOLLTEST DU SCHON WIEDER DROGEN HIER VERTICKEN?!
NA, DANN KOMM MAL MIT!
T...TUT MIR LEID! BITTE NICHT!
WA A AH

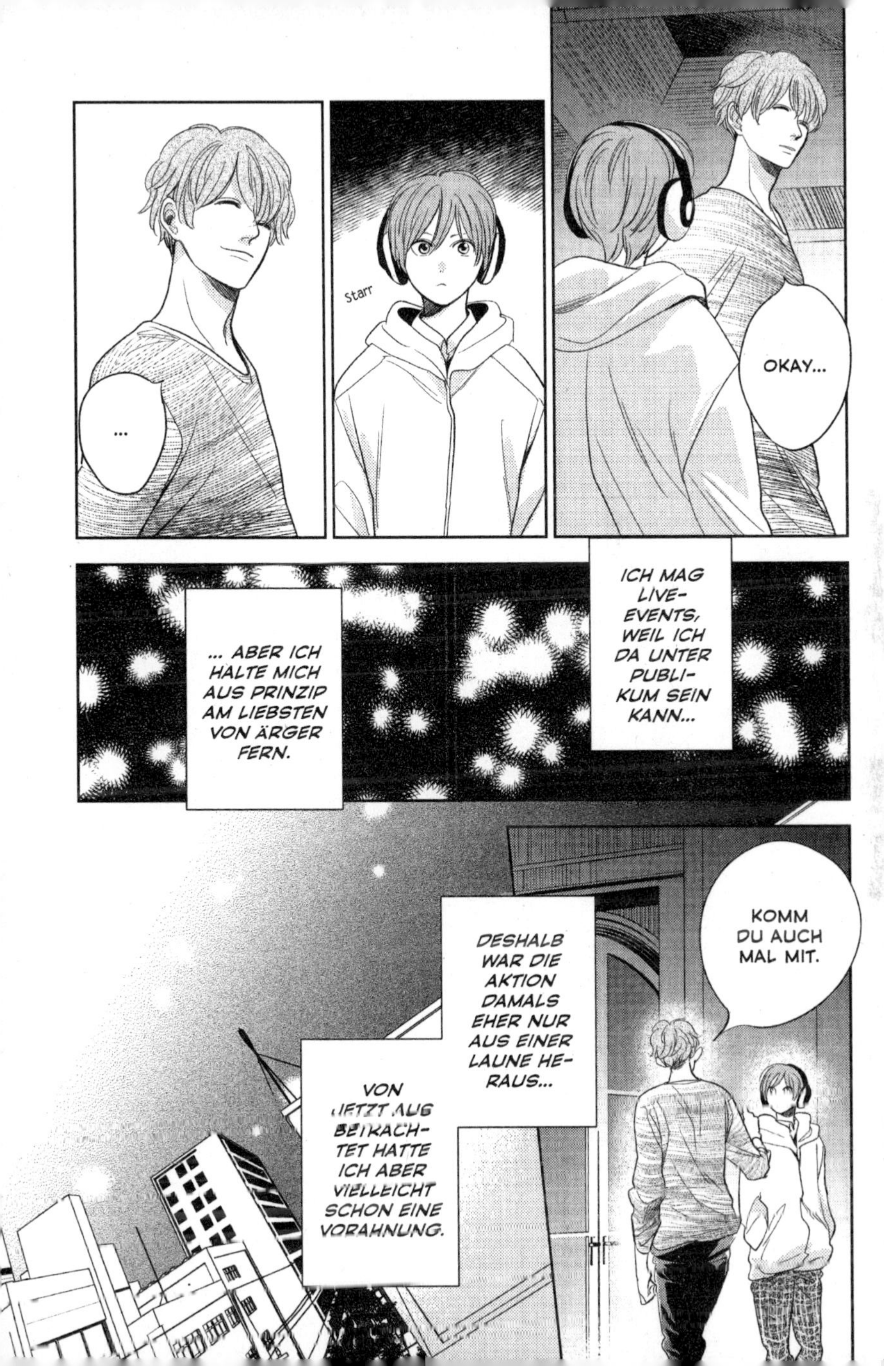
OKAY...
Starr
...
ICH MAG LIVE-EVENTS, WEIL ICH DA UNTER PUBLIKUM SEIN KANN...
... ABER ICH HALTE MICH AUS PRINZIP AM LIEBSTEN VON ÄRGER FERN.
KOMM DU AUCH MAL MIT.
DESHALB WAR DIE AKTION DAMALS EHER NUR AUS EINER LAUNE HERAUS...
VON JETZT AUS BETRACHTET HATTE ICH ABER VIELLEICHT SCHON EINE VORAHNUNG.

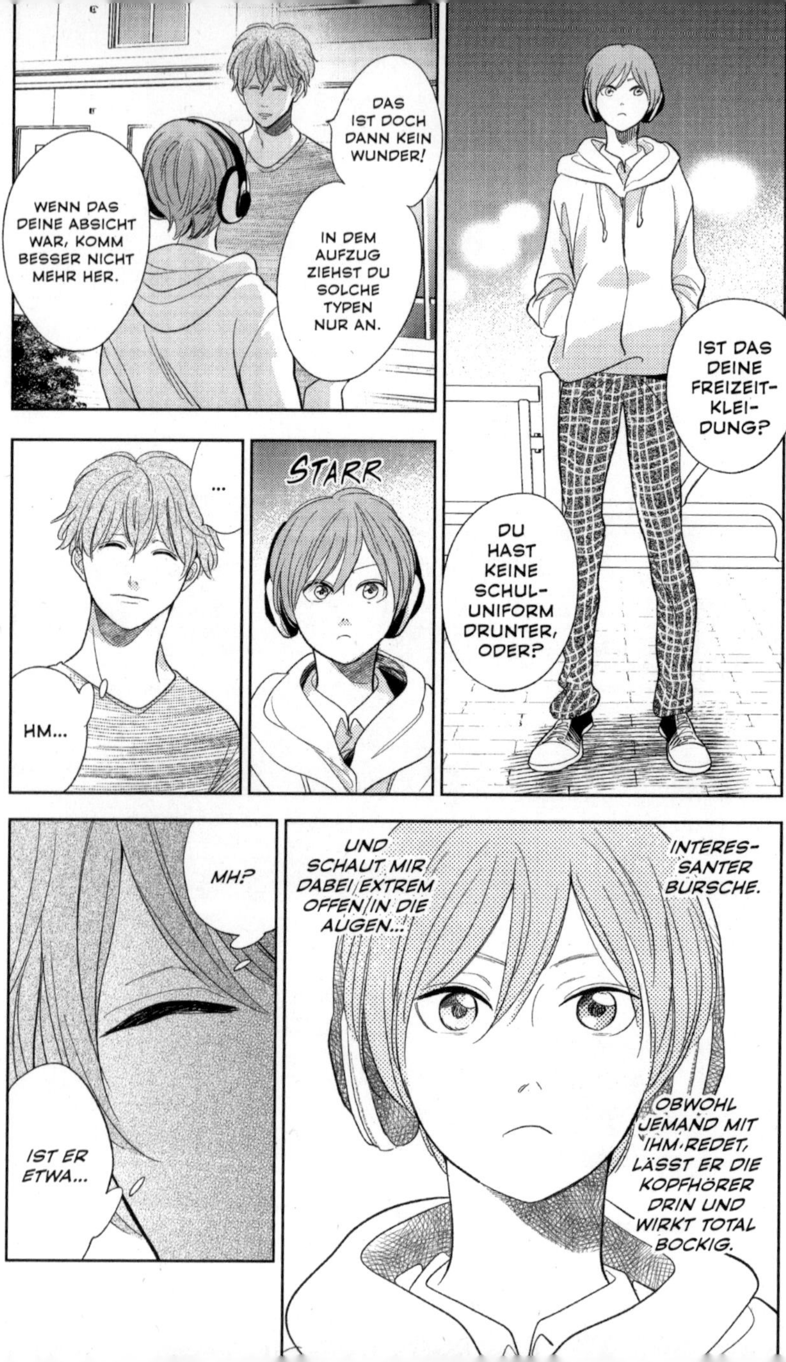
IST DAS DEINE FREIZEIT-KLEI-DUNG?
DU HAST KEINE SCHUL-UNIFORM DRUNTER, ODER?
DAS IST DOCH DANN KEIN WUNDER!
IN DEM AUFZUG ZIEHST DU SOLCHE TYPEN NUR AN.
WENN DAS DEINE ABSICHT WAR, KOMM BESSER NICHT MEHR HER.
STARR
...
HM...
INTERES-SANTER BURSCHE.
OBWOHL JEMAND MIT IHM REDET, LÄSST ER DIE KOPFHÖRER DRIN UND WIRKT TOTAL BOCKIG.
UND SCHAUT MIR DABEI EXTREM OFFEN IN DIE AUGEN...
MH?
IST ER ETWA...

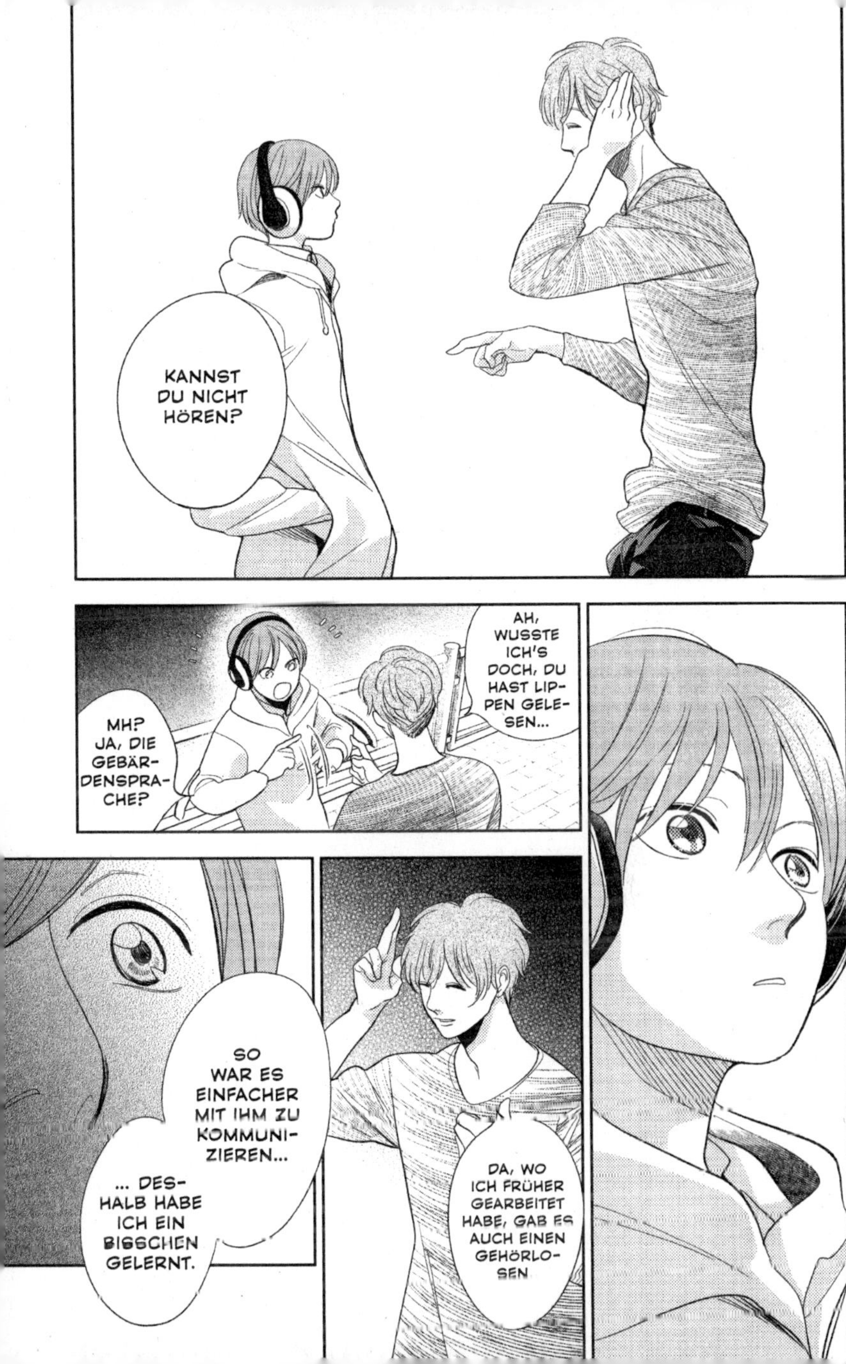
KANNST DU NICHT HÖREN?
AH, WUSSTE ICH'S DOCH, DU HAST LIPPEN GELESEN...
MH? JA, DIE GEBÄRDENSPRACHE?
DA, WO ICH FRÜHER GEARBEITET HABE, GAB ES AUCH EINEN GEHÖRLOSEN.
SO WAR ES EINFACHER MIT IHM ZU KOMMUNIZIEREN...
... DESHALB HABE ICH EIN BISSCHEN GELERNT.

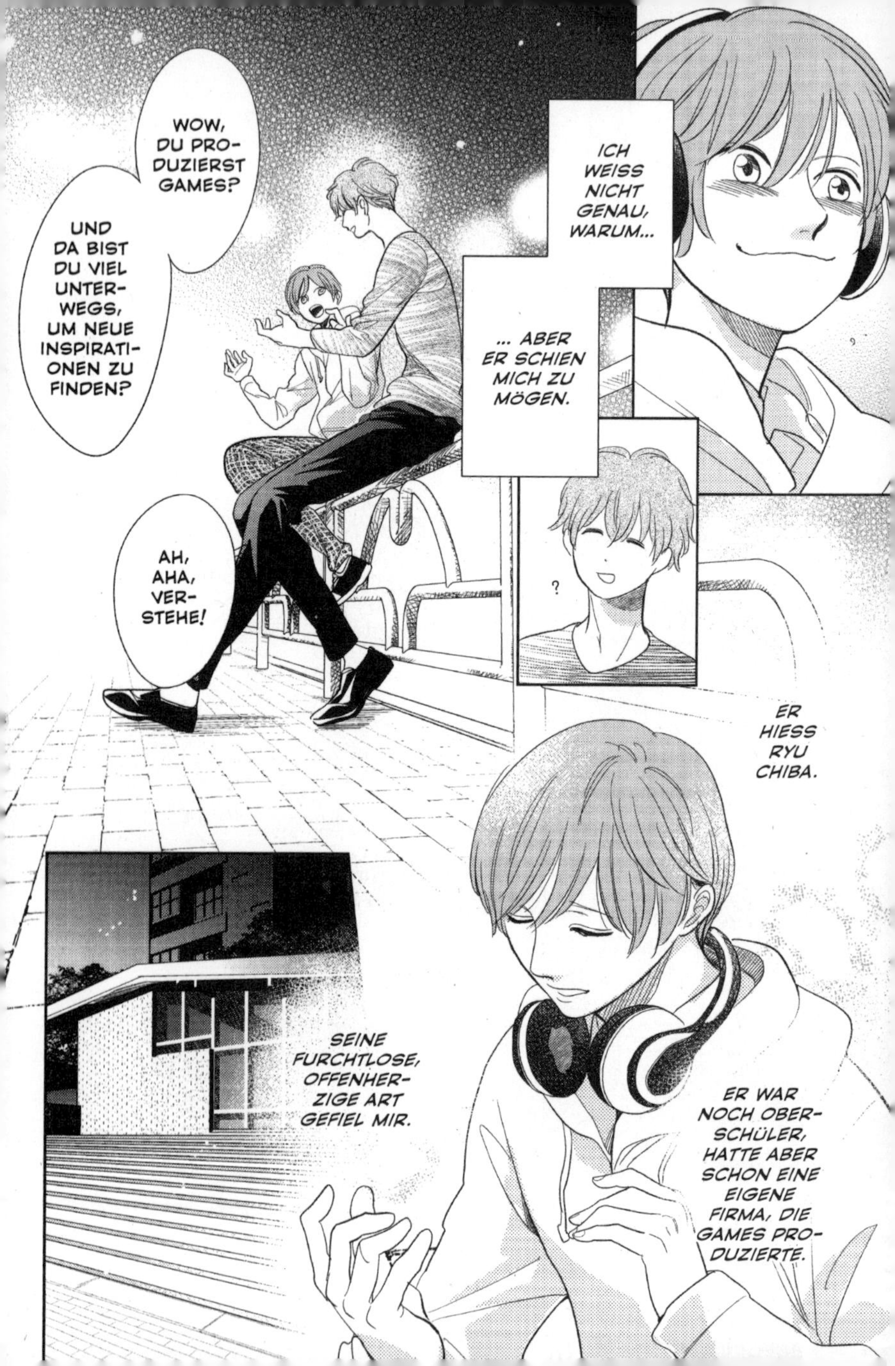
WOW, DU PRODUZIERST GAMES?
UND DA BIST DU VIEL UNTERWEGS, UM NEUE INSPIRATIONEN ZU FINDEN?
AH, AHA, VERSTEHE!
ICH WEISS NICHT GENAU, WARUM...
... ABER ER SCHIEN MICH ZU MÖGEN.
?
ER HIESS RYU CHIBA.
ER WAR NOCH OBERSCHÜLER, HATTE ABER SCHON EINE EIGENE FIRMA, DIE GAMES PRODUZIERTE.
SEINE FURCHTLOSE, OFFENHERZIGE ART GEFIEL MIR.

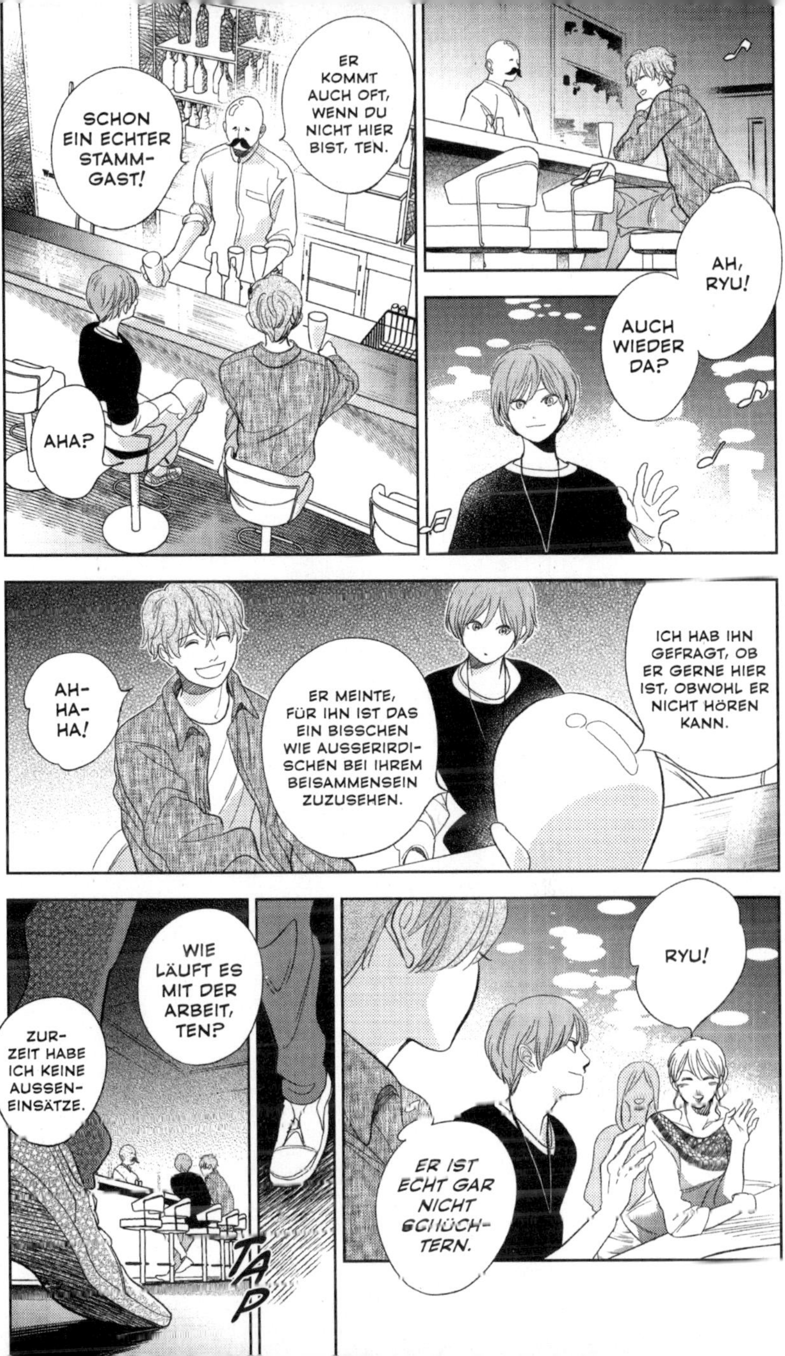
AH, RYU!
AUCH WIEDER DA?
ER KOMMT AUCH OFT, WENN DU NICHT HIER BIST, TEN.
SCHON EIN ECHTER STAMMGAST!
AHA?
ICH HAB IHN GEFRAGT, OB ER GERNE HIER IST, OBWOHL ER NICHT HÖREN KANN.
ER MEINTE, FÜR IHN IST DAS EIN BISSCHEN WIE AUSSERIRDISCHEN BEI IHREM BEISAMMENSEIN ZUZUSEHEN.
AH-HA-HA!
RYU!
ER IST ECHT GAR NICHT SCHÜCHTERN.
WIE LÄUFT ES MIT DER ARBEIT, TEN?
ZURZEIT HABE ICH KEINE AUSSENEINSÄTZE.
TAP

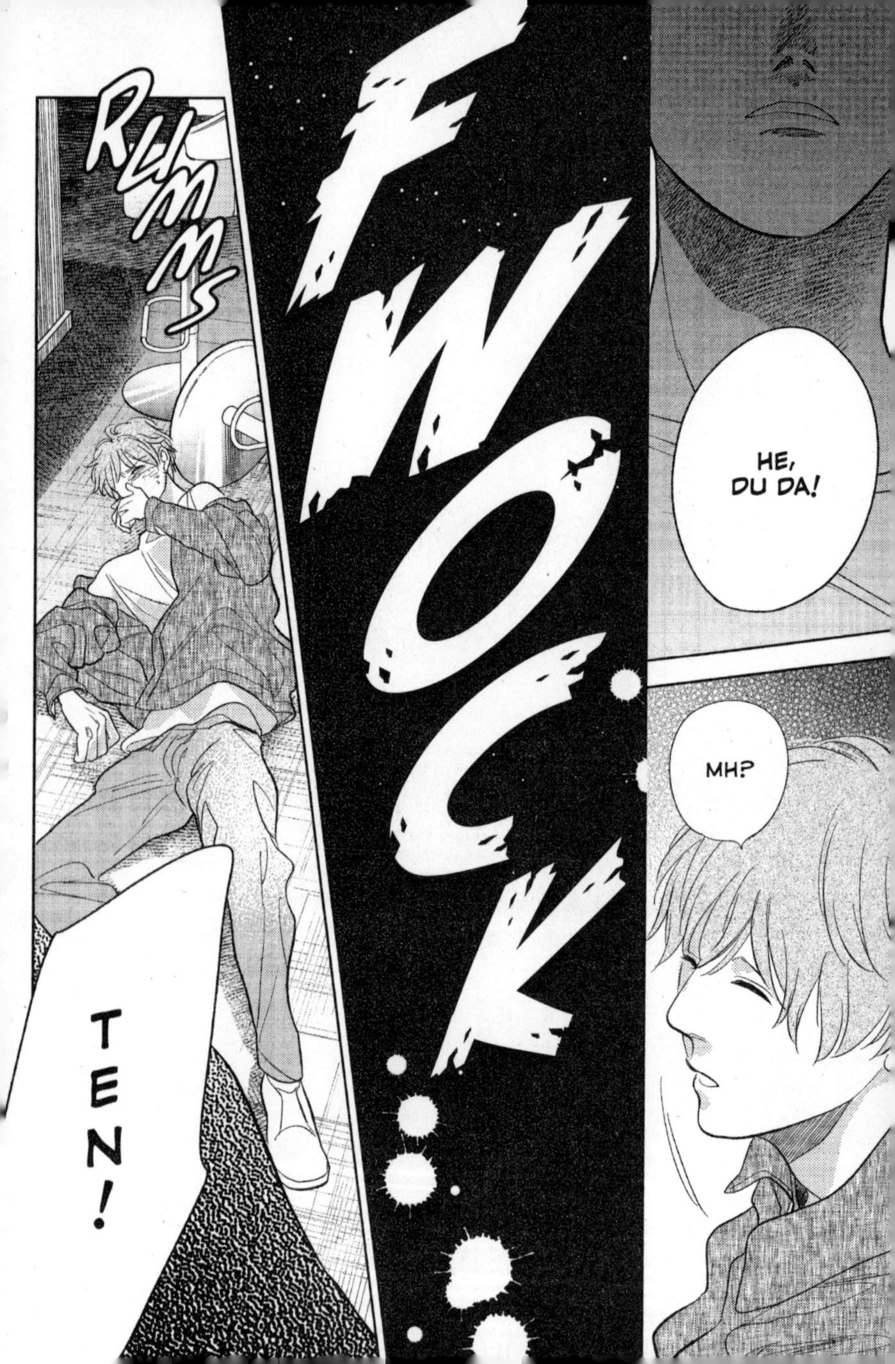
HE, DU DA!
MH?
RUMMS
TEN!

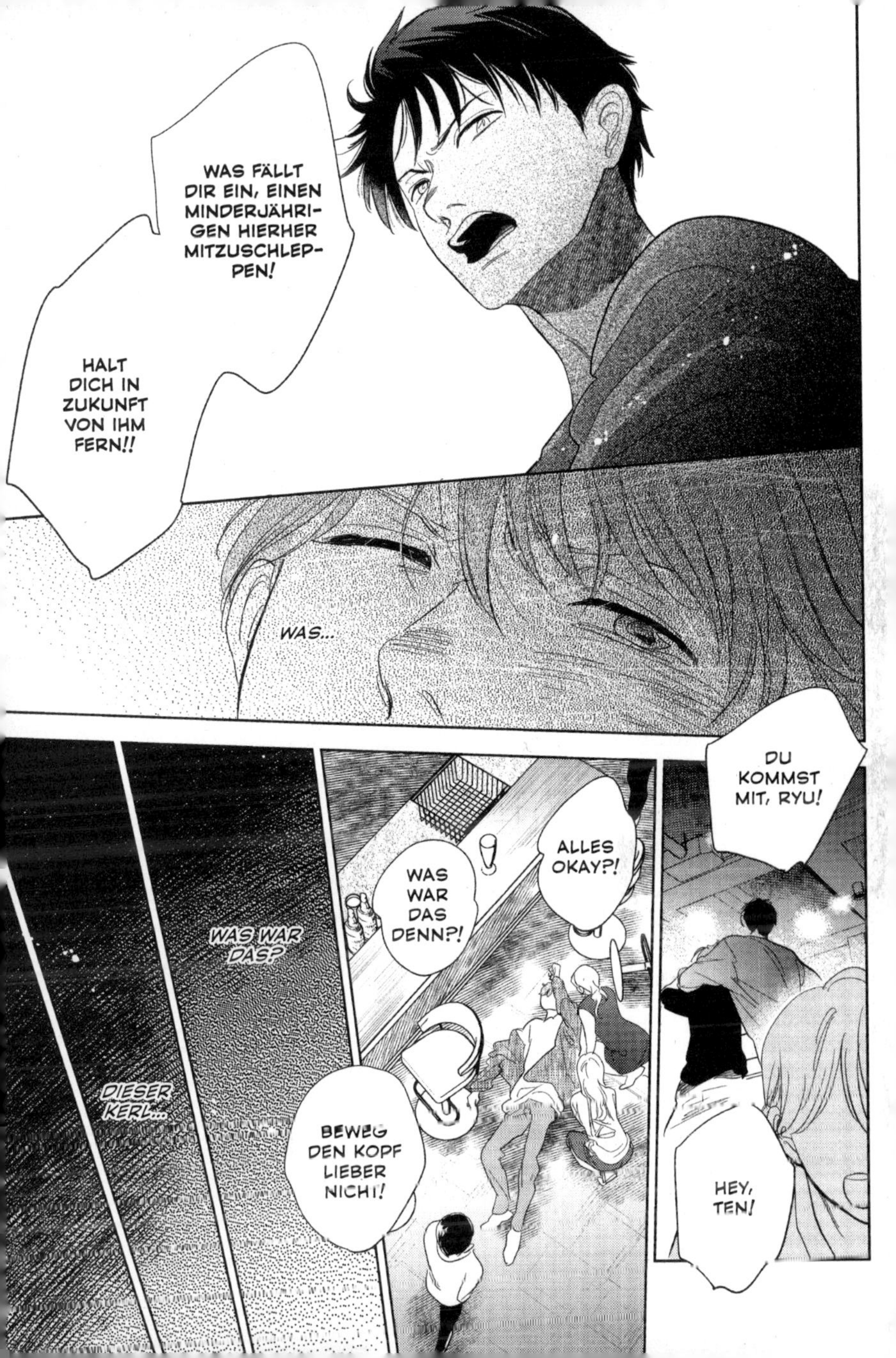
WAS FÄLLT DIR EIN, EINEN MINDERJÄHRIGEN HIERHER MITZUSCHLEPPEN!
HALT DICH IN ZUKUNFT VON IHM FERN!!
WAS...
DU KOMMST MIT, RYU!
HEY, TEN!
ALLES OKAY?!
WAS WAR DAS DENN?!
BEWEG DEN KOPF LIEBER NICHT!
WAS WAR DAS?
DIESER KERL...

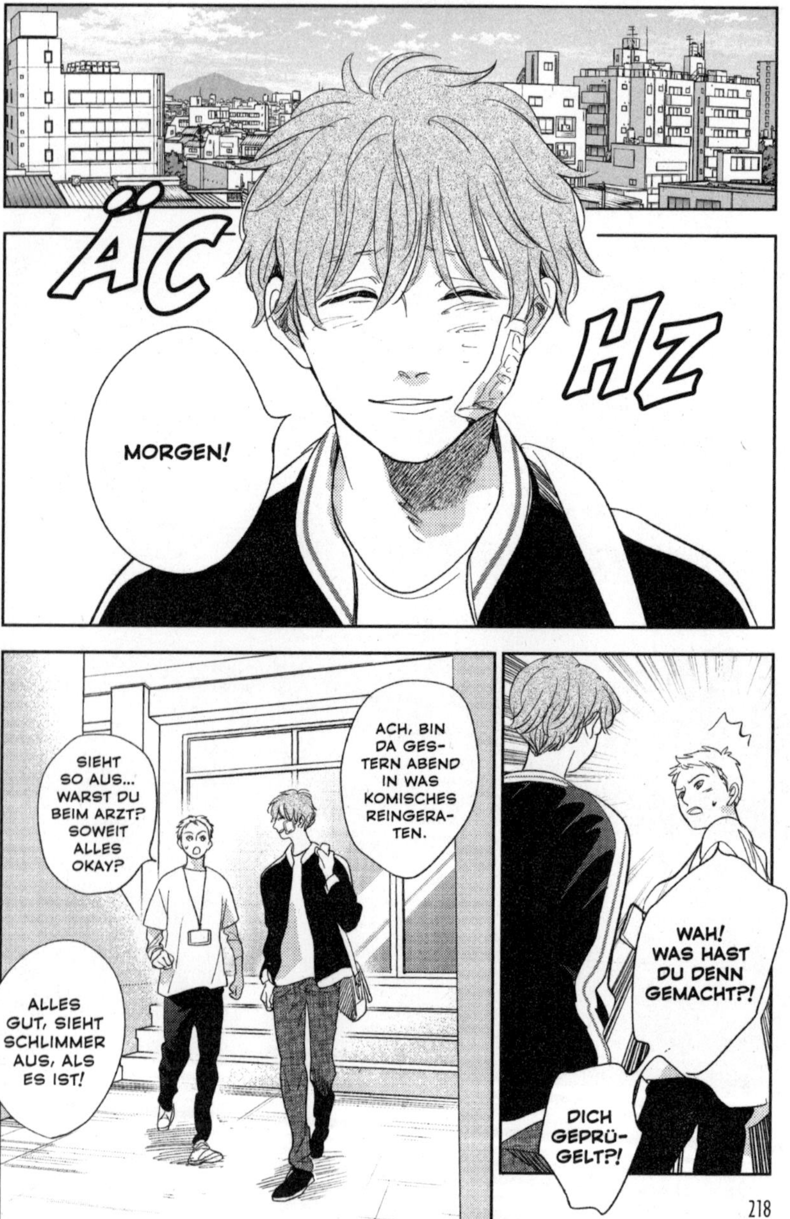

ÄCHZ
MORGEN!
WAH! WAS HAST DU DENN GEMACHT?!
DICH GEPRÜGELT?!
ACH, BIN DA GESTERN ABEND IN WAS KOMISCHES REINGERATEN.
SIEHT SO AUS... WARST DU BEIM ARZT? SOWEIT ALLES OKAY?
ALLES GUT, SIEHT SCHLIMMER AUS, ALS ES IST!

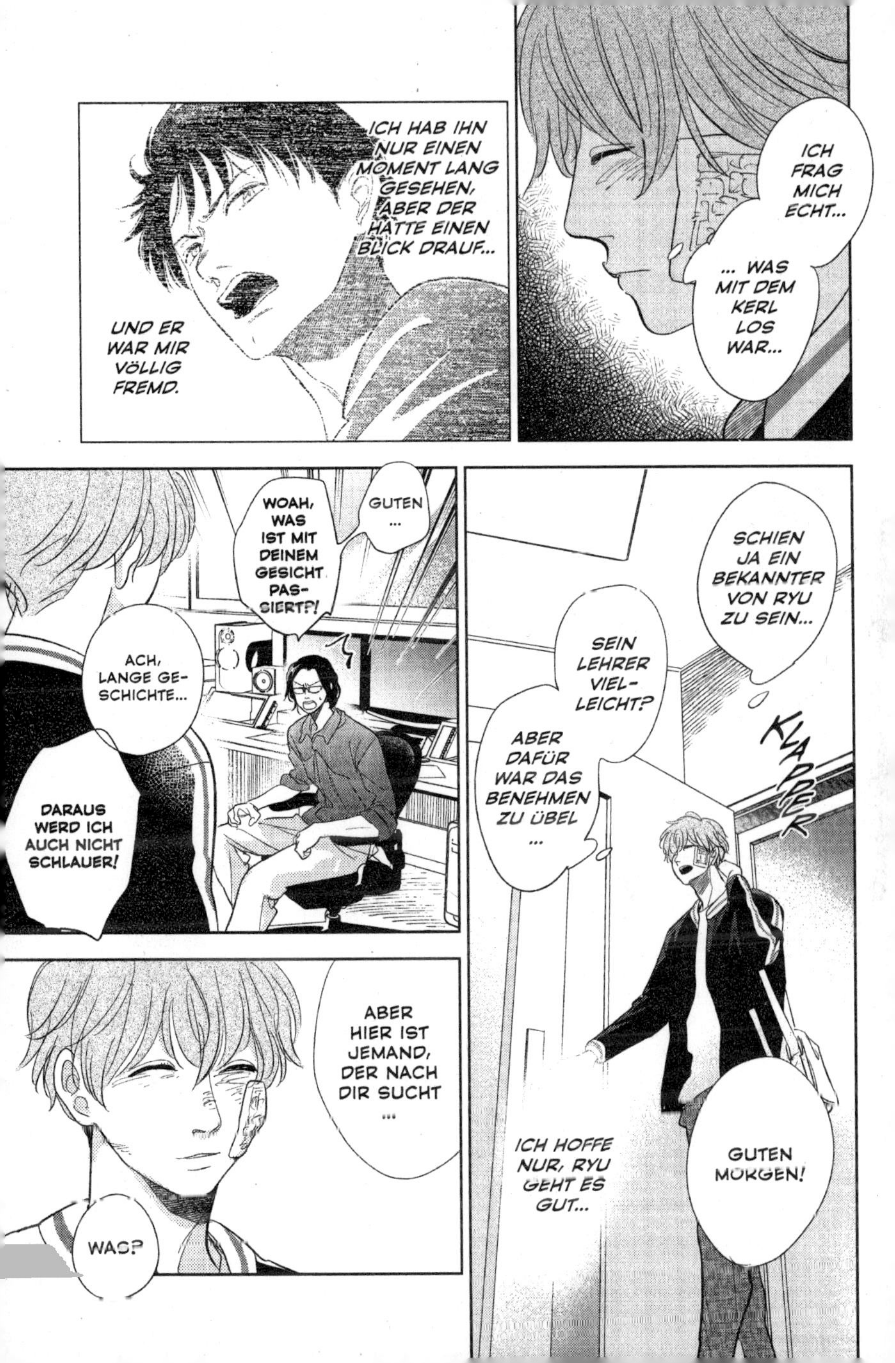
ICH FRAG MICH ECHT...
... WAS MIT DEM KERL LOS WAR...
ICH HAB IHN NUR EINEN MOMENT LANG GESEHEN, ABER DER HÄTTE EINEN BLICK DRAUF...
UND ER WAR MIR VÖLLIG FREMD.
SCHIEN JA EIN BEKANNTER VON RYU ZU SEIN...
SEIN LEHRER VIEL-LEICHT?
ABER DAFÜR WAR DAS BENEHMEN ZU ÜBEL ...
KLAPPER
ICH HOFFE NUR, RYU GEHT ES GUT...
GUTEN MORGEN!
GUTEN ...
WOAH, WAS IST MIT DEINEM GESICHT PAS-SIERT?!
ACH, LANGE GE-SCHICHTE...
DARAUS WERD ICH AUCH NICHT SCHLAUER!
ABER HIER IST JEMAND, DER NACH DIR SUCHT ...
WAS?

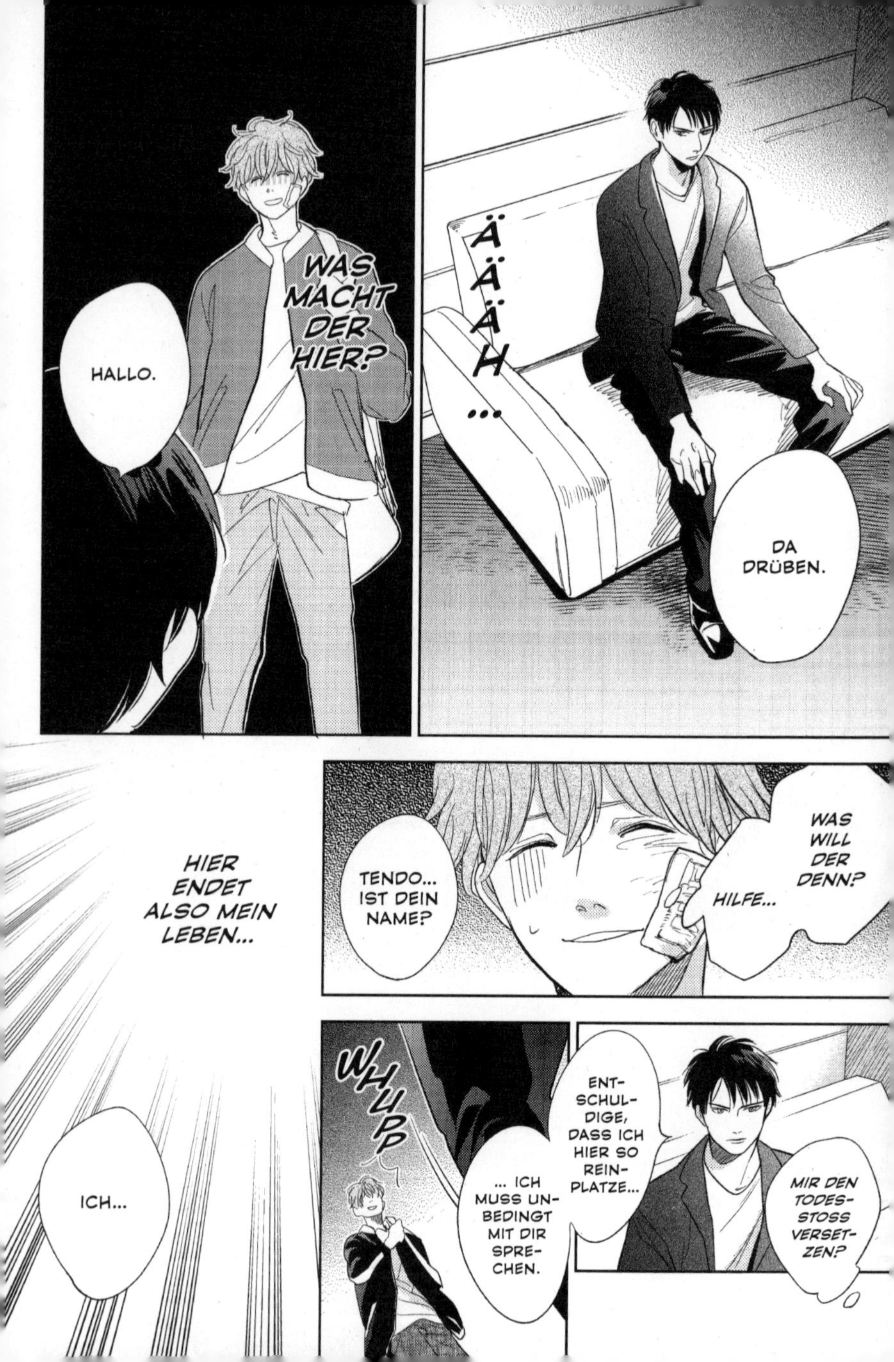
ÄÄÄH...
DA DRÜBEN.
WAS MACHT DER HIER?
HALLO.
WAS WILL DER DENN?
HILFE...
TENDO... IST DEIN NAME?
HIER ENDET ALSO MEIN LEBEN...
MIR DEN TODESSTOSS VERSETZEN?
ENTSCHULDIGE, DASS ICH HIER SO REINPLATZE...
... ICH MUSS UNBEDINGT MIT DIR SPRECHEN.
WHUPP
ICH...

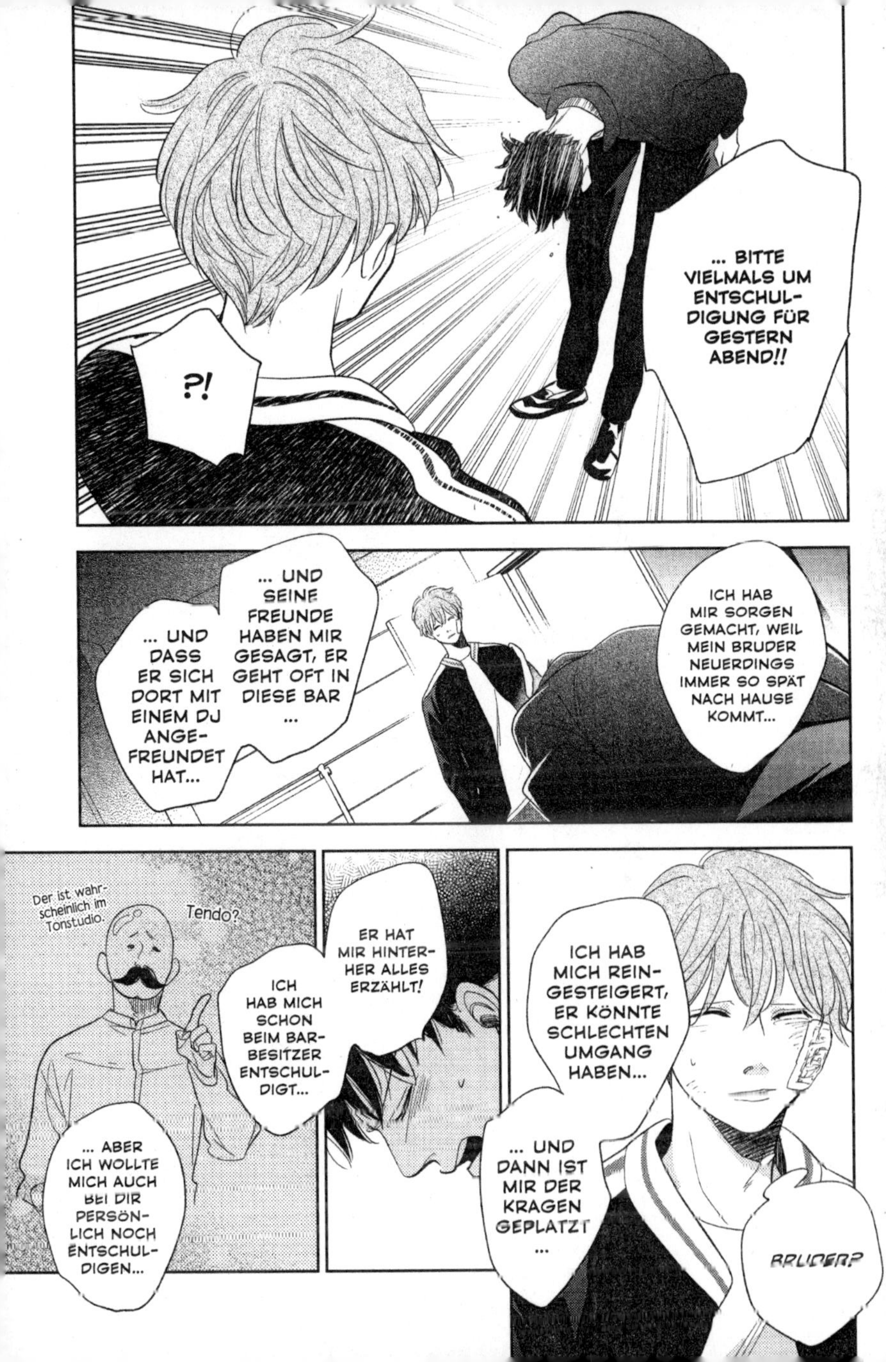

... BITTE VIELMALS UM ENTSCHULDIGUNG FÜR GESTERN ABEND!!
?!
ICH HAB MIR SORGEN GEMACHT, WEIL MEIN BRUDER NEUERDINGS IMMER SO SPÄT NACH HAUSE KOMMT...
... UND SEINE FREUNDE HABEN MIR GESAGT, ER GEHT OFT IN DIESE BAR ...
... UND DASS ER SICH DORT MIT EINEM DJ ANGEFREUNDET HAT...
ICH HAB MICH REINGESTEIGERT, ER KÖNNTE SCHLECHTEN UMGANG HABEN...
... UND DANN IST MIR DER KRAGEN GEPLATZT ...
BRUDER?
ER HAT MIR HINTERHER ALLES ERZÄHLT!
ICH HAB MICH SCHON BEIM BARBESITZER ENTSCHULDIGT...
Tendo?
Der ist wahrscheinlich im Tonstudio.
... ABER ICH WOLLTE MICH AUCH BEI DIR PERSÖNLICH NOCH ENTSCHULDIGEN...

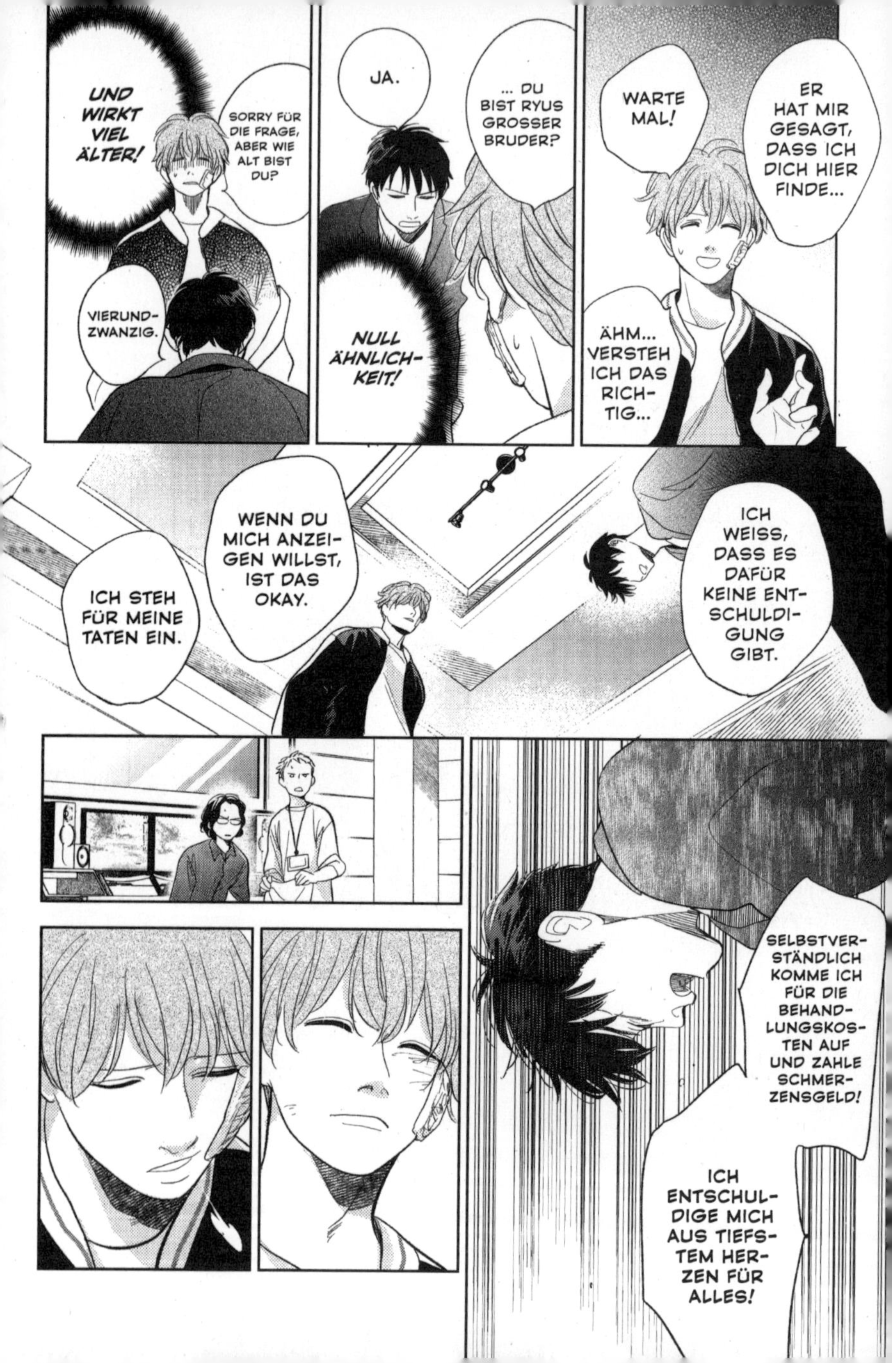
WARTE MAL!
ER HAT MIR GESAGT, DASS ICH DICH HIER FINDE...
ÄHM... VERSTEH ICH DAS RICHTIG...
... DU BIST RYUS GROSSER BRUDER?
JA.
NULL ÄHNLICHKEIT!
SORRY FÜR DIE FRAGE, ABER WIE ALT BIST DU?
VIERUNDZWANZIG.
UND WIRKT VIEL ÄLTER!
ICH WEISS, DASS ES DAFÜR KEINE ENTSCHULDIGUNG GIBT.
WENN DU MICH ANZEIGEN WILLST, IST DAS OKAY.
ICH STEH FÜR MEINE TATEN EIN.
SELBSTVERSTÄNDLICH KOMME ICH FÜR DIE BEHANDLUNGSKOSTEN AUF UND ZAHLE SCHMERZENSGELD!
ICH ENTSCHULDIGE MICH AUS TIEFSTEM HERZEN FÜR ALLES!

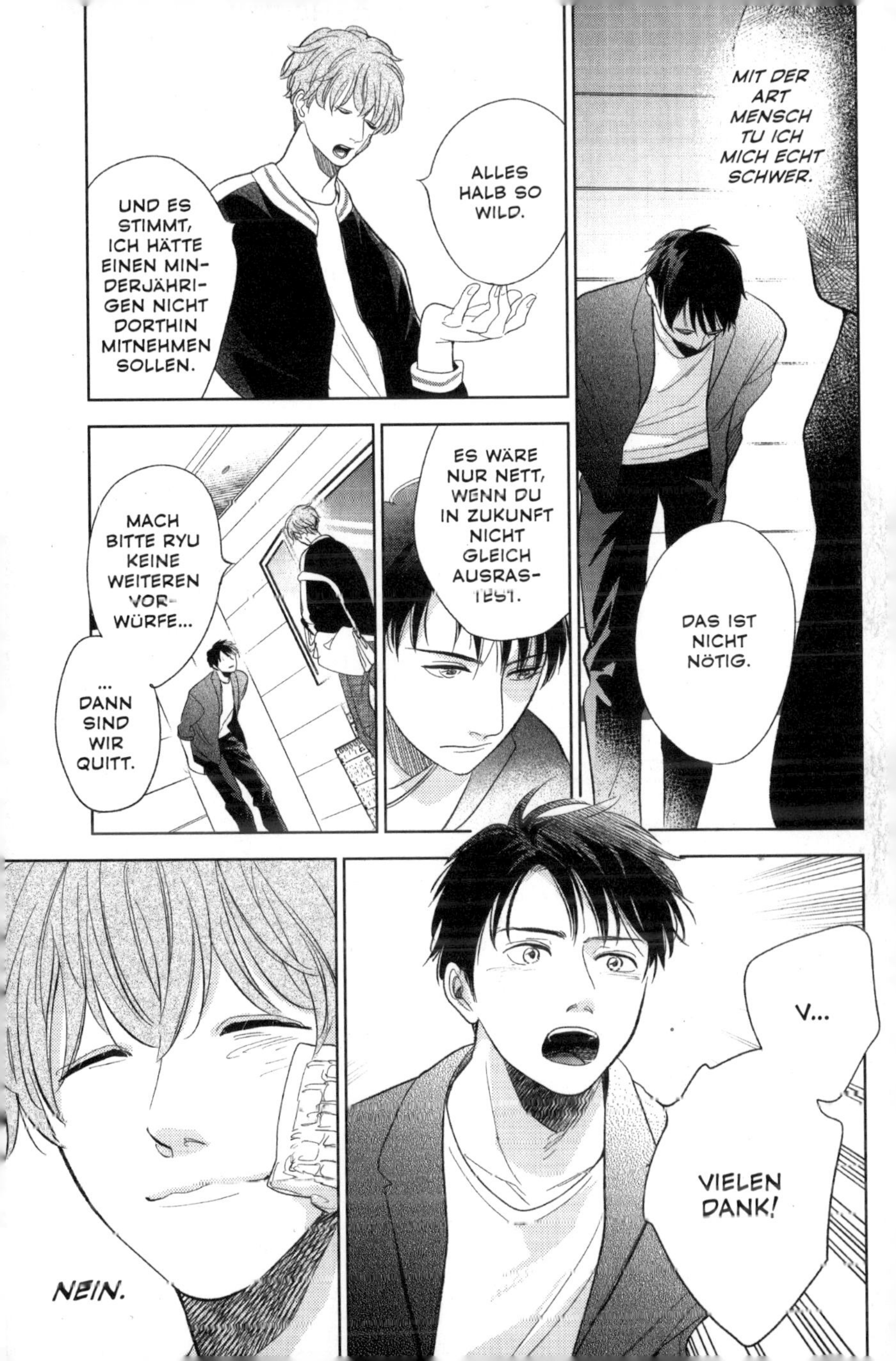
MIT DER ART MENSCH TU ICH MICH ECHT SCHWER.
ALLES HALB SO WILD.
UND ES STIMMT, ICH HÄTTE EINEN MINDERJÄHRIGEN NICHT DORTHIN MITNEHMEN SOLLEN.
DAS IST NICHT NÖTIG.
ES WÄRE NUR NETT, WENN DU IN ZUKUNFT NICHT GLEICH AUSRASTEST.
MACH BITTE RYU KEINE WEITEREN VORWÜRFE...
... DANN SIND WIR QUITT.
V...
VIELEN DANK!
NEIN.

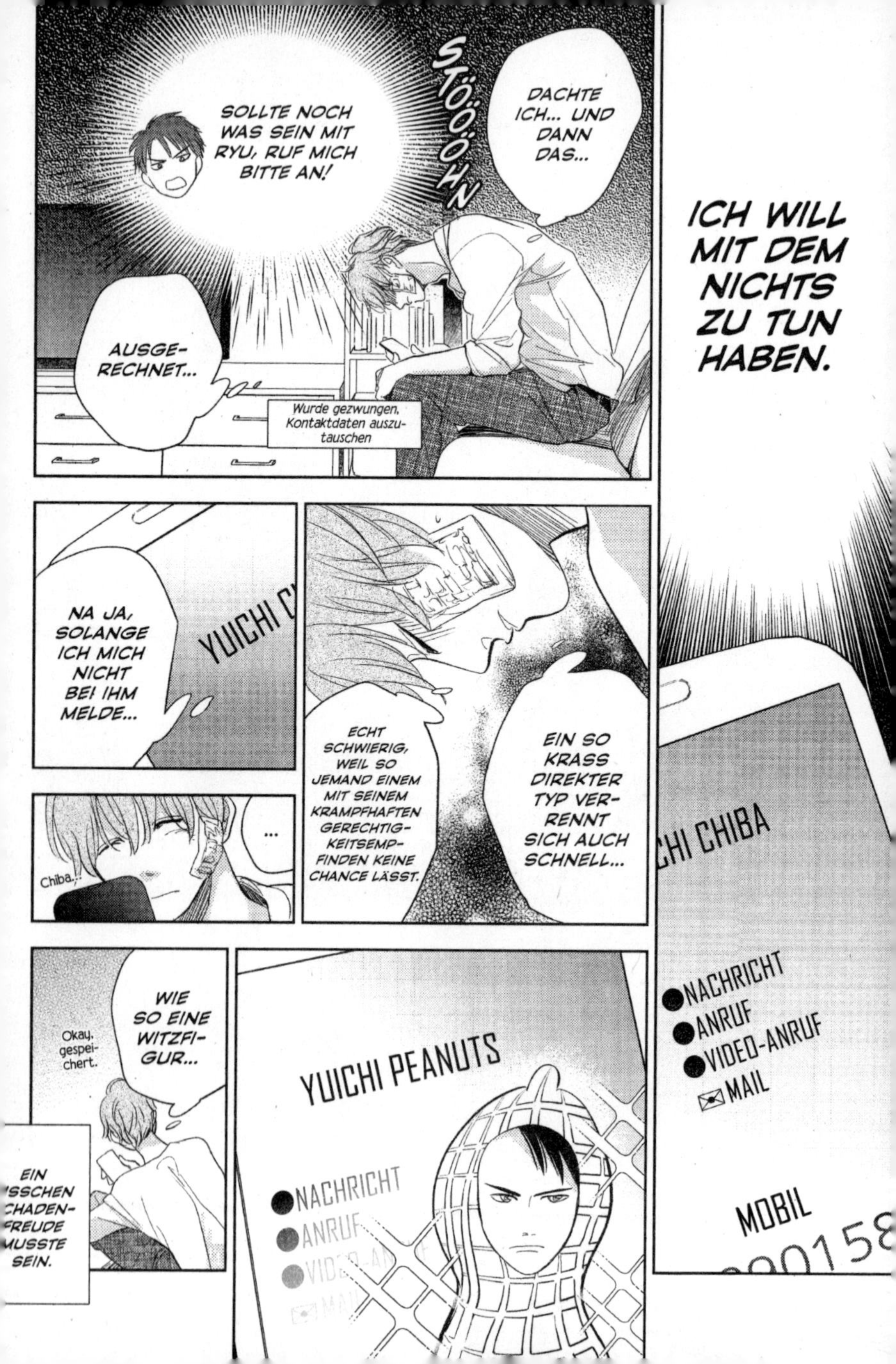
ICH WILL MIT DEM NICHTS ZU TUN HABEN.
CHI CHIBA
NACHRICHT
ANRUF
VIDEO-ANRUF
MAIL
MOBIL
DACHTE ICH... UND DANN DAS...
STÖÖÖHN
SOLLTE NOCH WAS SEIN MIT RYU, RUF MICH BITTE AN!
AUSGE-RECHNET...
Wurde gezwungen, Kontaktdaten auszutauschen
EIN SO KRASS DIREKTER TYP VERRENNT SICH AUCH SCHNELL...
ECHT SCHWIERIG, WEIL SO JEMAND EINEM MIT SEINEM KRAMPFHAFTEN GERECHTIG-KEITSEMP-FINDEN KEINE CHANCE LÄSST.
NA JA, SOLANGE ICH MICH NICHT BEI IHM MELDE...
...
Chiba...
YUICHI PEANUTS
NACHRICHT
WIE SO EINE WITZFI-GUR...
Okay, gespei-chert.
EIN SSCHEN CHADEN-FREUDE MUSSTE SEIN.

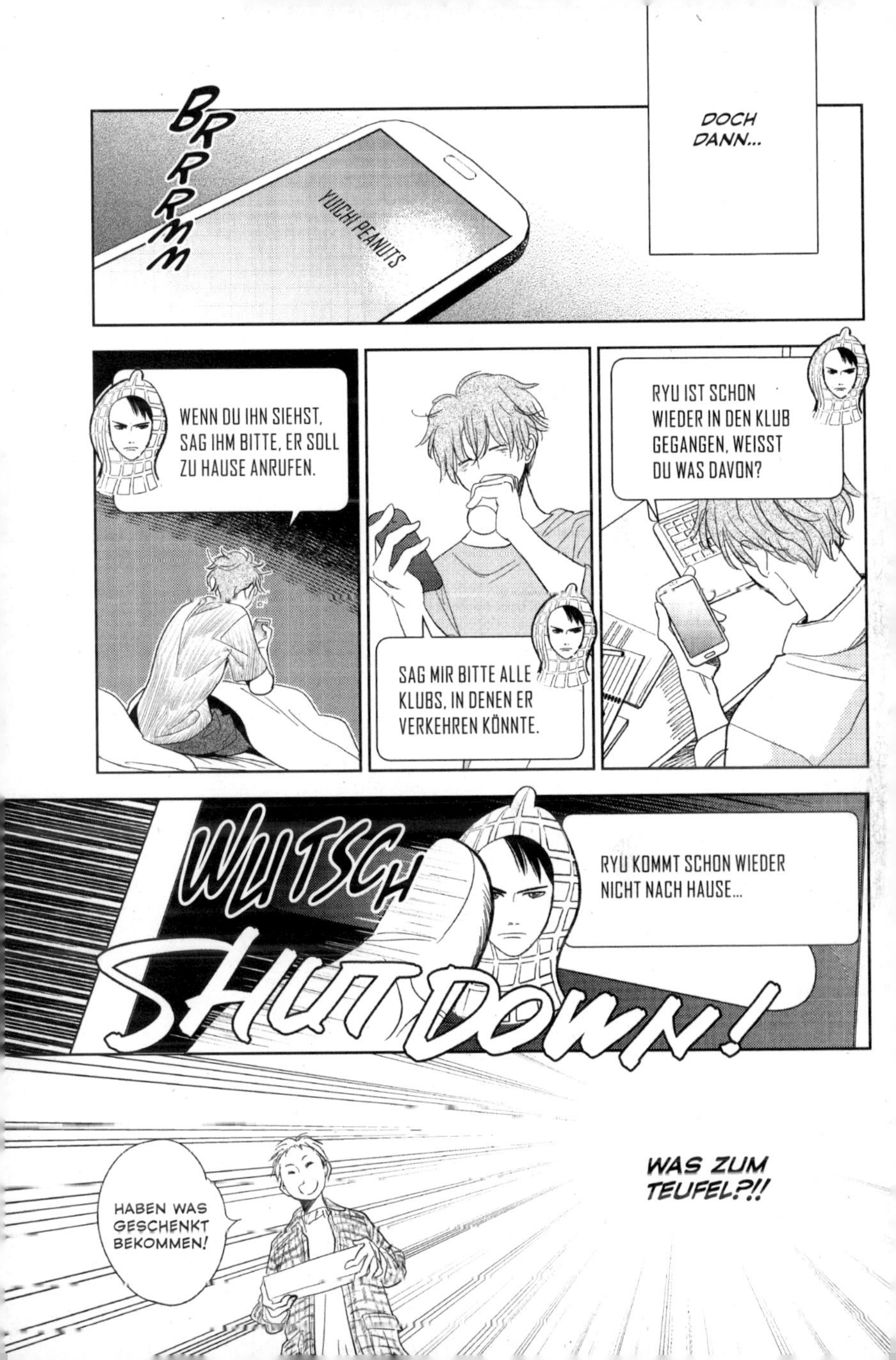
DOCH DANN...
BRRRMM
YUICHI PEANUTS
RYU IST SCHON WIEDER IN DEN KLUB GEGANGEN, WEISST DU WAS DAVON?
SAG MIR BITTE ALLE KLUBS, IN DENEN ER VERKEHREN KÖNNTE.
WENN DU IHN SIEHST, SAG IHM BITTE, ER SOLL ZU HAUSE ANRUFEN.
RYU KOMMT SCHON WIEDER NICHT NACH HAUSE...
WUTSCH
SHUT DOWN!
WAS ZUM TEUFEL?!!
HABEN WAS GESCHENKT BEKOMMEN!

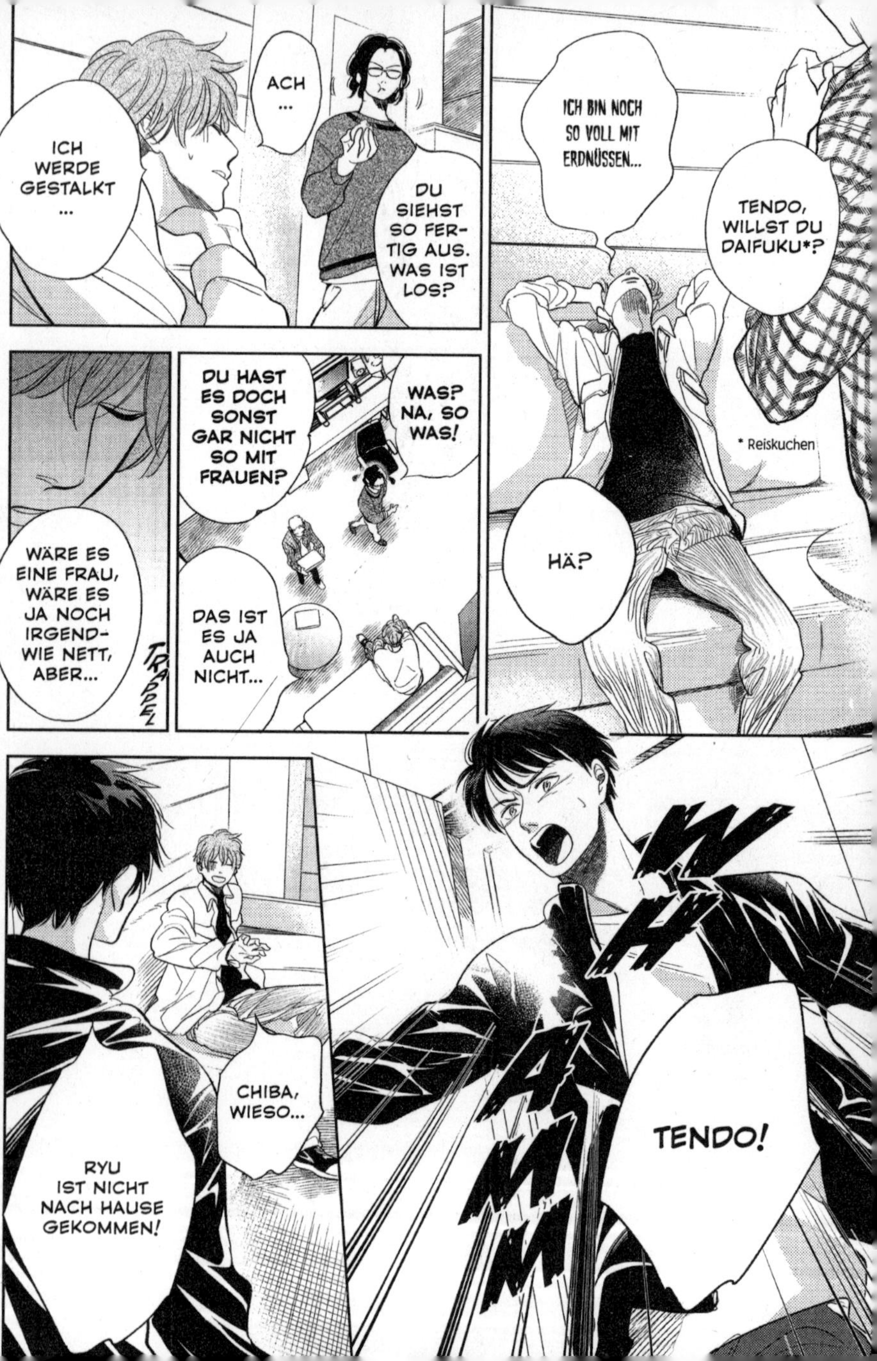
TENDO, WILLST DU DAIFUKU*?
ICH BIN NOCH SO VOLL MIT ERDNÜSSEN...
HÄ?
* Reiskuchen
DU SIEHST SO FER-TIG AUS. WAS IST LOS?
ACH ...
ICH WERDE GESTALKT ...
WAS? NA, SO WAS!
DU HAST ES DOCH SONST GAR NICHT SO MIT FRAUEN?
DAS IST ES JA AUCH NICHT...
WÄRE ES EINE FRAU, WÄRE ES JA NOCH IRGEND-WIE NETT, ABER...
TRAPPEL
TENDO!
WHAM
CHIBA, WIESO...
RYU IST NICHT NACH HAUSE GEKOMMEN!

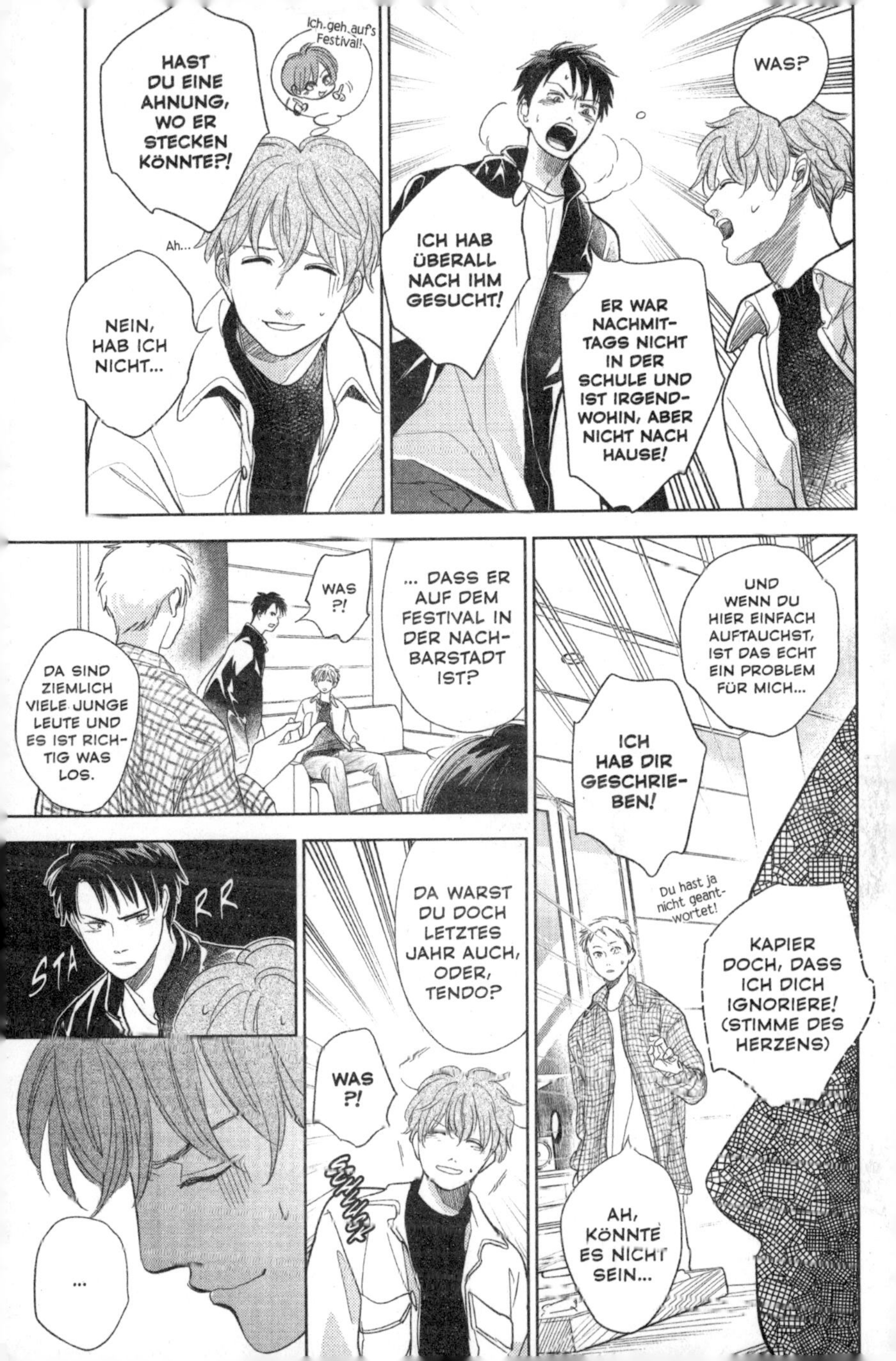
WAS?
ER WAR NACHMITTAGS NICHT IN DER SCHULE UND IST IRGENDWOHIN, ABER NICHT NACH HAUSE!
ICH HAB ÜBERALL NACH IHM GESUCHT!
HAST DU EINE AHNUNG, WO ER STECKEN KÖNNTE?!
Ich geh auf's Festival!
Ah...
NEIN, HAB ICH NICHT...
UND WENN DU HIER EINFACH AUFTAUCHST, IST DAS ECHT EIN PROBLEM FÜR MICH...
ICH HAB DIR GESCHRIEBEN!
Du hast ja nicht geantwortet!
KAPIER DOCH, DASS ICH DICH IGNORIERE! (STIMME DES HERZENS)
... DASS ER AUF DEM FESTIVAL IN DER NACHBARSTADT IST?
WAS ?!
DA SIND ZIEMLICH VIELE JUNGE LEUTE UND ES IST RICHTIG WAS LOS.
DA WARST DU DOCH LETZTES JAHR AUCH, ODER, TENDO?
WAS ?!
STA RR
AH, KÖNNTE ES NICHT SEIN...
...

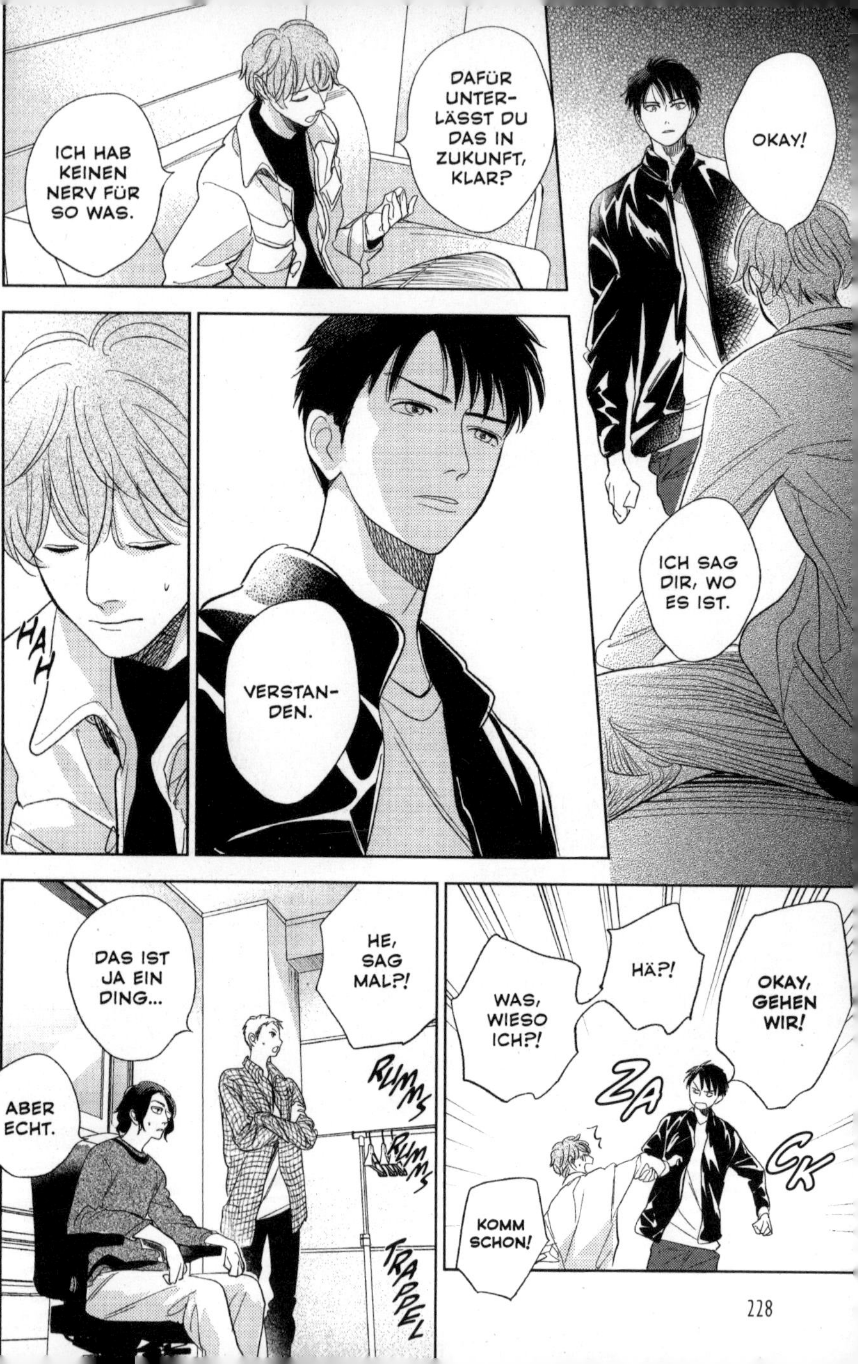
OKAY!
ICH SAG DIR, WO ES IST.
DAFÜR UNTERLÄSST DU DAS IN ZUKUNFT, KLAR?
ICH HAB KEINEN NERV FÜR SO WAS.
VERSTANDEN.
HAH
OKAY, GEHEN WIR!
HÄ?!
WAS, WIESO ICH?!
ZACK
KOMM SCHON!
HE, SAG MAL?!
DAS IST JA EIN DING...
ABER ECHT.
RUMMS
RUMMS
TRAPPEL

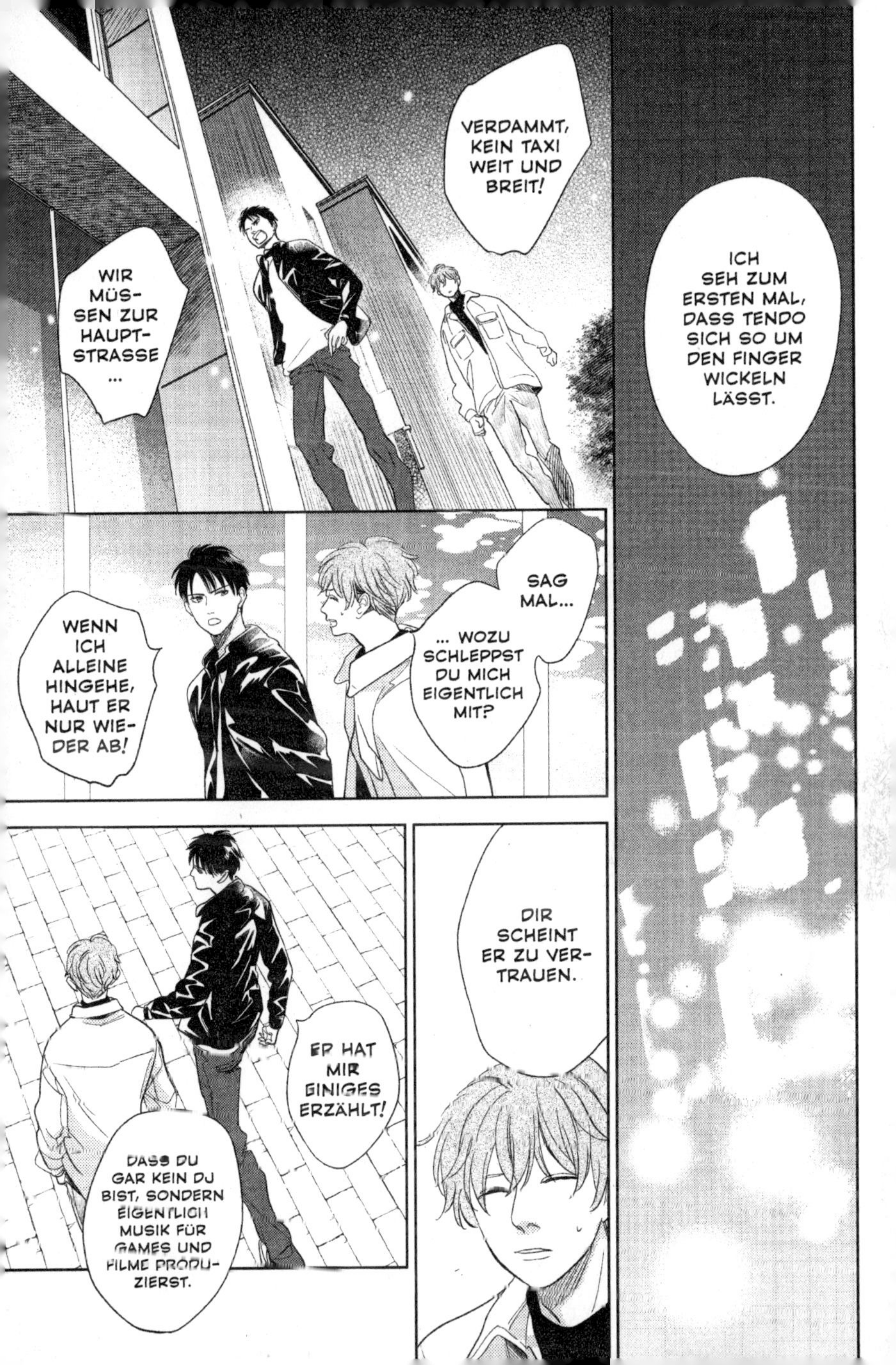
VERDAMMT, KEIN TAXI WEIT UND BREIT!
WIR MÜS-SEN ZUR HAUPT-STRASSE ...
SAG MAL...
... WOZU SCHLEPPST DU MICH EIGENTLICH MIT?
WENN ICH ALLEINE HINGEHE, HAUT ER NUR WIE-DER AB!
DIR SCHEINT ER ZU VER-TRAUEN.
ER HAT MIR EINIGES ERZÄHLT!
DASS DU GAR KEIN DJ BIST, SONDERN EIGENTLICH MUSIK FÜR GAMES UND FILME PRODU-ZIERST.
ICH SEH ZUM ERSTEN MAL, DASS TENDO SICH SO UM DEN FINGER WICKELN LÄSST.

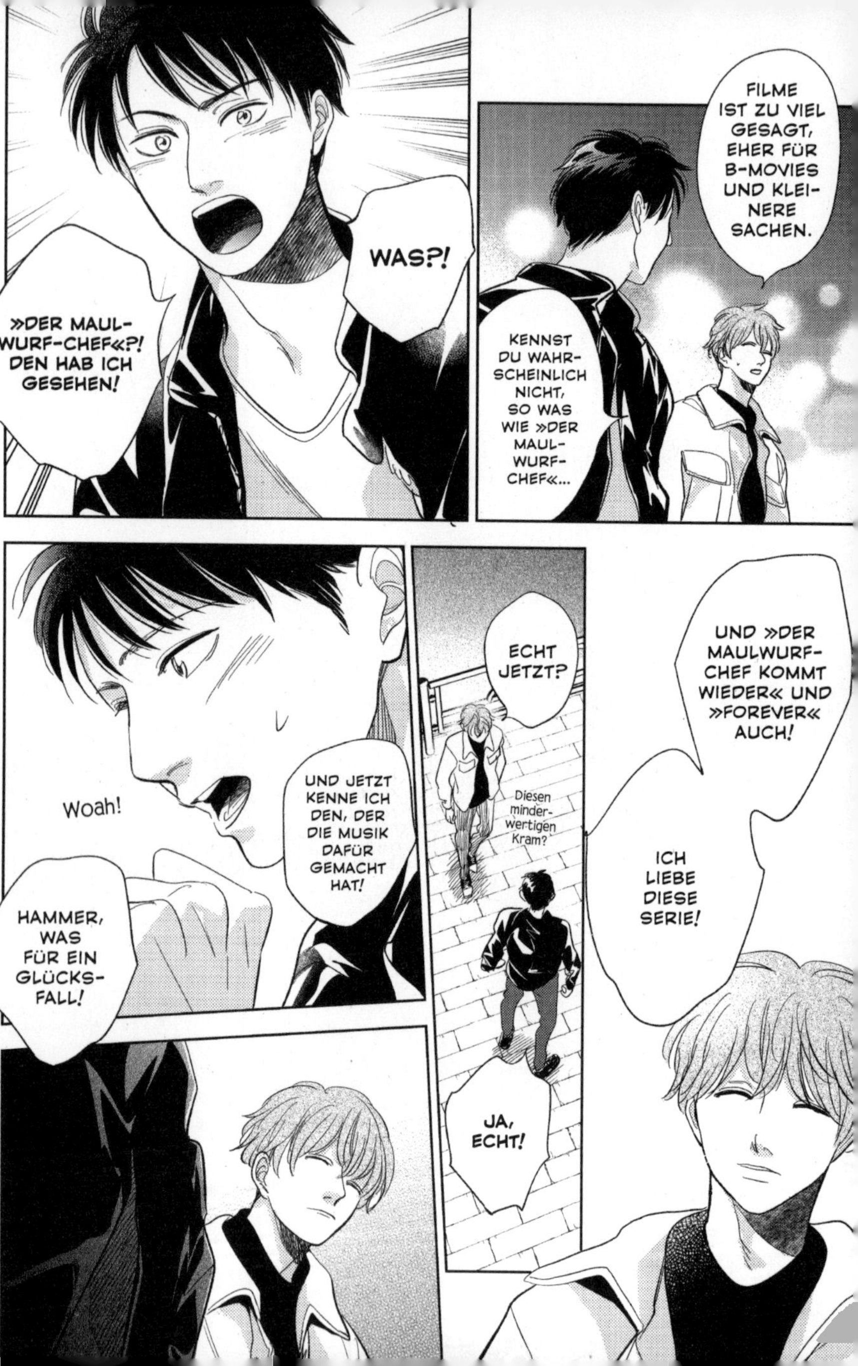

FILME IST ZU VIEL GESAGT, EHER FÜR B-MOVIES UND KLEINERE SACHEN.
KENNST DU WAHRSCHEINLICH NICHT, SO WAS WIE »DER MAULWURF-CHEF«...
WAS?!
»DER MAULWURF-CHEF«?! DEN HAB ICH GESEHEN!
UND »DER MAULWURFCHEF KOMMT WIEDER« UND »FOREVER« AUCH!
ICH LIEBE DIESE SERIE!
ECHT JETZT?
Diesen minderwertigen Kram?
JA, ECHT!
UND JETZT KENNE ICH DEN, DER DIE MUSIK DAFÜR GEMACHT HAT!
Woah!
HAMMER, WAS FÜR EIN GLÜCKSFALL!

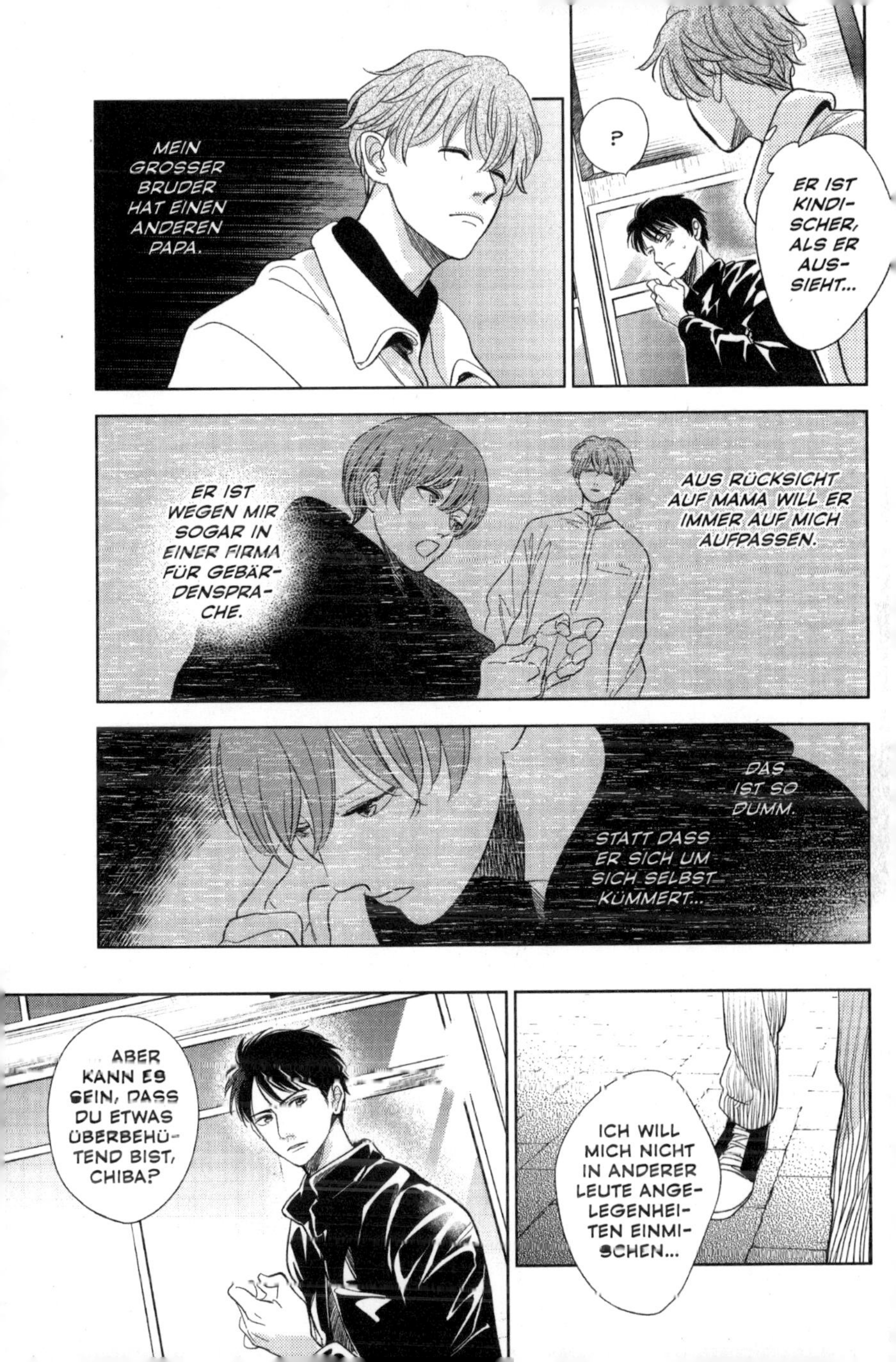
?
ER IST KINDISCHER, ALS ER AUSSIEHT...
MEIN GROSSER BRUDER HAT EINEN ANDEREN PAPA.
AUS RÜCKSICHT AUF MAMA WILL ER IMMER AUF MICH AUFPASSEN.
ER IST WEGEN MIR SOGAR IN EINER FIRMA FÜR GEBÄRDENSPRACHE.
DAS IST SO DUMM.
STATT DASS ER SICH UM SICH SELBST KÜMMERT...
ICH WILL MICH NICHT IN ANDERER LEUTE ANGELEGENHEITEN EINMISCHEN...
... ABER KANN ES SEIN, DASS DU ETWAS ÜBERBEHÜTEND BIST, CHIBA?

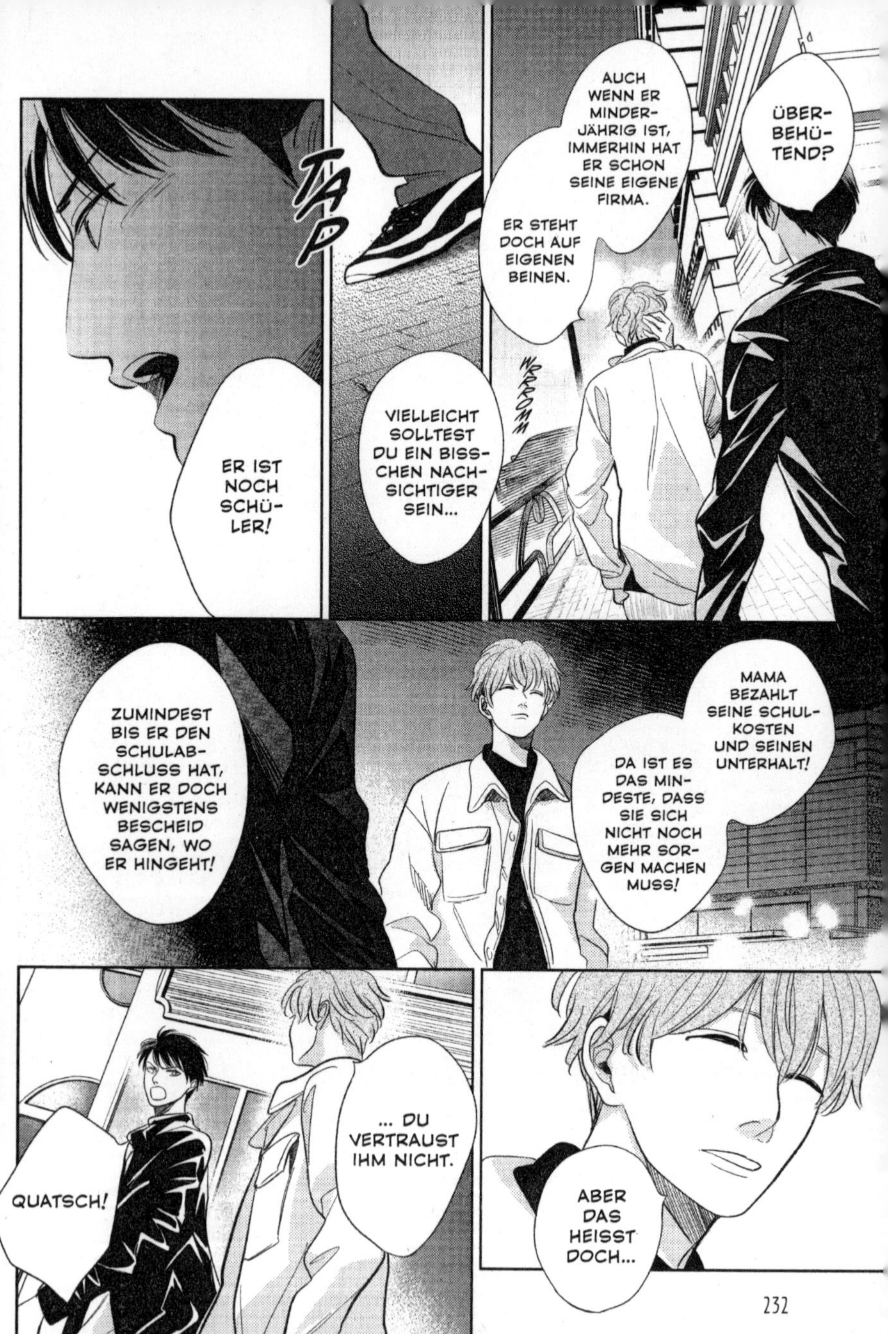
ÜBERBEHÜTEND?
AUCH WENN ER MINDERJÄHRIG IST, IMMERHIN HAT ER SCHON SEINE EIGENE FIRMA.
ER STEHT DOCH AUF EIGENEN BEINEN.
WRRROMM
TAP
VIELLEICHT SOLLTEST DU EIN BISSCHEN NACHSICHTIGER SEIN...
ER IST NOCH SCHÜLER!
MAMA BEZAHLT SEINE SCHULKOSTEN UND SEINEN UNTERHALT!
DA IST ES DAS MINDESTE, DASS SIE SICH NICHT NOCH MEHR SORGEN MACHEN MUSS!
ZUMINDEST BIS ER DEN SCHULABSCHLUSS HAT, KANN ER DOCH WENIGSTENS BESCHEID SAGEN, WO ER HINGEHT!
ABER DAS HEISST DOCH...
... DU VERTRAUST IHM NICHT.
QUATSCH!

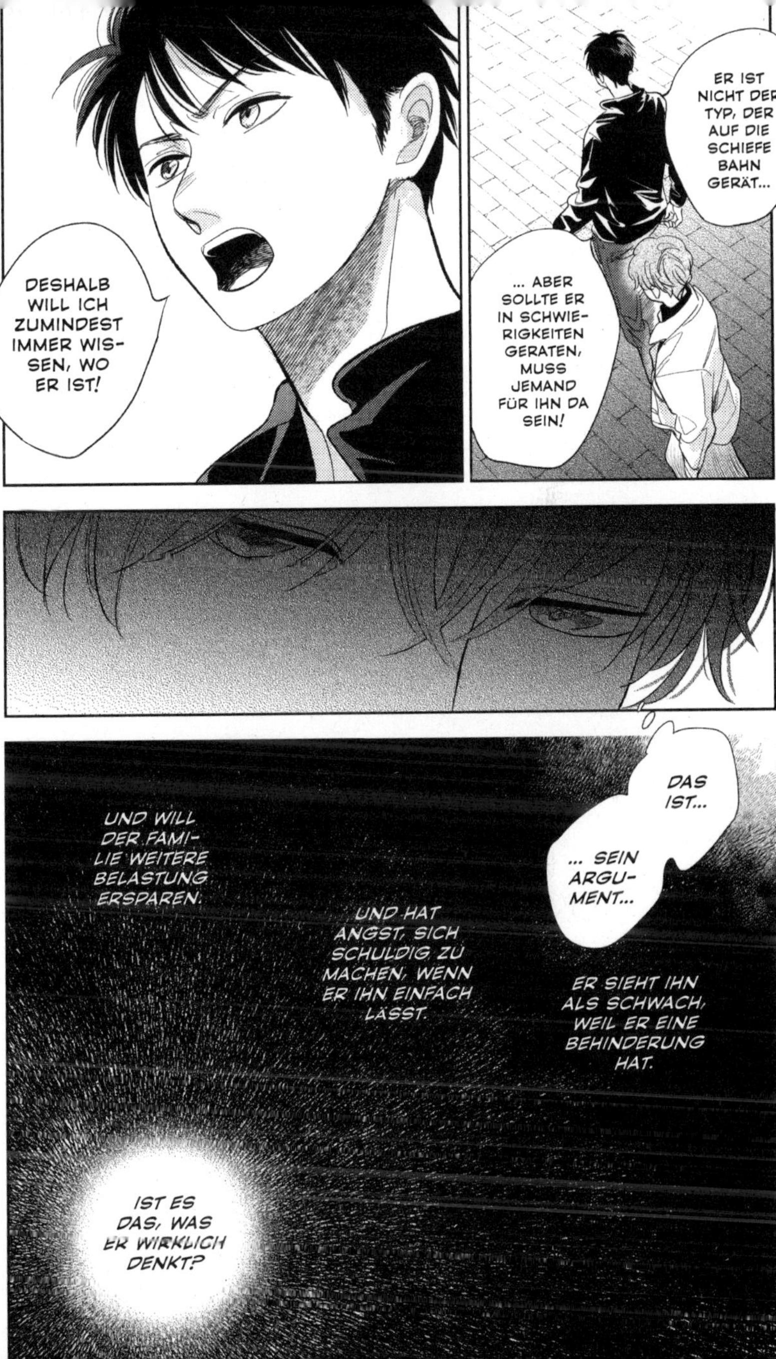
ER IST NICHT DER TYP, DER AUF DIE SCHIEFE BAHN GERÄT...
... ABER SOLLTE ER IN SCHWIERIGKEITEN GERATEN, MUSS JEMAND FÜR IHN DA SEIN!
DESHALB WILL ICH ZUMINDEST IMMER WISSEN, WO ER IST!
DAS IST...
... SEIN ARGUMENT...
ER SIEHT IHN ALS SCHWACH, WEIL ER EINE BEHINDERUNG HAT.
UND HAT ANGST, SICH SCHULDIG ZU MACHEN, WENN ER IHN EINFACH LÄSST.
UND WILL DER FAMILIE WEITERE BELASTUNG ERSPAREN.
IST ES DAS, WAS ER WIRKLICH DENKT?

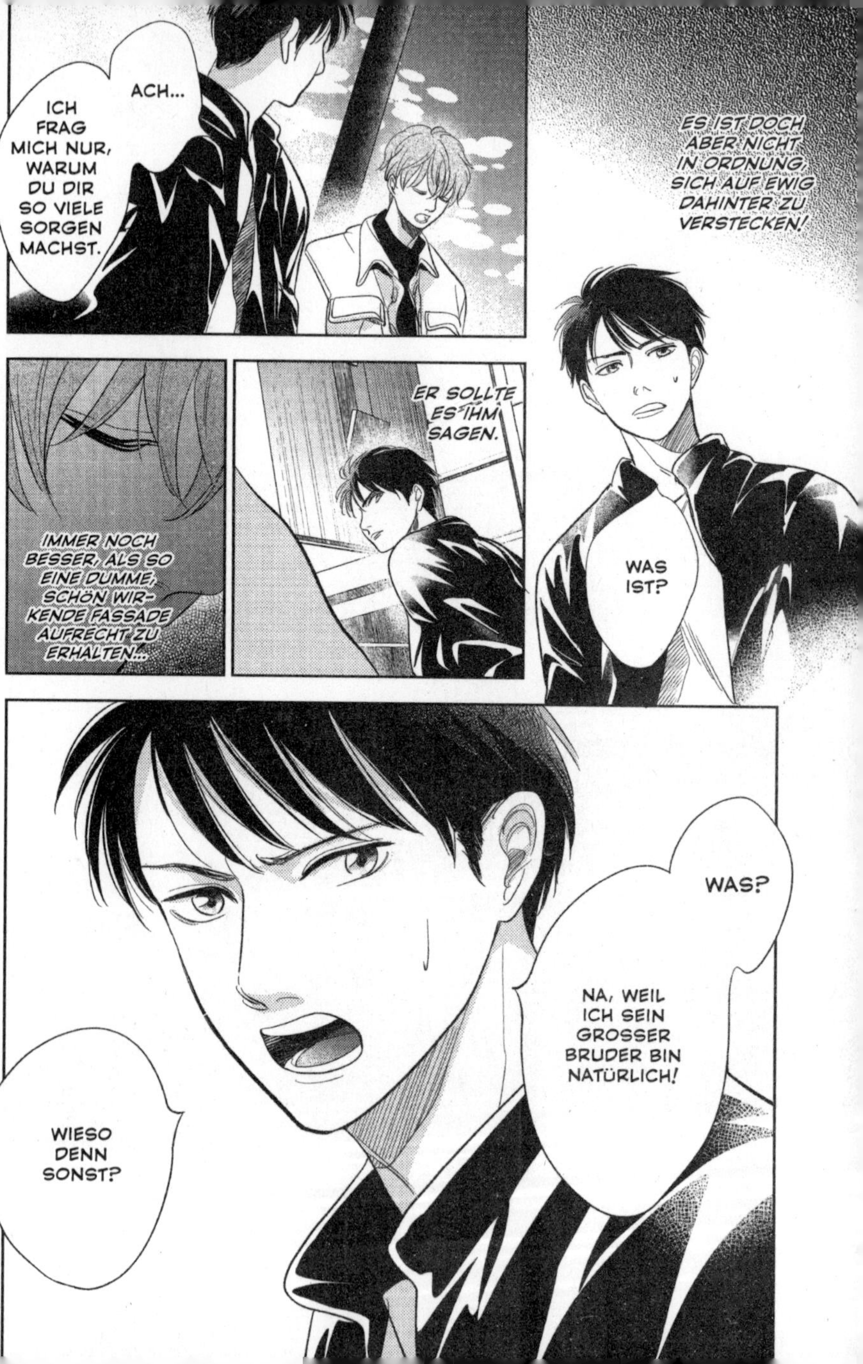
ES IST DOCH ABER NICHT IN ORDNUNG, SICH AUF EWIG DAHINTER ZU VERSTECKEN!
ACH...
ICH FRAG MICH NUR, WARUM DU DIR SO VIELE SORGEN MACHST.
WAS IST?
ER SOLLTE ES IHM SAGEN.
IMMER NOCH BESSER, ALS SO EINE DUMME, SCHÖN WIRKENDE FASSADE AUFRECHT ZU ERHALTEN...
WAS?
NA, WEIL ICH SEIN GROSSER BRUDER BIN NATÜRLICH!
WIESO DENN SONST?

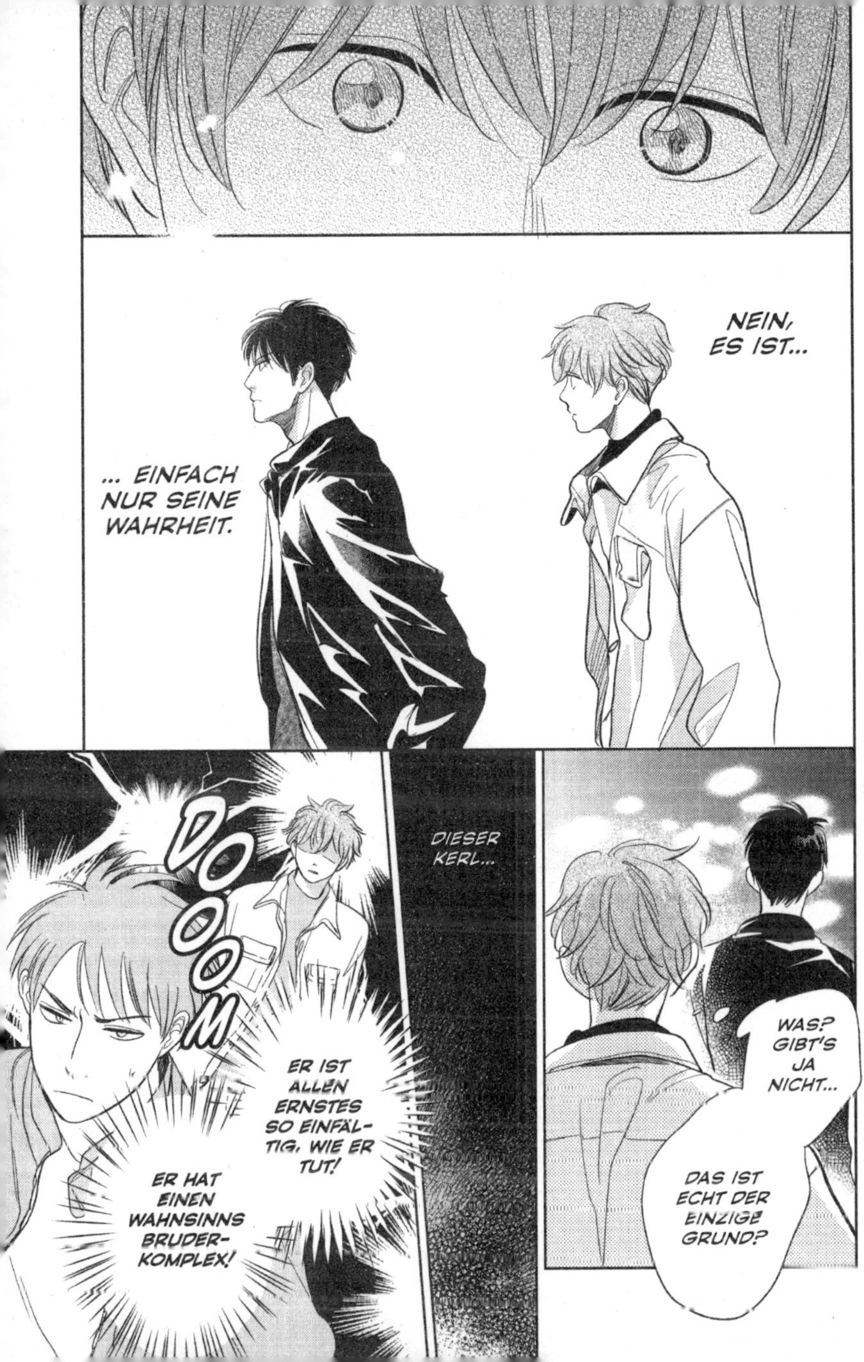
NEIN, ES IST...
... EINFACH NUR SEINE WAHRHEIT.
WAS? GIBT'S JA NICHT...
DAS IST ECHT DER EINZIGE GRUND?
DIESER KERL...
DOOOOM
ER IST ALLEN ERNSTES SO EINFÄL-TIG, WIE ER TUT!
ER HAT EINEN WAHNSINNS BRUDER-KOMPLEX!

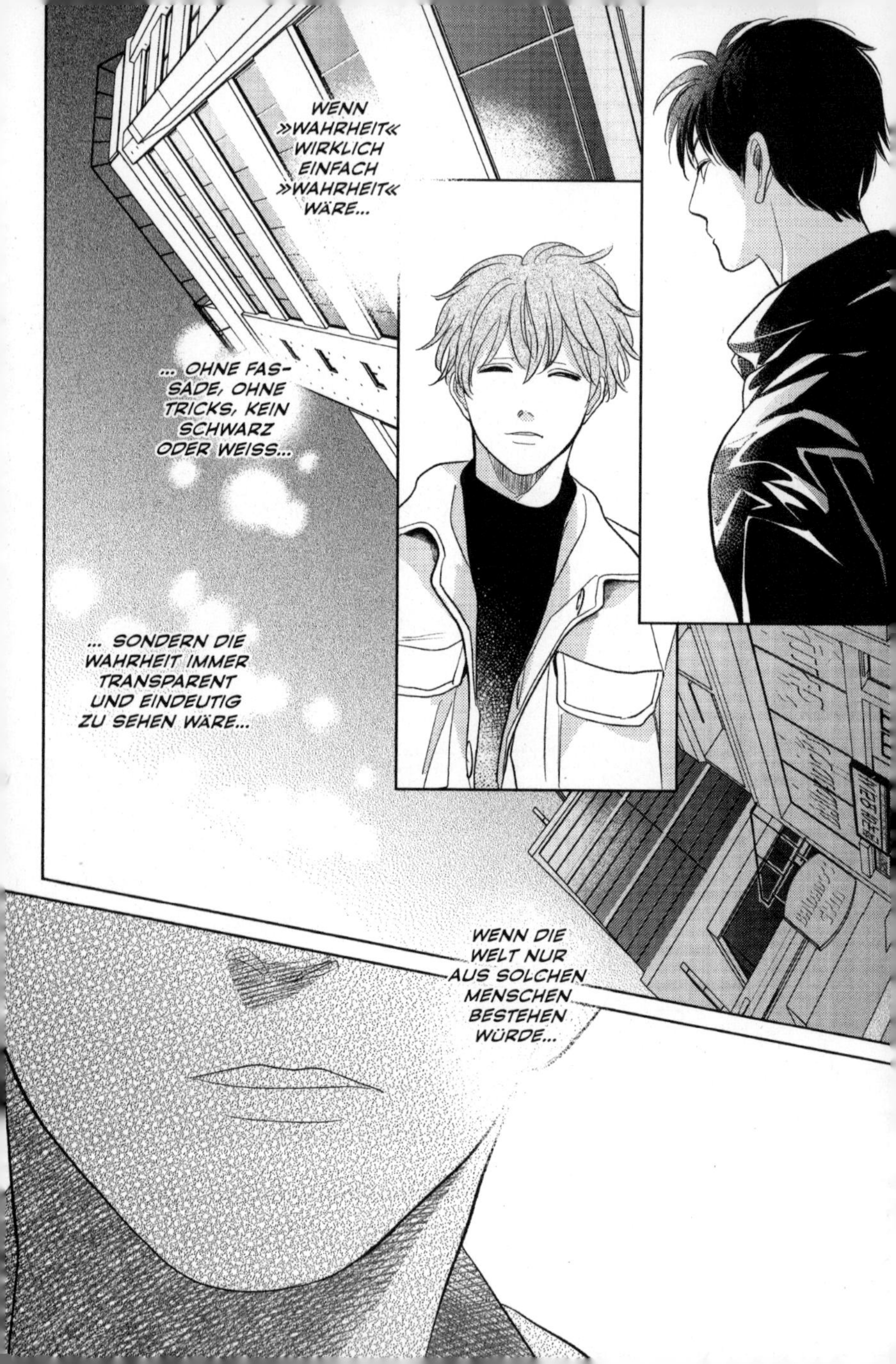
WENN »WAHRHEIT« WIRKLICH EINFACH »WAHRHEIT« WÄRE...
... OHNE FASSADE, OHNE TRICKS, KEIN SCHWARZ ODER WEISS...
... SONDERN DIE WAHRHEIT IMMER TRANSPARENT UND EINDEUTIG ZU SEHEN WÄRE...
WENN DIE WELT NUR AUS SOLCHEN MENSCHEN BESTEHEN WÜRDE...

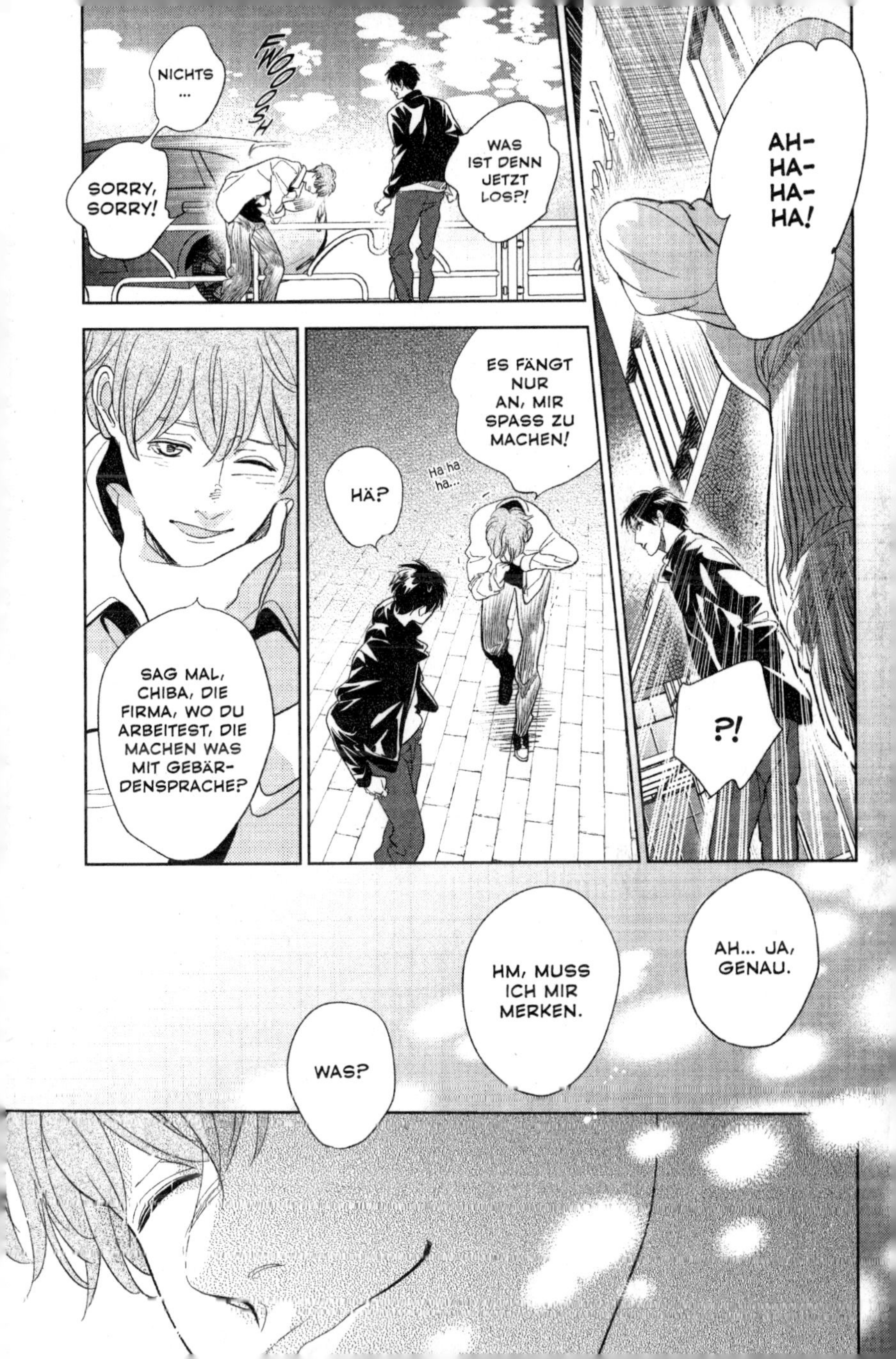
AH-HA-HA-HA!
?!
WAS IST DENN JETZT LOS?!
FWOOOOSH
NICHTS ...
SORRY, SORRY!
ES FÄNGT NUR AN, MIR SPASS ZU MACHEN!
Ha ha ha...
HÄ?
SAG MAL, CHIBA, DIE FIRMA, WO DU ARBEITEST, DIE MACHEN WAS MIT GEBÄRDENSPRACHE?
AH... JA, GENAU.
HM, MUSS ICH MIR MERKEN.
WAS?

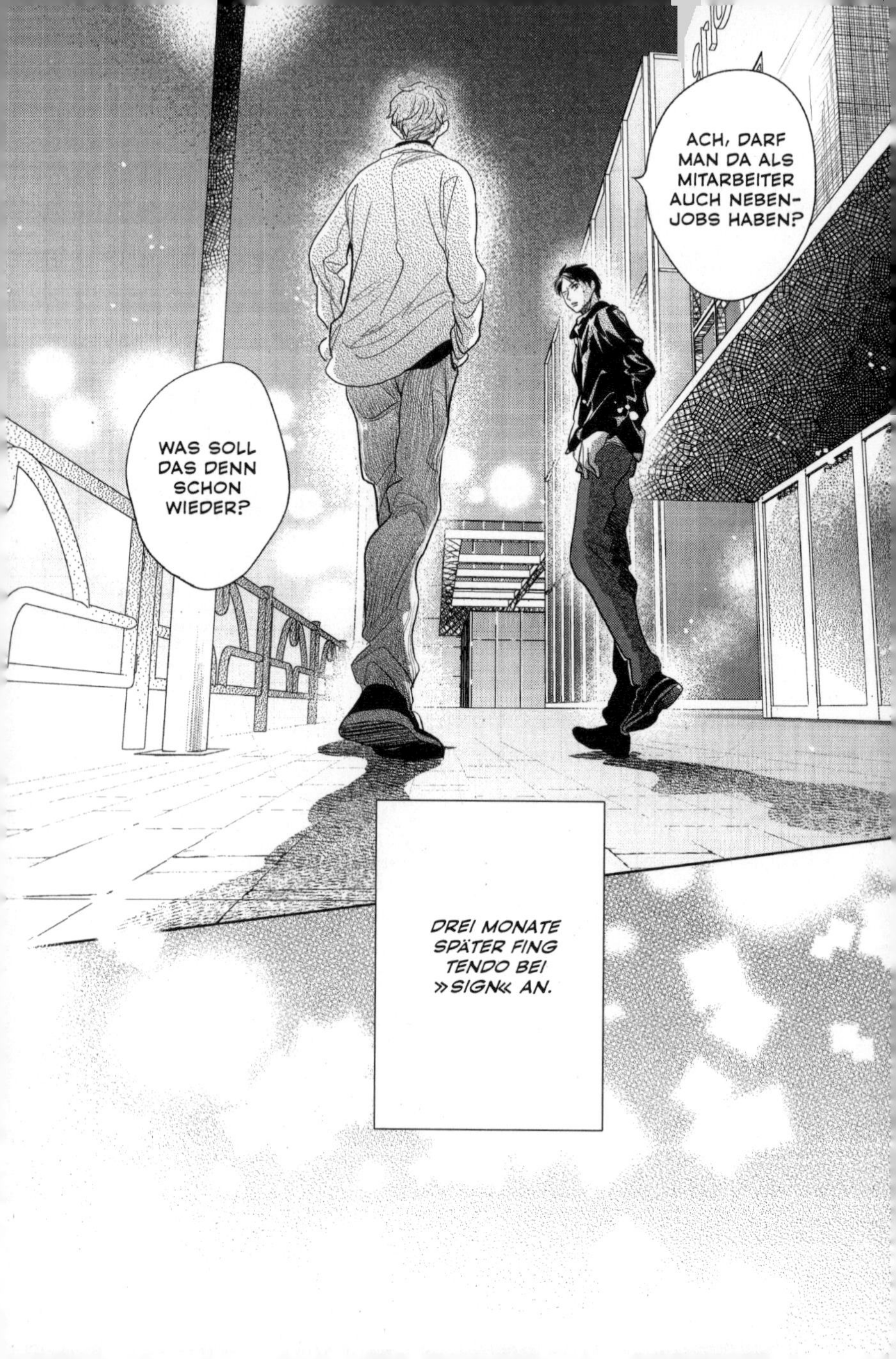
ACH, DARF MAN DA ALS MITARBEITER AUCH NEBEN-JOBS HABEN?
WAS SOLL DAS DENN SCHON WIEDER?
DREI MONATE SPÄTER FING TENDO BEI »SIGN« AN.

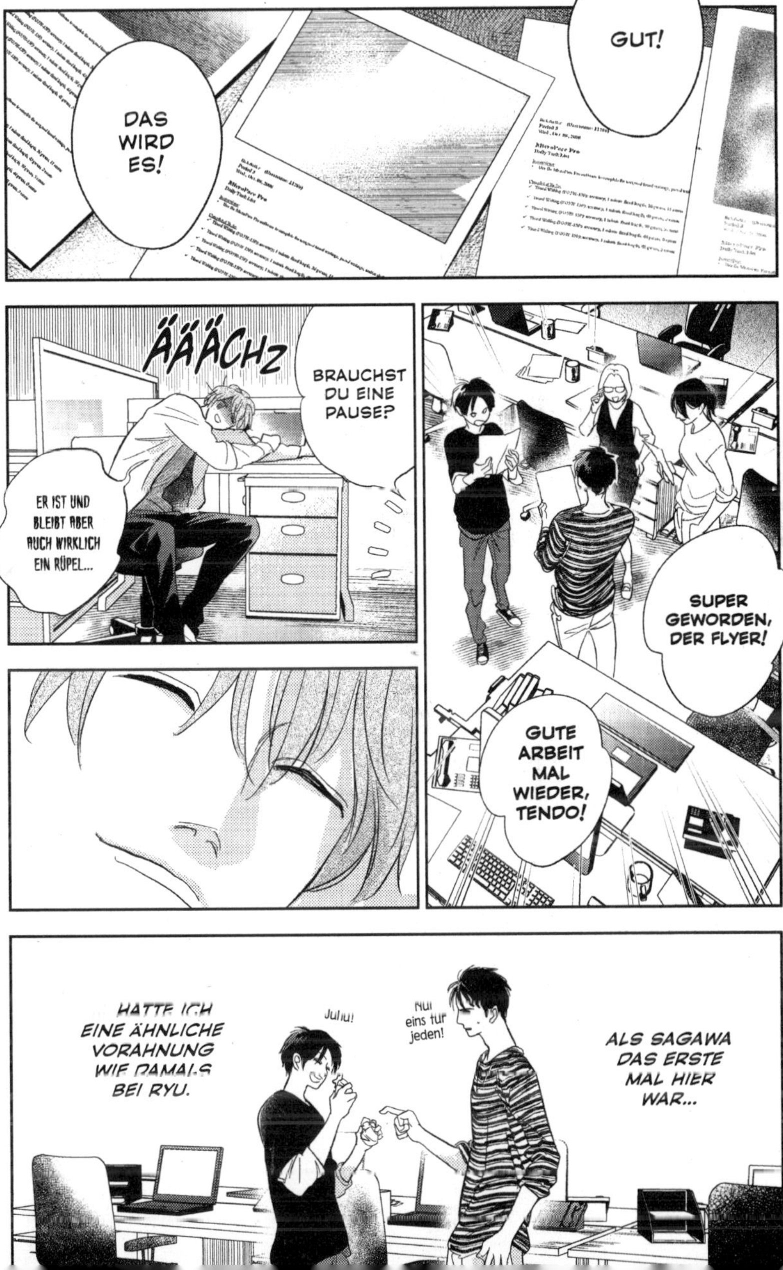
GUT!
DAS WIRD ES!
SUPER GEWORDEN, DER FLYER!
GUTE ARBEIT MAL WIEDER, TENDO!
ÄÄÄCHZ
BRAUCHST DU EINE PAUSE?
ER IST UND BLEIBT ABER AUCH WIRKLICH EIN RÜPEL...
ALS SAGAWA DAS ERSTE MAL HIER WAR...
Nur eins für jeden!
Juhu!
HATTE ICH EINE ÄHNLICHE VORAHNUNG WIE DAMALS BEI RYU.

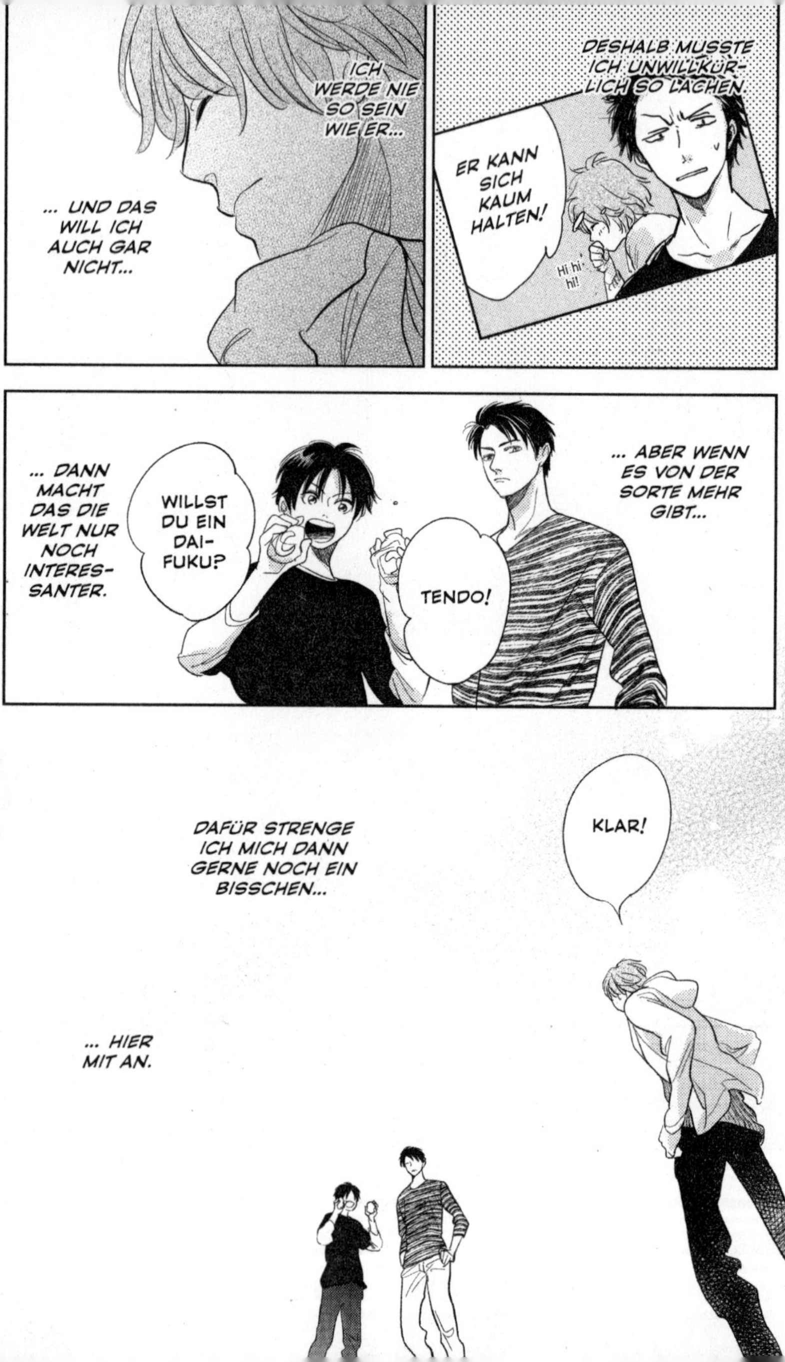
DESHALB MUSSTE ICH UNWILLKÜRLICH SO LACHEN.
ER KANN SICH KAUM HALTEN!
Hi hi hi!
ICH WERDE NIE SO SEIN WIE ER...
... UND DAS WILL ICH AUCH GAR NICHT...
... ABER WENN ES VON DER SORTE MEHR GIBT...
TENDO!
WILLST DU EIN DAI-FUKU?
... DANN MACHT DAS DIE WELT NUR NOCH INTERES-SANTER.
KLAR!
DAFÜR STRENGE ICH MICH DANN GERNE NOCH EIN BISSCHEN...
... HIER MIT AN.

i hear the sunspot

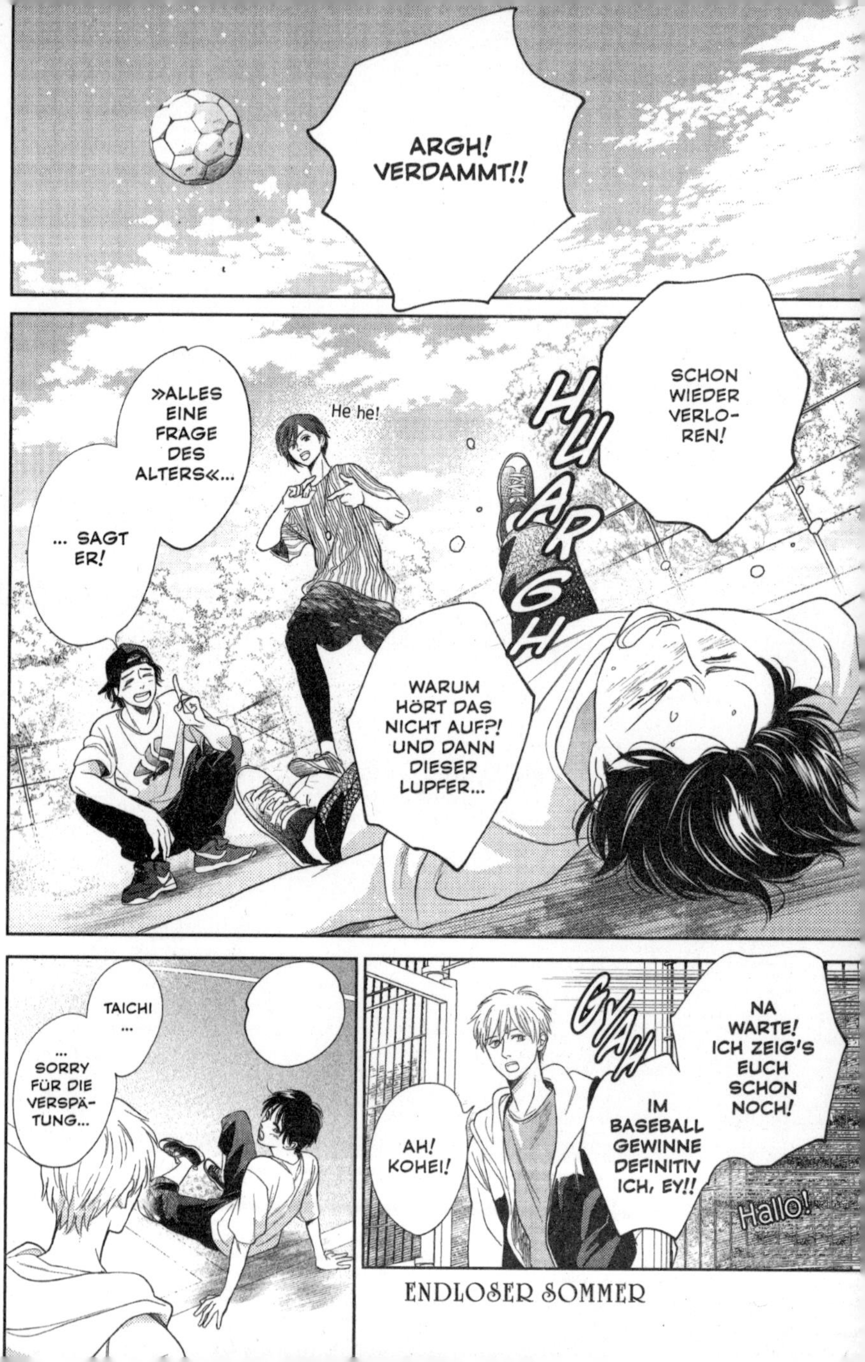

ENDLOSER SOMMER

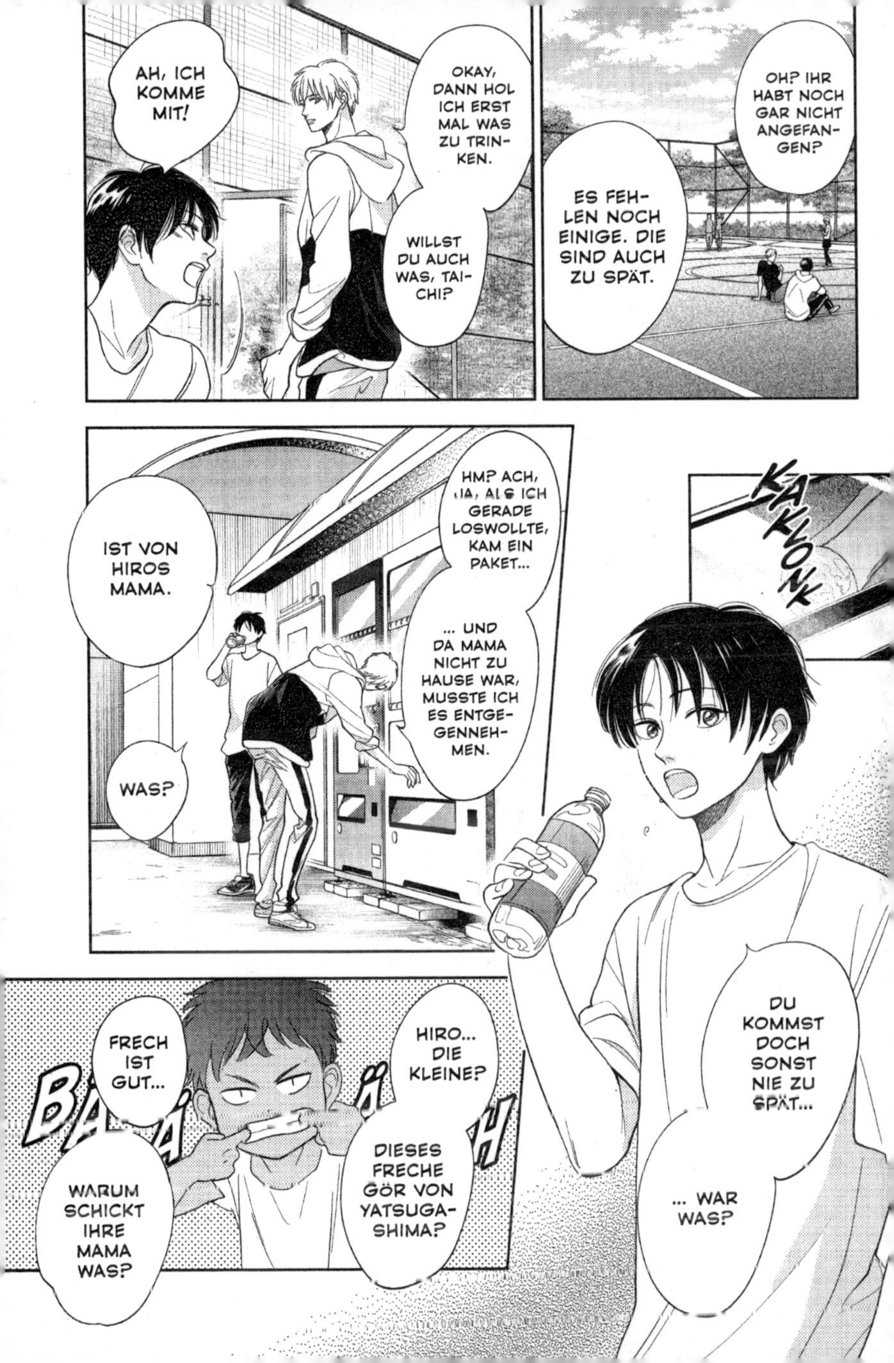

OH? IHR HABT NOCH GAR NICHT ANGEFANGEN?
ES FEHLEN NOCH EINIGE. DIE SIND AUCH ZU SPÄT.
OKAY, DANN HOL ICH ERST MAL WAS ZU TRINKEN.
WILLST DU AUCH WAS, TAICHI?
AH, ICH KOMME MIT!
KAKLONK
DU KOMMST DOCH SONST NIE ZU SPÄT...
... WAR WAS?
HM? ACH, JA, ALS ICH GERADE LOSWOLLTE, KAM EIN PAKET...
... UND DA MAMA NICHT ZU HAUSE WAR, MUSSTE ICH ES ENTGEGENNEHMEN.
IST VON HIROS MAMA.
WAS?
HIRO... DIE KLEINE?
FRECH IST GUT...
DIESES FRECHE GÖR VON YATSUGASHIMA?
WARUM SCHICKT IHRE MAMA WAS?

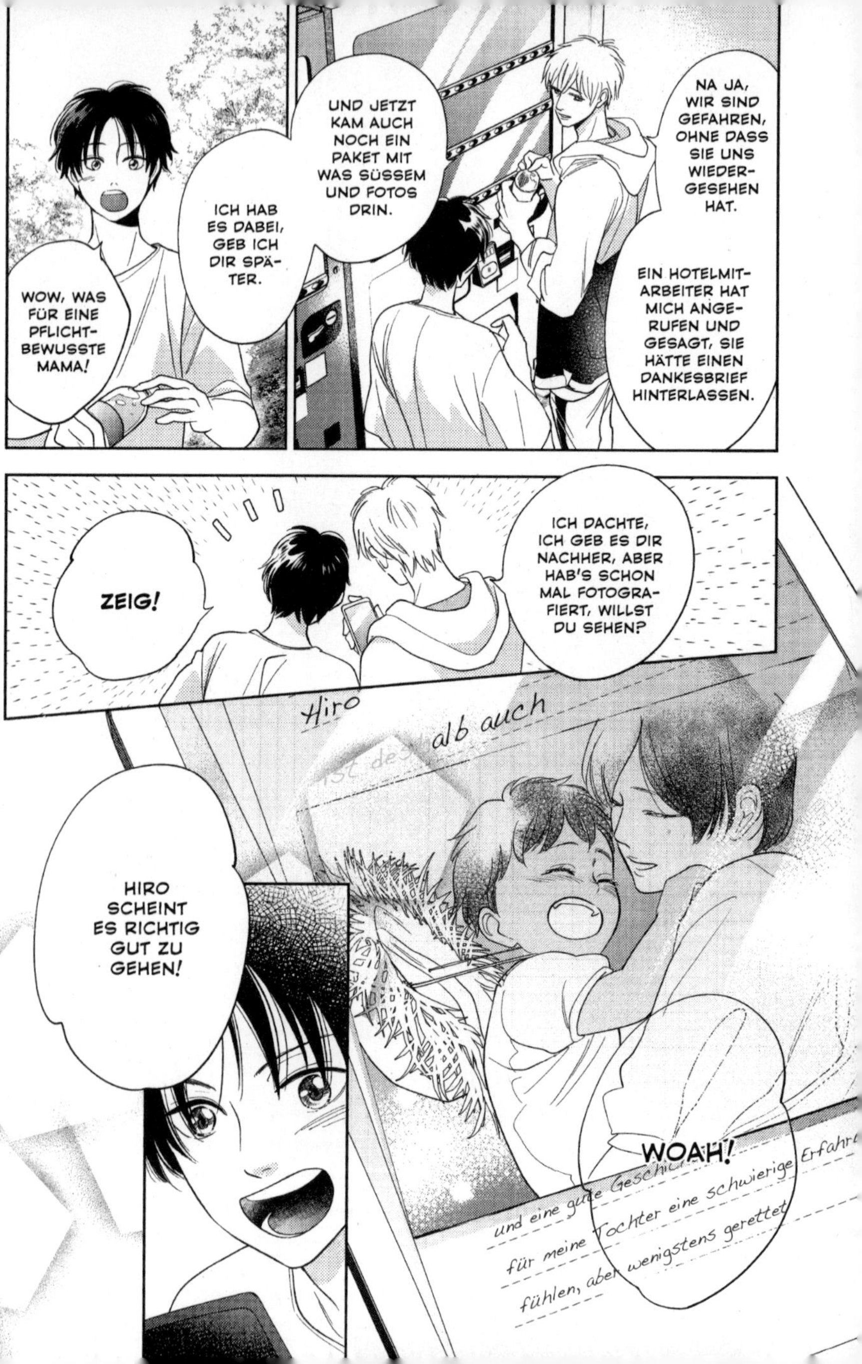
NA JA, WIR SIND GEFAHREN, OHNE DASS SIE UNS WIEDERGESEHEN HAT.
EIN HOTELMITARBEITER HAT MICH ANGERUFEN UND GESAGT, SIE HÄTTE EINEN DANKESBRIEF HINTERLASSEN.
UND JETZT KAM AUCH NOCH EIN PAKET MIT WAS SÜSSEM UND FOTOS DRIN.
ICH HAB ES DABEI, GEB ICH DIR SPÄTER.
WOW, WAS FÜR EINE PFLICHTBEWUSSTE MAMA!
ICH DACHTE, ICH GEB ES DIR NACHHER, ABER HAB'S SCHON MAL FOTOGRAFIERT, WILLST DU SEHEN?
ZEIG!
Hiro
WOAH!
HIRO SCHEINT ES RICHTIG GUT ZU GEHEN!
für meine Tochter eine schwierige Erfahr
fühlen, aber wenigstens gerettet

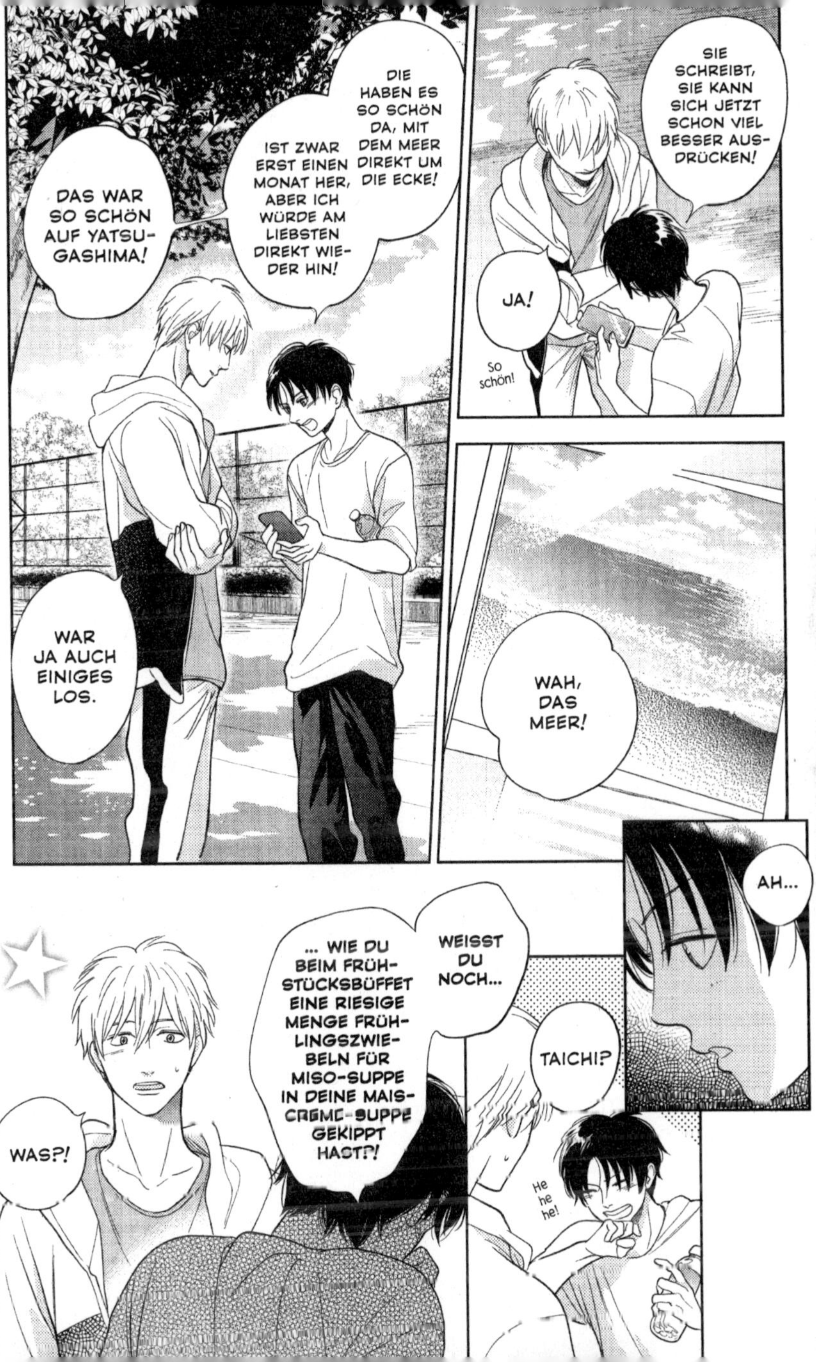

SIE SCHREIBT, SIE KANN SICH JETZT SCHON VIEL BESSER AUSDRÜCKEN!
JA!
So schön!
WAH, DAS MEER!
DIE HABEN ES SO SCHÖN DA, MIT DEM MEER DIREKT UM DIE ECKE!
IST ZWAR ERST EINEN MONAT HER, ABER ICH WÜRDE AM LIEBSTEN DIREKT WIEDER HIN!
DAS WAR SO SCHÖN AUF YATSUGASHIMA!
WAR JA AUCH EINIGES LOS.
AH...
TAICHI?
He he he!
WEISST DU NOCH...
... WIE DU BEIM FRÜHSTÜCKSBÜFFET EINE RIESIGE MENGE FRÜHLINGSZWIEBELN FÜR MISO-SUPPE IN DEINE MAISCREME-SUPPE GEKIPPT HAST?!
WAS?!

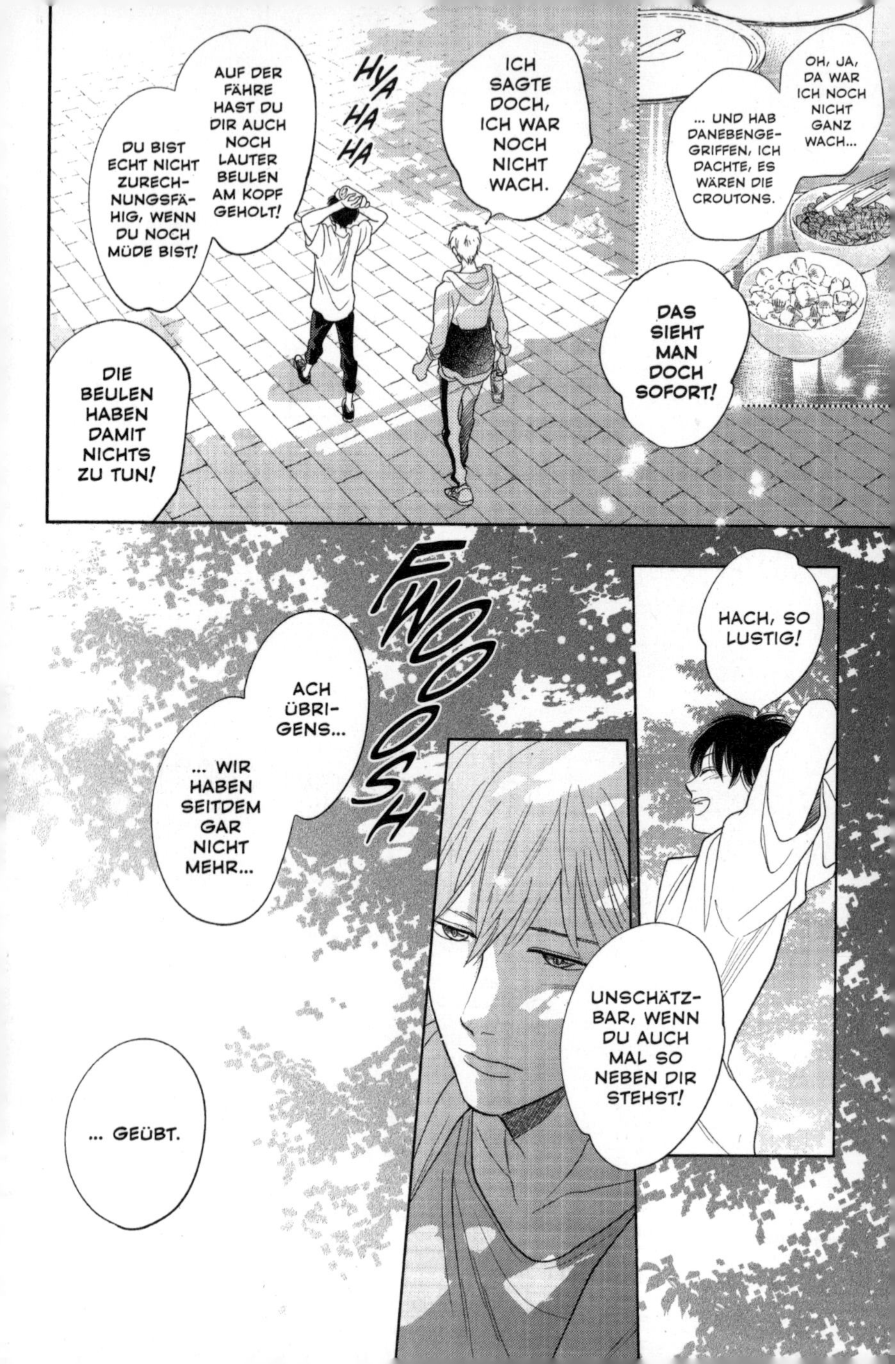

OH, JA, DA WAR ICH NOCH NICHT GANZ WACH...
... UND HAB DANEBENGEGRIFFEN, ICH DACHTE, ES WÄREN DIE CROUTONS.
DAS SIEHT MAN DOCH SOFORT!
ICH SAGTE DOCH, ICH WAR NOCH NICHT WACH.
HYA HA HA HA
AUF DER FÄHRE HAST DU DIR AUCH NOCH LAUTER BEULEN AM KOPF GEHOLT!
DU BIST ECHT NICHT ZURECHNUNGSFÄHIG, WENN DU NOCH MÜDE BIST!
DIE BEULEN HABEN DAMIT NICHTS ZU TUN!
HACH, SO LUSTIG!
UNSCHÄTZBAR, WENN DU AUCH MAL SO NEBEN DIR STEHST!
FWOOOOSH
ACH ÜBRIGENS...
... WIR HABEN SEITDEM GAR NICHT MEHR...
... GEÜBT.

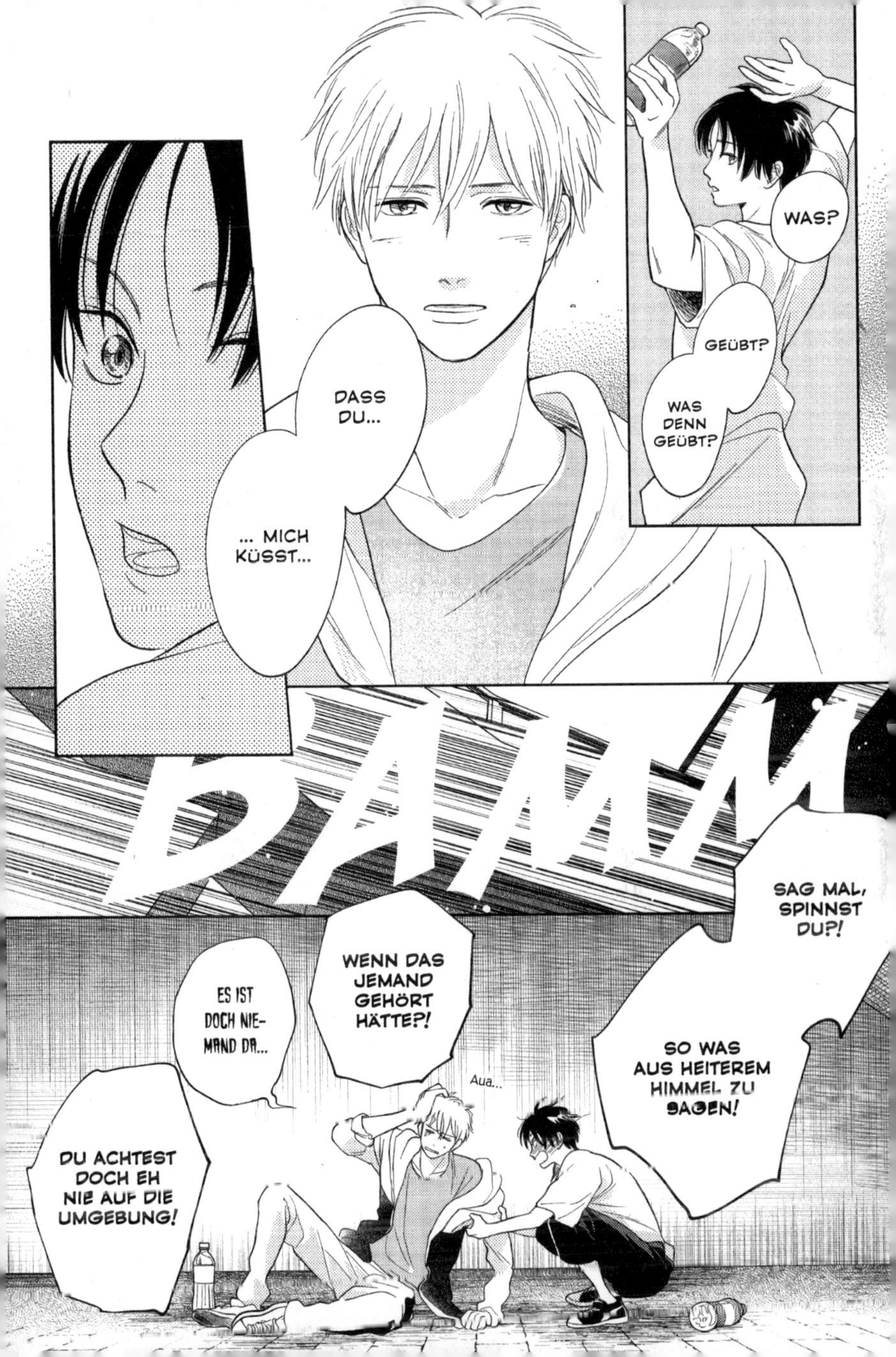
WAS?
GEÜBT?
WAS DENN GEÜBT?
DASS DU...
... MICH KÜSST...
SAG MAL, SPINNST DU?!
SO WAS AUS HEITEREM HIMMEL ZU SAGEN!
WENN DAS JEMAND GEHÖRT HÄTTE?!
Aua...
ES IST DOCH NIE-MAND DA...
DU ACHTEST DOCH EH NIE AUF DIE UMGEBUNG!

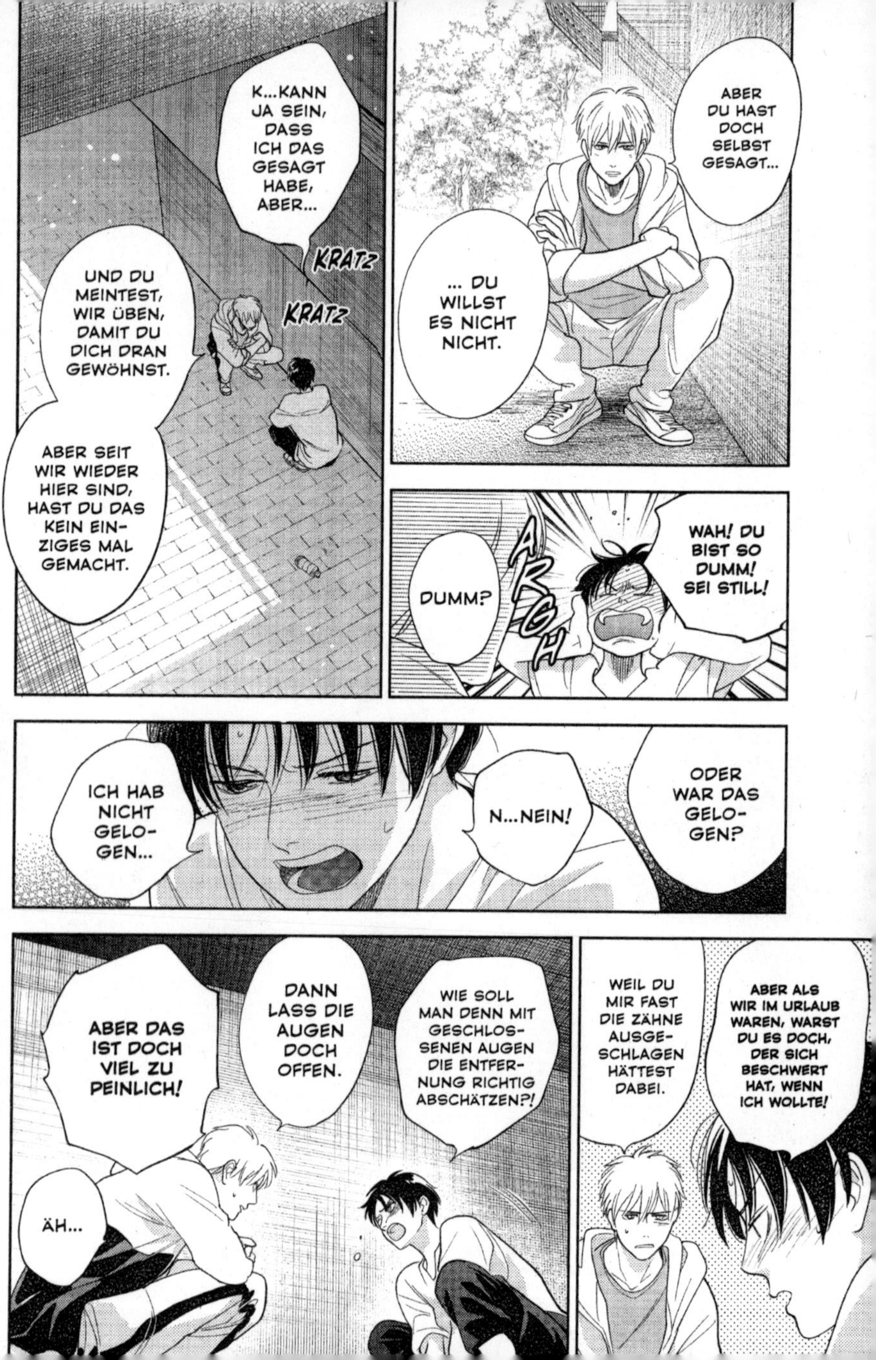
ABER DU HAST DOCH SELBST GESAGT...
... DU WILLST ES NICHT NICHT.
K...KANN JA SEIN, DASS ICH DAS GESAGT HABE, ABER...
KRATZ
KRATZ
UND DU MEINTEST, WIR ÜBEN, DAMIT DU DICH DRAN GEWÖHNST.
ABER SEIT WIR WIEDER HIER SIND, HAST DU DAS KEIN EINZIGES MAL GEMACHT.
WAH! DU BIST SO DUMM! SEI STILL!
ARGH
DUMM?
ODER WAR DAS GELOGEN?
N...NEIN!
ICH HAB NICHT GELOGEN...
ABER ALS WIR IM URLAUB WAREN, WARST DU ES DOCH, DER SICH BESCHWERT HAT, WENN ICH WOLLTE!
WEIL DU MIR FAST DIE ZÄHNE AUSGESCHLAGEN HÄTTEST DABEI.
WIE SOLL MAN DENN MIT GESCHLOSSENEN AUGEN DIE ENTFERNUNG RICHTIG ABSCHÄTZEN?!
DANN LASS DIE AUGEN DOCH OFFEN.
ABER DAS IST DOCH VIEL ZU PEINLICH!
ÄH...

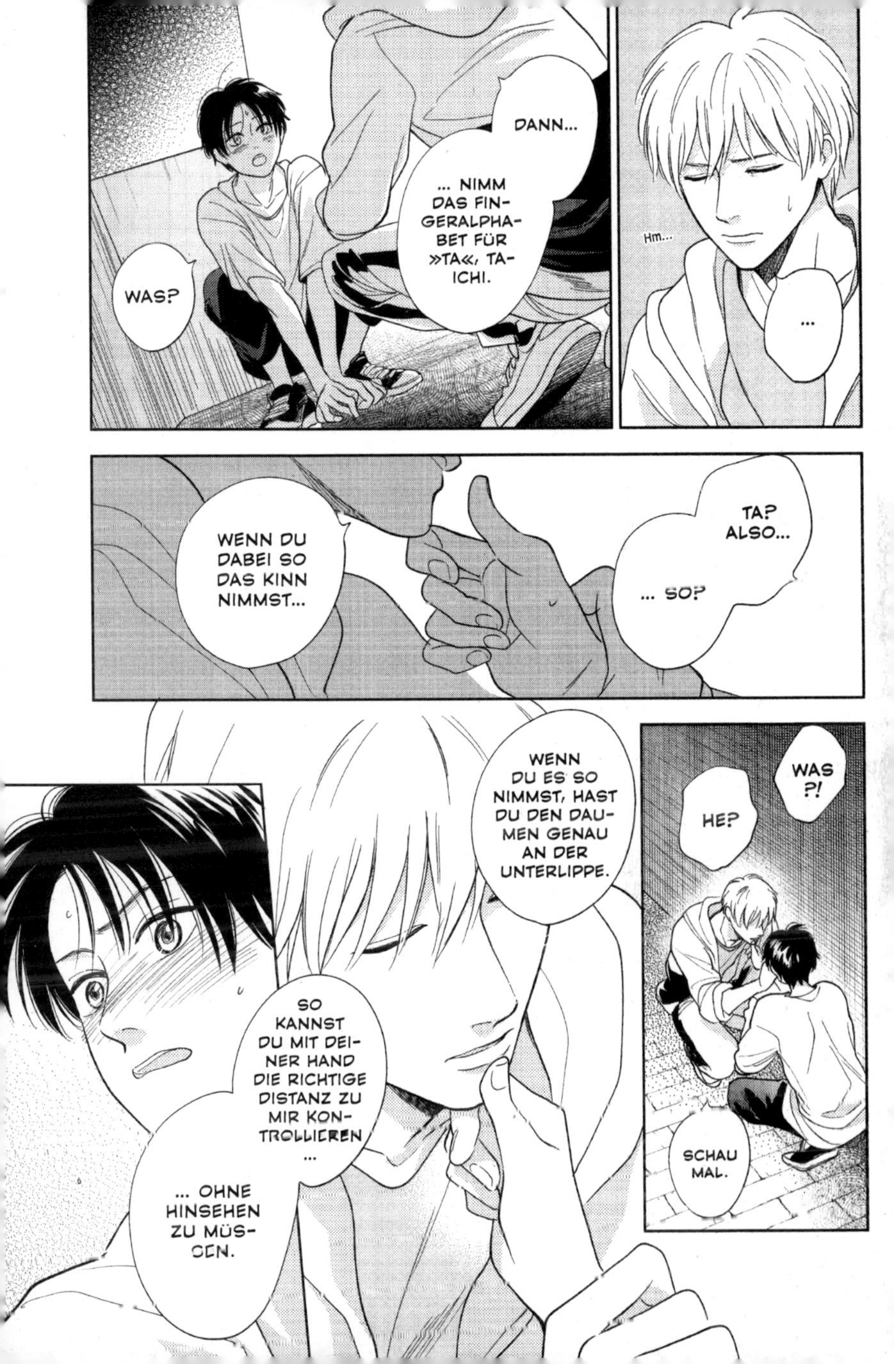
Hm...
...
Dann...
... nimm das Fingeralphabet für »Ta«, Taichi.
Was?
Ta? Also...
... so?
Wenn du dabei so das Kinn nimmst...
Was ?!
He?
Schau mal.
Wenn du es so nimmst, hast du den Daumen genau an der Unterlippe.
So kannst du mit deiner Hand die richtige Distanz zu mir kontrollieren ...
... ohne hinsehen zu müssen.

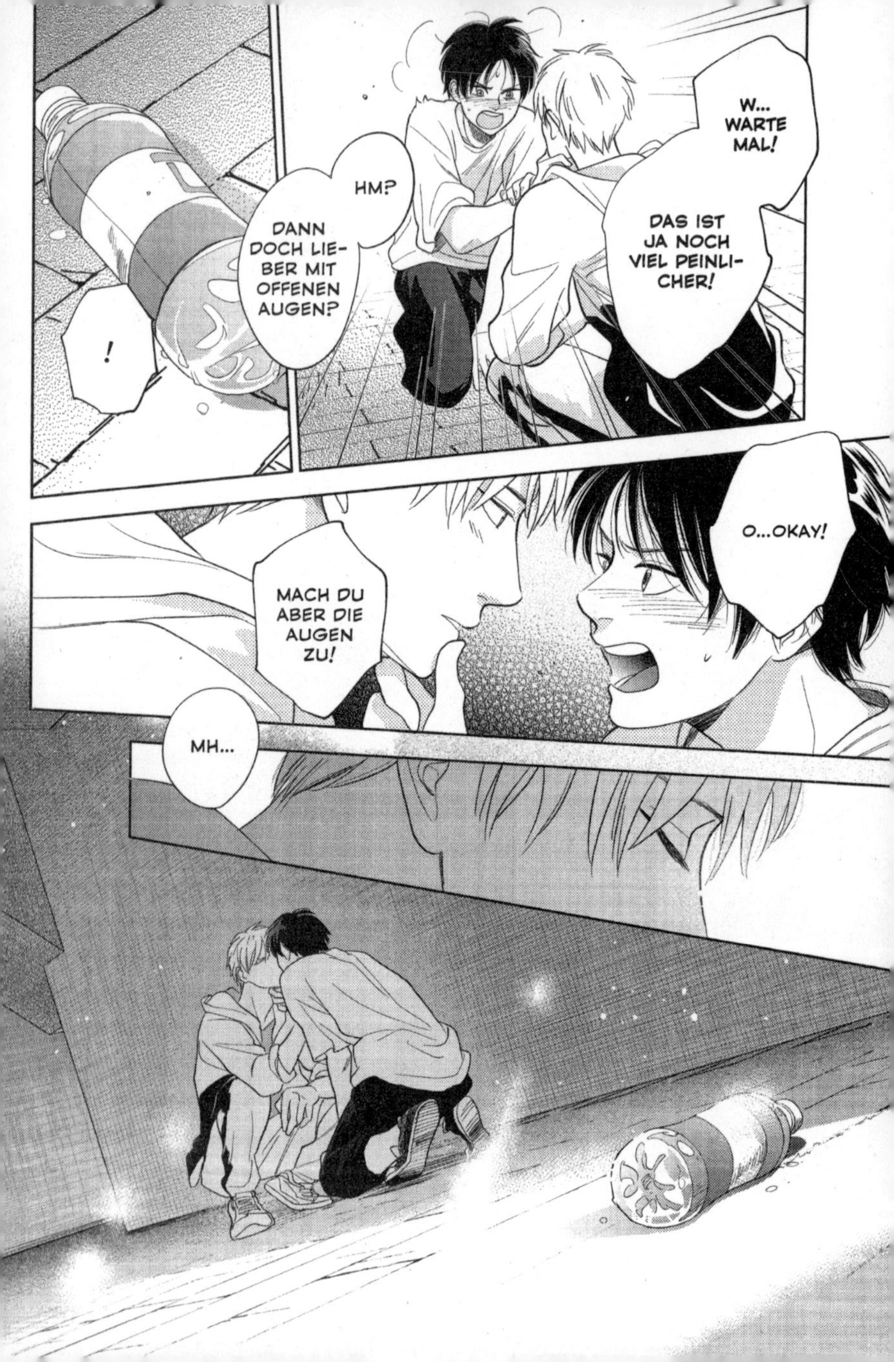
W... WARTE MAL!
DAS IST JA NOCH VIEL PEINLI-CHER!
HM?
DANN DOCH LIE-BER MIT OFFENEN AUGEN?
!
O...OKAY!
MACH DU ABER DIE AUGEN ZU!
MH...

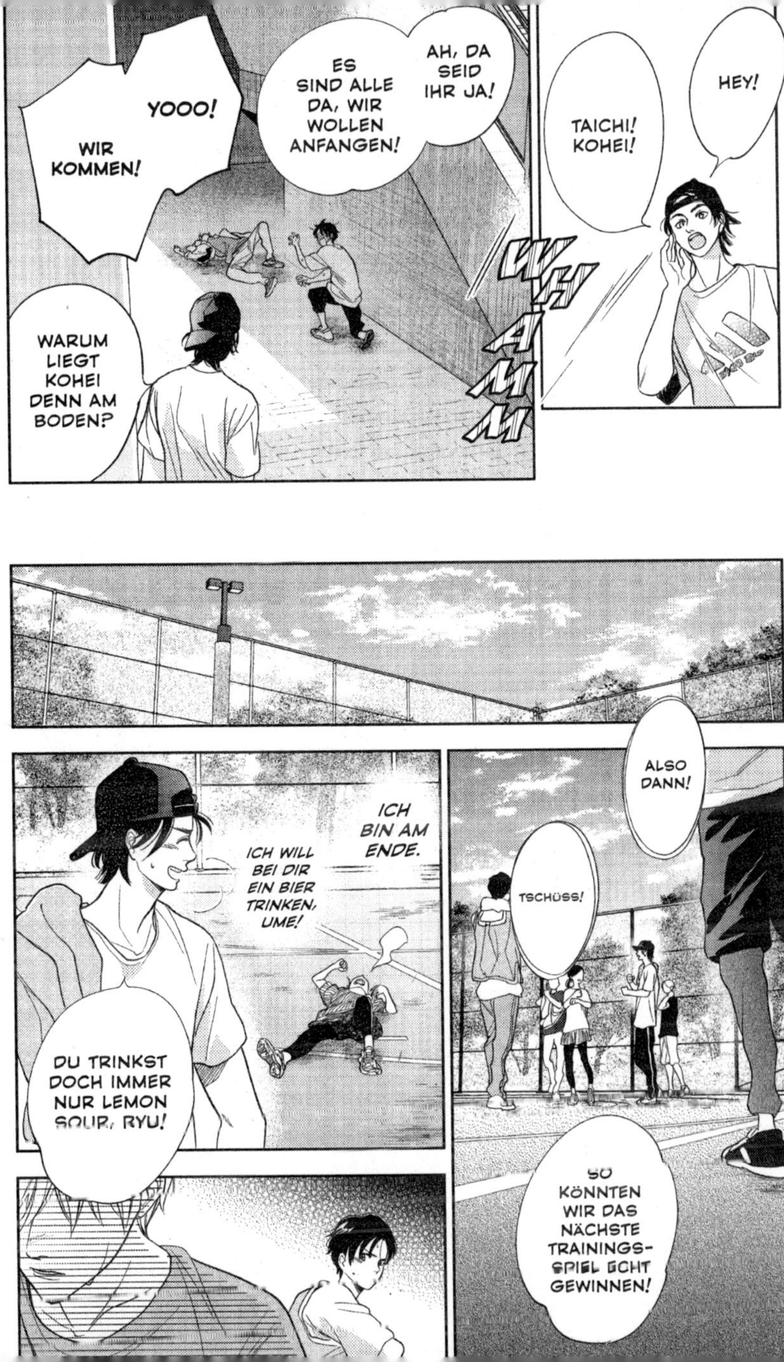
HEY!
TAICHI! KOHEI!
AH, DA SEID IHR JA!
ES SIND ALLE DA, WIR WOLLEN ANFANGEN!
YOOO! WIR KOMMEN!
WHAMM
WARUM LIEGT KOHEI DENN AM BODEN?
ALSO DANN!
TSCHÜSS!
SO KÖNNTEN WIR DAS NÄCHSTE TRAININGS-SPIEL ECHT GEWINNEN!
ICH BIN AM ENDE.
ICH WILL BEI DIR EIN BIER TRINKEN, UME!
DU TRINKST DOCH IMMER NUR LEMON SOUR, RYU!

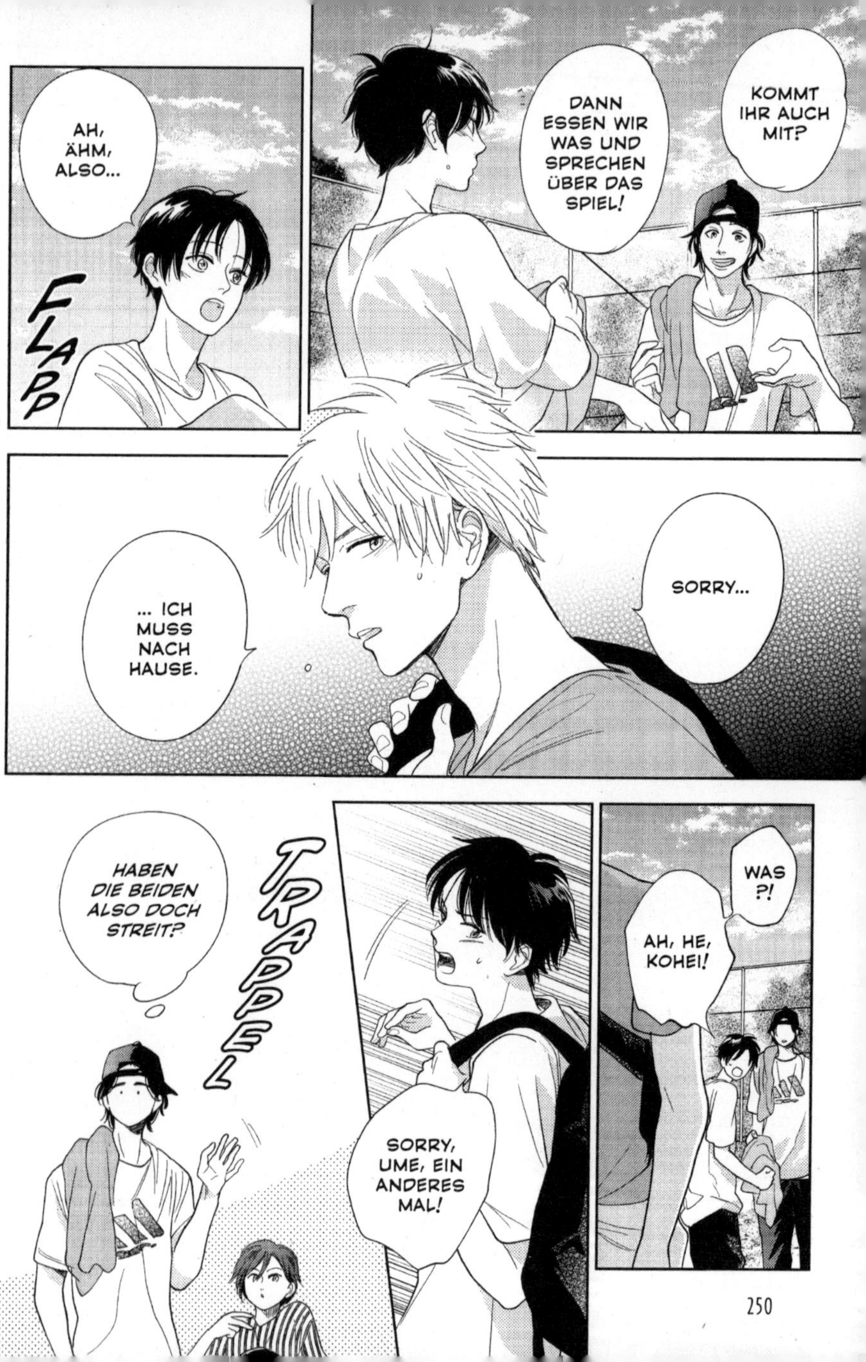
KOMMT IHR AUCH MIT?
DANN ESSEN WIR WAS UND SPRECHEN ÜBER DAS SPIEL!
AH, ÄHM, ALSO...
FLAPP
SORRY...
... ICH MUSS NACH HAUSE.
WAS ?!
AH, HE, KOHEI!
SORRY, UME, EIN ANDERES MAL!
TRAPPEL
HABEN DIE BEIDEN ALSO DOCH STREIT?

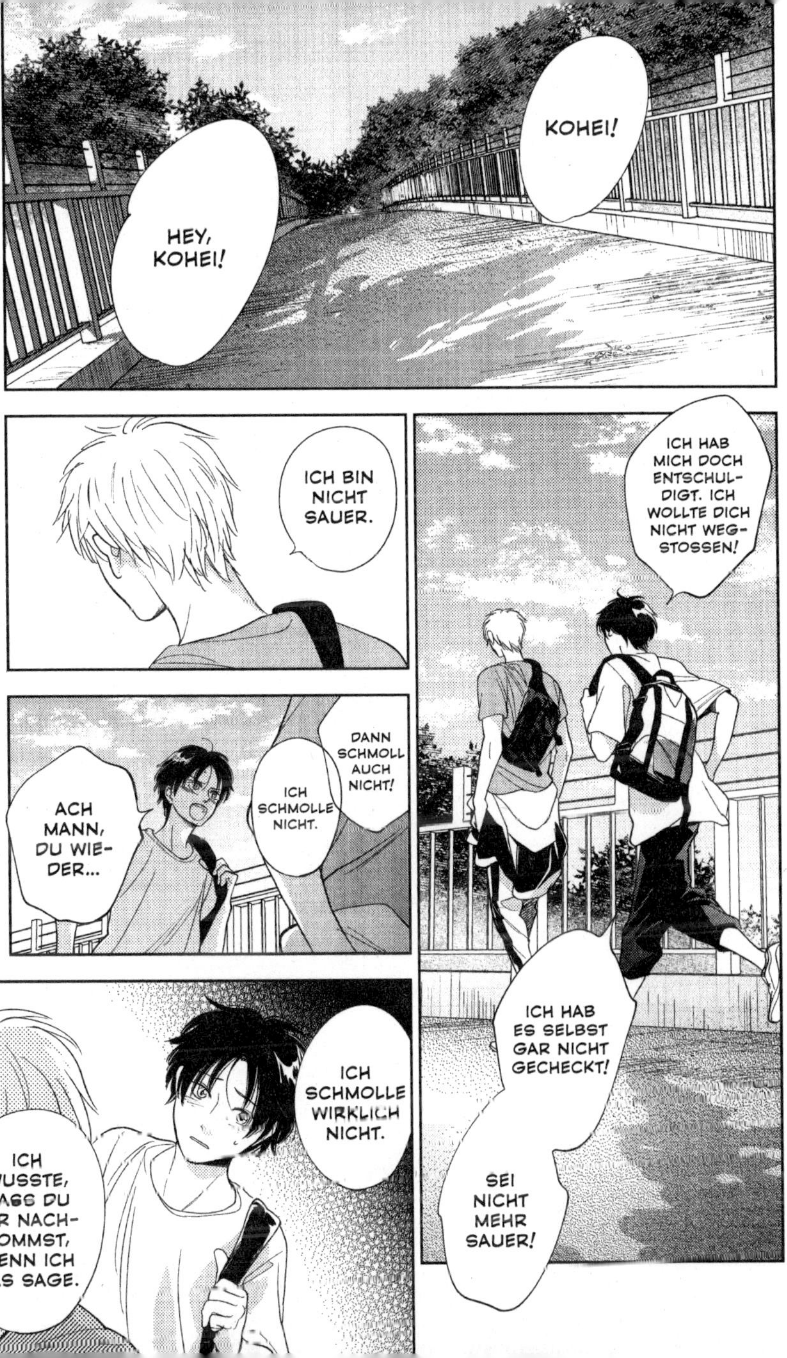
KOHEI!
HEY, KOHEI!
ICH HAB MICH DOCH ENTSCHUL-DIGT. ICH WOLLTE DICH NICHT WEG-STOSSEN!
ICH BIN NICHT SAUER.
DANN SCHMOLL AUCH NICHT!
ICH SCHMOLLE NICHT.
ACH MANN, DU WIE-DER...
ICH HAB ES SELBST GAR NICHT GECHECKT!
SEI NICHT MEHR SAUER!
ICH SCHMOLLE WIRKLICH NICHT.
ICH WUSSTE, DASS DU MIR NACH-KOMMST, WENN ICH DAS SAGE.

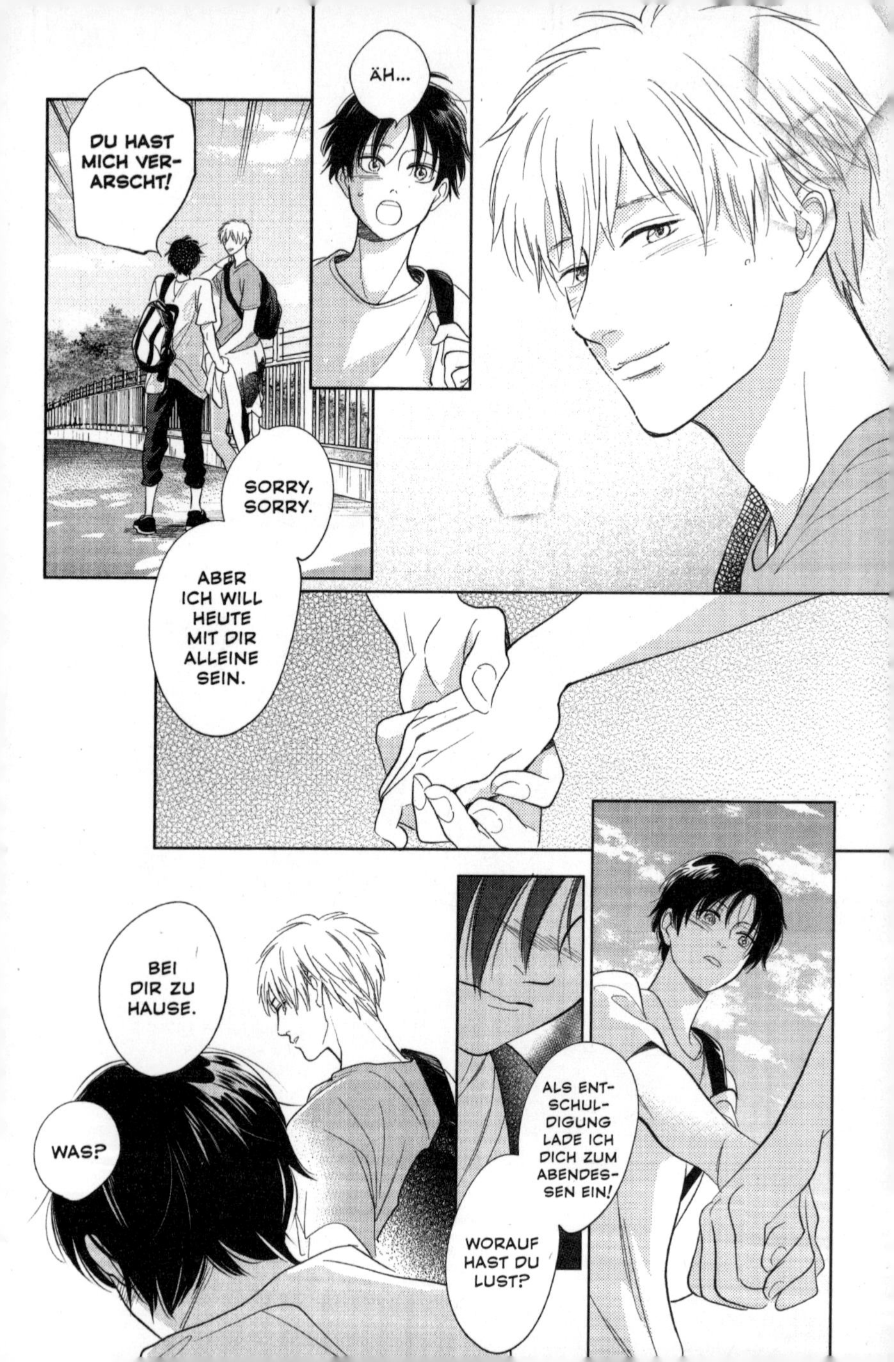
ÄH...
DU HAST MICH VER-ARSCHT!
SORRY, SORRY.
ABER ICH WILL HEUTE MIT DIR ALLEINE SEIN.
ALS ENT-SCHUL-DIGUNG LADE ICH DICH ZUM ABENDES-SEN EIN!
WORAUF HAST DU LUST?
BEI DIR ZU HAUSE.
WAS?

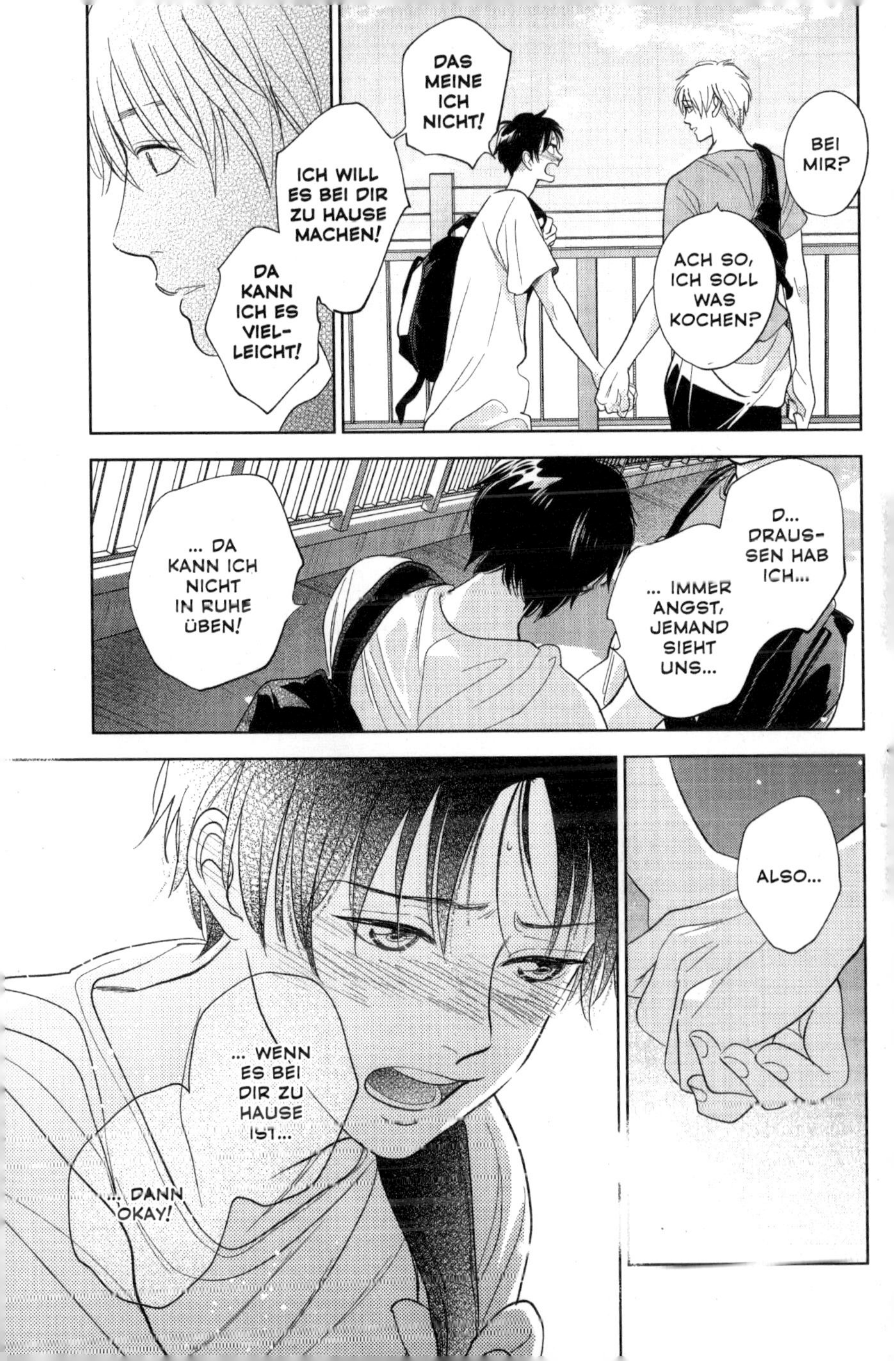
BEI MIR?
ACH SO, ICH SOLL WAS KOCHEN?
DAS MEINE ICH NICHT!
ICH WILL ES BEI DIR ZU HAUSE MACHEN!
DA KANN ICH ES VIELLEICHT!
D... DRAUSSEN HAB ICH...
... IMMER ANGST, JEMAND SIEHT UNS...
... DA KANN ICH NICHT IN RUHE ÜBEN!
ALSO...
... WENN ES BEI DIR ZU HAUSE IST...
... DANN OKAY!

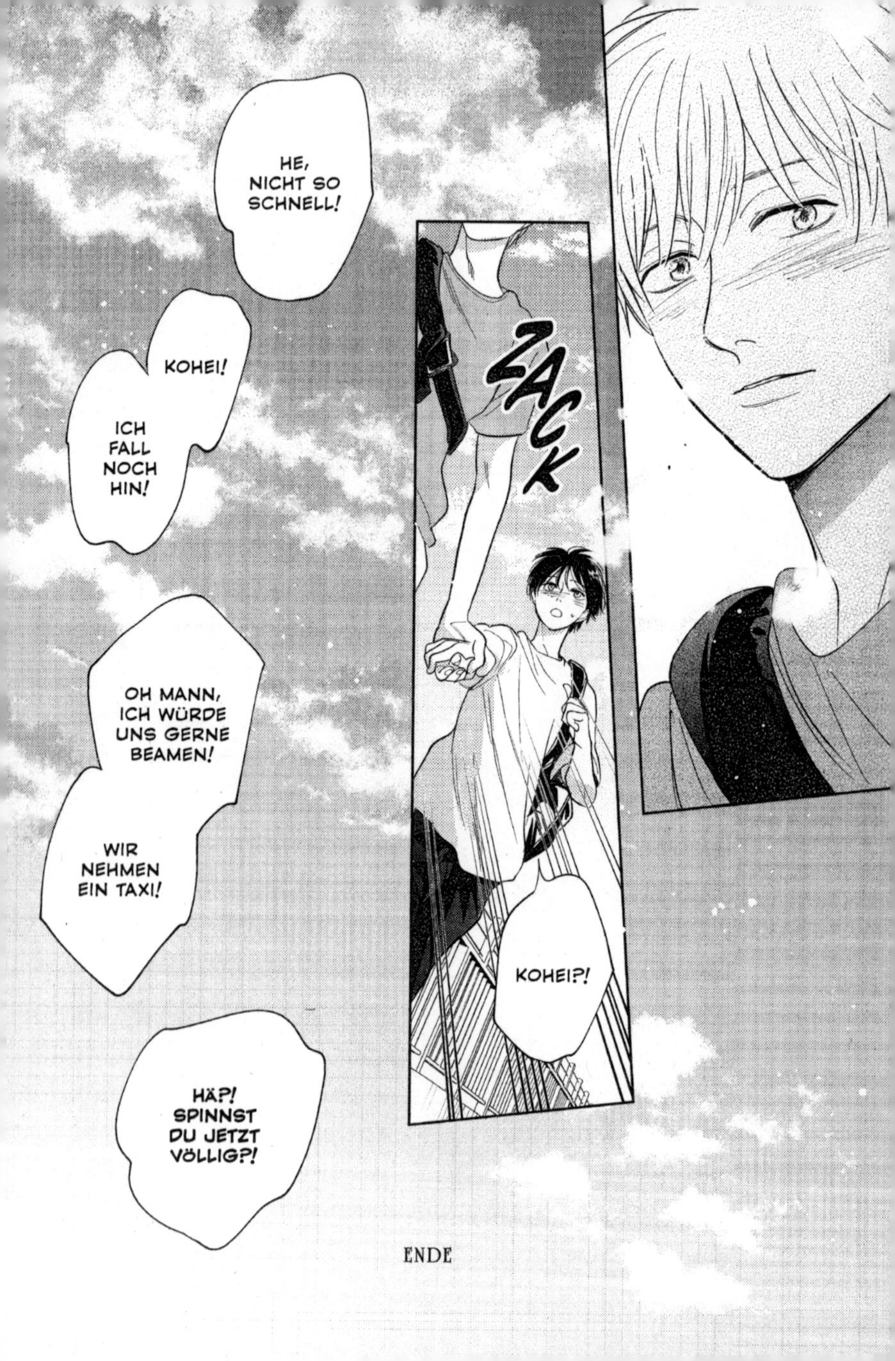
HE, NICHT SO SCHNELL!
ZACK
KOHEI?!
KOHEI!
ICH FALL NOCH HIN!
OH MANN, ICH WÜRDE UNS GERNE BEAMEN!
WIR NEHMEN EIN TAXI!
HÄ?! SPINNST DU JETZT VÖLLIG?!

ENDE

● So was wie ein Nachwort ●

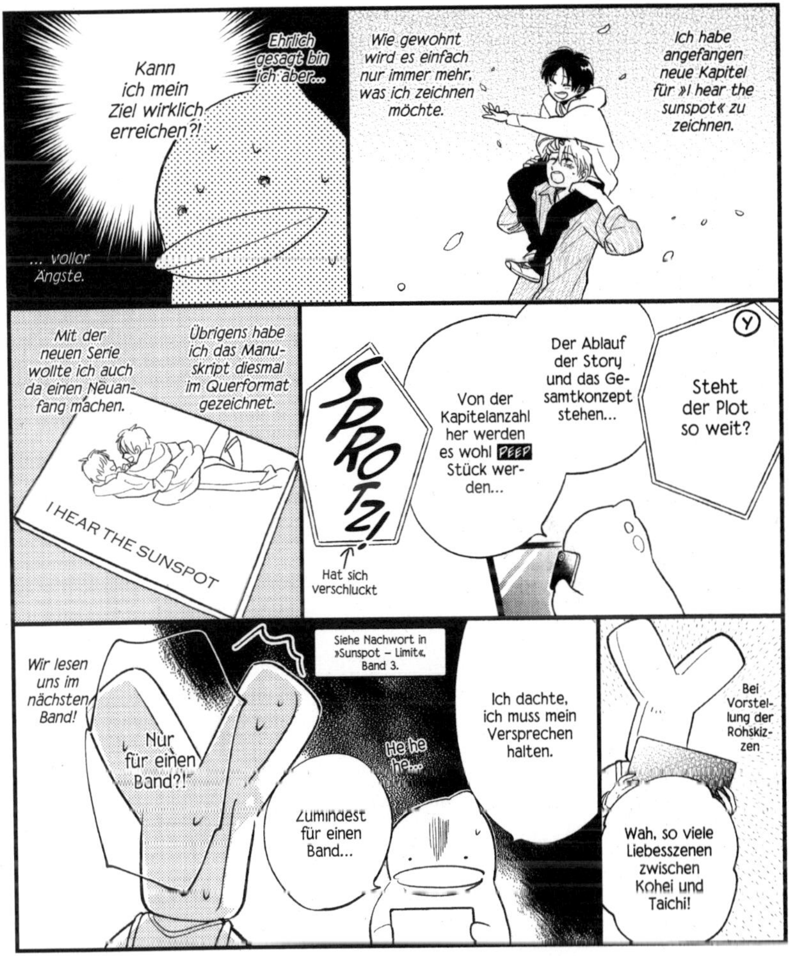

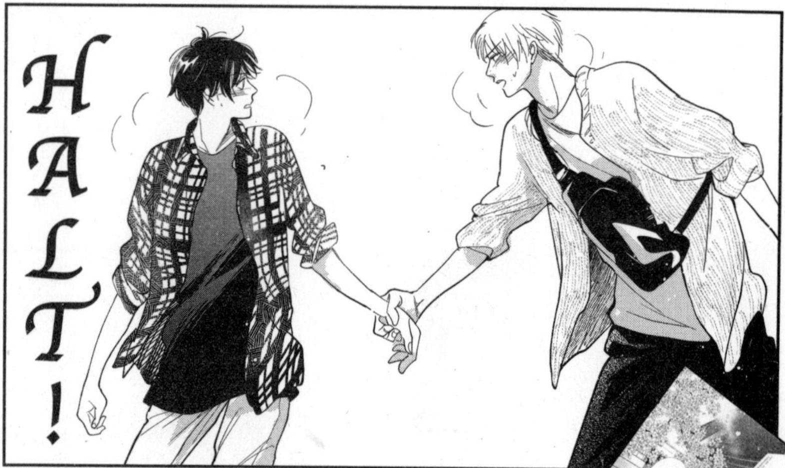

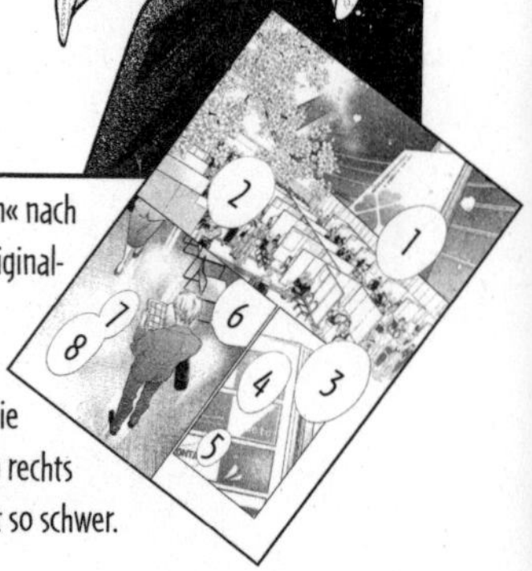

»i hear the sunspot« ist eine japanische Serie, und in Japan wird von »hinten« nach »vorn« und von rechts nach links gelesen. Weil wir bei Carlsen Manga so originalgetreu wie möglich übernehmen, erscheint auch »i hear the sunspot« auf Deutsch in der ursprünglichen Leserichtung. Man muss diesen Manga also »hinten« aufschlagen und Seite für Seite nach »vorn« weiterblättern. Auch die Bilder auf jeder Seite und die Sprechblasen innerhalb der Bilder werden von rechts oben nach links unten gelesen, so wie in der Grafik gezeigt. Das ist gar nicht so schwer.

Viel Spaß mit »i hear the sunspot«!

CARLSEN MANGA

Aus dem Japanischen von Dorothea Überall
HIDAMARI GA KIKOERU - SYUNKASYUTOH 1 by Yuki Fumino

Original Japanese edition published by FRANCE SHOIN
This German edition ist published by arrangement with FRANCE SHOIN Inc., Tokyo in care of Tuttle-Mori Agency, Inc., Tokyo.
Redaktion: Britta Hellwig
Herstellung: Tobias Hametner

ISBN: 978-3-551-02896-9

FSC
www.fsc.org
MIX
Papier | Fördert gute Waldnutzung
FSC® C083411

Wir produzieren nachhaltig
• Klimaneutrales Produkt
• Papiere aus nachhaltigen und kontrollierten Quellen
• Hergestellt in Europa